Chaim Potok

Novembernächte

DIE GESCHICHTE DER
FAMILIE SLEPAK

Deutsch von Gabriele Pauer

———

Rowohlt Taschenbuch Verlag

Veröffentlicht im Rowohlt Taschenbuch Verlag GmbH,
Reinbek bei Hamburg, November 2000
Die Originalausgabe *The Gates of November* erschien
1996 bei Alfred A. Knopf, New York
Lizenzausgabe mit freundlicher Genehmigung des
Paul Zsolnay Verlages Wien
Copyright © 1996 by Chaim Potok, Leonid Slepak,
Wladimir Slepak, Maria Slepak, Alexander Slepak
Copyright © 1998 by Paul Zsolnay Verlag Wien
Umschlaggestaltung C. Günther/W. Hellmann
(Abbildung: S. Lobovikov mit freundlicher Genehmigung
des Bezirksmuseums Kirov)
Gesamtherstellung Clausen & Bosse, Leck
Printed in Germany
ISBN 3 499 22800 9

»Es näherte sich
eine ziemlich triste Zeit;
der November stand schon vor der Tür.«

Alexander Puschkin

Die Geschichte der Dissidenten in der ehemaligen Sowjetunion ist eines der seltenen Beispiele von Heldentum im
20. Jahrhundert. Einige, wie Andrej Sacharow, waren bereits Helden, bevor sie den Weg der Opposition beschritten. Andere, unter ihnen Wolodja und Mascha Slepak, erreichten ihre Größe erst durch ihr Engagement. Es versteht
sich von selbst, daß auf den folgenden Seiten nicht alle Dissidenten erwähnt werden können. Ihnen widme ich dieses
Buch.

EINLEITUNG

Die Geschichte hat auf ein und demselben Boden zwei außerordentlich temperamentvolle Völker zusammengeführt, Russen und Juden, deren bitteres Schicksal es war, sich ständig gegenseitig nach dem Leben zu trachten.

Das heutige Rußland hat seine Ursprünge in den widerspenstigen Stammesverbänden von Slawen und Finnen, die irgendwann im 8. Jahrhundert nach Süden wanderten. Sie einigten sich untereinander, sich von einem Stamm aus dem Norden regieren zu lassen, der skandinavischen Rus, und gründeten den Staat, der als Kiewer Rus bekannt ist, mit Kiew am Dnjepr als wichtigster Stadt.

Was die Juden betrifft, so weisen Grabinschriften darauf hin, daß bereits im 3. Jahrhundert v. u. Z. jüdische Gemeinden an der Schwarzmeerküste lebten. In den frühen nachchristlichen Jahrhunderten begann die Flucht der Juden vor den Verfolgungen durch die griechisch-orthodoxe Kirche von Byzanz in die Gebiete des heutigen Georgien und Armenien. Es scheint auch ein Körnchen Wahrheit in jener Legende zu sein, die davon erzählt, daß um das Jahr 740 das heidnische Königreich der Chasaren – ein asiatisches Volk, das an den Ufern des Kaspischen Meeres lebte – geschlossen zum Judaismus übertrat.

Kurz vor dem Jahr 1000 schloß der Kiewer Herrscher Wladimir ein Bündnis mit Byzanz und nahm die griechische Orthodoxie als offizielle Staatsreligion an. Gemeinsam schlugen sie das jüdische Königreich der Chasaren, dessen Bevölkerung in der Welt der Kiewer Rus aufging.

Aus Byzanz kamen gemeinsam mit der griechischen Orthodoxie auch Architektur, Musik, Kunst, Klerus, Gesetze,

Bildungswesen – und Haß und Verachtung für die Juden. Diese absolute und ungemilderte Ablehnung durchdrang das gesamte Kiewer Staatswesen von den Herrschenden und dem Klerus über den Adel bis hin zu den Leibeigenen. Sie überdauerte die Jahrhunderte vom Höhepunkt der Macht des Kiewer Reichs bis zu seinem Niedergang und seiner Auflösung in Bürgerkriegen und der Unterwerfung durch die Mongolen im Jahr 1240. Später – unberührt von den Ideen der Renaissance und der Reformation, die ganz Europa erfaßt hatten, Rußland jedoch kaum tangierten – setzte sie sich im Moskauer Staat, der im 15. und 16. Jahrhundert unter Iwan III. und Iwan IV. zu expandieren begann, und schließlich unter der 1613 gegründeten Dynastie der Romanows hartnäckig fort.

Dämon, Menschenfresser, Heide, Christusmörder – so sah der Russe den Juden. Das orthodoxe Moskauer Reich blieb praktisch judenfrei – bis zum Jahr 1772.

Während der Regierung Katharinas II. fiel Polen unter die Herrschaft der drei Nachbarländer Deutschland, Österreich und Rußland. In Polen hatten seit dem Mittelalter Juden auf Einladung und unter dem Schutz der polnischen Könige und Adeligen gesiedelt. In den polnischen Gebieten, die sich die entfernten Nachkommen der Kiewer Rus einverleibt hatten, lebten unter der Herrschaft des Moskauer Staates 1795 mehr Juden als in jedem anderen Land der Welt.

Im Jahr 1850 gab es in Rußland geschätzte 2 350 000 Juden. Sie waren auf ein bestimmtes Gebiet beschränkt, das als »Ansiedlungsbezirk« (Pale-Distrikt) bekannt war: über zwei Millionen Quadratkilometer vom Baltikum bis zum Schwarzen Meer; 2000 Städte in 25 Provinzen, wobei die Juden ein Neuntel der Bevölkerung ausmachten. Gegen Ende des 19. Jahrhunderts betrug die Zahl der Juden im Russischen Reich rund fünf Millionen.

Die offizielle Politik ihnen gegenüber schwankte zwischen scheinbarem Wohlwollen und unverhüllter Grausamkeit; ein Zar verlieh ihnen Rechte, die der nächste wieder zurücknahm. Im Grunde wäre es den Russen wohl am liebsten gewesen, die Juden wären einfach verschwunden. Die zaristische Politik wurde 1895 von Konstantin Pobedonoszew, dem Oberhaupt des Heiligen Synods (das leitende Organ der russisch-orthodoxen Kirche) unter Alexander III. (regierte 1881–1894) und Lehrer Nikolajs II. (regierte 1894–1917), kurz und bündig zum Ausdruck gebracht: »Ein Drittel wird aussterben, ein Drittel wird das Land verlassen, und ein Drittel wird in der übrigen Bevölkerung aufgehen« – das sollte heißen: wird übertreten.

Die Reaktion der Juden auf die zaristischen Verfolgungen reichte von einer verstärkten Absonderung auf seiten der praktizierenden Juden bis hin zu Bemühungen auf seiten der Assimilanten, Teil der russischen Kultur zu werden; die zunehmend enttäuschte und empörte Jugend schloß sich den Sozialisten und Revolutionären an. Die von der Regierung organisierten Pogrome nach der Ermordung Alexanders II. im Jahr 1881 desillusionierten viele Juden, die den Weg der Assimilation beschritten hatten. Sie begannen, ihre Energien nach innen zu richten – auf eine Wiederbelebung des jüdischen Nationalismus, auf eine eigene Kultur in einer jüdischen Heimat, auf die Schaffung einer neuen Literatur in jiddischer Sprache und in dem wie durch ein Wunder neuerstandenen, modernisierten Hebräisch.

Die zaristische Herrschaft fand Anfang 1917 mit der Abdankung Nikolajs II. ihr Ende. Auf die Revolution der Bolschewiki im November 1917 (Oktober nach dem alten Julianischen Kalender, der damals in Rußland noch gültig war) folgten drei ruhige Jahrzehnte, doch der tief verwurzelte Judenhaß der Russen trat während der letzten Jahre der Regierung Stalins in besonders heimtückischer Form wieder zutage und führte schließlich zu den turbulenten, schicksalhaften Ereignissen im Leben jener Menschen, von denen dieses Buch erzählt.

Die Geschichte war es auch, die mich in die russische Welt von Wolodja Slepak und seiner Frau Mascha brachte.

Rußland war während meiner frühen Jahre in New York ein wichtiger Teil des Lebens meiner Familie gewesen: in den dreißiger Jahren von meinen Eltern verabscheut; ein notwendiger Verbündeter während des Zweiten Weltkriegs; und danach plötzlich wieder der Feind. Russische Literatur, Kunst, Musik – wunderbar. Das russische Regime – niederträchtig. Die Sowjetunion erschien als ungeheures und verschlossenes finsteres Land, und erst nach dem Tod Stalins und in den Nachwehen der Chruschtschow-Ära wurden wieder leise die Stimmen von Juden hörbar, die noch hinter dem Eisernen Vorhang lebten. Bücher wie Elie Wiesels *Die Juden in der UdSSR* und Ben Amis (i. e. Lova Eliav) *Between Hammer and Sickle*, vereinzelte Besucher der Sowjetunion, inoffizielle Gespräche mit Diplomaten und Berichte scharfsichtiger Journalisten – diese und andere Quellen lieferten Nachrichten vom Entstehen einer Dissidentenbewegung im Inneren eines der repressivsten modernen Staaten. Manche Namen erreichten allgemeine Bekanntheit, so auch der Name Slepak. Die Slepaks hatten im April 1970 einen Antrag auf Ausreise aus der Sowjetunion gestellt, er war mehrfach abgelehnt worden, und sie standen in den siebziger Jahren im Mittelpunkt einer zunehmend hör- und sichtbaren Dissidentenbewegung.

In den frühen siebziger Jahren lebte ich in Philadelphia, das zu einem wichtigen Zentrum im Kampf um die Befreiung der sowjetischen Juden geworden war. In den späten Siebzigern war ihre Rettung eines der Hauptziele des Weltjudentums. Was der KGB und das Politbüro für ein gut organisiertes, hochentwickeltes internationales Netz von jüdischen Schmugglern und Spionen erachtete, die nur auf die Vernichtung der Sowjetunion aus waren, war – wie die Juden selbst nur zu gut wußten – eine schwache, aber lebenswichtige Verbindungslinie, die sich in der Mehrzahl aus gewöhnlichen Männern und Frauen zusammensetzte, die einem notleidenden Teil ihres Volkes helfen wollten.

Hin und wieder hörte ich etwas über die Slepaks. Anscheinend stand das wiederholte Zurückweisen ihrer Ausreiseanträge mit irgendeiner geheimen Arbeit in Zusammenhang, in die Wolodja Slepak, ein hochqualifizierter Elektroingenieur, einmal involviert gewesen war. Es kursierten auch Gerüchte, daß er absichtlich von seinem Vater zurückgehalten wurde, der – wie sich herausstellte – unter den legendären Bolschewiki, die hinter der Russischen Revolution standen, einst eine hohe Position eingenommen hatte. Ein alter Bolschewik in der Familie Slepak! Wie hatte er die stalinistischen Säuberungen der dreißiger Jahre überlebt, die gleich einer Sense die Reihen der alten Bolschewiki niedermähten?

Im Sommer 1978 wurden Wolodja und Mascha Slepak plötzlich vom KGB verhaftet und vor Gericht gestellt. Fünf Jahre später, aus dem sibirischen Exil entlassen, kehrten sie nach Moskau zurück, wo sie ihr tristes Leben wiederaufnahmen.

Meine Frau erklärte mir damals, daß wir in die Sowjetunion fahren sollten, um einige der Menschen kennenzulernen, die mit ihrem offenen Widerstand gegen das Regime ihr Leben riskierten. Ganz besonders wünschte sie sich, Wolodja und Mascha Slepak kennenzulernen.

Dieses Buch handelt von der Familie Slepak. Es will zwei Fragen beantworten. Erstens: Welche Bedingungen treiben Menschen, die an der Spitze eines politischen Systems in aller Bequemlichkeit leben, plötzlich dazu, sich gegen dieses System zu stellen und so ihre eigene Existenz zu zerstören? Und zweitens: Kann eine einzige Familie als Mikrokosmos dienen, der ein Licht auf das werfen könnte, was letztlich mit allen Völkern der Sowjetunion geschah? Dieses Land war einst voller Hoffnung gewesen, dann folgten langsam wachsende Skepsis und ein Abgleiten in Zynismus, Desillusionierung, Entfremdung, Wut, Spaltung und, am Ende, die allgemeine Auflösung.

Was war schiefgegangen? Könnte dies nicht uns allen eine Lehre sein?

Ich muß darauf hinweisen, daß nichts in diesem Buch erfunden ist, abgesehen vielleicht von der Struktur, die wir den nackten Tatsachen geben, wenn wir eine Erzählung aus ihnen machen. Die Dialoge auf den folgenden Seiten habe ich genauso niedergeschrieben, wie sie mir von den Slepaks mitgeteilt wurden, nur hie und da habe ich im Interesse von Stil und Klarheit leicht redigiert. Insgesamt war es mein Ziel, wahre Begebenheiten darzustellen und sie der Chronik unseres Jahrhunderts hinzuzufügen, um zukünftigen Generationen Stoff zum Nachdenken zu geben.

Ich möchte Leonard Gold und Ruth A. Carr von der New York Public Library für ihre Hilfe meinen Dank aussprechen, ebenso Theodore Comet vom Joint Distribution Committee, Bert Siegel vom Philadelphia Jewish Community Relations Council und dem Personal der Gratz College Library in Philadelphia. Ich danke außerdem Owen Laster, meinem Agenten, und David Schlossberg, die als erste meinten, daß mich diese Geschichte interessieren würde, außerdem Dan und Sheila Segal, Eileen Sussman sowie Connie und Joseph Smukler, deren frühe Beziehungen zu vielen der Russen in diesem Buch mir die Welt der Sowjetunion und ihrer Juden näherbrachte.

Mein Dank gebührt auch den Studenten in meinem Benjamin Franklin Honors Seminar 1992 an der University of

Pennsylvania. Ihre lebhafte Aufmerksamkeit und ihr respektvolles Interesse – die Ehrfurcht in ihren Gesichtern an dem Tag, als sie Wolodja Slepak bei mir zu Hause gegenüberstanden! – zeigten mir, wie wichtig dieses Thema sogar für junge Menschen ist, und gaben mir zu einem entscheidenden Zeitpunkt die nötige Energie, an diesem Buch weiterzuarbeiten.

Unendliche Dankbarkeit schulde ich meiner Frau Adena. Die Arbeit an diesem Buch war besonders schwierig: Der unbeständige Lauf der Ereignisse in Rußland hatte zu einer dramatischen Abnahme des Interesses am russischen Judentum geführt. Gab es denn irgend etwas in der Geschichte der Slepaks, das sich überhaupt noch zu erzählen lohnte? Ihre sanfte Überzeugungskraft, ihr aufmerksames Lesen und geduldiges Zuhören waren mir eine unermeßliche Hilfe bei der Fertigstellung dieses Buches. Abschließend möchte ich noch meinem Herausgeber und Freund Robert Gottlieb meinen tiefsten Dank aussprechen. Jahrzehntelang hat er mir die aufmerksamsten Leseraugen geschenkt und die scharfsinnigsten Ratschläge erteilt. Ich schätze mich glücklich, daß Menschen wie Adena und Bob einen wesentlichen Bestandteil meines Lebens ausmachen.

PROLOG

Ein Besuch in Moskau

An einem Donnerstagabend Anfang Januar 1985 landeten Adena und ich in einem Schneesturm auf dem Scheremetjewo-Flughafen in Moskau. Zeitig am nächsten Morgen verließen wir die stickige Wärme unseres Hotels, Adena schlüpfte in eine Telefonzelle am Straßenrand und wählte eine Nummer, während ich draußen in der eisigen Kälte auf sie wartete. Einen Augenblick später hörte ich sie sagen: »Hallo, mein Mann und ich sind aus Philadelphia. Wir sind in Moskau und würden Sie gerne besuchen.«

Sie erwähnte unsere Namen nicht. Sie sagte bloß: »Mein Mann und ich . . .«

Der Mann am anderen Ende der Leitung erklärte ihr kurz, mit welcher Metro-Linie wir fahren mußten, wie lange die Fahrt dauern und wo er uns abholen würde.

Adena und ich würden am jüdischen Sabbat, der am Freitag bei Sonnenuntergang beginnt, nie ohne triftigen Grund herumfahren. Aber vor unserer Abreise in die Sowjetunion hatten wir uns darauf geeinigt, daß wir uns wie in einem Ausnahmezustand, wie in einer Kriegssituation verhalten wollten: Wenn es nötig war, würden wir die religiösen Gesetze übertreten. Im winterlichen Moskau wurde es um neun Uhr früh langsam hell und um drei Uhr nachmittags schon wieder finster. Wolodja Slepak war berufstätig und konnte uns erst nach sechs Uhr treffen. Und dieser Freitagabend war der einzige Termin, an dem wir ihn und seine Frau besuchen konnten, denn wir wollten noch viele

17

andere sehen, und alle übrigen Abende in Moskau waren bereits verplant. Wir standen vor der Wahl: den Sabbat einhalten und die Slepaks verpassen oder sich über den Sabbat hinwegsetzen und die Slepaks kennenlernen.

An diesem Abend verließen wir das Hotel und gingen über Schnee und Eis an der Basilius-Kathedrale und dem Kreml-Tor vorbei. Ein, zwei Straßen nach dem Lenin-Mausoleum betraten wir die Metro-Station Marx-Prospekt. Der Zug war ruhig, sauber und überfüllt. In unseren grauen Daunenmänteln, Winterstiefeln und bunten Schals waren wir deutlich als Amerikaner erkennbar. Es war dies die Reagan-Ära, der unzivilisierte amerikanische Cowboy-Präsident drohte der Welt mit einem Atomkrieg. Die Passagiere starrten uns mit unverhohlener Feindseligkeit an.

Wir fuhren etwa eine halbe Stunde.

Der Zug erreichte die Station, in der wir aussteigen sollten. Gemeinsam mit den anderen gingen wir den Bahnsteig entlang, blieben immer weiter zurück und ließen die Menschenmassen an uns vorbei. Bald waren wir allein.

Die Wände der gut beleuchteten Station waren mit cremefarbenen Fliesen verkleidet, hell und sauber. Die Luft roch nach kalter, feuchter Erde, und man hörte weit entfernt undeutliche Geräusche: ein gespenstisches, metallisches Pfeifen, das Dahinhuschen unsichtbarer Lebewesen.

Weiter vorn trat plötzlich Wolodja Slepak hinter einer Säule hervor und kam langsam auf uns zu. Sein Gesicht war uns von vielen Fotos vertraut. Im Licht der Metro waren sein durchdringender Blick, seine große Nase, sein breites Lächeln und sein angegrauter Bart, der an den eines Amish erinnerte, deutlich zu sehen. Er trug einen dunklen Mantel und eine Pelzmütze mit Ohrenklappen. Bärtig, untersetzt, mittelgroß. Mit tiefer, rauher Stimme sagte er: »Schalom alechem.« Der traditionelle hebräische Gruß – »Friede sei mit Euch«. Was für eine Überraschung, in der Moskauer Metro Hebräisch zu hören.

Adena und ich erwiderten mit dem traditionellen »Alechem schalom«.

Wir schüttelten einander die Hände.

»Folgen Sie mir bitte.«

Wir gingen mit ihm durch die Station, eine Treppe hinauf und hinaus in die kalte Nacht.

Schnee wehte durch die Straßen. In meinem Bart bildeten sich Eisperlen. Ich konnte durch meine Brille kaum etwas erkennen.

Wir gingen freigeschaufelte Wege und vom Schnee geräumte Straßen entlang.

»Sie werden unser russisches Wetter nicht mögen«, meinte er.

»Ist das ein normaler Winter?« fragte Adena.

»Normal vielleicht nicht. Aber in Moskau ist es nicht so schlimm. Anderswo ist es schrecklich.«

Ich erzählte ihm, daß mir nur einmal so kalt gewesen war, und zwar als ich sechzehn Monate lang mit der amerikanischen Armee in Korea war.

»Ah, Sie waren Soldat in Korea?«

»Da wehten die Winde aus Sibirien.«

»Ah ja. Diese Winde kenne ich gut.«

Wir gingen schweigend weiter und steuerten vorsichtig zwischen den hohen Schneewächten hindurch. Er brachte uns zur Wohnung des Bruders und der Schwägerin seiner Frau. Keine Menschenseele zu sehen in dieser weißen, windigen Nacht. Wuchtige Wohnhäuser zu beiden Seiten der Straße. Sanftes gelbes Licht in den Fenstern. Das trockene Knirschen unserer Stiefel auf dem verharschten Schnee. Verschwommene Lichter, die sich langsam nähern, und dann gleitet ein Auto an uns vorbei, ohne Scheinwerfer, nur Standlicht, das erste Auto, das wir sahen, seit wir die Metrostation verlassen hatten.

Ich fragte: »Warum fahren sie ohne Scheinwerfer?«

»Um die Batterie zu schonen.«

»Ist das nicht gefährlich?«

»Natürlich.«

Ich fragte nach der Unfallrate in Rußland.

»Genau wie in Amerika, ungefähr 50 000 Todesopfer pro Jahr – aber wir haben nur ein Zehntel eurer Autos. Jetzt bitte hier entlang.«

Wir bogen in einen freigeschaufelten Weg ein, ein trübweißlicher Korridor zwischen Schneebergen. Vor uns stand ein hohes Wohnhaus.

»Ich muß Sie jetzt bitten«, sagte er, »nicht mehr zu sprechen, bis wir in der Wohnung sind.«

Er öffnete die Haustür. Wir betraten ein dunkles Treppenhaus und gingen eine kaum sichtbare Treppe hinauf. Das Haus erinnerte an ein altes New Yorker Mietshaus, aber kein Geräusch ließ vermuten, daß hinter den geschlossenen Türen jemand lebte. Hier ging man am besten auf Zehenspitzen und rechnete damit, daß plötzlich jemand aus den violetten Schatten sprang und fragte, was man hier zu suchen habe.

Am oberen Ende der Treppe ein Korridor. Wir gingen auf eine Tür zu, die sich – nur einen Augenblick, bevor wir sie erreichten – plötzlich und auf geheimnisvolle Weise öffnete.

In der Tür stand eine Frau in mittleren Jahren. Wortlos bedeutete sie uns hereinzukommen, und sobald wir die Wohnung betreten hatten, schloß sie die Tür und sperrte ab.

Wir befanden uns in einem schmalen Flur. An der Wand Haken zum Aufhängen der Mäntel, daneben ein kleiner Spiegel, und dann eine Bank, die von Schuhen und Hausschuhen – in ordentlichen Paaren – umgeben war.

Wolodja Slepak und die Frau wechselten ein paar Worte auf russisch. Ich nahm an, daß sie Mascha Slepaks Schwägerin war. Wortlos wies sie auf die Hausschuhe und ging dann den Gang entlang in ein Zimmer.

Wir zogen unsere Mäntel aus und hängten sie auf die

Haken. Von allen Kleidungsstücken tropfte schmelzender Schnee. Auf dem Linoleumboden des Ganges bildeten sich kleine Pfützen. Adena und ich zogen unsere nassen Stiefel aus und schlüpften in die mitgebrachten Hausschuhe. Die meinen hatte ich in meiner Fototasche bei mir getragen.

Wolodja Slepak, die dichten grauen Haare ungekämmt, sein Bart noch naß vom Schnee, stand in seinem grauen Wollpullover, dunklen Hosen und Hausschuhen da und sah uns zu, wie wir unsere Hausschuhe anzogen, freundlich lächelte er uns an.

»Ah, Sie sind gut ausgerüstet. Sehr gut. Kommen Sie jetzt bitte mit mir. Sie werden alle kennenlernen.«

Wir folgten ihm durch den Gang ins Hauptzimmer der Wohnung.

Es war ein Raum von ansehnlicher Größe, der als Wohnzimmer und Eßzimmer zugleich diente, warm und stickig, auf dem Boden ein Teppich. Die etwas schäbige Eleganz erinnerte an die Zimmer in den Wohngegenden der New Yorker Mittelschicht, wo ich aufgewachsen war. Vor dem Sofa stand ein Tisch mit sieben Gedecken. Mit Büchern und Zeitschriften vollgestopfte Regale nahmen die ganze Wand rechts vom Sofa ein. Die Vorhänge vor den Fenstern auf der anderen Seite des Zimmers waren geschlossen. In der Nähe der Fenster standen auf einem kleinen Schreibtisch ein Telefon und eine Vase mit Blumen. Tagsüber hatte ich fest eingemummte alte Frauen gesehen, die in kleinen Kiosken Blumen verkauften.

Einige Schritte von dem Sofa entfernt standen die dunkelhaarige Frau, die uns die Tür geöffnet hatte, und ein Mann in mittleren Jahren, wahrscheinlich Mascha Slepaks Bruder. Neben ihm ein gedrungener, blasser junger Mann, etwa achtzehn Jahre alt, zweifellos ihr Sohn, Maschas Neffe, ungefähr so groß wie sein Vater, mit dichtem dunklen Haar, ein wenig vorgebeugt, auf seinem fahlen Gesicht ein Ausdruck tiefer Melancholie.

Auf dem Sofa saß Mascha Slepak. Eine kleine, mollige, schüchtern wirkende Frau mit blassem, rundlichem Gesicht, kurzen rötlichen Haaren und wachsamen braunen Augen hinter dicken Brillengläsern. Sie betrachtete uns mit einem müden, kurzsichtigen Blick und zurückhaltendem Lächeln.

Wir wurden der Familie nur kurz vorgestellt.

»Wir haben Besuch aus Amerika« war alles, was Wolodja Slepak sagte. Es folgte höfliches Händeschütteln. Niemand fragte nach unseren Namen.

Die Atmosphäre im Raum war beunruhigend, sie schien vor kaum unterdrückter Angst zu vibrieren. Irgend jemand sagte einmal, daß die einzige Frage, die wir einander stellen sollten, lautet: »Was habt ihr durchgemacht?« Im Laufe dieses Abends würde diese Frage vielleicht beantwortet werden, ohne daß wir sie tatsächlich stellten. Auf diese verzweifelte Weise hielten Menschen wie diese ihr Leben und ihre Hoffnung aufrecht: durch Fremde, die vom Himmel fielen.

Maschas Bruder und seine Schwägerin gingen in die Küche. Ihr Neffe zog sich in ein Zimmer in der Nähe des Eingangs zurück.

An diesem Tag hatten Adena und ich eine Flasche Stolitschnaja erstanden. Diese holte Adena jetzt aus ihrer Tasche und überreichte sie Wolodja, dessen Gesicht sich zu einem strahlenden Lächeln verbreitete.

»Aha, sehr gut, sehr gut«, dröhnte er überschwenglich. »Vielen Dank.«

Der Raum war überheizt und schwül. Die Fenster hinter den schweren Vorhängen waren sicher beschlagen.

Adena ging zum Telefon, um unsere Verabredungen für die nächsten Tage zu treffen. Wolodja und ich saßen auf Stühlen am Tisch.

»Sie kommen also aus Amerika«, sagte Wolodja Slepak.

Ich antwortete: »Ja, aus Philadelphia.«

»Kennen Sie viele Juden in Philadelphia?«

»Ich bringe Grüße von vielen Freunden.«

Ich zählte die Namen derer auf, die uns gebeten hatten, den Slepaks ihre besten Wünsche zu überbringen. Er nahm die Namen mit einem herzlichen »Ja, selbstverständlich kennen wir sie« zur Kenntnis.

Obwohl sich unser Gespräch langsam erwärmte, war da noch immer ein gewisses Unbehagen, wie bei einem Besuch im Krankenhaus oder im Gefängnis. Das Wissen darum, daß einer der Gesprächspartner früher oder später aufstehen und weggehen wird, während der andere hierbleiben muß, kühlt die Atmosphäre ab und ruft eine unterschwellige Melancholie hervor. Wolodja Slepak sprach fließend Englisch, wenn auch mit starkem russischem Akzent. Und er hatte etwas Bezauberndes in seinen Augen, in seinem ausdrucksstarken Mund und seiner tiefen, nasalen Stimme, eine unwiderstehliche, Energie ausstrahlende Sicherheit.

Während wir uns unterhielten, saß Mascha Slepak still da, ihre Augen hinter den dicken Brillengläsern wachsam.

Wolodja Slepak strich sich durch den Bart und sagte: »Wenn Sie gestatten, ich muß Sie etwas fragen.«

»Bitte«, sagte ich.

»Es gibt einen Mann, der in Philadelphia lebt. Der Schriftsteller Chaim Potok. Kennen Sie ihn vielleicht?«

Ich versuchte meine Überraschung zu verbergen. »Hm, ja ...«

»Sie kennen ihn?«

Ich sagte: »Ich bin Chaim Potok.«

Seine Augen verengten sich. Er wirkte verwirrt.

Mascha Slepak sagte etwas auf russisch. Es war das erste Mal, daß sie sich an der Unterhaltung beteiligte, und er antwortete leise auf russisch, ohne den Blick von mir zu wenden.

Beide sahen mich mit einem gewissen Unbehagen an.

»Nein, entschuldigen Sie bitte«, sagte Wolodja Slepak.

»Vielleicht haben Sie mich falsch verstanden. Mein Englisch ist nicht so gut. Ich wollte wissen, ob Sie den amerikanischen Schriftsteller Chaim Potok kennen.«

Ich sah zu Adena hinüber – sie stand noch immer auf der anderen Seite des Zimmers und telefonierte – und sagte langsam: »Ja, ich kenne Chaim Potok. Ich *bin* Chaim Potok.« Ich griff in eine Tasche und holte eine der Visitenkarten heraus, die ich – wie man mir empfohlen hatte – für diese Reise hatte drucken lassen. In Rußland, so hatte man mir erklärt, waren sie eine vornehme Bestätigung der eigenen Identität, ein bürgerliches Zeichen von Individualität inmitten der für die Sowjetunion offenbar charakteristischen ideologischen Gleichmacherei.

Wolodja Slepak nahm die Karte, holte eine Lesebrille aus der Brusttasche seines Hemdes unter seinem Pullover hervor, setzte sie auf, hob die Karte hoch und betrachtete sie angestrengt. Seine Wangen und seine breite Stirn röteten sich. Er nahm die Brille ab, starrte mich verwundert an und stieß plötzlich einen lauten Schrei aus, der durch die ganze Wohnung hallte.

Adena drehte sich um und sah Wolodja an.

Mascha Slepak schien verwirrt, sagte schnell etwas auf russisch, und Wolodja antwortete. In seinem Wortschwall hörte ich meinen Namen. Sie sagte »Oh!«, schlug beide Hände vor den Mund und starrte mich an.

Ihr Bruder und ihre Schwägerin kamen aus der Küche, und einen Augenblick später stürzte der blasse Neffe aus seinem Zimmer und eilte an die Seite seiner besorgten Eltern.

»Sie sind Chaim Potok?« sagte Wolodja Slepak, packte mit beiden Händen meine Rechte und schüttelte sie kräftig. Wir standen beide auf, und er umarmte mich. Ich hatte das Gefühl, völlig von seinem festen, muskulösen Körper und seiner Überschwenglichkeit, von der Kraft, die ich in seinen Armen spürte, verschluckt zu werden. In diesem Augenblick war ich nicht wenig überrascht und gleichzeitig hoch erfreut darüber, daß meine Arbeit diesen außerordentlichen Mann irgendwie erreicht und berührt hatte.

Denen, die eben erst ins Zimmer gekommen waren, verkündete er dröhnend: »Das ist der Schriftsteller Chaim Potok!«, und seine Stimme hallte in meinen Ohren.

Bruder und Schwägerin nickten höflich, ohne ein Zeichen des Wiedererkennens. Der junge Mann wirkte desinteressiert. Adena legte den Telefonhörer auf und trat zu uns.

»Was für eine Überraschung!« sagte Wolodja. »Darauf müssen wir trinken!«

Er sagte etwas auf russisch, griff nach der Wodkaflasche, die wir mitgebracht hatten, und machte sich daran, sie zu öffnen, während Maschas Schwägerin in die Küche eilte und mit kleinen Gläsern auf einem Tablett wiederkam. Wolodja schenkte ein. Wir hoben unsere Gläser.

»Auf unsere Freunde aus Philadelphia«, sagte er. »Und auf die Freiheit.«

»Auf mein erstes Zusammentreffen mit Menschen, die mir das Gefühl geben, daß ich sie schon seit langem kenne«, sagte ich.

»Auf neue Freunde«, sagte Adena.

Mascha Slepak hielt ihr Glas und sah Adena und mich durchdringend an. So, wie sie uns beobachtete, schien es, als ob sie mit den Augen kategorisierte, zu den Akten legte, archivierte. Ihr Bruder und ihre Schwägerin, die anscheinend ebenso wenig Englisch konnten wie Mascha, standen mit ihren Gläsern da, verwirrt und etwas besorgt angesichts von Wolodjas Überschwenglichkeit. Und der Neffe schien über das Wodkaglas in seiner Hand vollends verstört.

Wir leerten unsere Gläser zur Feier dieses Augenblicks und stellten sie auf das Tablett zurück. Der Bruder und seine Frau gingen wieder in die Küche, und der Neffe marschierte zurück in sein Zimmer. Wolodja Slepak sah ihm nach und wartete, bis er die Tür hinter sich geschlossen hatte. »Mit ihm gibt es ein großes Problem«, sagte er.

»Worum geht es denn?« fragte ich.

»Er ist in einem Alter, in dem er in die Armee eingezogen werden kann. Wenn sie ihn holen, werden Maschas Bruder und seine Frau nicht ausreisen, selbst wenn sie das Visum bekommen.«

»Haben sie ein Visum beantragt?«

»O ja. Und sie sind abgelehnt worden. Sie werden keins mehr beantragen, wenn ihr Sohn in der Armee ist.«

»Ich verstehe.«

»Und später werden die Behörden seinen Armeedienst zum Vorwand nehmen, ihm kein Ausreisevisum zu erteilen. Sie werden sagen, daß er Staatsgeheimnisse kennt, weil er in der Armee war.« Er schwieg einen Augenblick. »Es ist ein großes Problem. Sie könnten ihn in den Krieg nach Afghanistan schicken.« Er machte eine Pause. »Vielleicht kennen Sie oder Ihre Frau ein amerikanisches Mädchen, das er heiraten könnte.«

Seine Worte waren eine Bitte um die Rettung eines Lebens.

Adena und ich sahen einander an und schüttelten den Kopf.

Der Gegenstand dieses traurigen Anliegens wurde wenige Minuten später von seiner Mutter ins Zimmer zurückgerufen, und wir nahmen um den Tisch herum Platz. Es war Sabbat, aber wir hatten keine Kerzen, keinen Wein und kein geflochtenes Brot. Eine vernichtende Trostlosigkeit lag über dem Zimmer. Alle saßen unbeweglich da und starrten auf den Tisch, und ich spürte, daß sie darauf warteten, daß ich etwas tat.

Ich goß etwas Wodka in mein Wasserglas, ließ sie dasselbe tun und erhob mich. Sie standen auf. Ich sang den Kiddusch-Segen zum Sabbat – der üblicherweise über geweihtem Wein gesprochen wird – über dem Wodka. Sogar in Korea, in den schlimmsten Zeiten, hatten wir immer Wein für den Kiddusch gehabt. Ich sang langsam und beobachtete die Gesichter der Russen. Da war keine Verlegenheit und kein sichtbares Unbehagen. Nur Andacht und Respekt. Ich beendete den Kiddusch, und wir tranken den Wodka. Dann sprach ich über dem dunklen Brot den Segen, schnitt es in Scheiben und reichte sie herum. Wir setzten uns.

Die Aura der Heiligkeit, die der Tisch durch den Segen erhalten hatte, machte alle einen Augenblick lang sprachlos. Offensichtlich war ein Sabbat-Mahl kein alltägliches Ereignis im Leben dieser sowjetischen Juden. Ich erinnere mich, daß das Abendessen aus einem Salat aus gekochten Rüben, Kartoffeln und Zwiebeln sowie gedünstetem weißem Fisch mit Weißkohl und Karotten bestand. Und kleinen Mohn-Zimt-Keksen. Und Tee. Und langen Gesprächen.

Adena und ich erzählten von den russischen Wurzeln unserer Familien. Flucht war das Leitmotiv ihres Lebens gewesen: mein Urgroßvater und seine Flucht nach Polen, um der Einberufung und 25 Jahren Militärdienst unter Nikolaj I. zu entgehen; Adenas Vater und seine Flucht unter Nikolaj II. vor der Verhaftung wegen seiner Teilnahme an zionistischen Aktionen. Ausbrechen, mit Schmiergeldern über gesperrte Grenzen, so weit wie nur möglich weg von diesem tyrannischen Land – das war das Vermächtnis, das sie uns hinterlassen hatten. Wir waren in die Sowjetunion gekommen, sagte Adena, um Dissidenten zu treffen, um unsere Solidarität mit ihnen zum Ausdruck zu bringen, um ihnen zu sagen, daß sie nicht vergessen sind. Leise übersetzte Wolodja unsere Worte für Mascha und die anderen.

Eine innige Wärme durchströmte den Raum, ein Gefühl von Vertrautheit und Nähe, ausgelöst durch das gemeinsame Essen. Das Gespräch mit Wolodja schweifte ab: Stalin, der Zweite Weltkrieg, der Kalte Krieg, das gegenwärtige Sowjetregime, die Dissidenten, Petitionen, Briefe, Schlagzeilen, Kundgebungen. Die Unterhaltung wurde lebhafter, und sogar Mascha begann sich in stockendem Jiddisch und Englisch zu beteiligen. Von Zeit zu Zeit äußerten ihr Bruder und ihre Schwägerin vorsichtig einige Worte. Nur der junge Mann saß schweigend da, er schien in tiefe Trübsal versunken.

Wir redeten von diesem und jenem und kamen irgendwie auf Wolodjas Gesundheit zu sprechen. Mascha wandte sich plötzlich zu mir, zeigte auf meine Mitte und sagte trocken: »Klein.« Einen Augenblick lang wußte ich nicht, was sie meinte. Dann zeigte sie auf Wolodjas beachtlichen Bauch und sagte: »Nicht klein.« Ich spürte das Gewicht ihres Vorwurfs.

Wolodja, noch lauter als sonst, brüllte vor Lachen. Sein Gesicht leuchtete, seine Augen funkelten. Er tätschelte seinen Bauch und sagte: »Mascha würde gern wissen, wie Sie es schaffen, so schlank zu bleiben.«

Ich erklärte in einfachem Englisch meine normalen und gesunden Eßgewohnheiten. Wolodja hörte zu und übersetzte. Mascha lauschte mit wachsender Andacht. Ihr Gesicht wurde lebhaft, ihre Augen leuchteten. Nichts hatte sie so begeistert wie meine bescheidene, wohlüberlegte Ernährung. Vielleicht war Wolodja nicht ganz gesund und benötigte gewisse Regeln, um seinen Appetit im Zaum zu halten.

Als ich fertig war, sagte Mascha kurz etwas auf russisch zu Wolodja. Er stand auf, verließ das Zimmer und brachte Papier und Bleistift. »Erzählen Sie noch einmal, was Sie essen, und ich werde es aufschreiben. Wir werden Mascha glücklich machen.«

Danach halfen wir beim Tischabräumen, und dabei kehrte eine spürbare Spannung zurück. Ich bemerkte, daß

Maschas Bruder immer wieder zur Küchenuhr blickte. Schließlich gingen sie alle zum Telefon.

Wolodja erklärte uns, daß sein Schwager und seine Frau alle 14 Tage um diese Zeit ihre Tochter und ihren Schwiegersohn anriefen, die ein Baby hatten und in Beersheba in Israel lebten. Das Gespräch, das vorbestellt war, kam ohne Probleme zustande. Mutter und Vater und Sohn sprachen abwechselnd. Sie redeten laut, als ob sie wenig Vertrauen in die mysteriösen Fähigkeiten des Apparats hatten und meinten, sie müßten ihre Stimmen durch die verborgenen Drähte katapultieren, die so weit über Land und Wasser reichten. Die antwortenden Stimmen knatterten aus dem schwarzen Hörer. Wolodja übersetzte leise. Dem Baby ging es gut. Es hieß Daniel. Die Tochter war sehr glücklich. Sie schickte Grüße an ihre Eltern und ihren Bruder, an Onkel und Tante. Sie sehnte sich danach, daß sie alle die Ausreiseerlaubnis erhielten.

Mascha redete ins Telefon. Dann Wolodja. Das Gespräch war zu Ende.

Mascha wandte sich ab. Ihr Gesicht war aschfahl, ihre Lippen zusammengepreßt. Sie schien all ihre frühere Selbstbeherrschung verloren zu haben. Sie erklärte Adena in zögerndem, gebrochenem Englisch: »Ich nie mehr sehe meine Kinder. Ich nie sehe meinen neuen Enkel in Amerika.« Sie verlor plötzlich die Geduld und sprach wieder russisch, und Wolodja übersetzte. »Unsere beiden Söhne haben ihr israelisches Visum schon vor Jahren bekommen, und jetzt leben sie in den Vereinigten Staaten. Die Frau des Sohnes, der in Philadelphia lebt, ist schwanger und wird bald das Kind zur Welt bringen. Wir werden nie wieder eine Familie sein. Das ist unser bitteres Schicksal. Wir sind dazu verurteilt, in der Sowjetunion zu leben. Aber wenigstens haben wir es geschafft, die Kinder hinauszubekommen. Das bereuen wir keinen Augenblick.«

Sie schwieg, und Wolodja fügte hinzu: »Wir haben die

Hoffnung, daß Maschas Bruder und Schwägerin ausreisen können, wenn wir es schaffen, daß ihr Sohn nicht zur Armee muß.« Der junge Mann sagte etwas auf russisch und ging zurück in sein Zimmer. Seine Eltern gingen in die Küche. Mascha und Adena saßen eine Weile auf dem Sofa und unterhielten sich leise.

Etwas später verabschiedeten wir uns von Maschas Bruder und Schwägerin und ihrem Sohn und machten uns auf den Heimweg. Es schneite noch immer. Wolodja und Mascha erklärten, daß sie uns zum Hotel begleiten würden.

Die Metro war nahezu menschenleer. Wolodja und ich saßen auf der einen Seite des Waggons, uns gegenüber saßen Mascha und Adena. Adena erzählte mir später, daß Mascha vor allem über die Jahre sprach, die sie und Wolodja in Sibirien verbracht hatten. Sie hatte schwere Erfrierungen an den Beinen erlitten, und obwohl die Schmerzen nicht mehr so schlimm waren, konnte sie nicht lange stehen. Von Zeit zu Zeit sah ich Mascha an und bemerkte ein gelegentliches Aufblitzen in ihren Augen hinter den dicken Brillengläsern. Ich dachte mir, daß in ihr wahrscheinlich sehr viel mehr steckte, als sie an diesem Abend gezeigt hatte, und es machte mich traurig, daß ich nie die Gelegenheit haben würde, sie besser kennenzulernen.

Wir verließen die Metro-Station und standen im Schnee. Es war ziemlich spät. Ich wickelte meinen Schal um mein Gesicht, eine lächerliche Maßnahme gegen den Wind. Bei den Stufen vor dem Hotel blieben wir stehen und unterhielten uns noch.

»Ich habe zwei von Ihren Büchern auf englisch gelesen«, sagte Wolodja. »Und jetzt stehen wir hier zusammen und unterhalten uns wie Freunde.«

Wir verweilten noch ein wenig, wollten nicht so recht Abschied nehmen. Schließlich schüttelten wir einander die Hände, umarmten uns und sagten: »Lehitraot«, was auf hebräisch soviel heißt wie »bis wir uns wiedersehen«, obwohl keiner von uns wirklich daran glaubte, daß das auch nur im entferntesten wahrscheinlich war. Adena und ich sahen ihnen nach, wie sie langsam fortgingen und in der schneeverhangenen russischen Nacht verschwanden.

In den folgenden Monaten mußte ich immer wieder an die Slepaks denken: wenn ich aus meinem Fenster in einen Schneesturm starrte, während des Segens über einem Glas Wein beim Abendessen am Sabbat, in der U-Bahn, wenn ich Nachrichten über die Sowjetunion las. Mit Bewunderung und Herzklopfen verfolgte ich ihr kämpferisches Leben. Dann, im Oktober 1987, so plötzlich, daß es alle verblüffte, bekamen sie ihr Ausreisevisum, verließen die Sowjetunion und waren unterwegs nach Israel!

Nicht lange danach, an einem Winterabend in einem New Yorker Restaurant, fragte mein Agent Owen Laster mich und Adena, ob wir die Slepaks kennen würden. Wir sagten ja, wir kennen sie. Er erzählte mir, daß Wolodja ihre Geschichte in russischer Sprache auf Tonband aufgezeichnet hatte und daß diese Aufnahmen von einem der Söhne ins Englische übersetzt worden waren. Hätte ich eventuell Interesse daran, mir das anzuhören und über die Slepaks zu schreiben?

Der Kampf der jüdischen Dissidenten war damals auf seinem Höhepunkt. Ich dachte mir: Hör dir die Aufnahmen an, ob sie brauchbar sind, und vielleicht kannst du etwas zur Befreiung der russischen Juden beitragen.

Ich erklärte mich bereit, mir die Bänder anzuhören. Später wurde der Vertrag unterzeichnet. Ich begann mit den notwendigen Recherchen. Adena und ich flogen nach Israel, trafen die Slepaks und kehrten mit nahezu 40 Stunden Video- und Tonbandaufnahmen zurück, die später durch mehr als 20 zusätzliche Stunden Tonmaterial, einige Dutzend handgeschriebene Faxe und zahllose Telefongespräche über größere und kleinere Details ergänzt wurden.

Alles Material in meinem Besitz – Aufnahmen, Faxe, Aufzeichnungen von persönlichen Gesprächen und Telefonaten – stellt die Chronik einer Familie dar, die in vieler Hinsicht ein extremes Beispiel für das fortwährende Elend der Juden in Rußland ist, das harte Los eines andersgläubigen Volkes, das die Russen immer ausgegrenzt hatten. Als ich jedoch diese Chronik immer wieder aufs neue durchsah, trat ein ganz spezifisches Familiendrama in den Vordergrund, und ich erkannte langsam, daß ich nicht nur eine klassische Erzählung über Russen und Juden vor mir hatte, die sich gegenseitig ans Leben wollten, sondern auch die verwickelte und einzigartige Geschichte von einem Vater und seinem Sohn – und einem unergründlichen Rätsel.

DER VATER

1 Der das Feuer brachte

Kurz nach der Jahrhundertwende riß ein dreizehnjähriger Junge in einer weißrussischen Kleinstadt aus dem ärmlichen Haus seiner Mutter aus. Sein Vater war fünf Jahre zuvor gestorben. In den folgenden Jahren trieb es ihn immer weiter, über Ozeane und Kontinente. Als er nahezu zwei Jahrzehnte später den asiatischen Kontinent erreichte, war aus dem harmlosen russisch-jüdischen Jungen aus der Provinz ein geübter und ergebener bolschewistischer Killer geworden.

Die Kleinstadt hieß Kopys und war etwa fünfzehn Kilometer von seiner Geburtsstadt Dubrowno am Dnjepr entfernt.

Im Jahre 1766 gab es in Dubrowno und Umgebung 801 jüdische Steuerzahler. Hundert Jahre später hatte sich die Stadt zum Zentrum einer Textilindustrie entwickelt, die Gebetsschals herstellte und diese in ganz Rußland und Europa bis nach Amerika vertrieb. Am Ende des 18. Jahrhunderts gab es in Dubrowno auch eine Dachziegelfabrik und eine Gruppe religiöser Schriftgelehrter, die Phylakterien, Thora-Rollen und Mesusas anfertigten, die kleinen Behälter mit Abschnitten aus der Thora, die die Juden an ihre Türstöcke hängen.

Die Weber von Dubrowno arbeiteten an altertümlichen Handwebstühlen und wurden von den Kaufleuten, die ihnen das Garn mit enormem Gewinn überließen und die fertigen Produkte dann zu niedrigen Preisen abkauften, unbarmherzig ausgebeutet. In der zweiten Hälfte des 19. Jahrhunderts ruinierte die großstädtische Konkurrenz maschinell gewebter Gebetsschals die Textilindustrie von

Dubrowno. Immer mehr Weber verließen die Region. 1897, vier Jahre nach der Geburt von Solomon Slepak, lebten 4364 Juden in Dubrowno, das waren etwa 57 Prozent der Gesamtbevölkerung. Die Stadt war so unbedeutend, daß sie nicht einmal einen eigenen Bahnhof hatte.

Fotos geben uns Einblick in das Leben der Juden von Dubrowno.

Ein Porträt von Solomon Slepaks Vater zeigt einen Mann mit langem schwarzem Bart und einem dunklen Käppchen. Er war von irgendwo in der Ukraine nach Dubrowno gekommen. Die Familienüberlieferung berichtet, daß er körperlich sehr kräftig war, daß es der Traum seines Lebens war, seinen Sohn Solomon in eine Jeschiwa zu schicken, eine höhere jüdische Schule, um Rabbiner zu werden, und daß in einer gewissen ukrainischen Stadt etwa ein Drittel aller Juden den Namen Slepak trug, was auf ukrainisch »blind« bedeutet.

Es gibt ein Foto, das einen älteren Mann namens Munja zeigt, der Küster in einer Synagoge in Dubrowno war. Auch er trägt ein dunkles Käppchen und einen langen, dunklen, locker fallenden Mantel, unter dem hohe Stiefel und rituelle Fransen hervorschauen. Er blickt uns mit umschatteten, melancholischen Augen an. Seine Lippen sind schmal, ernst. Sein wallender weißer Bart reicht ihm beinahe bis zur Brust. Seine Armut ist von einer gewissen stoischen Eleganz, sein hartes Leben trägt er mit stiller Würde. Auch wenn es keine Hinweise auf seine Verwandtschaft mit den Slepaks gibt, muß man doch nicht übermäßig viel Phantasie haben, um eine Ähnlichkeit in Aussehen und Kleidung mit Solomon Slepaks Vater zu sehen, der ein Melammed war, ein armer Lehrer für Kinder.

Und es gibt ein Foto von einer Feier in der Synagoge von Dubrowno. Ein außerordentliches Ereignis, ein Anlaß zu großer Freude: Ein Schreiber hat eine Thora-Rolle fertiggestellt, ein langwieriges und anspruchsvolles Unterfangen, mehr als ein Jahr gewissenhaftester Arbeit. Auf dem Foto sehen wir die Arche, reich verziert mit einer Schar von Tieren und Vögeln vor einer filigranen Fassade. Etwa 60 Männer, Frauen und Kinder stehen in einem Halbkreis hinter einem bärtigen Mann in Kniehosen, Stiefeln und Käppchen, der zu tanzen scheint. Zwei jung aussehende Männer, ein Geiger und ein Klarinettist, spielen ihre Instrumente. Der Klarinettist hat keinen Bart und trägt eine Melone; vielleicht ist er ein professioneller Musiker, ein Fremder, der für diesen Anlaß engagiert wurde. Ein bärtiger Alter trägt die Thora-Rolle, die mit einer silbernen Krone dem Ereignis entsprechend geschmückt ist. Im Hintergrund, in der Nähe der Arche und der Mauer der Synagoge, stehen Frauen und Kinder in ordentlichen Reihen. Im Vordergrund sind Männer und Jungen. Auch hier gehört nicht viel Phantasie dazu, in einem der Jungen den kleinen Solomon Slepak zu sehen, der ein Schüler in der kleinen Schule seines Vaters war und sicher die Synagoge besuchte.

Niemand auf dem Foto lächelt. Es handelte sich immerhin um ein Bild für die Nachwelt, das einen Höhepunkt des öffentlichen Lebens darstellt.

Andere Fotos zeigen Leiden und Tod. Da ist ein interessantes Foto, das uns auffordert, über das Wunder eines auf unerklärliche Weise verhinderten Pogroms nachzudenken: Die Synagoge in Mstislawl, die in der ersten Hälfte des siebzehnten Jahrhunderts erbaut wurde, steht groß und stolz vor einem weißen Himmel. Ihre Zerstörung wurde von Zar Peter dem Großen verhindert, der – als er 1708 mit seinen Truppen in die Stadt einmarschierte – die Synagoge besuchte und aus unerklärlichen Gründen seinen Soldaten plötzlich befahl, das Plündern und Töten von Juden einzustellen. »Nur mit Gottes Hilfe hat uns der Zar gerettet«, lautet der Kommentar der Chronik dieser jüdischen Gemeinde. Doch die Hand Gottes schien außerstande, andere ebenso zu retten. So gibt es auch Fotos anderer

Art: Pogrome, die mit beispielloser Brutalität durchgeführt wurden.

Bilder von Pogromen sind nur schwer zu ertragen. Vor allem die Kopfwunden sind erschreckend. Die Russen gingen mit ihren Säbeln und Äxten offenbar vor allem auf die Köpfe der Juden los. Ein Foto von Verwundeten zeigt etwa 30 Personen, die meisten von ihnen alte Menschen. Nahezu jeder Kopf ist bandagiert. Sie sind hier versammelt, um das Ereignis zu dokumentieren und es der Welt vor Augen zu führen. Und es gibt Fotos von langen Reihen von Leichen mit schrecklich anzusehenden Köpfen. Eine russische Stadt nach der anderen wurde zwischen 1881 und 1917 Zeuge eingeschlagener jüdischer Köpfe und langer Reihen jüdischer Leichen: Mogilew, Minsk, Gomel, Bialystok, Lodz, Kiew, Schitomir, Wologda, Simbirsk, Balta, Smela, Odessa. Und Kischinjow.

Solomon Slepak war etwa drei Jahre alt, als seine Familie aus Dubrowno ins nahe gelegene Kopys zog. Sie lebten mit einer Familie von Rabbis zusammen, mit denen Solomons Vater befreundet war. Die Juden in Dubrowno und Umgebung hatten sicher von dem Pogrom 1903 in Kischinjow gehört, eine Stadt in der Nähe von Odessa nahe dem Schwarzen Meer, er hatte in der ganzen Welt Aufmerksamkeit erregt. Über 300 Tote, Tausende verwundet, 600 Kinder verwaist, 1500 Wohnungen und Geschäfte geplündert, 40 000 Menschen ohne Besitz oder Arbeit. Zum Zeitpunkt des Pogroms in Kischinjow war Solomon Slepak zehn Jahre alt. Sein Vater war zwei Jahre zuvor gestorben.

In einer Woche im Oktober des Jahres 1905 kam es dann in ganz Rußland in 300 Städten zu Pogromen. Fünf Monate später wurde der junge Solomon Slepak ein Bar Mizwa und damit erwachsen. Bald darauf erklärte ihm seine Mutter, Baschewa, sie erwarte von ihm, daß er eine jüdische Akademie besuchen solle, um Rabbiner zu werden und so die Tradition seines verstorbenen Vaters Israel fortzusetzen, indem er sein Schicksal in die lange Reihe von Rabbis und Lehrern in der Familie seines Vaters einreihte. Entweder das oder – die Drohung war ganz deutlich, obwohl sie nicht ausgesprochen wurde – er müsse das Haus verlassen. Die Familiengeschichte der Slepaks hallt wider vom Echo der hitzigen Auseinandersetzungen zwischen Mutter und Sohn: die Mutter, die den Traum ihres verstorbenen Gatten verteidigte, der Sohn, der an seine eigene Zukunft dachte.

Die Chronik berichtet, daß Solomon Slepak im Alter von dreizehn Jahren sein Elternhaus verließ.

Auch andere junge Juden verließen damals ihr religiöses Zuhause. Sie lebten zusammen mit anderen Ausreißern in schäbigen Zimmern, teilten Essen und Kleidung, besuchten russische Schulen oder warteten darauf, aufgenommen zu werden, und schlugen sich mehr schlecht als recht durch, indem sie die Kinder wohlhabender jüdischer Familien unterrichteten oder gelegentlich anfallende Arbeiten verrichteten. Viele starben an Hunger oder Krankheiten.

Solomon Slepak flüchtete zu seinem älteren Bruder Aaron, der noch immer im nahe gelegenen Dubrowno lebte und dort in der Textilfabrik arbeitete. Aaron war damals siebenundzwanzig, fromm, verheiratet und Familienvater. Solomon hoffte auf die Unterstützung seines Bruders, aber dieser befürwortete die Idee, daß Solomon Rabbi werden solle, und bat ihn eindringlich, doch nach Hause zurückzukehren.

Solomon zog weiter, nach Orscha, etwa 20 Kilometer nördlich von Dubrowno, zu einem gewissen Dr. Sarchi, einem alten Freund der Familie. Der Doktor, der kein praktizierender Jude war, nahm den Jungen auf und ließ ihn bei sich in einer Dachkammer wohnen.

Niemand scheint zu wissen, warum Dr. Sarchi den dreizehnjährigen Solomon bei sich aufnahm und in welcher Beziehung er zur Familie Slepak stand. Aber in jenen Tagen war es nichts Ungewöhnliches, die ausgerissenen Kinder von Freunden aufzunehmen, statt sie in einem stinkenden Keller oder Mietshaus verkommen oder auf der Straße an Krankheiten, Elend und Hunger zugrunde gehen zu lassen.

Solomon Slepak wollte eine technische Schule besuchen, aber er war zu jung und nicht auf die Aufnahmeprüfungen vorbereitet. Er behalf sich, indem er sein Geburtsdatum in seinen Dokumenten vom 6. März 1893 auf den 6. März 1892 änderte – es ist nicht bekannt, wie er das anstellte, wahrscheinlich hatte er irgendeinen niedrigen Beamten bestechen können –, so daß er sich um ein Jahr älter machte, um, wie er hoffte, früher in die Schule aufgenommen zu werden. Er begann, für die Prüfungen zu lernen.

In Orscha lebten etwa 10 000 Juden; das waren etwas mehr als 50 Prozent der Gesamtbevölkerung. Wie auch Dubrowno lag Orscha am Dnjepr; aber anders als Dubrowno hatte die Stadt einen Bahnhof. Mehr als 30 Juden verloren in Orscha ihr Leben bei den Pogromen, die im Oktober 1905 russische Städte überrollten.

Nicht nur für Juden, auch für Russen war dies eine Zeit des Aufruhrs. Im Januar 1905 hatten Arbeiter, angeführt von dem orthodoxen Priester Georgij Gapon, in den Straßen von St. Petersburg demonstriert. Sie baten um eine Unterredung mit ihrem geliebten Zaren im Winterpalais, um ihm eine Petition vorzulegen. Statt dessen wurden sie von den zaristischen Truppen mit einem Kugelhagel empfangen. Es gibt unterschiedliche Schätzungen über die Zahl der Toten: von 130 bis fast 1000. Der Zar, bis dahin von den meisten Russen zutiefst verehrt, wurde nun Gegenstand von Haß und Wut. Er wurde nun »Nikolaj der Blutige« genannt.

Es ist kaum wahrscheinlich, daß Solomon Slepak von

diesen Ereignissen nichts wußte. In der kultivierten, weltlichen Familie des Dr. Sarchi gab es zweifellos fleißige Leser. In jenen Jahren erschienen in Rußland mehr als 2000 Zeitschriften jeglicher Couleur; die zaristische Pressezensur war locker. Zwischen 1906 und 1914 veröffentlichten die verschiedenen Fraktionen der Sozialdemokratischen Partei, die nach einer Revolution riefen, ganz legal mehr als 3000 Titel. Sicherlich gelangten einige dieser Publikationen in den Besitz von Dr. Sarchi und wurden von Solomon Slepak gelesen.

Nachdem er die Aufnahmeprüfungen bestanden hatte, trat Solomon in die technische Schule ein, wo er unter anderem Mathematik, Physik, Buchhaltung, Deutsch und Französisch lernte. Nicht Teil des Lehrplans waren die täglichen Gespräche der Schüler über die aktuellen Ereignisse: die widerwillige Zustimmung des Zaren zur Umwandlung des Staates in eine konstitutionelle Monarchie, die Wahl des ersten Parlaments im Jahr 1906, seine Auflösung durch den Zar, die drei folgenden Parlamentswahlen, bei denen Vertreter von über 40 politischen Parteien zur Wahl standen, darunter auch Abgeordnete jüdischer Parteien, die Taktiken und Manöver der Revolutionäre. In den Gängen und Klassenzimmern der Schule, beim Schwimmen im Dnjepr oder wenn sie am Ufer saßen, wurden die jüngeren Schüler schnell von den älteren radikalisiert.

Die Familienchronik berichtet, daß Solomon während seiner Zeit in der technischen Schule mit radikalen Ideen in Berührung kam und daß er an Versammlungen der Sozialdemokratischen Partei teilnahm. Es gibt jedoch noch keinen Hinweis darauf, daß er selbst ein Revolutionär geworden war.

Er beendete 1913 die Schule und plante, an einer Universität weiterzustudieren. Er war zwanzig Jahre alt, klein, gedrungen, mit dichtem, gelocktem, rabenschwarzem Haar, einer etwas zu großen Nase, dicken Lippen und leicht schrägstehenden, dunkelbraunen Augen, die ihm ein leicht mongolisches Aussehen verliehen. Er hatte kurze Arme und Beine, war breitschultrig, sehr stark und von bester Gesundheit. Hervorragendes Material für die Armee von Zar Nikolaj II.

Als Solomon Slepak die Schule abschloß, verdichteten sich bereits die Gerüchte über einen unmittelbar bevorstehenden Krieg. Er bewarb sich um Aufnahme am Höheren Technischen Institut in Moskau und wurde abgewiesen. Das Institut nahm nur ein niedriges, festgesetztes Kontingent an Juden auf. Was für eine Wut über das System mußten diese jungen russischen Juden in ihren Herzen tragen!

Das Land bereitete sich auf den Krieg vor. Solomon Slepak, der sich nun durch Privatunterricht seinen Lebensunterhalt verdiente, war erst seit recht kurzer Zeit in Orscha und noch nicht verheiratet. Politisch galt er als etwas unzuverlässig. Er war zwar nicht Mitglied einer revolutionären Partei, aber immerhin Teilnehmer an verdächtigen Versammlungen. Die Polizei scheint ihn beobachtet zu haben. Sein Name war einer derer, die ganz oben auf der Rekrutierungsliste standen, die die Gemeinde von Orscha der Armee aushändigen mußte. Er hatte jedoch nicht vor, sich der russischen Armee anzuschließen. Er floh und überquerte zu Fuß die russisch-polnische Grenze. Es ist nicht bekannt, ob er von den lokalen Behörden irgendwie den notwendigen Reisepaß erhalten hatte oder ob er die Grenze illegal überschritt. Das einzige Dokument, von dem sicher ist, daß er es bei sich hatte, war sein Schulabschlußzeugnis. Er besaß kaum Kleidung und nur sehr wenig Geld, als er Polen durchquerte und nach Deutschland kam, wobei es ihm irgendwie gelang, die zahlreichen Kontrollpunkte entlang der deutschen Ostgrenze zu umgehen. Eine Zeitlang verrichtete er Gelegenheitsarbeiten, reparierte dies, schleppte das und sparte die benötigten 30 Dollar – etwa 100 Rubel,

was damals eine beachtliche Summe war – für die Überfahrt und weitere 30 Dollar, die er den amerikanischen
Einwanderungsbehörden auf Ellis Island vorweisen mußte,
damit sie ihn einreisen ließen.

In Hamburg erhielt er im Konsulat ein amerikanisches
Visum und ging an Bord eines Schiffes, das nach England
und Amerika unterwegs war. Er reiste zusammen mit über
tausend weiteren Passagieren im Zwischendeck, in einem
überfüllten, ungefähr zwei Meter hohen Raum, der sich
über die gesamte Breite und etwa ein Drittel der Länge des
Schiffes erstreckte. Die Luft war unerträglich, es stank
nach ungewaschenen Körpern, Tabak, Knoblauch, Desin-
fektionsmitteln und den angrenzenden Toiletten, der Boden war rutschig vom Erbrochenen der Seekranken.

Im Zwischendeck war man ständig dem Lärm der
Schrauben, dem Dröhnen der Wellen, dem Stakkato der
Trossen und dem Vibrieren der stählernen Reling ausgesetzt. Manchmal, wenn sich das Wetter beruhigte, konnte
man Karten spielen, und mitunter gab es sogar Musik und
Tanz, aber meistens war die Reise, die etwa zehn Tage dauerte, eine Hölle, von der einige meinten, sie würde sie von
ihren Sünden reinwaschen und sie wie Neugeborene für
das Land des Kolumbus bereit machen.

Am Ende dieser schrecklichen Reise, als das Schiff durch
die Enge zwischen Brooklyn und Staten Island fuhr, betrachtete Solomon Slepak wie gebannt die Freiheitsstatue,
hypnotisiert von diesem Anblick vor der Spitze Manhat-
tans. Und als das Schiff an einem der Piers von New York
anlegte, sah er zu, wie diejenigen, die in der ersten und
zweiten Klasse gereist waren, von Bord gingen und sich direkt zum Zoll begaben, um ihre Papiere und ihr Gepäck
kontrollieren zu lassen. Danach marschierten er und all die
anderen vom Zwischendeck, ausgenommen amerikanische Staatsbürger, eine Planke im Achterschiff hinunter
und versammelten sich am Pier in Gruppen von je 30 Mann.

Dort wurden sie mitsamt ihrem Gepäck in Frachtschiffe verladen, die sie das kurze Stück über das Wasser zu den roten Gebäuden auf Ellis Island brachten.

Im Jahr 1913, als Solomon Slepak in den Vereinigten Staaten ankam, passierten nahezu 900 000 Immigranten Ellis Island. Das Einwanderungsverfahren auf der Insel war für sie eine schreckliche Erfahrung. Die Gesichter auf alten Fotografien zeigen deutlich die Angst, die die Einwanderer fühlten.

Solomon bestand die medizinischen Voruntersuchungen in der Registratur im zweiten Stock – kein Bruch, keine Tuberkulose, keine Herzerkrankungen, kein geistiger Defekt – und stand dann in zahlreichen Schlangen an, saß auf sauberen Holzbänken und ließ weitere Untersuchungen über sich ergehen: die der Genitalien auf Geschlechtskrankheiten, die der Haut auf »ekelerregende oder gefährliche ansteckende Krankheiten«. Aus den hohen Fenstern strömte Licht in den riesigen Saal, und die Luft war gut. Ein Arzt untersuchte seine Kopfhaut, ein anderer seine Fingernägel, ein dritter testete seine Augen. Er wurde nach seinem Alter gefragt und wohin er wolle. War er Anarchist, Polygamist, war er je im Gefängnis gewesen, wer hatte seine Überfahrt bezahlt, konnte er lesen und schreiben, hatte er Arbeit in Aussicht? Auf diese letzte Frage antwortete er, daß er keine Arbeit habe, wies aber sein Schuldiplom vor, um zu beweisen, daß er arbeitsfähig und für das Land nützlich sei. Ein Dolmetscher übersetzte seine Antworten den Prüfern und dem Einwanderungskommissar. Die letzte Frage des Kommissars – »Haben Sie 30 Dollar? Wenn es weniger ist, wieviel?« – beantwortete er, indem er ihm den Gegenwert von 30 Dollar in Fremdwährung zeigte, die er als Wanderarbeiter in Polen und Deutschland verdient hatte; er bekam seine Bescheinigung, er war »zugelassen«. Gemeinsam mit anderen Immigranten verließ er das Gebäude und ging zur Fähre.

Die Fahrt über das Wasser der oberen Bucht von New York brachte ihn zur Battery. Auf der anderen Seite des Drahtgitters entlang des Wegs von der Anlegestelle harrten besorgt und erwartungsvoll Verwandte und Freunde. Er hielt Ausschau nach seiner älteren Schwester Bajla.

Bajla war von der Familie verstoßen, so gut wie exkommuniziert, eine Tochter, deren Namen die Mutter nie in den Mund nahm. Bevor sie einige Jahre zuvor nach Amerika aufgebrochen war, hatte sie etwas Verabscheuungswürdiges getan. Eines ihrer Kinder, eine Tochter, war geistig behindert. Als die Situation in Rußland immer mehr zu einem Alptraum wurde, beschloß Bajla, ihre Familie nach Amerika zu bringen. Da sie sich darüber im klaren war, daß die Einwanderungsbehörde ihr behindertes Kind zurückweisen und sie so die Einreise der ganzen Familie gefährden würde, tat sie das Unaussprechliche: Sie entschloß sich, das Kind in die Obhut seiner Großmutter, Bajlas Mutter, zu geben.

Angesichts dieser Entscheidung wurde die Familie von heftigen Auseinandersetzungen geschüttelt. Es war unerhört, skandalös, ein Kind zurückzulassen und die anderen mitzunehmen. Was für eine Mutter konnte so etwas tun – ein behindertes Kind im Stich lassen? Sie muß ein Herz aus Stein haben! Und was sollte mit dem armen Geschöpf geschehen, wenn seine Großmutter in die »Wahre Welt« hinüberging? Wer würde dann für das Kind sorgen?

Bajla hatte sich von ihrem Kind abgewandt und ihre Mutter und ihren älteren Bruder verlassen; sie war mit ihrer Familie nach Amerika gefahren und wartete nun am Kai, als ihr jüngerer Bruder mit seinen wenigen Habseligkeiten, seinen dreißig Dollar und seinem Diplom von Bord der Fähre ging. Sie fuhren mit der U-Bahn zu ihrer Familie in Brooklyn.

Während seiner Jahre in New York wurde Solomon Slepak zum Revolutionär. Er wohnte bei der Familie seiner Schwester in der Division Avenue im Stadtteil Williamsburg in Brooklyn. In der Straße lebten osteuropäische Juden, Italiener aus Sizilien und der Umgebung von Neapel, Ukrainer und Polen. Die Straßen waren schmutzig, laut, überfüllt. Alte Brownstone-Häuser aus dem 19. Jahrhundert mit Erkerfenstern und gußeisernen Zäunen; Mietshäuser ohne Aufzug und hölzerne Reihenhäuser, die später zu Feuerherden und Slums verkommen sollten. Eine Stahlbrücke, die 1903 fertiggestellt worden war, überspannte den East River. Sie wurde als die Judenbrücke bezeichnet, der *New York Herald* nannte sie die Judenstraße. Sie verband die frisch angekommenen jüdischen Einwanderer in den ehemals vornehmen Straßen von Williamsburg mit den Juden, die in der Delancey Street mitten im Herzen der von Menschen wimmelnden Lower East Side von Manhattan lebten, den »gräßlich dunklen Hebräern«, die mit den »durch und durch assimilierten amerikanischen Juden ... in keiner religiösen, sozialen oder geistigen Beziehung« standen, wie es der *Hebrew Standard* 1894 formuliert hatte. Wenn man an einem warmen, klaren Tag die Brücke überquerte, konnte man die Skyline von Manhattan sehen und ins Herz des Kapitalismus schauen. Staunte Solomon Slepak, der vor kurzem mit dem Marxismus und der Sozialdemokratischen Partei in Berührung gekommen war, über die Macht dieses angeblichen Feindes der Arbeiterschaft? Sah er darin Klassenkampf, im Gewimmel und Gedränge der Menschen in den Straßen, der Juden mit ihren Wägelchen, den dreckigen Gehsteigen, den finsteren Mietskasernen; oder in seiner ersten Arbeit in einer Fabrik, die Gürtel, Geldbörsen und Taschen herstellte und in der er an einer Hitze verbreitenden Maschine stand, die Muster in das Leder prägte? Nach kapitalistischer Art ging die Lederfabrik bald in Konkurs, da nur spärliche Nachfrage nach ihren Erzeugnissen herrschte. Solomon nahm eine andere Stelle an und verkaufte Geschirr. Er bot seine Ware vor dem Passahfest feil, an dem das Geschirr, das das ganze Jahr hindurch gebraucht wurde, verstaut und jenes, das ausschließlich für das Fest verwendet wurde, hervorgeholt oder gekauft werden mußte. Und er hatte Erfolg mit einer weitverbreiteten Form von Betrug: Man überquert die Straße mit seinem Handwagen, stellt sich einem Laster in den Weg und springt schnell zur Seite, während dieser in den Wagen kracht und das Geschirr zertrümmert. Und dann holt man sich das Geld von der Versicherung. Solomon hatte rasch von der dunklen Seite Amerikas gelernt.

Die Chronik enthält keine weiteren Einzelheiten über seine Schwester Bajla und nichts über ihren Mann. Aber eine faszinierende Szene wurde uns überliefert: Die vier Kinder und ihr Onkel sitzen um eine amerikanische Zeitung herum auf dem Fußboden. Der Onkel liest, die Kinder verbessern ihn. Monat für Monat saß Solomon mit den Kindern seiner Schwester und einer Zeitung auf dem Boden, las laut und wurde korrigiert. So lernte er Englisch.

Gleichzeitig las er von ausbeuterischen Fabrikanten, von den Bemühungen um ein Gesetz gegen Kinderarbeit, von neuen Gesetzen zur Regelung der Sicherheit am Arbeitsplatz, der Abfindungen für Arbeiter und der Arbeitszeitbeschränkung für Frauen. Sicherlich las er auch über die Ermordung des Erzherzogs Franz Ferdinand und seiner Frau Sophie und daß das Attentat auf den Erzherzog die Situation in Europa möglicherweise etwas beruhigen würde.

Und er muß vom Krieg gelesen haben und dem Gemetzel, das im August 1914 in Europa begann. Und von der Schlacht von Tannenberg zwischen Deutschland und Rußland, die 13 000 Deutschen und 30 000 Russen das Leben kostete. An der Westfront rückten die Deutschen gegen die Hauptstand Paris vor. Während der ersten Septembertage brachten französische und britische Truppen an der Marne die Deutschen in einer Reihe von Schlachten zum Stehen, die auf jeder Seite etwa einer Viertelmillion Soldaten das Leben kostete und die das Wesen des Kriegs für immer veränderte. Mitte September wurden die ersten Schützengräben ausgehoben, und der Alptraum des Stellungskrieges begann.

All das las Solomon mit den Kindern seiner Schwester Bajla auf englisch, und sicher las er eine ganze Menge mehr allein für sich auf jiddisch. Und zweifellos diskutierte er darüber ausführlich mit seinem neuen Freund, einem Mann namens Grigorij Sarchin, über den die Familienchronik wenig erzählt: ein Jude aus einer kleinen Stadt in Weißrußland, groß und blond, ein fein geschnittenes Gesicht mit Adlernase. Die Chronik vermerkt, daß es Grigorij Sarchin war, der Solomon Slepak in die revolutionären Kreise von New York einführte. Aber wie und wo sie sich kennengelernt hatten, über das Wesen ihrer Beziehung, über die Ideen, denen sie anhingen, und die Gespräche, die sie führten, über ihre Pläne und ihre gemeinsamen Träume – darüber kein Wort.

Vor 1919 gab es in den Vereinigten Staaten keine amerikanische kommunistische Bewegung. Im September des Jahres verkündete das erste Manifest der Kommunistischen Partei Amerikas etwas verfrüht das Ende des Kapitalismus. Es gab jedoch Zirkel, in denen man über den Krieg und den Zar reden konnte, über Kapitalismus und Marxismus, über die Bourgeoisie und das Proletariat, über die Streiks der vergangenen Jahre – Streiks von Mantelnähern, von Zigarrendrehern und Hutmachern, Kinderstreiks, Bäckerstreiks, Fleisch- und Mietstreiks –, und in denen man mit Anarchisten und Sozialisten hitzig debattieren oder eine Gewerkschaftsversammlung, eine Demonstration, einen Streik, einen Aufmarsch planen und die Revolution in Amerika vorbereiten konnte. Karl Marx' Mehrwerttheorie, seine Theorie der Produktionsweisen und seine eiserne Überzeugung von der Unausweichlichkeit des Kommunismus – der durch die unumstößlichen Gesetze der Geschichte gleichsam vorbestimmt war – schienen in jenen unruhigen Tagen für viele überzeugend zu sein.

Wie wird jemand – Mann oder Frau – zum Revolutionär, der mit dem Rechtssystem und den Regeln seiner Welt bricht, der herkömmlichen Beziehungen wie Freundschaft oder Blutsverwandtschaft abschwört, der die Gesellschaft, in der er lebt, zu verachten beginnt, der ihr weder Gnade schenkt noch Gnade von ihr erwartet und der mit allen zur Verfügung stehenden Mitteln das Leiden der Menschen vermehren will, um das Kommen der Revolution zu beschleunigen? Sicherlich beginnt es damit, daß man der Revolution mit einer gewissen Sympathie gegenübersteht und bereit ist, ihre Konsequenzen hinzunehmen – möglicherweise aufgrund einer tiefen Enttäuschung über das eigene Volk oder die eigene Klasse. Entrüstung über soziale Ungerechtigkeit. Ein wachsendes Bewußtsein für das trügerische Wesen vornehmer Fassaden, das Wissen um die reale Welt von Macht, Geld und Gier unter der zivilisierten Oberfläche. Wut über die unüberwindlichen Hindernisse, die die fest verankerten Gesetze der bestehenden Mächte der eigenen Karriere und den eigenen Träumen in den Weg legen. Jahre voll von immer wieder aufloderndem Zorn und Haß, der schließlich mit gleichmäßiger Flamme zu brennen beginnt. Man ist von einem einzigen Ziel besessen: die verabscheuungswürdige Vergangenheit mit Blut reinzuwaschen, sie von ihren Übeln freizukaufen, die Welt neu zu erschaffen. Kein Theoretisieren mehr. Nicht mehr bloßer Zuschauer sein. Die Schwachen reden, träumen, idealisieren. Die Starken akzeptieren die bittere Wirklichkeit des Lebens und handeln.

Die Chronik enthält keine Aufzeichnungen über Solomon Slepaks wachsendes politisches Bewußtsein während jener Kriegsjahre in New York. Man stellt sich einen überzeugten Revolutionär vor, der von einer heimlichen Versammlung zur anderen fährt, der bei jeder Witterung Nachrichten überbringt, der von einem Genossen zum anderen weitergereicht wird, der in Bahnhofskantinen und Gewerkschaftsküchen ißt, der verhaftet und ins Gefängnis gesteckt wird. Aber Solomon Slepak arbeitete tagsüber als Fensterputzer auf Wolkenkratzern, und abends studierte er Medizin. Das legt die Vermutung nahe, daß er zwischen zwei diametral entgegengesetzten Zukunftsperspektiven hin- und herschwankte: überzeugter Berufsrevolutionär oder Angehöriger der Bourgeoisie.

Auch das zaristische Rußland schien auf der Kippe zu stehen.

Der Krieg 1915 war eine Katastrophe für den Zaren und seine Truppen. Es gab Gerüchte, daß der russischen Armee die Munition und die Waffen ausgegangen waren und daß ein Viertel aller Soldaten unbewaffnet an die Front geschickt wurde, mit der Anweisung, die Waffen der Toten an sich zu nehmen. Eine stümperhafte Bürokratie, eine Politik der Unterdrückung religiöser und ethnischer Minderheiten, kurzsichtige Minister, riesige Gebietsverluste und die unzähligen Kriegsopfer, ein Zar, der nicht einmal mit den gemäßigteren der progressiven Gruppen kooperieren wollte und der allzu oft auf seine schwachsinnige Frau Alexandra und ihren Berater hörte, den bizarren, verkommenen »Heiligen« Grigorij Rasputin: Das war das Rußland der Jahre 1915 und 1916.

Entgegen dem Rat seiner Minister übernahm der Zar persönlich das Oberkommando über die Streitkräfte und begab sich an die Front. Kaiserin Alexandra, politisch reaktionär, emotionell der Hysterie nahe, blieb in der

Hauptstadt zurück (die nun, infolge des Kriegs mit Deutschland, vom deutschen Petersburg in Petrograd umbenannt worden war). Gemeinsam mit ihrem sibirischen Bauern Rasputin hatte sie die Hauptstadt praktisch unter ihrer Kontrolle. Sie wechselte wiederholt Minister aus, oft auf den Rat Rasputins. Diese beiden, eine halb wahnsinnige Kaiserin und ein diabolischer Heiliger, hielten das Schicksal Rußlands in ihren Händen.

In der Nacht des 17. Dezember 1916 wurde Rasputin von einem Mitglied der kaiserlichen Familie und einem der Familie durch Heirat verbundenen Aristokraten auf unschöne Weise ermordet: Er war nur schwer umzubringen und mußte mehrmals erschossen werden. Seine Leiche wurde von einer Brücke ins Wasser geworfen und erst am folgenden Tag gefunden. Es war dies ein verzweifelter Versuch, das zaristische Rußland und die Dynastie der Romanows zu retten.

Am 8. März (der 23. Februar nach dem alten russischen Kalender) verbreitete sich das Gerücht, es gäbe in der Stadt nicht genug Brot. Hausfrauen und Fabrikarbeiterinnen gingen auf die Straße. Gegen Abend befanden sich bereits hunderttausend Arbeiter im Streik. Vor den Bäckereien standen lange Schlangen hungriger Menschen. Es kam zu Ausschreitungen. Eine Bäckerei wurde geplündert, und Kosakentruppen wurden zu Hilfe gerufen, aber sie weigerten sich, auf die Menschen zu schießen, und verjagten statt dessen die Polizei. Dann meuterte die Petrograder Militärgarnison, die sich aus verabschiedeten wehrdienstpflichtigen Bauern zusammensetzte. Menschenmassen wogten durch die Stadt und schrien: »Lang lebe die Republik!«

Der Zar schrieb in sein Tagebuch: »Vor einigen Tagen brachen in Petrograd Unruhen aus. Zu meinem Bedauern haben sich auch die Truppen an ihnen beteiligt. Es ist ein abscheuliches Gefühl, so weit weg zu sein und so dürftige, lückenhafte Nachrichten zu erhalten!« Und er fügte hinzu: »Am Nachmittag ein Spaziergang auf der Straße nach Orscha ...«

An einem Tag im März 1917 öffnete Solomon Slepak seine New Yorker Zeitung und las, daß der Monarch seines Vaterlandes, Zar Nikolaj II., auf den Thron verzichtet hatte.

Es gibt ein Foto von dem Salonwagen des kaiserlichen Zuges, in dem der Zar seine Abdankungsurkunde unterzeichnete. Ein Sofa, ein Lehnstuhl, ein Teetischchen, Kerzenhalter, eine hölzerne Anrichte, darüber eine verschwommene gerahmte Fotografie – wahrscheinlich die Kaiserin – und eine runde Uhr an den mit Seide ausgekleideten Wänden, ein Zeiger auf der Acht, der andere auf der Zwölf. Nikolaj II. verzichtete zugunsten seines Bruders auf den Thron: »Wir übertragen unser Vermächtnis unserem Bruder Großherzog Michail Alexandrowitsch und geben ihm unseren Segen bei der Besteigung des Throns des Russischen Reiches.«

Am darauffolgenden Tag jedoch, nachdem ihm Alexander Kerenskij – Mitglied der Sozialistischen Revolutionären Partei und der einzige Sozialist im Kabinett – erklärt hatte, daß er dem neuen Zar »die Gefahren, die die Machtübernahme für ihn persönlich bedeuten würde«, nicht verheimlichen könne, dankte Michail unter Tränen zugunsten der Provisorischen Regierung ab.

Die Herrschaft der Romanows war vorbei.

Beinahe sofort löste sich die staatliche Bürokratie auf.

Der Zar und seine Familie wurden verhaftet.

Arbeiter zogen trunken vor Freude durch Petrograd. Die Jahrhunderte während zaristische Unterdrückung war auf unglaubliche Weise innerhalb nur weniger Tage zu Ende gegangen. Fabrikarbeiter, Büroangestellte, Kutscher und Bauern marschierten mit roten Armbinden durch die Straßen, versammelten sich, um Rednern zuzuhören, und sahen sich selbst als die freiesten Bürger der Welt.

Die Masse hatte gesiegt; jetzt wollte sie herrschen.

Gemäßigte sozialistische Parlamentsmitglieder erachteten es für notwendig, mit den Mitgliedern der Sowjets – Ratsversammlungen von Arbeitern und Soldatendeputierten, die von radikalen sozialistischen Intellektuellen geleitet wurden – zu verhandeln. Es war ein fragwürdiges Übereinkommen.

Die Provisorische Regierung zog es vor, die herrschende pazifistische Stimmung zu ignorieren und den Krieg gegen Deutschland fortzusetzen. Sie machte alle Staatsbürger vor dem Gesetz gleich, sie garantierte Religionsfreiheit, Rede- und Pressefreiheit, Versammlungsfreiheit; sie proklamierte die Zulässigkeit von Streiks. Sie löste offiziell den jüdischen Pale-Distrikt auf – tatsächlich hatte dieser bereits aufgehört zu existieren, da Hunderttausende Juden von den deutschen und österreichischen Truppen ins Innere Rußlands vertrieben worden waren. Aber die Regierung war hilflos angesichts der ständig wachsenden Inflation; sie konnte weder die Industrieproduktion ankurbeln noch den Zusammenbruch der Wirtschaft aufhalten. Bauern eigneten sich Land an, die nationalen Minderheiten begannen ihre Rechte auf Selbstverwaltung geltend zu machen, Arbeiterkomitees übernahmen die Leitung von Fabriken, Diskussionsgruppen leiteten die Kommandokette der Armee. Inkompetente Intellektuelle traten in das Vakuum, das die Bürokratie bei ihrer Auflösung zurückgelassen hatte. Alexander Kerenskij, jetzt Premierminister, erwies sich in seinen Versuchen, zwischen den Gemäßigten und den Radikalen zu manövrieren, als ohnmächtig. Im Frühherbst 1917 stand Rußland am Abgrund der Anarchie.

In Petrograd und Moskau warteten die Führer der Bolschewiki, einst die Mehrheit der Russischen Sozialdemokratischen Arbeiterpartei – die Menschewiki waren in der

Minderheit – auf den geeigneten Moment, die Provisorische Regierung zu stürzen.

Die Partei der Bolschewiki war eine einzigartige Organisation, die von einer intellektuellen Elite von oben geleitet wurde und die explizit mit dem Ziel der Verschwörung, der Machtübernahme und dem Einleiten der Revolution gegründet worden war. Es wird geschätzt, daß sie etwa 200 000 Mitglieder zählte, von denen 5000 bis 10 000 – ein Drittel davon Intellektuelle – einen hochdisziplinierten Kern bildeten. Angespornt durch die Ideologie und die Erkenntnis, daß eine Niederlage im besten Fall die Rückkehr in den politischen Untergrund und im schlimmsten ihre vollständige Auslöschung bedeuten würde, bildete sie eine entscheidende Kraft in einem Land, das knapp vor der Anarchie stand.

Wladimir Lenin, der Führer der Partei, hatte die Absicht, die Macht in Rußland zu übernehmen, die Grenzgebiete, die ihre Unabhängigkeit erklärt hatten, sowie Sibirien zurückzuerobern und die Partei zur Beherrscherin nicht nur Rußlands, sondern der ganzen Welt zu machen.

In New York putzte Solomon Slepak Wolkenkratzerfenster und studierte Medizin.

Man muß die Phantasie nicht besonders anstrengen, um sich den Jubel, die Diskussionen, die Ansprachen und den Aufruhr insgesamt unter den New Yorker Revolutionären bei ihren Versammlungen während der Zeit der Regierung Kerenskij vorzustellen. Reibereien zwischen Radikalen und Liberalen, Besorgnis über jede Neuigkeit aus Petrograd, aus Moskau, von der russischen Armee: Würde sie Kerenskij weiterhin unterstützen oder sich im Hintergrund halten und so den Bolschewiki die Möglichkeit zum Handeln geben?

Wir werden nie wissen, ob es Grigorij Sarchin oder Solomon Slepak war, der die Idee hatte, nach Rußland zurück-

zukehren und an dem sich anbahnenden Kampf teilzunehmen. Es war damals ungewöhnlich für jüdische Immigranten, Amerika wieder zu verlassen und in ihre Heimat zurückzukehren, obwohl das früher viele getan hatten. Als sie
das Visum beantragten, wurden Solomon und Sarchin von
russischen Konsulatsbeamten in New York peinlich genau
verhört: Die Provisorische Regierung hatte kein Interesse
daran, die Reihen der Bolschewiki in ihrem Land zu verstärken. Da beide Männer unter dem Verdacht standen,
revolutionäre Sympathien zu hegen, wurden ihre Anträge
abgelehnt.

Es ist nicht klar, warum sie daraufhin nicht versuchten,
illegal in Rußland einzureisen. In New York befanden sich
damals der Bolschewik Nikolaj Bucharin und die zukünftigen Bolschewiki Leon Trotzkij und Wolodarskij. Sie
kehrten sofort über England und den Nordatlantik nach
Rußland zurück. Dann, am 7. November nach dem im Westen gültigen Gregorianischen Kalender, den die Bolschewiki 1918 übernahmen – der 25. Oktober nach dem in
Rußland gültigen alten Julianischen Kalender –, trat Lenin
das Erbe der friedlichen Februarrevolution an, und Rußland schlug den Weg der internationalen Revolution ein.
Anscheinend war zwischen dem Oberhaupt der Armee
und Kerenskij ein Streit ausgebrochen, ein Gerangel um
die Macht, und nun sah die Armee zu, wie die Bolschewiki
die Kontrolle übernahmen.

Die Anfänge der Revolution waren vollkommen unblu-
tig. Petrograd fiel in die Hände der Bolschewiki, ohne daß
im Winterpalais eine Waffe abgefeuert wurde, so begriffs-
stutzig war die Provisorische Regierung. »Die Macht lag
auf der Straße«, sagte Lenin später, »und wir haben sie
aufgehoben.«

In New York gab Solomon Slepak seine Arbeit als Fensterputzer auf, brach sein Medizinstudium ab und begann
mit den Vorbereitungen für seine Rückkehr nach Rußland

über den Fernen Osten. Grigorij Sarchin war, kurz nachdem ihre russischen Visaanträge abgelehnt worden waren,
nach Kanada gegangen, und Solomon Slepak hatte vor, ihn
dort zu treffen. Gemeinsam würden sie mit einem Frachter
nach Wladiwostok fahren, das sich unter anti-bolsche-
wistischer Kontrolle befand. Sofort nach ihrer Ankunft
würden sie sich mit dem bolschewistischen Untergrund in
Verbindung setzen.

Solomon fuhr mit dem Zug zur amerikanisch-kana-
dischen Grenze, wo er von den Kanadiern aufgehalten
wurde, weil seine Papiere nicht in Ordnung waren: Er war
kein amerikanischer Staatsbürger, und er hatte kein kana-
disches Einreisevisum. Die Kanadier wollten nicht unbedingt jemanden einreisen lassen, der erst vor kurzem aus
Rußland, wo die Revolution immer gewalttätiger wurde,
in die Vereinigten Staaten eingewandert war. Sie schickten
Solomon mit dem Zug zurück nach New York, und um
sicherzugehen, daß er auch ankam, wurde er im Gewahr-
sam eines Einwanderungsbeamten zurückgeschafft, der
ihm bei der Ankunft einen Dollarschein gab und ihn gehen
ließ. Solomon nahm prompt den nächsten Zug nach Kanada. Diesmal stieg er aus, bevor der Zug die Grenze erreichte, und überquerte diese zu Fuß. In einiger Entfernung
stand ein Bauernhof. Er klopfte an. Frankokanadier. Er
hatte das Französisch, das er in der technischen Schule in
Orscha gelernt hatte, nicht vergessen. Er blieb einige Wochen als Saisonarbeiter auf dem Hof.

Dann begann er seine Reise nach Westen, er arbeitete bei
Bauern, reparierte hier etwas und half dort beim Schleppen. Sein Englisch war gut genug, um ihn durchzubringen.
Niemand fragte nach seinen Papieren. Er arbeitete, er
wurde bezahlt, er verschwand. Er sparte Geld für die Reise.

Er traf Grigorij Sarchin in Vancouver, wo damals eine
beachtliche Zahl russischer Einwanderer lebte. Es gab
auch eine Gewerkschaft russischer Dockarbeiter von etwa

1000 Mann, organisiert und geführt von Sarchin, der Vorsitzender der Gewerkschaft war. Solomon Slepak begann auf den Docks zu arbeiten und war bald Stellvertretender Vorsitzender. Etwas später ging Sarchin allein nach Wladiwostok; sie hatten befunden, daß es unklug wäre, gemeinsam dort anzukommen. Mit der Abreise Sarchins übernahm Solomon Slepak die Führung der Gewerkschaft.

Während die jungen Revolutionäre auf den Docks von Vancouver arbeiteten, machte sich Lenin daran, einen kommunistischen Staat zu organisieren. Eine seiner ersten Aktionen war die Gründung einer politischen Geheimpolizei im Dezember 1917, der Tscheka – der Außerordentlichen Kommission zum Kampf gegen Konterrevolution und Sabotage –, unter der Führung eines polnischen Adeligen, der Bolschewik geworden war, Felix Dserschinskij.

Im Januar 1918 löste Lenin mit Unterstützung von Matrosen der Baltischen Flotte die rechtmäßig gewählte Konstituierende Versammlung auf, die in Petrograd zusammengetreten war. Die Bolschewiki hatten nur 24 Prozent der Stimmen, aber Lenin argumentierte, daß eine sowjetische Demokratie der Arbeiterklasse ein höheres Prinzip sei als eine bürgerliche Demokratie, in der jeder Wahlberechtigte eine Stimme hat. Die Versammlung hatte keine Soldaten, die sie zu Hilfe rufen konnte. Diese eine Aktion Lenins bedeutete den Tod der parlamentarischen Demokratie, die sich in den vorangegangenen zwölf Jahren in Rußland zu entwickeln begonnen hatte.

Nach Auflösung der Konstituierenden Versammlung begann das Aufspüren der Sozialrevolutionäre, der Konstitutionellen Demokraten und der Menschewiki – aller, die gegen das neue Regime opponiert hatten und noch immer nicht bereit waren, Reue zu zeigen und sich den Bolschewiki anzuschließen. Diejenigen, die verhaftet wurden, kamen ins Lager oder wurden hingerichtet. Außerdem gestattete Lenin den Bauern bald, sich Land anzueignen, übertrug den Arbeiterkomitees die Leitung zahlreicher Fabriken, verstaatlichte alle Banken, beschlagnahmte private Bankkonten, machte den Außenhandel zu einem staatlichen Monopol, schaffte das Gerichtswesen ab und ersetzte es durch Volksgerichtshöfe und Revolutionstribunale. Mitglieder der Ober- und Mittelschicht verloren ihren Besitz. Der Religionsunterricht wurde abgeschafft, Kirchenbesitz wurde beschlagnahmt. Alle Titel und Ränge verschwanden.

Am 3. März 1918 unterzeichneten die Deutschen und die Bolschewiki den Vertrag von Brest-Litowsk. Zu dieser Zeit war in den Städten und in den Industriegebieten Zentralrußlands bereits der Bürgerkrieg ausgebrochen.

Ebenfalls im März verließ Solomon Slepak Vancouver und trat seine Reise über den Pazifik nach Wladiwostok an. Er war fünfundzwanzig Jahre alt und im Begriff, eine asiatische Welt von äußerster politischer Komplexität und Widersprüchlichkeit zu betreten, eine von der Geschichte gequälte Landschaft.

1858 hatte ein beinahe zerstörtes China – das von Rebellionen geschüttelt wurde und mit Großbritannien und Frankreich im Krieg lag –, Rußland das linke Ufer des Amur überlassen, ein Gebiet, das reich an Kohle, Zinn, Eisen und Gold war. Zwei Jahre später traten die glücklosen Chinesen den Russen die Region des Ussuri an der pazifischen Küste ab: ein wildes, waldreiches Land; hoch emporragende Hügel und tiefe schattige Täler mit dichtem Unterholz, durchzogen von reißenden Flüssen.

Wladiwostok war 1860 von den Russen gegründet worden; die Stadt lag etwa 800 Kilometer südöstlich von der nordchinesischen Stadt Harbin und war Rußlands Tor zum Pazifik. 1875 tauschte Rußland mit Japan die Kurilen gegen die südliche Hälfte der Insel Sachalin, die die Japaner 1905 zurückeroberten und annektierten. Die gesamte Region, vom Baikalsee bis Wladiwostok – mehr als 2000 Kilometer von Osten nach Westen und 600 bis 1300 Kilometer von Norden nach Süden –, wurde nach der Revolution von 1917 von verschiedenen bewaffneten Truppen besetzt, die alle Feinde der Bolschewiki waren: 72 000 Japaner, 7000 Amerikaner, 6400 Briten, 4400 Kanadier. Die Bevölkerung bestand aus 1 500 000 Russen, 300 000 Japanern und Chinesen, 250 000 Mongolen und 25 000 Juden.

Das riesige Gebiet wurde von einer Regierung verwaltet, an deren Spitze Admiral Alexander Koltschak stand, der Kommandant der sogenannten Weißen Armee im Osten. (»Weiß« war ein Ausdruck der Schmähung, den die Bolschewiki auf ihre Gegner anwendeten: Weiß war die Farbe der französischen Monarchisten im 19. Jahrhundert gewesen.) Koltschak war ein schweigsamer Mann, anfällig für finstere Stimmungen und politisch naiv. Seine Lieblingslektüre waren angeblich die »Protokolle der Weisen von Zion«, ein Werk, das unter Zar Nikolaj II. von der russischen Geheimpolizei verfaßt worden war und das vorgibt, ein Geheimplan für die Unterwerfung der Welt durch die Juden zu sein.

Irgendwann im April 1918 erreichte Solomon Slepak an Bord eines Frachters Wladiwostok. Er sah die Schiffe zahlreicher Nationen – Japaner, Briten, Amerikaner, Franzosen – in der Bucht vor Anker liegen. Die Stadt hatte eine breite, zum Teil gepflasterte Hauptstraße, an der sich Bürogebäude, Hotels und Geschäfte eng aneinanderreihten. In einigen Straßen sah er jede erdenkliche Art von Nutzvieh, in anderen Soldaten aus Frankreich, Italien, Japan, Kanada, Großbritannien und Amerika. Der Hafen, ruhig wie ein See, war von sanften Hügeln umgeben. Die Bevölkerung – Russen, Kosaken, Chinesen, Koreaner – betrug um die 50 000; innerhalb eines Jahres sollte sie auf 180 000 ansteigen: Bürgerkriegsflüchtlinge, hungrig und schmutzig, viele von ihnen an Typhus erkrankt.

Wohnungen in der Stadt waren knapp. Es schien nirgends freie Zimmer zu geben. Solomon Slepak fand trotzdem eine Unterkunft und konnte sogar seinen Freund Sarchin ausfindig machen. Rasch bildeten sie eine Untergrundorganisation und richteten eine bolschewistische Druckerei ein, die sie mitten im Herzen der Stadt betrieben. Sie druckten Pamphlete, Plakate und Rundschreiben für die Sache der Revolution. Eine von Solomons Hauptaufgaben war es, die Texte ins Englische zu übersetzen, damit es die amerikanischen Truppen lesen konnten, die den Bolschewiki nicht so feindlich gegenüberzustehen schienen wie die Briten und die Franzosen. Nach einigen Monaten wurden sie von der Polizei entdeckt, verhaftet, vor Gericht gestellt und als Revolutionäre zum Tod verurteilt.

Sie verbrachten zwei Wochen im Gefängnis und warteten auf ihre Hinrichtung. Ein Mitgefangener wurde wahnsinnig und erhängte sich. Solomon sagte man, daß er nur noch einen Tag zu leben habe.

Ein Jahr war seit der Revolution im November 1917 vergangen. Seit der Mitte des Jahres 1918 bezeichneten sich die Bolschewiki als Kommunistische Partei; die russische Hauptstadt hatten sie von Petrograd nach Moskau verlegt. In jenen ersten Jahren des Bürgerkriegs, 1917 und 1918, waren die Städte und die Industriegebiete Zentralrußlands für die Revolution gewonnen worden – durch Propaganda, Terror und Blut. Aber die Armeen der Bolschewiki waren übereilt aufgestellt worden und bestanden in erster Linie aus mangelhaft ausgebildeten Bauern und Angehörigen der städtischen Unterschicht. An der Peripherie Zentralrußlands wurde noch immer gekämpft, und die Grenzgebiete, einschließlich Sibiriens und des russischen Fernen Ostens, verfolgten einen Kurs der Abspaltung und Unabhängigkeit und mußten zurückerobert werden.

Der Bürgerkrieg dauerte drei Jahre, bis zum Ende des

Jahres 1920. Millionen starben in Gefechten, an Hunger oder Krankheiten. Zar Nikolaj II. und seine Familie wurden im Juli 1918 auf persönlichen Befehl Lenins hingerichtet – kein Zar oder potentieller Thronanwärter, um den sich die Monarchisten sammeln könnten, sollte am Leben bleiben.

Im Herbst 1918 wartete Solomon Slepak in einer Zelle in Wladiwostok auf seine Hinrichtung.

Dann geschah etwas in der sibirischen Stadt Omsk – in Zusammenhang mit Admiral Koltschak –, das Solomon das Leben rettete. Aufgrund dieses Ereignisses wurde eine Amnestie erlassen, und die Todesstrafen der politischen Gefangenen wurden in lebenslängliche Gefängnisstrafen und Zwangsarbeit auf der Insel Sachalin umgewandelt.

Die Familienchronik kann die plötzliche Amnestie nicht erklären. Da sie in eine Zeit im November 1918 fällt, als der Ministerrat der russischen fernöstlichen Provinz Admiral Koltschak diktatorische Gewalt zugestand, besteht die Möglichkeit, daß dieser persönlich als Zeichen für seine Übernahme des Amts des Obersten Herrschers von Rußland und Sibirien die Amnestie erließ. »Ich werde weder den Weg der Reaktion beschreiten noch den verheerenden Kurs der Parteipolitik«, erklärte er am Tag seiner Machtübernahme. »Mein vorrangiges Ziel ist die Schaffung einer Armee, die imstande ist zu kämpfen, den Bolschewismus zu besiegen und Recht und Gesetz zum Sieg zu verhelfen ...«

Was auch immer die Gründe für die Amnestie waren, Solomon Slepak wurde am Tag seines angekündigten Todes plötzlich verschont. Gemeinsam mit seinem Freund Sarchin und anderen politischen Gefangenen mußte er sich auf den langen Weg nach Sachalin machen.

Zu Fuß marschierten sie bis Nikolajewsk, über tausend Kilometer weiter nördlich. Es war Winter. Sachalin liegt nördlich von Hokkaido, der nördlichsten Insel Japans. Grimmige sibirische Stürme bliesen über das Meer. Der Tatarensund zwischen dem Festland und Sachalin war zugefroren. Sie erreichten die Insel über das Eis.

Die ursprünglich unbewohnte Insel, bitter kalt und feucht, war dicht bewaldet. Die steilen Gebirgsketten waren reich an Kohle und Eisen. Das Gebiet südlich des 50. Breitengrades war in japanischem Besitz. Die Russen besiedelten ihren Teil der Insel mit Sträflingen und Verbannten. Es gibt ein 1915 aufgenommenes Foto von einer jüdischen Diebin, die auf Sachalin in Ketten gelegt wurde. Drei Wachen und zwei Schmiede in Lederschürzen posieren steif für das Foto. Die Frau scheint etwa vierzig Jahre alt zu sein – ihre Hände in Ketten, ihr Gesicht starr und trotzig. »Sonka mit den goldenen Händen« wurde sie genannt. Das Gebäude im Hintergrund ist aus Baumstämmen zusammengezimmert, eines der Fenster paßt nicht in seinen Rahmen. Daran, daß der bloße Erdboden zu sehen ist, und am offensichtlichen Fehlen von Winterkleidung – keine Pelzmützen, keine Handschuhe, keine Mäntel – kann man erkennen, daß das Wetter deutlich wärmer war als an jenem Tag Anfang 1919, als Solomon Slepak die Insel betrat, auf der er – wenn es nach dem antibolschewistischen Koltschak-Regime ging – den Rest seines Lebens mit Zwangsarbeit verbringen sollte.

Das Arbeitslager war in Alexandrowsk, etwa 50 Kilometer nördlich des 50. Breitengrades. Sowohl im Lager als auch in der Stadt waren die Bolschewiki aktiv. Die politischen Gefangenen lebten getrennt von den Kriminellen, den Dieben und Mördern, und dieser Umstand machte es einfacher für Grigorij Sarchin und Solomon Slepak, Briefe zu den Bolschewiki in Alexandrowsk und Nikolajewsk hinauszuschmuggeln, von ihren Zellen auf Sachalin weiterhin die Untergrundaktionen auf dem Festland zu koordinieren und schließlich ihre eigene Revolution zu inszenieren. Sie bildeten die bolschewistischen Gefangenen, etwa 200 Männer, zu einer streng disziplinierten Kampfeinheit aus, und im April des Jahres 1919 erhoben sie sich gegen ihre Wachen und übernahmen die Kontrolle über das Arbeitslager und die Stadt Alexandrowsk. Solomon und Sarchin befahlen die Freilassung der Kriminellen im Lager. Die Tatsache, daß sie Kriminelle waren, sei nicht ihre Schuld, erklärten Solomon und Sarchin auf einer Versammlung der Gefangenen, die Schuld liege bei der zaristischen Gesellschaft, die sie dadurch, daß sie ihnen weder eine anständige Erziehung angedeihen ließ noch die ökonomischen Mittel zur Verwirklichung ihrer Ziele gab, in die Gesetzlosigkeit gedrängt hatte. Im Grunde ihres Herzens seien sie keine Verbrecher. Sie sollten mithelfen, ein solches Regime zu stürzen, das aus guten Menschen Kriminelle machte. Die meisten der Kriminellen schlossen sich ihnen an.

Grigorij Sarchin beschloß nun, Sachalin zu verlassen und auf das Festland zurückzukehren. Er verschwindet aus dieser Erzählung bis zu seiner plötzlichen Wiederkehr einige Jahre später. Solomon blieb und wurde zum ersten Vorsitzenden des Sowjets der Volkskommissare von Sachalin gewählt. Er war nun der oberste Bolschewik im russischen Teil der Insel.

Die Japaner im Süden, die für die Russen wenig übrig hatten und die Bolschewiki verabscheuten, marschierten in Richtung Alexandrowsk, mit dem Ziel, die gesamte Insel unter ihre Herrschaft zu bringen.

Solomon organisierte seine Männer, die ursprünglichen 200 politischen Gefangenen und die vielen Kriminellen, die sich ihm angeschlossen hatten, zu einer kleinen Armee. (Wo hatte der Sohn eines jüdischen Kleinstadtlehrers gelernt, mit Waffen umzugehen und Krieg zu führen?

Darüber gibt uns die Chronik keine Auskunft.) Trotz ihrer Disziplin und ihrer Einsatzfreude waren sich Solomons Truppen bewußt, daß die Japaner ihnen zahlenmäßig ebenso wie in ihrer Bewaffnung weit überlegen waren und daß ihr rasches Vordringen nach Norden nicht aufzuhalten war. Solomon beschloß, seine Leute aufs Festland zu bringen und sich dort mit den bolschewistischen Partisanen zu vereinigen, die unter dem Kommando eines Mannes namens Nikolaj Trjapizin standen. Mittlerweile war allerdings das Eis geschmolzen, und es gab keine Schiffe, die groß genug gewesen wären, alle Männer über den Tatarensund – etwa 25 Kilometer an der schmalsten Stelle – zu bringen.

Gemeinsam mit drei anderen setzte er in einem kleinen Boot zum Festland über und machte den Kapitän eines großen Schiffes ausfindig, der sich allerdings weigerte, ihm zu helfen. Solomon setzte dem Kapitän die Pistole an den Kopf und beschlagnahmte das Schiff ebenso wie den Kapitän. Mehrere Überfahrten waren nötig, um alle aufs Festland zu bringen. Irgendwie gelang es ihnen, den japanischen Patrouillenbooten zu entgehen. Auf dem Festland machten sie sich auf den Weg zu den von Trjapizin geführten Partisanen. Solomon Slepaks Armee bestand mittlerweile aus nahezu 3000 Mann.

Nikolaj Trjapizin befehligte eine Partisanendivision. In den chaotischen Jahren des russischen Bürgerkriegs konnte eine Division genausogut 5000 wie 15 000 Mann stark sein. Gruppen von Banditen und Partisanen machten die Gegend unsicher und nützten die Abwesenheit jeglicher Ordnung, um zu plündern und zu morden. Die Weißen plünderten und ermordeten die Roten und ihre Sympathisanten, die Roten plünderten und ermordeten die Weißen und ihre Sympathisanten.

Die sieben Monate von Mai bis November 1919 waren

die blutigste Zeit des Bürgerkriegs, in dieser Zeit schlug die neu organisierte, aus drei Millionen Mann bestehende Rote Armee ihre erbittertsten und entscheidenden Schlachten, die mit der endgültigen Niederlage der Weißen endeten. Ihre Gefechtseinheiten wurden von Zehntausenden ehemaliger zaristischer Offiziere kommandiert: Männer, die einst geächtet, gejagt und gefangengenommen worden waren und die die Bolschewiki jetzt, da sie sie brauchten, widerwillig rehabilitierten und rekrutierten. Die antibolschewistischen ausländischen Truppen auf russischem Boden – die unentschlossenen britischen, französischen und amerikanischen Streitkräfte, die an keinen entscheidenden kriegerischen Auseinandersetzungen teilnahmen, und auch die angriffslustigere tschechische Legion, die sich aus Soldaten zusammensetzte, die während des Krieges von der zaristischen Armee gefangengenommen worden und später geflohen waren und gegen die Roten zu den Waffen gegriffen hatten – sie alle spielten keine entscheidende Rolle in diesem Bürgerkrieg.

Irgendwo auf dem asiatischen Festland, zwischen dem Ochotskischen Meer und dem Baikalsee, vereinigte sich Solomon Slepaks Armee mit Nikolaj Trjapizins Partisanendivision. Es war der Frühling des Jahres 1919. Trjapizin hatte von den Taten Solomon Slepaks auf Sachalin gehört und begrüßte ihn herzlich als »Sam«; unter diesem Namen war Solomon Slepak damals allgemein bekannt. Trjapizin nahm »Sam« und seine Männer in die Reihen seiner Partisanen auf. Am Abend sollte es ein Fest geben, sagte er, zur Feier des Geburtstags seiner Geliebten.

Es fand tatsächlich ein Fest statt, wenn auch nicht so, wie Trjapizin es geplant hatte.

Wieder sind die Angaben der Familienchronik unklar, und die Details bleiben verschwommen, vielleicht auch aufgrund dessen, was folgte. Trjapizin und seine Geliebte, von der uns nur der Name Sonja überliefert ist, waren bald betrunken – ebenso wie viele seiner Offiziere. Möglicherweise redeten sie im Suff allzu verwegen, erlaubten sich anarchistische Ansichten. Zweifel an der Revolution? Beleidigende Bemerkungen über Trotzkij, der damals die neue Rote Armee zu einer Kampfmaschine drillte, die der Notwendigkeit der Partisanentruppen ein Ende bereiten würde? Mangelnde Bereitschaft, die mündlichen Befehle zu akzeptieren, die »Sam« vorgeblich aus dem Zentrum der Bolschewiki in Rußland mitbrachte? Solomon Slepak ließ offenbar seinen harten Kern aus 200 treu ergebenen Männern das Gebäude umstellen, in dem die Feier stattfand, er zückte die Pistole und nahm den überraschten Trjapizin und seine Offiziere fest. Es folgte ein Schnellverfahren, ohne Verteidigung und ohne Möglichkeit zur Berufung, vor einem Militärgericht aus drei von Solomon Slepak bestimmten Männern. Alle Angeklagten, auch Trjapizins Geliebte, wurden konterrevolutionärer Handlungen für schuldig befunden – und erschossen. Ihre Leichen wurden in einen nahe gelegenen Fluß geworfen.

Solomon kontaktierte die politische Führung der Bolschewiki im Fernen Osten und erstattete Bericht über die Hinrichtungen. Im Gegenzug versicherte ihn der Funktionär seiner Dankbarkeit und ernannte ihn zum Stellvertretenden Minister der Region, zum Kommandanten der bolschewistischen Armee im Fernen Osten und zum Führer der Amur-Argun-Front – des Gebiets, wo sich Schilka und Argun zum Amur vereinigen. Man befahl ihm, die Ussurij-Kosaken zu unterwerfen, die das Gebiet zwischen dem Baikalsee und der Stadt Chabarowsk unsicher machten, Züge überfielen, plünderten und mordeten, und das Vorrücken der japanischen Armee in Sibirien aufzuhalten.

Solomon Slepak hatte nun das Kommando über eine Armee von etwa 10 000 Mann.

Jahrzehnte später, in Moskau, in Anwesenheit seines

Sohnes Wolodja, sollte er einen alten Bolschewiken namens Abram Kamsel treffen, einen hageren, grauhaarigen Mann Anfang Achtzig, groß, mit blauen Augen. Solomon war damals in den Siebzigern.

»Slepak?« sagte der alte Bolschewik erstaunt. »Du lebst noch?«

»Du siehst, daß ich lebe«, sagte Solomon.

Kamsel starrte Solomon ungläubig an. Dann erlangte er seine Fassung wieder und sagte: »Du hast so viele von Trjapizins Partisanen mit deinen Militärgerichten ermordet. Erinnerst du dich, wie Sonja dich anflehte, sie und ihren Geliebten zu verschonen? Trjapizin war ein guter Bolschewik. Hast du geglaubt, er wäre ein Anarchist? Erinnerst du dich an seine letzten Worte? ›Es ist schade, an einem so schönen Morgen zu sterben.‹ Hast du ihn getötet, um sein Kommando zu übernehmen?«

Solomons Gesicht versteinerte sich.

Der alte Mann fuhr fort zu reden, es war fast ein Selbstgespräch. »Wann immer die Leute den Namen Sam hörten, dachten sie nur an die Grausamkeit gegen die Feinde der Revolution, an die erbarmungslose Vernichtung der Gegner. Die Wasser des Flusses waren rot vom Blut der Hingerichteten . . .«

Solomon Slepak. Ein fanatischer Anhänger einer neuen Religion, der den Feinden der Kommunistischen Partei und des bolschewistischen Rußland Feuer und Tod brachte.

Die russischen Juden, die sich mit Herz und Seele der bolschewistischen Sache verschrieben, waren, wie Solomon Slepak, Männer und Frauen, die in einer grausamen Zwischenwelt lebten: nicht mehr Teil der Welt ihrer jüdischen Wurzeln, die sie schon lange hinter sich gelassen hatten, und noch nicht wirklich Teil der russischen Welt, die Juden verabscheute und fürchtete. Während des Bürgerkriegs war der Antisemitismus unter den Russen aller Altersgruppen, Parteien, Klassen und Nationalitäten allgemein so verbreitet, daß er fast an eine landesweite Psychose grenzte. Was das traditionelle Bild der Juden verstärkte, das Kirche und Staat ein Jahrtausend lang verbreitet hatten, war ihr plötzliches Auftauchen in ganz Rußland. Während des Krieges hatten fast alle Juden den Pale-Distrikt, in dem sie unter dem Zarismus zu leben gezwungen waren, verlassen, und jetzt waren sie in den Städten im Herzen des Landes zu finden. Ihr Auftreten auf höchster Regierungsebene und an Orten, wo man noch nie zuvor Juden gesehen hatte, ging Hand in Hand mit der Revolution: Leon Trotzkij, der gleich nach Lenin kam, Jakow Swerdlow, der die alltäglichen Angelegenheiten der Kommunistischen Partei leitete, Kamenew, Sinowjew, Radek, so viele andere – sie alle waren jüdischer Abstammung – konnten nicht zu ihrem Volk zurück, haßten die Monarchisten und die antisemitischen Weißen. Die Kommunistische Partei erschien der radikalen Intelligenz als Zufluchtsort. Sie war offenbar nicht an der ethnischen und religiösen Herkunft ihrer Mitglieder interessiert und wurde so zum Refugium für einige Juden, die an eine umfassende und wahrhaftige Errettung der Welt glaubten, an einen revolutionären Universalismus, in dem die zerstörerischen Widersprüche, die die Menschheit zerrissen, ein für allemal aufgelöst würden. Für die meisten Russen machte es keinen Unterschied, daß diese Juden nicht jüdischer waren als ihre nicht-jüdischen atheistischen Parteigenossen, daß sie sich nicht für Juden einsetzten oder sich mit ihnen identifizierten, sie tatsächlich oft Feinde der Juden waren. Da viele Juden in das Vakuum traten, das durch die Auflösung der zaristischen Bürokratie entstanden war, schien es vielen Russen außerdem so, als ob nun überall jüdische Regierungsbeamte waren. Ihr plötzliches Auftreten, zeitgleich mit der Revolution und dem Bürgerkrieg, verknüpfte diese beiden Ereignisse für immer in den Köpfen der Russen, für die die Juden nun das Übel waren, das das unaussprechliche Elend ihres Vaterlandes verursacht hatte.

Seit den furchtbaren Massakern während der Kosakenaufstände gegen die Polen in der Mitte des 17. Jahrhunderts war es nicht zu einem derartigen Gemetzel an Juden gekommen. Die Prälaten der Orthodoxen Kirche sahen den Bürgerkrieg als eine Auseinandersetzung biblischen Ausmaßes gegen die gottlosen Juden, die sich anschickten, das heilige Rußland zu erobern. Weiße und Rote Armeen, Banditen, plündernde Kosaken, umherstreunende Räuberbanden – sie alle beraubten und ermordeten Juden auf brutalste Weise, obwohl die Rote Armee ihren Truppen offiziell Pogrome untersagte und manchmal die Täter bestrafte. Fotografien von Opfern der Pogrome zeigen gräßliche Wunden an Köpfen und in Gesichtern, Amputationen, Leichen, Kinder, die über ihren toten Eltern weinen. Etwa 150 000 Juden starben in den Pogromen des russischen Bürgerkriegs.

Nicht verwunderlich ist also die Angst der Juden und die Reaktion des Oberrabbiners von Moskau, Jakob Mazeh, der – angesichts der Erklärung Trotzkijs, daß er kein Jude sei und den Juden nicht helfen würde – feststellte, daß es die Trotzkijs waren, die die Revolution machten, und die Bronsteins (Trotzkijs tatsächlicher jüdischer Name), die dafür bezahlten. Nicht verwunderlich auch die Geschichte vom jüdischen Rotarmisten, der – halb wahnsinnig – herumrannte und verwundete Ukrainer exekutierte, die von den Weißen auf ihrem Rückzug liegengelassen worden waren. »Er wischte sein Bajonett im Gras ab, um das Blut zu entfernen«, erzählt die Chronik von diesem Ereignis, »und bei jedem Kopf, den er abschnitt, schrie er: ›Das ist für meine ermordete Schwester, das ist die Rache für meine ermordete Mutter!‹ Die anwesenden Juden«, schließt die Erzählung, »hielten den Atem an und schwiegen.«

Im Fernen Osten befehligte Solomon Slepak eine Partisaneneinheit, die die japanischen Truppen und anarchistischen Kosaken bekämpfte. Er strebte eine Vereinigung mit der nach Omsk vorrückenden Roten Armee an, wo Admiral Koltschak als Führer der Weißen in Sibirien und im Fernen Osten herrschte.

Zu jener Zeit lebten in diesem Gebiet etwa 25 000 Juden. Die Familienchronik enthält keine Informationen darüber, ob Solomon Slepak als Kommandant einer Roten Partisaneneinheit Kontakt mit dieser Gemeinde gesucht hat. Bekannt ist nur, daß er eine jüdische Freundin namens Zlata hatte.

Im November 1919 besiegte die Rote Armee die Truppen von Admiral Koltschak, und bald darauf fiel Omsk kampflos. Berichte über die Flucht der Weißen nach Osten beschreiben einen Alptraum aus Typhus und Tod. Koltschak fiel in die Hände der Bolschewiki, die ihn im Februar 1920 auf Befehl Lenins hinrichteten.

Etwas später vereinigte sich Solomon Slepak mit der Roten Armee und übergab ihr das Kommando seiner Division. Der Bürgerkrieg zog sich noch einige Monate hin; die letzten schlagkräftigen Weißen Truppen, die auf der Krim unter dem Kommando von Pjotr Wrangel kämpften, wurden im November von britischen, französischen und russischen Schiffen evakuiert. Die Weißen, die nicht von den Roten gefangengenommen worden waren, verließen das Land und verschwanden.

Dann kam der Hunger. 20 Millionen Russen starben in den Jahren nach der Revolution. Die russische Wirtschaft war am Ende. Aber Lenin und seine Revolutionäre hatten triumphiert.

Lenin sah jedoch im Sieg der Revolution nicht sein einziges Ziel, es war lediglich ein Schritt in Richtung auf das viel wesentlichere Ziel der Weltrevolution. Rußland sollte als

Keil dienen, der in den Westen und in den globalen Kapitalismus getrieben werden sollte. Lenins Plan war es, die bestehenden sozialdemokratischen Parteien zu spalten, ihre radikalsten Mitglieder zu organisieren und, wo immer das möglich war, eine Revolution anzuzetteln.

Mit diesem Ziel schuf Lenin im März 1919 die Erste Kommunistische Internationale, bekannt als die Komintern oder die Dritte Internationale. Der Erste Kongreß der Komintern fand mitten im Bürgerkrieg statt, eine Zusammenkunft ausländischer revolutionärer Sozialisten, die meisten von ihnen zufällig in Moskau und ohne Vertretungsvollmacht ihrer Parteien. »Unsere Aufgabe«, verkündete Trotzkij bei diesem Schlüsselereignis, »ist es, die revolutionäre Erfahrung der Arbeiterklasse zu verallgemeinern ... und den Sieg der Kommunistischen Revolution in der ganzen Welt zu beschleunigen.«

Der Zweite Kongreß der Komintern wurde im Juli 1920 in Petrograd eröffnet, als alle spürten, daß das Ende des Bürgerkriegs nahe war. Es herrschte einige Unruhe aufgrund einer Morddrohung gegen Lenin, daher wurde der Kongreß in Petrograd und nicht in Moskau abgehalten. Tatsächlich hatte Lenin am 30. August 1918 beinahe sein Leben verloren, als er nach einer Ansprache vor Fabrikarbeitern in Moskau von einer Rechten Sozialrevolutionärin namens Fanny Kaplan zweimal angeschossen wurde (einige vertreten die Ansicht, daß sie die Schuld nur auf sich nahm, um jemanden zu decken). Eine Kugel zerschlug seine linke Schulter und verwundete seinen linken Arm, die andere traf ihn in der linken Lunge. Wäre die zweite Kugel nur einen Millimeter weiter rechts oder links eingedrungen, wäre Lenin gestorben.

Am Zweiten Kongreß nahmen 217 Delegierte aus 36 Ländern teil. Die Russen schickten 69 Delegierte, zu denen auch Solomon Slepak gehörte, der damals in der sibirischen Stadt Tschita lebte und Chefredakteur der *Prawda* im Fernen Osten war, eine Position, die man ihm verliehen hatte, weil er gebildet war, vier Jahre in Amerika verbracht hatte, Englisch konnte und für zuverlässig erachtet wurde. Die Rolle eines Redakteurs war von großer Bedeutung, da die Bolschewiki ihre Zeitungen und Propagandaaktivitäten als das Herz der revolutionären Organisation ansahen. Molotow war Chefredakteur der *Prawda*, ebenso Bucharin. Solomon nahm an dem Kongreß als Abgeordneter der Insel Sachalin teil.

Vier Tage nach der Eröffnung in Petrograd übersiedelte der Kongreß nach Moskau, wo er bis Anfang August blieb. Der Abgeordnete Solomon Slepak besuchte die Sitzungen in der Stadt, deren Höheres Technologisches Institut ihn sieben Jahre zuvor abgewiesen hatte, weil er Jude war.

2 Die Wildkatze im Garten

Was für eine Zeit des Triumphs, jener Sommer 1920 in Petrograd und Moskau, als die Komintern tagte, um die Eroberung der Erde zu planen! Voll Enthusiasmus stimmte Solomon Slepak gemeinsam mit den anderen für die von Lenin festgelegten 21 Punkte, die unter anderem folgendes beinhalteten: Propaganda unter den bewaffneten Truppen aller Nationen, damit sie sich im entscheidenden Moment den Revolutionären anschließen, Übernahme der Gewerkschaften, die Organisation von kommunistischen Zellen überall, strenges Befolgen der Parteidisziplin, Organisation bewaffneter Aufstände ... Nebensächlich waren die Kriegskrüppel auf Moskaus Straßen, der Dreck in der Stadt, die entsetzlichen Lebensbedingungen, der Hunger auf dem Land, die Menschen, die sich um Kartoffeln und Brot anstellen mußten, die – abgesehen von den riesigen schwarzen Autos der Geheimpolizei – nahezu leeren Straßen. All das war nebensächlich! Der Bürgerkrieg war fast zu Ende. Und die Rote Armee, in einen Grenzkrieg mit Polen verwickelt, näherte sich rasch der Hauptstadt Warschau. Ihr Vorrücken wurde täglich auf der großen Landkarte in der Versammlungshalle eingetragen, so daß alle Delegierten es sehen konnten. »Der Kampf für den Kommunismus wird auf Amerika übergreifen und vielleicht auch auf Asien und andere Teile der Erde«, hatte Grigorij Sinowjew, der von Lenin zum Vorsitzenden der Komintern ernannt worden war, im Sommer 1919 noch vor dem Ersten Kongreß geschrieben. Auf diesem Zweiten Kongreß waren viele überzeugt, daß zum dritten Jahrestag der Revolution die ganze Komintern den weltweiten Triumph des Kommunismus feiern würde.

Zu seiner großen Überraschung und Freude traf Solomon Slepak auf dem Kongreß zufällig seinen alten Freund Grigorij Sarchin. Der große blonde Bolschewik aus Weißrußland war jetzt Leiter der Presseabteilung der Komintern. Sarchin – der, als er sich in Wladiwostok der bolschewistischen Untergrundbewegung anschloß, den Namen Wojtinskij angenommen hatte, den er bis ans Ende seines Lebens führte – lud Solomon ein, als Stellvertretender Chef der Presseabteilung in Moskau zu bleiben. Im Zuge der notwendigen offiziellen Anfragen erhielt Solomon den Rat, die Redaktion der *Prawda* im Fernen Osten aufzugeben und die Position in der Komintern anzunehmen. Ein verblüffender Aufstieg ins Herz von Moskau, mitten ins Zentrum der Macht.

Er wohnte in der Twerskaja-Straße, im Hotel Lux (heute das Hotel Zentralnaja), das von der Komintern für ihre Mitglieder beschlagnahmt worden war. Zwei Straßen weiter war die Stelle, an der später, 1948, anläßlich der Achthundertjahrfeier Moskaus die Statue des Gründers der Stadt, Jurij Dolgorukij, aufgestellt wurde. Der Statue direkt gegenüber befand sich der Moskauer Sowjet, die Stadtverwaltung. Keine Meile entfernt war der Kreml.

Die Familienchronik gibt keinen Aufschluß über Solomon Slepaks Alltag. Sie enthält keine Einzelheiten darüber, was über seinen Schreibtisch wanderte. Wir wissen nichts darüber, wem er Bericht erstattete, oder über seine Kontakte zum Zentralkomitee, dem Politbüro, der Tscheka und den Kommunistischen Parteien der ganzen Welt.

Angesichts der allgemeinen Unruhen nach dem Ende des Ersten Weltkriegs schien es, als ob ein großer Teil der Welt unmittelbar an der Schwelle zu Revolution und Klassenkampf stünde. In der Abdankung des deutschen Kaisers und der Machtübernahme durch eine wackelige sozialdemokratische Regierung sah Lenin eine Wiederholung der

Ereignisse, die die Bolschewiki in Rußland an die Macht gebracht hatten. In Großbritannien – Arbeiterunruhen und eine schwache Regierung. In Frankreich, Italien, Ungarn – Demonstrationen und Streiks. In Amerika – eine nahezu landesweite Hysterie wegen der Roten, Streiks in den wichtigsten Industriezweigen. Sogar die Polizei von Boston befand sich im Streik. In der ganzen Welt – neue Kommunistische Parteien von mehr oder weniger großer Bedeutung, die sich von den bestehenden Sozialistischen Parteien abspalteten oder sie schluckten. Intellektuelle und Liberale im Westen wurden erfaßt von der Vision der Macht – Armeen, Polizei, ein Heer von Bürokraten – in den Händen der russischen Intellektuellen und waren hingerissen von der Aussicht auf eine neue gesellschaftliche Ordnung und die Vernichtung des verhaßten Bürgertums. Die Kommunisten in Amerika, Großbritannien, Schweden und Australien blieben kleine Splittergruppen, aber in Frankreich, Italien und Deutschland wurden sie wichtige Parteien. Nahezu überall in der Welt, so schien es, sehnten sich die Kommunisten danach, der Komintern beizutreten, sich Lenin zu unterwerfen und zur kommenden Weltrevolution beizutragen.

Aber in den Jahren, die unmittelbar auf die Dritte Internationale folgten, fiel nicht eine einzige Gewerkschaft der westlichen Welt in die Hände der Kommunisten. Der kommunistische Putsch in Deutschland wurde von der deutschen Regierung niedergeschlagen. Der Krieg mit Polen endete bald nach dem Ende des Zweiten Kongresses mit einer überraschenden Niederlage der Roten Armee und mit einem Abkommen, das im März 1921 unterzeichnet wurde und durch das die Bolschewiki wichtige Gebiete verloren. In Zentralrußland kam es zu Unruhen: Bauernaufstände, eine unerwartete Meuterei der Matrosen der Kronstädter Marinebasis, die den Bolschewiki einmal bedingungslos ergeben gewesen waren, fortschreitender

wirtschaftlicher Zusammenbruch, landwirtschaftliche Miß-
erfolge, Hungersnot. Die Arbeiterstreiks in Europa und
Amerika wurden unterdrückt oder aufgelöst. Der Traum
von einer Weltrevolution, die den Kern und die zentrale
Forderung des Kommunismus darstellt, mußte neu über-
dacht werden. Lenin mußte sich nun mit der Konso-
lidierung des Sozialismus im eigenen Land befassen.

Der Ferne Osten jedoch schien eine Zeitlang ein frucht-
bares Gebiet für die Bolschewiki zu sein. In der Anwendung reiner Ideologie auf die praktischen Notwendigkeiten
einer Region, in der kaum Industriearbeiter oder Kommunisten lebten, war Lenin während des Zweiten Kongresses
für die Bildung vorübergehender Bündnisse der Kommunistischen Parteien mit ihren ehemaligen Feinden, den bürgerlichen nationalen Befreiungsbewegungen, eingetreten.
In seinem Urteil über die Fernoststrategie des Politbüros
erklärte er: »Der Weg nach Paris führt über Peking.«

Grigorij Wojtinskij war schon im Frühling 1920 nach
China gereist, etwa zwei Monate vor dem Zusammentre-
ten des Zweiten Kongresses. Gemeinsam mit einem Chinesen namens Yang Wing-chai fuhr er auf seiner Suche nach
Kommunisten zuerst nach Peking und dann nach Shanghai
und fand in beiden Städten winzige linke Enklaven. Dann
kehrte er nach Rußland zurück.

Im Juli 1921 versammelten sich dreizehn junge Chinesen
zuerst in einer Mädchenschule in der französischen Nie-
derlassung in Shanghai und später auf einem Ausflugs-
schiff – in der Nähe der Schule waren Geheimpolizisten
aufgetaucht – und gründeten die Kommunistische Partei
Chinas. Einer der Anwesenden war der siebenundzwanzig-
jährige Mao Tse-tung.

Noch im selben Jahr schickte die Komintern Wojtinskij
zurück nach China. Er hatte den Auftrag, den Kontakt mit
der neuen Kommunistischen Partei herzustellen und den

Dialog zwischen Lenin und Sun Yat-sen zu eröffnen, dem chinesischen Präsidenten und Kopf der revolutionären Bewegung, die im Februar 1912 zur Abdankung des letzten Mandschu-Kaisers geführt hatte. Anfang 1921 hatte Sun Yat-sen als Führer der Kuomintang, der Nationalen Volkspartei, eine Revolte gegen die Regierung in Peking unter Yüan Shi-kai, den zunehmend diktatorischen chinesischen Präsidenten, organisiert und sich zum Präsidenten einer selbsternannten Nationalregierung in Kanton gemacht. Er würde in seinen Bemühungen um die Befreiung Nordchinas Verbündete brauchen. Die Komintern hatte Wojtinskij beauftragt, die Durchführbarkeit einer Vereinigung der Kommunisten mit der Kuomintang, einer Union von russischem Kommunismus und chinesischem Nationalismus, zu prüfen. Hatte Sun Yat-sen nicht gleich nach der Revolution Lenin ein Glückwunschtelegramm geschickt?

Der Familienchronik zufolge kam Wojtinskij in China an – und verschwand bald darauf.

Erst später kam die Nachricht, daß er verhaftet und eingesperrt worden war – möglicherweise von Weißen, die in der Mandschurei noch aktiv waren. Die Komintern beschloß daraufhin, Solomon Slepak nach China zu schicken. Er sollte für Wojtinskij Lösegeld bezahlen, ihn aus China hinausbringen und seinen Auftrag vollenden. Solomon reiste mit einem falschen amerikanischen Paß und einer Menge Geld für Bestechungen, Geld, das möglicherweise aus dem Verkauf von Juwelen der Zarenfamilie ins Ausland stammte, eine Methode, derer sich Lenin bediente, um geheime Aktionen von kommunistischen Zellen und Zeitungen zu finanzieren.

Die Familienchronik erzählt uns nichts über diese Reise. Aber es gab damals nur eine Möglichkeit, von Rußland nach China zu gelangen: Man fuhr zwei Wochen lang mit der Transsibirischen Eisenbahn quer durch Rußland. Vom Bahnhof an der mandschurischen Grenze nahm man die

Ostchinesische Eisenbahn, die noch immer in den Händen der Weißen war, nach Harbin. Von dort ging es mit der Südmandschurischen Eisenbahn, die von den Japanern betrieben wurde, weiter nach Mukden und mit der von den Briten geführten Bahn nach Peking. Dann die chinesische Eisenbahn nach Shanghai, per Schiff nach Swatow, zu Fuß in die Provinz Kwantung und mit dem Zug nach Kanton, wo Sun Yat-sen lebte.

China befand sich damals in einer Periode furchtbarer Unruhen. Mit der Herrschaft des Kaisers war es vorbei, ebenso mit der Idee einer konstitutionellen Monarchie. Die gebildeten Chinesen, von denen viele an japanischen oder europäischen Universitäten studiert hatten, versuchten eine Art Republik zu errichten, um das Land zu einen und eine Nation aufzubauen. Inzwischen lag das Land in Trümmern und wurde von Militärregimes, rivalisierenden Kriegsherren, einem halben Dutzend räuberischer ausländischer Armeen und Missionaren regiert.

Irgendwie fand und befreite Solomon Slepak inmitten dieses Aufruhrs seinen Freund Grigorij Wojtinskij. Und er nahm Verbindung zu Sun Yat-sen auf. Seltsamerweise wird in keinem der Bücher über diesen Abschnitt der chinesischen Geschichte, die ich gelesen habe, Sun Yat-sen mit einem mysteriösen Russen mit amerikanischem Namen und Reisepaß in Zusammenhang gebracht. Tatsächlich wird das Verdienst der ersten Kontaktaufnahme mit Sun Yat-sen Wojtinskij zugeschrieben. Außerdem werden mehrmals zwei wichtige Komintern-Agenten erwähnt, die zu jener Zeit in China aktiv waren: S. A. Dalin und Michail Borodin. Aber es existiert ein Foto von Sun Yat-sen, das seine Unterschrift trägt und darunter auf russisch die Widmung: »Für den Genossen Slepak, in Erinnerung an unser Zusammentreffen.« Die Familienchronik der Slepaks besteht darauf, daß es Solomon war, der Sun Yat-sen überredete, die Kommunisten in die Kuomintang aufzunehmen, eine schicksalhafte Entscheidung, die im August 1922 fiel, während sich Solomon Slepak noch in China aufhielt. Die Öffnung der Kuomintang für die Kommunisten öffnete China für Michail Borodin, den Komintern-Agenten, der im Oktober 1923 in Kanton ankam, um die Schaffung einer Chinesischen Kommunistischen Partei nach dem Vorbild der sowjetischen Partei zu unterstützen. Dieser erste Erfolg Solomon Slepaks hat, wenn die Angaben der Chronik den Tatsachen entsprechen, die Geschichte der Menschheit dramatisch verändert.

Warum wird Slepak in keinem der zahlreichen Bücher über diesen Abschnitt der russisch-chinesischen Geschichte, die ich durchgesehen habe, erwähnt? War er nur ein untergeordneter Bürokrat? Aber hätten Sinowjew und das Zentralkomitee der Komintern einem Unwichtigen die enorme Aufgabe übertragen, einen Komintern-Agenten zu befreien und die Verbindung zu Sun Yat-sen herzustellen, der die Zukunft Chinas in seinen Händen hielt? Und hätten sie ihn später für zwei weitere Jahre nach China zurückkehren lassen? Das ist nicht sehr wahrscheinlich. War Solomon Slepak tatsächlich ein Komintern-Agent? Mit Verbindungen zur Tscheka? Sicherlich wurde er von den Spitzeln der Tscheka über die Ereignisse in China auf dem laufenden gehalten.

Dies sind nicht die einzigen Fragen, die die Familienchronik offenläßt.

Kurz nach seiner Rückkehr aus China wurde Slepak ins Büro von Georgij Tschitscherin gerufen, der damals Volkskommissar für Auslandsangelegenheiten war. Dort wurde er von dem Stellvertretenden Kommissar Maxim Litwinow empfangen, der ihn darüber in Kenntnis setzte, daß das Außenministerium beschlossen hatte, ihn als Korrespondenten der Rosta – der 1918 gegründeten Russischen Telegraphenagentur, der Vorläuferin der TASS, der sowjetischen Nachrichtenagentur – nach Japan zu schicken.

Die Japaner unterhielten keine diplomatischen Beziehungen mit dem bolschewistischen Rußland. Solomon Slepak würde der erste Russe in offizieller Funktion in Japan seit der Revolution sein. Es war eine delikate Aufgabe, die sehr viel mehr bedeutete als bloßen Journalismus und die das Zusammentreffen mit Staatsministern beinhaltete, vielleicht sogar mit dem Kaiser selbst.

Er mußte seinen unverkennbar jüdischen Namen ändern. Immerhin repräsentierte er jetzt das neue Rußland. »Überall in der Welt sagen sie, daß die Juden in Rußland die Macht übernommen haben«, bemerkte Litwinow. »Es ist nicht gut, wenn Sie als Solomon Israilewitsch Slepak reisen. Ändern Sie Ihren Namen in Semjon Ignatjewitsch. Ein anständiger russischer Name.« Litwinow war selbst jüdischer Abstammung.

Und da es den Grundsätzen des Außenministeriums entsprach, niemanden auf eine ausgedehnte diplomatische Mission zu schicken, der nicht verheiratet war, mußte er eine Frau finden, und zwar schnell.

Solomon Slepak erinnerte sich an ein Mädchen, das er in seiner Kindheit gekannt hatte, und traf sofort Vorbereitungen, seine Mutter zu besuchen, die den Krieg und die Revolution überlebt hatte. Er war nicht zu Hause gewesen, seit er 17 Jahre zuvor ausgerissen war. Seine Mutter lebte noch immer in Kopys, wenige Meilen von Dubrowno entfernt, der kleinen Stadt seiner jüdischen Anfänge.

Die Familienchronik enthält keinen Bericht über diese Reise in die Heimat: keine Gespräche, keine Erinnerungen, keine Angaben darüber, wer noch lebte und wer gestorben war, nichts über die Lage im kleinen Dubrowno und im etwas größeren, drei Meilen entfernten Kopys, über die Folgen des Kriegs und der Revolution in dieser Region. Und nicht ein Wort über Solomons Mutter.

Alles, was wir erfahren, ist, daß er das Mädchen fand,

mit dem er befreundet gewesen war. Schwarze Haare, braune Augen – und einen halben Kopf größer als der kleine, stämmige Solomon Slepak. Sie konnte lesen, war auffallend gesprächig, hatte aber keine höhere Schuldbildung. Sie hieß Fanja. Er fragte sie, ob sie ihn heiraten wolle, und sie sagte ja.

Er kehrte mit ihr nach Moskau zurück.

In der Zwischenzeit war das sowjetische Außenministerium in seinen Bemühungen um die für Solomon Slepaks – oder, um genau zu sein, für Semjon Ignatjewitschs – Einreise nach Japan notwendigen diplomatischen Papiere auf unerwartete Schwierigkeiten gestoßen.

Es stellte sich heraus, daß die Japaner ganz genau wußten, wer er war, und über sein Kommen entschieden unglücklich waren. Sie hatten den Bolschewik »Sam« nicht vergessen, der den Aufstand auf Sachalin angezettelt hatte, der die Roten Partisanen auf dem Festland befehligt und die Kosaken vom Ussurij vernichtet hatte, die während des Bürgerkriegs in Sibirien mit den Japanern kooperiert hatten. Verständlich, daß die Japaner jemanden, der für die Niederlage ihrer ehemaligen Verbündeten und den Tod so vieler ihrer eigenen Soldaten verantwortlich war, nicht willkommen heißen würden.

Das Amt des Volkskommissars für Auslandsangelegenheiten teilte dem japanischen Außenministerium mit, daß die drei japanischen Korrespondenten, die sich damals in Rußland befanden, sofort ausgewiesen werden würden – falls der Journalist Semjon Ignatjewitsch nicht die entsprechenden Papiere für seine Einreise in Japan als Auslandskorrespondent bekäme. Die Japaner gaben nach.

Solomon Slepak und seine Frau reisten nach Japan und kamen Ende 1922 in Tokio an. Anfangs lebten sie in einem Hotel in Tokio. Dann übersiedelten sie in eine Wohnung. Als einziger Repräsentant Sowjetrußlands in Japan wurde Solomon Slepak quasi als Botschafter des neuen bolschewistischen Staates behandelt und nahm diplomatische Funktionen wahr. Ihm wurde eine Audienz beim Kaiser gewährt. Obwohl er offiziell Journalist war, wurde ihm dennoch ein hoher diplomatischer Status zuerkannt. Wurde ihm gestattet, verschlüsselte Botschaften an Tschitscherin und Litwinow zu übermitteln? Konnte er versiegelte Post schicken und bekommen?

Im folgenden Jahr gebar Fanja Slepak in einem japanischen Spital eine Tochter. Eine schwierige Zangengeburt. Das Mädchen wurde tot geboren.

Am Montag, dem 21. Januar 1924, starb Wladimir Lenin nach dem letzten von mehreren Schlaganfällen, ohne einen Nachfolger bestimmt zu haben. Trotzkij hatte Lenins früheres Angebot der Stellvertreterschaft abgelehnt, teilweise aus der Befürchtung, das sein Akzeptieren einer so hohen Position den Feinden der Sowjetunion eine endgültige Rechtfertigung für ihre Behauptung gegeben hätte, das Land stünde unter der Kontrolle von Juden.

Es kam zu einem Nachfolgekrieg zwischen Stalin, Trotzkij und anderen Mitgliedern des Politbüros. Auf Stalins Initiative wurde Lenin einbalsamiert und in einem Mausoleum am Roten Platz öffentlich zur Schau gestellt – ein Nachhall des russisch-orthodoxen Volksglaubens, daß der Körper eines Heiligen niemals verwest, und ein Zeichen der ordnungsgemäßen Kontinuität zwischen Lenin und denjenigen, die ihm in der Verwaltung des Sowjetstaates, den er gegründet hatte, nachfolgen würden.

Aus einigen wenigen Spezialisten der Kunst des Einbalsamierens wurde eine als »Unsterblichmachungskommission« bezeichnete Gruppe gebildet, die die Aufgabe hatte, die mumifizierte Leiche zu konservieren. Die Stadt Petrograd, einst Sankt Petersburg, wurde in Leningrad umbenannt.

Im selben Jahr gebar Fanja Slepak eine zweite Tochter, die sie Rosa nannten, nach der deutschen Kommunistenführerin Rosa Luxemburg. Die Entbindung fand in einem japanischen Krankenhaus statt, es war wieder eine Zangengeburt, deren Male das Kind bis zum Alter von drei Jahren trug. Im Jahr darauf gebar Fanja Zwillinge, zwei Jungen. Beide waren Zangengeburten und kamen tot zur Welt. Fanja erklärte ihrem Mann, sie glaube, daß die Japaner versucht hätten, auch ihr zweites Kind zu töten, und daß sie das erste Kind und die Zwillinge ermordet hätten als Rache dafür, was ihnen Solomon und seine Partisanenarmee während des Bürgerkriegs angetan hatten. Als sie wieder schwanger wurde, bestand sie darauf, daß das Baby in der Sowjetunion zur Welt kommen sollte.

Solomon und Fanja Slepak und ihre kleine Tochter Rosa kehrten nach Moskau zurück, wo Fanja am 29. Oktober 1927 einem gesunden Jungen das Leben schenkte – ohne Zuhilfenahme einer Zange. Sie nannten das Kind Wladimir, nach Wladimir Lenin, und riefen ihn Wolodja.

Zwei Monate später, am 27. Dezember 1927, verurteilte der Fünfzehnte Allunionskongreß der Kommunistischen Partei, der in Moskau zusammentrat, das Abweichen von der Parteilinie und entfernte Trotzkij und seine Anhänger aus ihren Positionen – eine Bestätigung der Macht einer geeinten Partei und das Ersticken jeder Opposition gegen Stalin. Stalins Rivalen beeilten sich, ihm abzuschwören.

Solomon Slepak, der zum Zeitpunkt des Fünfzehnten Kongresses in Moskau lebte und noch immer als Korrespondent für die Rosta arbeitete, nahm an den Sitzungen teil und wurde Zeuge von Stalins Aufstieg.

Etwas später wurde er wieder nach China geschickt, erneut als Auslandskorrespondent. Mitte Januar 1928 bestieg die Familie Slepak den Zug von Moskau nach Peking. Während dieser langen Fahrt rettete ihnen der zweieinhalb Monate alte Wolodja das Leben.

Es war eine etwa 5000 Kilometer lange Fahrt mit der Transsibirischen Eisenbahn, die Moskau mit Wladiwostok verbindet. Südlich von Tschita teilt sich die Strecke in zwei Linien. Man kann nach Norden und weiter nach Osten durch russisches Gebiet Richtung Chabarowsk und dann nach Süden auf der eingleisigen Strecke nach Wladiwostok weiterfahren oder die von den Russen betriebene Ostchinesische Eisenbahn durch die Mandschurei nach Harbin im Osten und Peking im Süden nehmen.

Solomon und Fanja Slepak, mit ihrer Tochter und ihrem kleinen Sohn, fuhren mit dem Zug über Tausende Kilometer durch schneebedeckte Einöde, winterliche Wälder und abgeschiedene Dörfer nach Harbin und Peking.

Harbin lag inmitten ausgedehnter Sümpfe und Grassteppe – diesen Teil der Mandschurei hatten die Chinesen den Russen 1896 abgetreten. Viele, die dort lebten, waren aus Rußland gekommen, um an der Eisenbahn zu arbeiten. Die Bevölkerung stieg nach der Revolution an, und in den zwanziger Jahren lebten etwa 100 000 Menschen dort. Die Beziehungen zwischen dem Kreml und Chiang Kai-shek waren schlecht. Weiße und chinesische Banden durchstreiften die Steppe und überfielen sowjetische Züge.

Einige Meilen vor Harbin hielt der Zug, in dem die Slepaks fuhren, plötzlich an. Bewaffnete Weiße gingen durch die Waggons und befahlen allen auszusteigen. Die Passagiere – Russen, Europäer, Chinesen – standen in der Kälte und warteten darauf, daß ihre Papiere kontrolliert wurden. Bolschewiken und Juden wurden angewiesen, beiseite zu treten. Der befehlshabende Offizier erklärte Solomon Slepak, der unter dem Namen Semjon Ignatjewitsch reiste und einen sowjetischen Reisepaß sowie einen TASS-Ausweis hatte, daß er ein dreckiger Bolschewik sei, dessen Partei Rußland in den Ruin gestürzt hätte und nun versuchte, China zu zerstören. Der Kommandant befahl daraufhin einem jungen Offizier, dieses bolschewistische Lumpenpack abzuführen und in einiger Entfernung vom Zug zu erschießen.

Gefolgt von dem Offizier, gingen die Slepaks an den anderen Passagieren vorbei. Der kleine Wolodja begann zu weinen. Fanja drückte ihn an sich, um ihn zu wärmen, aber sein Geschrei wurde immer schriller, durchdringender. Einige der Frauen unter den Passagieren begannen über den Offizier zu murren. Was für ein Mensch konnte ein Baby in den Armen der Mutter töten? Würde eine derart unmenschliche Handlung ihrer Sache und der nationalistischen Sache Chinas nützen? Das Murren wurde lauter, ebenso die schrillen Schreie des Babys. Der Offizier, der sich mittlerweile in einiger Entfernung von seinem Kommandanten befand, wirkte verzweifelt. Man hörte Schüsse: Hinrichtungen zweifellos. Die Menge um die Slepaks wurde unruhig, das Murren noch lauter, drohender. Abrupt steckte der Offizier die Pistole ein, stieß Solomon Slepak mit seiner Frau und den Kindern in die Menschenmenge und eilte davon. Die Menge nahm sie auf, und bald darauf saßen sie wieder im Zug und fuhren ohne weitere Zwischenfälle weiter nach Harbin und Peking.

In Peking wohnten sie in einem Ziegelhäuschen hinter der Backsteinmauer der sowjetischen Siedlung, einer ausgedehnten parkähnlichen Anlage aus Privathäusern und Bürogebäuden zwischen Bäumen und Sträuchern. In der Nähe ihres Häuschens befand sich ein Pavillon mit Tischtennisplatten, dahinter lag der Tennisplatz, und nicht weit von ihrer Haustür war das Tor der Siedlung. Dem Tor gegenüber, am äußersten Rand der Anlage nahe der Mauer, lagen das Hauptgebäude, das die Botschaftsräume beherbergte, und die Wohnungen des Botschafters und der anderen Diplomaten.

Treppen an der Vorderseite des Hauses der Slepaks führten zur Veranda. Von dort gelangte man ins Wohnzimmer

und weiter in Solomons und Fanjas Schlafzimmer und Solomons Arbeitszimmer. Jedes der Kinder hatte ein eigenes
Schlafzimmer, und die Kindermädchen schliefen in einem
Zimmer nebenan. Zu den Bediensteten, ausnahmslos Chinesen, zählten ein Koch, ein Dienstmädchen, Solomons Sekretär und Übersetzer, der perfekt Russisch sprach, und
ein Bote. Der Bote fuhr mit einem Fahrrad, wenn er Solomons Pressemitteilungen in die chinesischen und ausländischen Pressebüros brachte und Zeitungen und Meldungen
für Solomon holte. Eine Treppe führte vom hinteren Teil
des Korridors hinter dem Wohnzimmer in den Keller, wo
sich Lagerräume, die Küche und ein Raum mit einer Druk-
kerpresse befanden.

Die scheinbare Ruhe innerhalb der sowjetischen Siedlung
war ein verzerrtes Spiegelbild der Geschehnisse draußen.
China durchlebte seinen eigenen grausamen Bürgerkrieg.
Sun Yat-sen war 1925 gestorben, sein Traum von einem
geeinten, verwestlichten China war unerfüllt geblieben.
Chiang Kai-shek, von Sun zum Leiter der Whampoa-
Militärakademie ernannt, die das Offizierskorps der
Kuomintang ausbildete, kommandierte jetzt eine Streit-
kraft, die begonnen hatte, sich von Kanton nach Norden
zu bewegen, um das Land und die räuberischen Privatar-
meen zu unterwerfen. Chiangs ursprüngliches Ziel war
die Wiedervereinigung Chinas und die Schaffung einer
westlich orientierten Regierung unter der Führung der
Kuomintang, die damals noch von den chinesischen Kommunisten dominiert war, die den Anweisungen der Agenten der Komintern – unter anderen Borodin und Dalin –
folgten.

Anfang April 1927, etwa zehn Monate vor der Ankunft
der Slepaks, hatte sich die Polizei mit Gewalt Zutritt zur
sowjetischen Botschaft in Peking verschafft und Papiere gefunden, die den Grad der sowjetischen Einmischung in chi-

nesische Angelegenheiten unter Borodins Regie enthüllten. Neunzehn chinesische Kommunisten waren auf dem Gelände verhaftet worden, sie alle wurden als Verräter durch Strangulation hingerichtet.

Einige Tage später fing Chiang Kai-shek an, durch eine Reihe von antikommunistischen Aktionen in zahlreichen Städten und einen Coup in Shanghai, wo im Mai 1920 die erste revolutionäre marxistische Zelle – der Kern der zukünftigen chinesischen Kommunistischen Partei – gebildet worden war, die Macht der chinesischen Kommunisten in der Kuomintang zu brechen. Chiangs Loyalität galt nicht dem Kreml, sondern den Bankiers, den Geschäftsleuten und Gutsbesitzerfamilien, deren Kredite und Steuern er dringend brauchte. Kommunistische Gewerkschaften und Organisationen wurden verboten, Hunderte chinesische Kommunisten hingerichtet.

Unter den chinesischen Kreml-Anhängern, die in dieser Zeit der Säuberungen erschossen wurden, war auch Solomon Slepaks persönlicher Sekretär, der Ehemann von Wolodjas Kindermädchen. Dieses Kindermädchen bewahrte Wolodja vor einer schweren Verletzung – möglicherweise hat sie ihm sogar das Leben gerettet.

Dies ist Wolodja Slepaks früheste Erinnerung: wie sein Leben gerettet wurde. Er ist noch keine drei Jahre alt. Das Kindermädchen geht über die hölzerne Treppe, die von der Veranda des Häuschens hinunterführt, und trägt den chinesisch plappernden Wolodja auf dem Arm, als eine der Stufen plötzlich unter ihren Füßen nachgibt. Sie beginnt zu fallen. Instinktiv hebt sie das Kind hoch und drückt ihren Fuß fest in das splitternde Holz, um ihren Sturz aufzuhalten und das Kind davor zu bewahren, kopfüber die Stufen hinunter und auf den Boden zu fallen. Mit einem trockenen Knacken bricht ihr Bein.

Seine erste deutliche Erinnerung: wie er unsicher über

dem Kopf seines chinesischen Kindermädchens schwankt
– und ihr erstickter Schrei.

Der Stoff der folgenden Jahre ist ein Gewebe aus winzigen Spuren, aus sporadischem Aufblitzen der Erinnerung. Bald nach dem Unfall auf der Veranda übersiedelte
die Familie nach Mukden, knapp 600 Kilometer nordöstlich von Peking. Dort lebten sie in einer von einer Mauer
umgebenen Anlage in einem großen Haus mit Flachdach inmitten von Blumen und Bäumen. Sie hatten zahlreiche Bedienstete. Und Wolodjas Kindermädchen aus Peking hatte
sie dorthin begleitet.

In der chinesischen Stadt Kai-feng hatte es einst eine kleine
jüdische Gemeinde gegeben, die ins 12. Jahrhundert zurückdatierte und sich in erster Linie aus Kaufleuten aus
dem Iran zusammensetzte. Die Chinesen, denen die christliche Einsicht fehlte, daß die Juden die Mörder Christi und
die Diener des Teufels waren, kamen gut aus mit den Juden
von Kai-feng, die in ihren Augen der »Religion, die die Sehnen entfernt«, angehörten – eine Anspielung auf das jüdische Ernährungstabu, das das Entfernen der Blutgefäße
aus dem Fleisch eines Tieres verlangt, bevor es gegessen
werden darf. In der Ming- und Ch'ing-Zeit arbeiteten Juden als Ärzte, Beamte und Armeeoffiziere, aber im Laufe
der Zeit verschwanden sie, und gegen Ende des 19. Jahrhunderts gab es in China praktisch keine Juden mehr, abgesehen von einer kleinen Gemeinde, die sich in Shanghai gehalten hatte, vor allem die wohlhabenden Familien
der Sassoons, Hardoons und Kadoories, die im Transport-,
Bau- und Bankwesen ein Vermögen verdienten. Nach dem
russisch-japanischen Krieg 1904/05 setzte eine neue Wanderung ein. Viele jüdische Soldaten, die aus der russischen
Armee austraten, zogen es vor, in Harbin zu bleiben, statt
ins zaristische Rußland zurückzukehren. Die Ostchinesische Eisenbahn, die die Russen gebaut hatten, brachte

europäische und russische Juden ebenso wie Juden aus Sibirien, die dort Milchwirtschaft und Viehzucht betrieben hatten, nach Harbin.

Nach 1917 lebten in Harbin etwa 10 000 Juden, und auch in Tientsin, Mukden und Shanghai gab es eine beachtliche Zahl von Juden. Es existieren Fotos von der Belegschaft von Bernstein & Söhne in Tientsin, einer Firma, die Pelze aus China nach Europa und in die Vereinigten Staaten exportierte; von Lehrern und Studenten in der Skidelski Talmud Thora in Harbin: Kinder mit Käppchen, bärtige Alte und an der Tafel, in Hebräisch, die Worte: »Das Studium der Thora ist gut, wenn es von Höflichkeit begleitet ist.«

Der Kindergarten, den Wolodja in Mukden besuchte, war möglicherweise von russischen Juden gegründet worden, die vor den Pogromen und der Revolution geflohen waren. Wolodja erinnert sich an eine Purim-Feier, die er besuchte; dieses Fest feiert die Vereitelung einer Judenverfolgung, die ein persischer Minister geplant hatte. Ein faszinierendes Bild: Ein Bolschewik schickt seinen Sohn in einen jüdischen Kindergarten zum Purimspiel. Hatte Solomon Slepak nicht in Dubrowno und Kopys die Religion hinter sich gelassen, als er vor nahezu 30 Jahren von zu Hause ausgerissen war? Vielleicht war es einfach eine gute Schule für kleine Kinder, und er sah im Purimfest ein Symbol seiner bolschewistischen Vision von der Gleichheit aller Menschen und dem Ende der Bigotterie.

Eines Tages stiegen Fanja Slepak und ihre Kinder auf das Dach ihres Hauses in Mukden und sahen auf die Stadt hinunter. Lange Zeit waren die Straßen gespenstisch still und leer. Plötzlich tauchten überall uniformierte Truppen auf, und Militärpolizei wies Armeefahrzeugen den Weg. In einiger Entfernung explodierte eine Granate, und man hörte das Krachen von Schüssen. Kugeln pfiffen ihnen um die

Ohren. Fanja schnappte sich die Kinder und rannte mit ihnen hinunter in den Keller des Hauses.

Es war September 1931. Unter dem Vorwand, ihre Südmandschurische Bahn zu schützen, waren die Japaner in der Mandschurei eingefallen und hatten Mukden besetzt. Im Februar 1932 riefen sie den neuen Staat Mandchukuo aus, und ein Monat später fuhr Solomon Slepak als Korrespondent der TASS nach Harbin, um der Einsetzung des letzten Vertreters der Mandschu-Dynastie, Henry Pu Yi, einer Marionette der Japaner, als Regent beizuwohnen. In diesem Dezember kehrte Solomon nach Moskau zurück, um seinen Vorgesetzten den geforderten Zweijahresbericht zu erstatten. Er besuchte seine Mutter und blieb den folgenden Sommer in Rußland, während seine Familie sich am Strand von Peitaihe in der Nähe von Port Arthur vergnügte. Der hellhäutige kleine Wolodja erlitt einen schweren Sonnenbrand. Als Solomon am Ende des Sommers nach Mukden zurückkehrte, erklärte er den Kindern, daß er so lange weggeblieben war, weil seine Mutter erkrankt und gestorben war und er zum Begräbnis gefahren war. Bald nach seiner Rückkehr wurden er und seine Familie zurück nach Peking beordert, wo sie in dasselbe Haus zogen, in dem sie schon früher gewohnt hatten. In jenen Tagen wurden die Kommunisten in China von Chiang Kai-shek erbarmungslos verfolgt und ausgerottet. Dem kleinen Wolodja, der seine Umwelt nun aufmerksam beobachtete, fielen seltsame Dinge im Haus auf: nächtliche Versammlungen im Arbeitszimmer seines Vaters, geschlossene Türen und Fenster, gedämpfte Stimmen.

Sein Kindermädchen brachte ihm chinesische Lieder bei. Seine Schwester, drei Jahre älter als er, mit lockigem braunem Haar und braunen Augen, hatte ihre eigenen Freunde und sah nicht viel von ihrem kleinen Bruder. Er hatte ein Dreirad. Im Pavillon gab es Tische, Stühle und einen Billardtisch, und er sah den Erwachsenen oft beim

Spielen zu. Innerhalb der Anlage wuchsen Maulbeerbäume, und er sammelte die Beeren und aß sie. Wie seine Mutter schimpfte, als er sein Hemd mit Beeren blau verschmierte! Einmal kam eine Wildkatze in den Garten, und als er und seine Schwester an diesem Abend durch die Anlage spazierten, sahen sie sie und beobachteten starr vor Schreck ihre blitzschnellen Sprünge und wie sie durch die Schatten glitt. Sie liefen zurück ins Haus. Eine Wildkatze in ihrem Garten! Wie aufregend und schaurig, so ein schreckliches Geheimnis zu teilen.

Sein Vater meldete Wolodja in der amerikanischen Schule für die Kinder der Diplomaten an, die auch seine Schwester besuchte. Es gab auch einige chinesische Schüler, aber die meisten waren Amerikaner. Es sei eine gute Schule, sagte sein Vater. Die beste.

Wolodja, der schon Chinesisch und Russisch sprach, begann jetzt, Englisch zu lernen. Und Mathematik. Den ganzen Vormittag in der Schule. Mittagessen zu Hause. Am Nachmittag wieder Schule. Unterricht, Sport. Glückliche Tage.

Im Frühling 1934 wurde er plötzlich krank. Der Arzt im deutschen Krankenhaus in Peking diagnostizierte Amöbenruhr. Ein Hakenkreuz wehte von der Fahnenstange des Krankenhauses, und ein Bild Adolf Hitlers hing an der Wand hinter dem Schreibtisch der Oberschwester. Die Ärzte sprachen Deutsch.

Verschreckt von dem Krankenhaus, erklärte Wolodja seinem Vater: »Ich will nicht bei den Faschisten sein!«

Sein Vater erklärte, es sei das beste Krankenhaus in China.

Diesen Sommer kehrte Solomon Slepak nach Moskau zurück. Wolodja war immer wieder im Krankenhaus, die deutschen Ärzte konnten ihn nicht kurieren. Einer von ihnen, Professor Krieg, ein großer, graublonder Mann mit blauen Augen hinter goldgerahmten Brillengläsern, erklärte

Fanja, daß irgend etwas im Essen oder im Wasser dem Jungen schadete. Er glaubte nicht daran, daß der Junge überleben würde, und empfahl ihr, China möglichst zu verlassen.

Der siebenjährige Wolodja war sehr krank: Durchfall, Blut und Schleim in seinem Stuhl, Erschöpfung. Sein Kindermädchen schlief auf einem schmalen Bett neben dem seinen.

Fanja Slepak telegrafierte ihrem Mann, um ihm den Rat von Professor Krieg mitzuteilen. Ein paar Tage später antwortete Solomon: Sie würden nach Moskau überstellt.

Fanja weigerte sich, allein mit den Kindern im Zug durch China zu fahren. Solomon wies sie an, mit dem Schiff nach Kobe in Japan zu fahren und von dort mit dem Zug nach Tsuruga. Danach würde sie ein Schiff nach Wladiwostok bringen, wo sie den Zug nach Moskau nehmen sollten. Der Zug fuhr nur durch russisches Gebiet. Er würde sie abholen, wenn sie in Moskau ankamen.

Wolodja erinnert sich verschwommen an die riesigen Schrankkoffer seiner Eltern, gefüllt mit Elfenbeinskulpturen, Gemälden, Seide, chinesischen Kimonos und Büchern. Die Koffer wurden verplombt. In Kobe weigerte sich Fanja unter Berufung auf ihre diplomatische Immunität, sie für die japanischen Zollbeamten zu öffnen. Die Stauer warfen die Koffer ins Wasser und fischten sie dann heraus. Fanja weigerte sich weiterhin, sie zu öffnen. Als sie Kobe verließen, bot ihr der Kapitän des Schiffes an, alle Passagiere von Deck zu schicken, so daß sie alles auspacken und trocknen lassen konnte. Höflich lehnte sie ab – vielleicht schämte sie sich für die Zahl der Gegenstände und ihren enormen Wert. Die Koffer reisten naß bis in die Sowjetunion. Viele der Objekte trugen bleibende Wasserspuren davon.

Nach der Abfahrt von Japan legte das Schiff in Wladiwostok an, und Wolodja verabschiedete sich von seinem chinesischen Kindermädchen. Jahrzehnte später schrieb er: »Mein Kindermädchen war mein ganzes Leben in China bei mir – in Peking, Mukden, wieder in Peking, an jedem Strand, wo wir unsere Sommer verbrachten. Sie begleitete uns auf unserem Heimweg nach Rußland durch Japan, bis wir nach Wladiwostok kamen. Wir trennten uns in Wladiwostok. Von dort fuhren wir nach Moskau, und sie kehrte zurück nach Peking. Von diesem Zeitpunkt an habe ich nichts mehr von ihr oder über sie gehört.«

Viele Jahre später fragte Wolodja seinen Vater, warum er in Asien immer diplomatischen Status gehabt hatte, wo er doch nur Korrespondent war. Sein Vater wandte sich ab und antwortete nicht.

In Moskau bezogen sie zwei Zimmer in einer Gemeinschaftswohnung in der Petrowka-Straße, nicht weit entfernt vom Hotel Lux. Vier weitere Familien lebten in dieser Wohnung. Sie teilten das Bad, die Küche, die Toilette. In der Gemeinschaftsküche kam es oft zu Streitereien zwischen den Frauen. Im Laufe des folgenden Jahres besserte sich langsam Wolodjas Gesundheit.

Solomon Slepak, der seinen eigentlichen Namen wieder angenommen hatte und nicht länger Semjon Ignatjewitsch hieß, arbeitete jetzt für die TASS.

Die Agentur hatte zwei Abteilungen: eine internationale und eine interne. Erstere, die größere der beiden, befaßte sich mit Nachrichten und Informationen, die die Länder außerhalb der Sowjetunion betrafen, letztere mit inneren Angelegenheiten.

Solomon Slepak war Stellvertretender Direktor der Internationalen TASS. 1936 wurde Berjosow, der Leiter dieser Abteilung, von der Geheimpolizei verhaftet. Solomon übernahm seine Aufgaben. Berjosow wurde später erschossen.

Das Büro mußte rund um die Uhr besetzt sein. Solomon arbeitete, abwechselnd mit seinem Stellvertreter Kotsin, in

Zwölfstundenschichten und war dem Leiter der Presseabteilung des Zentralkomitees unterstellt. Bald nachdem Solomon Berjosows Stelle übernommen hatte, erfuhr Daletzkij, der Direktor der TASS, der Jude war, von seinem engen Freund Karachan, ebenfalls Jude und Stellvertretender Außenminister, daß sie beide verhaftet werden sollten. Daletzkij erschoß sich in seinem Büro. Auch Karachan beging Selbstmord. Die große Säuberung hatte begonnen.

Jahrzehnte später erzählte Solomon Wolodja, daß drei Jahre nach der Rückkehr der Familie aus Peking mehr und mehr Mitglieder des dortigen russischen diplomatischen Personals nach Moskau zurückbeordert wurden. Einer nach dem anderen wurde wegen seiner Wiederberufung vorgeladen. Bei ihrer Ankunft in Moskau wurden sie verhaftet, so auch der Botschafter Bogomolow. Langfristiger Kontakt mit Ausländern, aus welchem Grund auch immer, brachte damals automatisch den Verdacht mit sich, man habe sich irgend etwas zuschulden kommen lassen. Alle wurden der konterrevolutionären Betätigung und der Spionage für die Japaner für schuldig befunden und erschossen.

Dieses Schicksal hätte auch Solomon Slepak treffen können, wären er und seine Familie in Peking geblieben. Aber jetzt, in Moskau, arbeitete er weiterhin als Leiter der Internationalen TASS, während seine langen Jahre in China von Stalin und der Geheimpolizei unerklärlicherweise übersehen wurden.

1936 kam es zu Aufständen in Spanisch-Marokko und in Teilen Spaniens. Die britische Labour Party erklärte ihre Solidarität mit der wankenden Spanischen Republik, während die britische Regierung neutral blieb. Mit Hitlers Zustimmung flogen zwanzig deutsche Transportflugzeuge nach Marokko, um General Francos afrikanische Armee nach Sevilla zu bringen. Es war dies Francos Idee gewesen, der erste derartige Einsatz von Flugzeugen in der Geschichte. Franco nahm Granada ein, und die Komintern sicherte der Republik ihre Hilfe zu. Der Spanische Bürgerkrieg hatte ernsthaft begonnen.

In diesem Sommer kam eine spanische Fußballmannschaft nach Moskau, um gegen die russische Mannschaft Spartak zu spielen. Solomon Slepak nahm den neunjährigen Wolodja ins Stadion mit. Vor dem Beginn des Spiels sprach ein Parteifunktionär von der drohenden faschistischen Gefahr und über General Franco, und ein Arbeitervertreter lobte den Mut der republikanischen Truppen. Die sowjetische Mannschaft siegte. Das war das einzige Mal, daß Solomon Slepak seinen Sohn zu einer Sportveranstaltung mitnahm.

Die Familie Slepak war 1935 aus ihren Zimmern in der Petrowka ausgezogen und wohnte damals im Petrowerigskij Pereulok. Die Stadt war noch immer grau und schmutzig, viele Gebäude waren halb verfallen. Es gab kaum Autos auf den Straßen; die Menschen benützten in erster Linie die Straßenbahnen. Viele Straßen wurden jetzt asphaltiert. Die erste Metro-Linie war im Vorjahr fertiggestellt worden. Elektrischen Strom gab es nur im Stadtzentrum. Gekocht wurde meist mit Petroleum. In vielen Wohnungen wurde mit Holz geheizt, das von abgerissenen Holzhäusern stammte, aber die Wohnungen der Slepaks hatten Zentralheizung und Heißwasseranschluß. Es gab in der Sowjetunion keine Vermieter, man bekam die Wohnung von der Regierung und mußte keine Miete bezahlen. Die Slepaks bewohnten Zimmer, die Leuten zugeteilt worden waren, die für zwei Jahre im Auftrag der TASS im Ausland waren. So mußten sie in den dreißiger Jahren fünfmal umziehen, bis sie sich 1940 in einer Wohnung in der Gorkij-Straße – wie die Twerskaja-Straße seit 1936 hieß – engültig niederließen. (Seit 1992 heißt sie wieder Twerskaja.) Sie lebten dort bis 1986.

Sie gingen oft ins Kino. Wolodja erinnert sich, unter unzähligen anderen Filmen, an »Slatie gori« (Goldene Berge), »Zirk« (Zirkus), »Iskateli schtschastja« (Die Glückssucher) und »Wratar« (Der Tormann). Sie gingen ins Bolschoj-Theater. Es war schwierig, Karten für das Bolschoj zu kriegen, aber Solomon Slepak hatte Beziehungen und konnte immer irgendwie Karten bekommen, und die Familie sah mit großer Begeisterung Opern wie »Carmen«, »Rigoletto«, »Eugen Onegin« und »Schneeflöckchen« sowie die Ballettaufführungen »Schwanensee« und »Nußknacker«. Sie besuchten den Zoo und gingen mehrmals in den Moskauer Zirkus, wo sie an den Clowns, Akrobaten und Jongleuren, den Löwen, Tigern, Elefanten und den russischen Bären ihre Freude hatten.

Von dem Zeitpunkt an, als er de facto Leiter der Internationalen TASS wurde und einen Zwölfstundentag hatte, sah Solomon Slepak seine Familie wochentags kaum noch. Er und seine Frau wachten etwa um halb sieben Uhr früh auf; Wolodja und seine Schwester Rosa eine halbe Stunde später. Das Frühstück bestand aus Eiern oder Haferbrei, manchmal Wurst, Käse, Salat und Tee. Ganz besonders liebte Solomon Marmelade aus Walderdbeeren. Wolodja und Rosa aßen in der Schule zu Mittag, wo sie Salat und Tee kauften und die Pausenbrote verzehrten, die sie von zu Hause mitgebracht hatten. Zum Abendessen servierte Fanja Suppe und dann Fleisch oder Fisch mit Kartoffeln oder Kascha. Die Lebensmittel waren seit 1934 nicht mehr rationiert, aber in den regulären Geschäften in der Stadt gab es wenig zu kaufen. Die Menschen waren froh, wenn sie Brot und Kartoffeln bekommen konnten. Die Slepaks aßen besser als die meisten Russen, weil sie amerikanische Dollars aus China mitgebracht hatten. Sowjetische Staatsbürger, die in den dreißiger Jahren im Ausland arbeiteten, bekamen einen Teil ihres Gehalts in Rubel, die auf ihre Konten in Rußland eingezahlt wurden, und einen Teil in Dollars, die sie im Ausland verbrauchten. Es war ihnen gestattet, ihre Dollar-Ersparnisse mitzunehmen und damit in speziellen Geschäften einzukaufen, die gegen harte Währung Lebensmittel an Ausländer und Russen verkauften. An den meisten Wochentagen aß Solomon in der Kantine der TASS zu Abend. »Euer Vater ist sehr beschäftigt«, erklärte Fanja den Kindern. »Er macht eine wichtige Arbeit.«

Sogar im Sommer war er beschäftigt. Aber manchmal mietete die Familie eine Datscha außerhalb von Moskau, und Wolodja und Rosa konnten in einem nahe gelegenen See schwimmen oder mit ihren Eltern in den Wäldern aus Föhren, Fichten, Birken und Ebereschen spazierengehen und Beeren pflücken. Auch Solomon ging zum Schwimmen oder wanderte lange allein durch die Wälder. Manchmal ruhte er sich nach dem Essen mit einem Buch im Lehnstuhl aus. Hin und wieder kamen Freunde zu Besuch.

Zwei Jahre hindurch mieteten sie eine Datscha, die sich in der Nähe des Häuschens von Grigorij Wojtinskij und seiner Familie befand, die sie jeden Tag sahen. Zwei Bolschewiken in mittleren Jahren, die sich leise unterhielten – worüber? Die alten Zeiten in China? Und vorsichtig, nur wenn sie ganz sicher waren, daß sie allein waren, über die gegenwärtige alptraumhafte Situation in ihrer Heimat? Wojtinskij unterrichtete damals am Institut für Ostasienkunde an der Moskauer Universität. Schöne Erinnerungen, an diese Sommerwochen in den Datschas fern von Moskau.

Im Herbst 1936 zogen die Slepaks ins Neopalimowskij Pereulok und ein Jahr später in die Bolschaja-Serpuchowskaja-Straße. In einer der Wohnungen, in der sie Zimmer mieteten, lebten zwei Frauen, die, weil ihre Ehemänner verhaftet worden waren, plötzlich ohne jede finanzielle Unterstützung dastanden; ihr eigenes Einkommen reichte nicht zum Überleben. Sie hatten sich entschieden, einen Teil ihrer Wohnung zu vermieten, und die Slepaks waren ihre ersten Mieter. Oft konnte man die Frauen in ihrem Zimmer weinen hören.

Wolodjas erste Schule befand sich im Starosadskij Pereulok, nicht weit entfernt von der Wohnung im Petrowerigskij Pereulok. Die Schulen hatten keine Namen, nur Nummern: Wolodjas hatte die Nummer 329. Weil es in der Stadt nicht genug Schulen gab, wurden die etwa 800 Schüler in zwei Schichten unterrichtet. Als in der Nähe eine neue Schule fertiggestellt wurde, schickte man die Hälfte der Schüler (so auch Wolodja, aber nicht seine Schwester) von Nummer 329 ins neue Gebäude, Nummer 617. Es war ein vierstöckiges Ziegelhaus im Spasoglinischtschewskij Pereulok (heute die Archipowa-Straße) gegenüber der Moskauer Synagoge, dem einzigen verbliebenen jüdischen Kultgebäude in der Stadt. Für Wolodja hatte die Synagoge »nichts damit zu tun, Jude zu sein, sondern mit Religion«. Er hatte damals kein Interesse an irgend etwas, das mit Religion in Zusammenhang stand, er erinnert sich nicht daran, jemals jemanden das Gebäude betreten oder verlassen gesehen zu haben. Heute ist die Schule Nummer 617 ein Krankenhaus.

Die meisten Lehrer in Wolodjas Schule waren die Söhne und Töchter analphabetischer Bauern, die erste gebildete Bauerngeneration. Er lernte Mathematik, Russisch, russische Literatur, Geographie, Naturgeschichte und Geschichte. Jede Klasse hatte 30 bis 40 Schüler. Die Wände waren hell gestrichen, an der Wand hinter dem Tisch des Lehrers befand sich eine Tafel. In beinahe jedem Zimmer hing eine Fotografie von Stalin über der Tafel und in einigen Zimmern auch eine von Lenin. Jeder Schüler mußte im Alter von zehn Jahren den Pionieren beitreten. Sie trugen rote Krawatten, marschierten mit roten Fähnchen und besuchten Versammlungen, bei denen einer der Lehrer – ein Parteimitglied – über Ereignisse in der Sowjetunion sprach: über die internationale Bourgeoisie, die der Feind des Volkes war; über die Faschisten in Hitlerdeutschland, die die Kommunisten verfolgten, sie verhafteten, in Konzentrationslager schickten und erschossen. Niemand erwähnte jemals die Juden.

Zwei der Appartements, in denen die Slepaks wohnten – im Neopalimowskij Pereulok und in der Bolschaja-Serpuchowskaja-Straße –, waren ziemlich weit von den Schulen entfernt, die Wolodja und Rosa besuchten. Solomon Slepak nahm sie jeden Tag in dem TASS-Auto mit, das ihn zu seinem Büro im Armjanskij Pereulok und wieder heimbrachte. Von dort gingen die Kinder den Rest des Weges zu Fuß zur Schule, damit sie niemand in dem Auto sah. Solomon bestand darauf, daß sie weiterhin dieselben Schulen besuchten, obwohl sie so weit von der neuen Wohnung der Familie entfernt waren; es waren zwei der besten Schulen in Moskau, sagte er.

Gelegentlich wurde Wolodja von bestimmten Schülern »Schid« genannt, was er ignorierte. Als er das Wort zum ersten Mal hörte, fragte er seinen Vater, was es bedeute, und sein Vater erklärte ihm, daß es ein Schimpfwort sei, das ungebildete und verblendete Menschen als verächtliche und gehässige Bezeichnung für Juden benützten, ein altes und ehrenwertes Volk aus dem Mittelmeerraum, das seine ganze Geschichte hindurch verfolgt worden war und dem auch seine Familie angehörte. Wenn der Traum von einem vollkommenen kommunistischen Staat verwirklicht war, fuhr sein Vater fort, würde die Verfolgung aufhören, und alle Völker der Sowjetunion würden als eine große Nation in Eintracht leben und der ganzen Erde zeigen, daß Genosse Stalin und die Kommunistische Partei mit dem religiösen Haß und der Bigotterie endgültig Schluß gemacht hatten.

Wolodja war damals acht oder neun Jahre alt. Ein Jude! Er war ein Jude! Offenbar hatte er das Purimfest vergessen, an dem er vor Jahren in Mukden teilgenommen hatte. Aber möglicherweise hatte dieses Ereignis auch nichts besonders Jüdisches gehabt. Vielleicht war es einfach nur ein Fest gewesen, nicht weiter bemerkenswert, abgesehen von den Kostümen und dem Lärm.

Es gab keine organisierte jüdische Gemeinde in Moskau, als Wolodja entdeckte, daß er Jude war.

Lenin hatte den Antisemitismus verabscheut. Er war der Ansicht, daß er dem sozialistischen Ideal der Gleichheit widerspreche, und glaubte – wie auch Karl Marx –, daß die Juden sich schon lange assimiliert hätten und verschwunden wären, wenn es nicht die Verfolgungen gegeben hätte, denen sie immer ausgesetzt waren. Lenin hatte dem Erlaß der Versammlung der Volkskommissare vom Juli 1918 zugestimmt, der den Antisemitismus als »verheerend für die Interessen der Arbeiter- und Bauernrevolution« verurteilte und alle sowjetischen Deputierten anwies, »die antisemitische Bewegung kompromißlos mit der Wurzel auszureißen«.

Aber die jüdischen Kommunisten hatten andere Vorstellungen von der Zukunft des Judentums in einem revolutionären Rußland. Bei der Zweiten Konferenz der Jüdischen Kommunistischen Sektionen (die Jewsekzija) im Juni 1918 beschlossen sie, daß die Zionistische Partei »eine konterrevolutionäre Rolle spielte«, da sie die Verbreitung kommunistischer Ideale unter den jüdischen Arbeitermassen behinderte. Sie forderten die »Proklamation eines Erlasses über die Einstellung jeglicher Aktivitäten seitens der Zionistischen Partei« und kamen zu dem Schluß, daß »die Gemeindeorgane, die die Stütze aller reaktionären Kräfte innerhalb des jüdischen Volkes darstellten, unterdrückt werden mußten«.

Die Regierung Lenins nahm die Resolution sofort an. Zwei Führer des Jüdischen Kommissariats, Simon Dimanstein – ein ehemaliger Jeschiwa-Schüler, Rabbi und Lubawitscher Chasside – und Samuel Agurskij wurden damit beauftragt, die jüdische Gemeinde aufzulösen.

Im Juni 1919 gab die Regierung einen Erlaß über die Schließung aller jüdischen Einrichtungen heraus. Der Erlaß trug die Unterschriften von Samuel Agurskij und Josef Stalin. Die meisten Synagogen wurden geschlossen oder in kommunistische Klubs, Schulen oder Speisesäle umgewandelt, ihr Besitz ging ins Eigentum des sowjetischen Staats über. Es gibt eine Fotografie von einem Stapel Thora-Rollen aus geschändeten russischen Synagogen, und man kann nicht umhin, sich zu fragen, ob sich nicht irgendwo in diesem Stapel auch die Rolle befand, deren Fertigstellung in der Synagoge von Dubrowno einst mit Musik gefeiert und auf dem Foto mit den Juden vor der Arche festgehalten worden war. Kinder und Jugendliche unter achtzehn durften außerhalb ihrer Familie keine religiöse Erziehung erhalten und mußten Unterricht in Kommunismus besuchen. Die Zionistische Bewegung, die früher etwa 300 000 Mitglieder gehabt hatte, wurde verboten. Personen, die zuvor ein religiöses Amt ausgeübt hatten, galten jetzt als »deklassierte Mitglieder der Gesellschaft«, Individuen ohne bürgerliche Rechte, und konnten nur schwer ihre Wohnung, Anstellung, Lebensmittelrationen sowie den Schulbesuch ihrer Kinder absichern. Beschneidung war illegal. Ehe- und Scheidungsgesetze wurden aufgehoben. Das Hebräische wurde unterdrückt. Juden wurden sogar davor gewarnt, die Thora zu küssen, es sei unhygienisch. Was die jüdischen Kommunisten für die sowjetrussischen Juden wollten, war eine weltliche jiddische Kultur. Eine jiddische Grundschule, jiddische Zeitungen und Zeitschriften; Jiddisch war auch die Sprache der Versammlungen der jüdischen Sowjets. Das Judentum sollte eine Nationalitätenkultur sein, mit dem Jiddischen als Sprache und dem Sozialismus als weltlicher Religion.

Die Kampagne zur Schwächung des Judentums und zur Assimilation der Juden in einer kommunistischen Kultur wurde von kommunistischen Juden geführt; Nichtjuden waren nicht daran beteiligt. Es war ein jüdischer Bürgerkrieg, grausam und unbarmherzig.

Der Assimilierungsprozeß wurde durch das Auseinanderbrechen der geschlossenen jüdischen Schtetl und die Umsiedlung von Juden nach Moskau und Leningrad in der Folge des Krieges, des Bürgerkrieges und der Pogrome in der Ukraine und in Weißrußland noch beschleunigt. Schätzungen zufolge waren in den dreißiger Jahren über drei Prozent der Moskauer Bevölkerung (d. h. vier bis fünf Millionen Menschen) Juden. Um diese Entwicklung noch stärker voranzutreiben, legte Lenin den Juden nahe, bestimmte Gebiete Rußlands zu kolonisieren, und Tausende ließen sich überreden. Einige der Kolonien wurden teilweise vom amerikanischen Joint Distribution Committee finanziert, das während des Ersten Weltkriegs zur Unterstützung der notleidenden europäischen Juden gegründet worden war. Es gibt viele Fotos von Juden in diesen landwirtschaftlichen Kolonien: beim Schafescheren in der Nähe von Odessa, beim Frühstück auf ukrainischen Feldern, auf dem Weg zu einer Versammlung auf der Krim, in provisorischen Baracken, bei der Aufzucht von Schweinen, um ihre Abkehr von der jüdischen Religion zu demonstrieren; auf einem John-Deere-Traktor, bei den Feiern zum 1. Mai.

Aber nur wenige Juden scheinen Interesse daran gehabt zu haben, Teil einer jiddisch sprechenden Nation zu werden oder russisches Land zu kolonisieren. Die meisten nicht-religiösen Juden zogen eine Anpassung an die russische Hochkultur vor. In nur wenigen Jahren waren 25 Prozent aller Ehen im Herzen der Sowjetunion Mischehen. Zionisten und religiöse Juden sahen in der kommunistischen Herrschaft bald eine unbarmherzige Fortsetzung des repressiven zaristischen Regimes. In der Tat fanden viele Juden, daß es ihnen unter den Kommunisten schlechterging als unter den grausamsten Zaren.

Die wirtschaftliche Lage hatte sich in den Jahren nach dem Kriegskommunismus und der verheerenden Hungersnot der frühen zwanziger Jahre etwas gebessert. Als die Gewehre des Bürgerkriegs Ende 1920 endlich verstummten, stand Lenin zahlreichen Aufständen und Streiks, Hunger und dem Trümmerfeld der sowjetischen Wirtschaft gegenüber – dem Rückgang der Ernte, einer galoppierenden Inflation, der Industrieproduktion auf nur 13 Prozent des Vorkriegsniveaus – und begann widerwillig, vom reinen ideologischen Kommunismus abzugehen. Im Frühling 1921, nach einer Reihe mißglückter Aktionen, hatte er die Neue Ökonomische Politik eingeführt: Die Bauern waren nun regulären Steuern anstelle der brutalen direkten Requisitionen unterworfen, kleine Geschäftsleute konnten Arbeiter einstellen und frei mit ihren Waren handeln, man konnte Immobilien kaufen und verkaufen, ins Verlagswesen einsteigen oder sich am privatisierten Einzelhandel beteiligen. Die Rationierungen wurden langsam abgeschafft, und die Wirtschaft begann sich zu erholen. Ein Foto von einem offenen Markt aus der Zeit der Neuen Ökonomischen Politik, zwischen 1921 bis 1928, zeigt Marktstände, die von Waren nur so überquellen. Die meisten Bürger der Sowjetunion – Arbeiter, Bauern, kleine Geschäftsleute – schienen von der neuen Politik zu profitieren. Für die Juden, von denen etwa ein Drittel »deklassiert« war, weil sie Handwerker oder kleine Händler gewesen waren, war diese Politik ein Segen in ihrem zerstörten Leben. Aber Bolschewiki wie Sinowjew fürchteten, das Wiederauftauchen von privaten Unternehmen könnte die politische Kontrolle destabilisieren, und er betonte, daß die Neue Ökonomische Politik nur »ein vorübergehendes Abweichen, ein taktischer Rückzug« war.

Lenins Politik hinsichtlich der Juden – die Auflösung ihrer Institutionen und ihre völlige Assimilation – wurde von Stalin fortgesetzt und noch weiter verstärkt. Das Scheitern der Komintern beim Anzetteln von Revolutionen in der gesamten kapitalistischen Welt veranlaßte Stalin zu einer neuen Interpretation des Kommunismus: die fortschreitende Entwicklung des Sozialismus in einem Land, der Sowjetunion. Diejenigen, die in seiner Auseinandersetzung mit dem internationalistisch denkenden Trotzkij gegen ihn waren – Kamenew, Sinowjew und andere –, bezeichnete er als »entwurzelte Kosmopoliten« – das heißt: Parteimitglieder, denen mehr am Sozialismus in anderen Ländern als in ihrem eigenen gelegen war; dies war Stalins Weise, jemanden als Juden zu bezeichnen, ohne wie ein zaristischer Antisemit zu klingen. Gleichzeitig waren Juden unter den treuesten Anhängern Stalins, einer von ihnen, Lasar Kaganowitsch, leitete die unbarmherzige Zwangskollektivierung der ukrainischen Bauern im Rahmen des ersten Fünfjahresplans. So haßten also die städtischen Russen die Juden als »entwurzelte Kosmopoliten«, und die Bauern haßten die Juden, weil sie erbarmungslose Unterdrücker waren. Spekulanten, Kleinhändler, Parasiten und bolschewistische Oberherren – das war das Bild, das die meisten Russen von den Juden hatten.

1928 initiierte Stalin einen Versuch, die Juden in einem autonomen Gebiet im weit entfernten Birobidschan anzusiedeln, ein Territorium von 52 000 Quadratkilometern an der mandschurischen Grenze, 13 000 Kilometer von Moskau entfernt und in der Nähe des Gebiets der Raubzüge Solomon Slepaks auf dem asiatischen Kontinent. Es war ein rauhes, primitives Land, geplagt von Krankheiten, Insekten und Regen. Auf seinem Höhepunkt in den späten dreißiger Jahren hatte das Jüdische Autonome Gebiet 128 jüdische Grundschulen mit Jiddisch als Unterrichtssprache, eine jiddische Tageszeitung, eine medizinische und eine Musikschule sowie 27 jüdische staatliche und kollektive Landwirtschaftsbetriebe. Aber aus diesen Bemühungen wurde nicht viel. Schon früh dadurch behindert, daß sich die Juden nicht konzentriert auf einem Gebiet ansiedeln lassen wollten – noch dazu so weit entfernt von den kulturellen Zentren –, wurden sie von den Säuberungen der dreißiger Jahre noch weiter geschwächt, während derer viele ihrer Führer des Trotzkismus, Nationalismus und Zionismus angeklagt, inhaftiert, verbannt und hingerichtet wurden. Ende der sechziger Jahre war es mit dem jüdischen Birobidschan vorbei.

Stalin beendete 1928 die Neue Ökonomische Politik mit seinem ersten Fünfjahresplan zur massiven Industrialisierung Rußlands und zur Kollektivierung der Landwirtschaft. Dafür war eine Unmenge gut ausgebildeter Arbeiter notwendig. Juden aus dem Schtetl und Bauern strömten in die Städte, um Arbeiter zu werden.

Ein Foto zeigt eine Gruppe junger Juden in einer Werkstatt zur Ausbildung von Metallarbeitern vor einem riesigen Porträt Stalins, in einer weißen Militärjacke und mit einer Zigarette in der linken Hand. Am Ende dieses ersten Fünfjahresplans waren mehr als eine Million Juden manuell arbeitende Lohnempfänger, angestellte Buchhalter, Lehrer oder Ingenieure geworden. Es gab die zaristischen Beschränkungen nicht mehr, die Juden höhere Bildung und den Einstieg in gehobene Berufe verwehrten. Im ersten Jahr nach der Rückkehr der Familie Slepak aus China aufgrund von Wolodjas Amöbenruhr, 1934/35, waren 18 Prozent aller neuen Hochschulabsolventen in Rußland Juden.

Das russische Judentum löste sich in dem riesigen Land und seiner Kultur auf. Äußerlich von den kommunistischen Juden der Jewsekzia angegriffen und innerlich geschwächt von den Juden, die nicht länger bereit waren, die Last einer uralten Tradition zu tragen, und die Angst hatten, als Trotzkisten oder Menschewiki gebrandmarkt zu werden, verschwanden die jüdische Religion und ihre Institutionen oder gingen in den Untergrund. Stalin hielt das antijüdische Programm für so erfolgreich, daß er Mitte der dreißiger Jahre sicher war, daß die junge Generation der Juden keine Ahnung vom Judaismus hatte. Und er hatte weitgehend recht.

Etwa eineinhalb Jahrzehnte waren seit der ursprünglichen Verkündung jener antijüdischen Erlasse vergangen, als der junge Wolodja entdeckte, daß er Jude war. Die Familienchronik verzeichnet seine Verwirrung angesichts dieser Erkenntnis und angesichts der Tatsache, daß ihn andere – die ihn ganz offensichtlich haßten – als Juden definierten. Er war wütend und schämte sich. Und er hatte plötzlich Angst.

In der Schule bemerkte Wolodja, daß einige seiner Klassenkameraden plötzlich traurig und verschlossen waren. Sie standen allein auf dem Spielplatz. Sie wurden im Unterricht nie aufgerufen, saßen still da und wurden immer kleiner an ihren Schreibpulten. Nach einiger Zeit verschwanden sie. Aus irgendeinem Grund war allen in der Schule klar, daß man darüber nicht sprach.

Wolodja erzählte seinem Vater von den verschwundenen Schülern. Solomon Slepak erklärte ihm, daß es eine neue Geheimpolizei gab – die NKWD. Sie bestand aus Leuten, die klüger und begabter waren als jene in der früheren politischen Polizei, der Tscheka und der GPU, und daß die NKWD Spione, Feinde und Verräter entdeckte, die früher nicht entdeckt worden waren. Diejenigen, die so aufgespürt wurden, wurden verhaftet und zusammen mit ihren Familien fortgeschickt.

Einmal sah Wolodja, wie sein Vater einige Bücher aus einem Schrank nahm und sie in den Müll warf; die Autoren waren verhaftet worden. Ein andermal holte sein Vater eine Geschichte des russischen Bürgerkriegs vom Regal und begann, die Fotos von Trotzkij und anderen zu übermalen. In der Schule wiesen Wolodjas Lehrer die Schüler an, die Bilder von verschiedenen Personen, die gerade als imperialistische Spione entlarvt worden waren, aus den Büchern zu reißen. Zu Hause schwärzte sein Vater eines Tages die Gesichter von Freunden und Verwandten in ihrem Familienalbum mit Tusche – sie waren alle verhaftet worden. Das Gesicht des Botschafters Bogomolow, mit dem Solomon Slepak in China zusammengearbeitet hatte – getilgt. Wolodja fand es gut, daß all diese Spione und Verräter entdeckt wurden. Jetzt war Rußland sicher.

Sein Onkel Konstantin Schur, früher Josef Schur, war ein großer, starker, fröhlicher Mann, den die Slepaks oft in seiner Wohnung besuchten. Er war Mitglied der Kommunistischen Partei und Direktor der Abteilung für Maße und Gewichte in der sowjetischen Regierung, Fanja Slepaks Bruder. Oft warf er Wolodja hoch in die Luft, fing ihn auf, warf ihn wieder hoch. Er hatte eine Frau und Kinder, und die Familien verbrachten viel Zeit miteinander. Einmal vergingen ein paar Wochen ohne ihre gegenseitigen Besuche, und Wolodja fragte: »Wo ist Onkel Konstantin?« Sein Vater sagte: »Onkel Konstantin ist verhaftet worden. Er war

Mitglied einer feindlichen Verschwörung. Frag nicht nach ihm; sprich nicht über ihn.« Wolodja, der damals etwa zehn war, gehorchte und verbannte den Onkel aus seinen Gedanken und sah weder ihn noch seine Familie jemals wieder.

Angst hing in der Luft. Die Menschen vermieden es, einander in die Augen zu sehen. Tiefe Stille lag über den Schlangen vor den Lebensmittelgeschäften, über den Menschenmassen in den Straßenbahnen, über den Angestellten in den Bürogebäuden und den Bewohnern der Mietshäuser.

Die erste Fotografie von Stalin sah Wolodja im russischen Botschaftsgebäude in der Siedlung in Peking, wo er den Großteil seiner frühen Kindheit verbrachte. Auf beinahe allen Fotos trug Stalin eine khakifarbene oder weiße Militärjacke. Manchmal hielt er ein lächelndes kleines Mädchen auf dem Arm. Wolodja wußte natürlich, daß Stalin der Führer Rußlands war, aber er war damals erst fünf oder sechs und kann sich nicht erinnern, wie er reagierte, als er sein Gesicht zum ersten Mal sah.

Während seiner frühen Schulzeit in Moskau las Wolodja regelmäßig in der Jugendzeitschrift *Pionerskaja Prawda* die Geschichten über Junge Pioniere, die mithalfen, Spione zu fangen, sich um die Alten und Kranken kümmerten, bei der Ernte mitarbeiteten. In dieser Zeitschrift erschienen viele Fotos von Stalin, besonders anläßlich von Jubiläen der Sowjetunion oder der Kommunistischen Partei. Das Gesicht auf diesen Fotos war nie wirklich das Gesicht des Führers, das von Pockennarben übersät war, die von den Fotografen immer kunstvoll wegretuschiert wurden. Auch sein verkümmerter linker Arm – das Resultat einer Blutvergiftung aufgrund einer schweren Verletzung in seiner Kindheit – wurde nie gezeigt. Er war in schrecklicher Armut in Ostgeorgien aufgewachsen. Sein Vater war Schuster und ein schwerer Alkoholiker, der oft seine Frau und seinen Sohn verprügelte; seine Mutter war Bäuerin. In seiner Jugend hatte er ein Priesterseminar besucht, wo er unter den Schülern mit dem georgischen Nationalismus und einem Haß auf die zaristische Herrschaft in Berührung kam. Als gewissenhafter Leser mit einem guten Erinnerungsvermögen wurde er von Mitschülern mit den Schriften Darwins, Lenins und Plechanows, der die Ideen Karl Marx' in Rußland eingeführt hatte, vertraut gemacht. Stalin verließ das Seminar 1899 im Alter von zwanzig Jahren und schloß sich den Berufsrevolutionären an. Er war durch und durch erfüllt von einer Bitterkeit über die Unterdrückung durch den Zaren, die Kapitalisten, die Gutsherren. Er organisierte Streiks und Demonstrationen, plante eine Reihe von Bankeinbrüchen, um die Revolution zu finanzieren, und schrieb Artikel, in denen er mit Lenins Ansicht übereinstimmte, daß es zu den Aufgaben der Partei gehöre, »die Menschen regional zu bewaffnen ..., Werkstätten zur Herstellung verschiedener Arten von Sprengstoff einzurichten, die Inbesitznahme staatlicher und privater Waffenlager und Arsenale zu planen«. Aufgrund dieser Artikel wurde Lenin, der den Einsatz gestohlener Gelder in der revolutionären Auseinandersetzung gefordert hatte, auf ihn aufmerksam. Stalin wurde achtmal verhaftet und siebenmal verbannt; er schaffte es jedesmal, aus der Verbannung zu fliehen, beim letzten Mal wurde er bald nach der Abdankung Nikolaijs II. freigelassen. Gemeinsam mit Trotzkij stand er in den frühen Jahren der Revolution an Lenins Seite, nach dessen Tod 1924 verdrängte er Trotzkij in der Auseinandersetzung um die Parteiführung. Er war nun Herrscher über ein unruhiges und leidendes Rußland, das er unter seine Vision von Kommunismus und einer zentralisierten Partei zwingen wollte.

Vieles von dieser Vision setzte die Niederschlagung jeglichen Widerstands gegen seine Pläne der Kollektivierung, Industrialisierung und totalen Parteikontrolle voraus. In dieser Hinsicht folgte er dem von Lenin vorgezeichneten Weg – mit einer einzigen Ausnahme: Ganz gleich, wie heftig die Auseinandersetzungen im innersten Kreis waren, Lenin hatte sich nie gegen jene gewandt, die in der Partei waren, besonders seine alten Genossen, die Bolschewiki, die die Revolution verwirklicht hatten. Aber Stalin sah in eben diesen Bolschewiki – Rjutin, Radek, Kamenew, Sinowjew, Bucharin und anderen – seine gefährlichsten Feinde, die sich im Zuge heftiger innerparteilicher Streitigkeiten oft gegen ihn verbündet hatten. Zwischen 1930 und 1933 scheiterten drei Versuche von hohen Parteifunktionären, ihn zu entfernen. Für die meisten im inneren Kreis war er der einzige, der das Land führen konnte, und sie zogen die Möglichkeit des Despotismus unter seiner Herrschaft der Wahrscheinlichkeit des Zusammenbruchs der Revolution im Falle seiner Absetzung vor. Stalins Bemühungen, Rjutin (der hinter dem zweiten und dem dritten Versuch stand, ihn zu entfernen) für politische Vergehen zum Tode verurteilen zu lassen, schlugen fehl. Das Politbüro zögerte, scheute davor zurück und weigerte sich, treue Parteimitglieder verhaften und hinrichten zu lassen. Sergej Kirow, ein beliebter Parteiführer, ausgezeichneter Redner und Vorsitzender der Leningrader Partei, argumentierte vehement gegen die Todesstrafe für Rjutin und überredete andere Mitglieder des Politbüros, sich gegen Stalin zu stellen. Nur Kaganowitsch stimmte für Stalin.

Mit dieser Zurückhaltung war es am 1. Dezember 1934 vorbei, als Kirow ermordet wurde. Heute nimmt man an, daß dieser Mord mit Hilfe des Leiters des NKWD, Genrich Jagoda, von Stalin selbst arrangiert wurde. Die Ermordung Kirows durch einen einsamen Gewehrschützen in den Räumen des Leningrader Sowjets gab Stalin jedes Mittel, gegen seine tatsächlichen und eingebildeten Feinde in der Partei vorzugehen. Als die Nachricht von der Ermordung den Kreml erreichte, nahm Stalin zusammen mit Molotow und Jagoda den Nachtzug von Moskau nach Leningrad. Ein Wirbelsturm von Erlassen und Verhaftungen mit der raschen und automatischen Zustimmung des Politbüros brach los – darunter die sofortige Todesstrafe für Terroristen ohne Möglichkeit einer Begnadigung.

Unmittelbar nach der Ermordung Kirows kam es zu einer Unzahl von Erschießungen und Deportationen nach Sibirien und in die Arktis: allein aus Leningrad zwischen 30000 und 40000 Männer und Frauen in nur wenigen Monaten. Der Attentäter, Nikolajew, ein Außenseiter, der keine Arbeit finden konnte und einen tiefen persönlichen Groll gegen Kirow und die Leningrader Partei hegte, wurde vor Gericht gestellt und hingerichtet. Ebenfalls verhaftet wurden die ehemaligen Führer der Leningrader Partei, unter ihnen Sinowjew und Kamenew, Stalins Gegner. Die beiden Altbolschewiken, Veteranen der Revolution und führende Parteifunktionäre, wurden ins Gefängnis gesteckt.

Ab März 1935 stand auf Spionage oder Flucht ins Ausland die Todesstrafe ohne eine Möglichkeit der Begnadigung. Alle Mitglieder einer Familie wurden nun für das Verbrechen eines einzigen aus ihren Reihen verantwortlich gemacht, sogar diejenigen, die überhaupt nichts von einem Verbrechen wußten, konnten verbannt werden. Und von April 1935 an galt die Todesstrafe auch für Kinder ab zwölf Jahren.

Kamenew und Sinowjew wurden 1936 aus dem Gefängnis geholt, vor Gericht gestellt und dann erschossen. 1938 waren Bucharin, Rykow, Radek und weitere 18 an der Reihe – von den 16 zum Tode Verurteilten waren zwölf Juden. Unter den 1938 Erschossenen befand sich auch der Chef der NKWD, Jagoda, der 1936 plötzlich verhaftet und durch Nikolaj Jeschow ersetzt worden war, einen der verabscheuungswürdigsten Funktionäre in der gesamten russischen Geschichte, der seinerseits 1938 von seinem Posten entfernt und durch Lawrentij Berija ersetzt wurde. Zwischen 1937 und 1940 kam es zu Gerichtsverfahren und Hinrichtungen von acht Armeekommandanten. Einer von ihnen war Marschall Michail Tuchatschewskij, der Stalin 1920 einen taktischen Fehler vorgeworfen hatte, der die Bolschewiki im Krieg gegen Polen den Sieg gekostet hatte. Stalin schien seine Kritiker nie zu vergessen und hörte nie auf, ihnen die Kritik nachzutragen. Und am Vorabend des Zweiten Weltkriegs wurden etwa 40 000 Offiziere, die der Verschwörung gegen Stalin bezichtigt wurden, vom NKWD erschossen.

Wie ein massiver schwarzer Gletscher legte sich der Terror über die Sowjetunion, über die Städte und Dörfer, über jede Partei- oder Regierungseinheit; die Köpfe der Industrie, die leitenden Persönlichkeiten in den Republiken, Wissenschaftler und Ingenieure, Schriftsteller wie Maxim Gorkij und Isaak Babel und viele andere, Dichter wie Ossip Mandelstam bis hin zu den Familien der Angeklagten, ihren entfernten Verwandten, Freunden, Bekannten. Millionen wurden verhaftet. Die meisten, die in die Arbeitslager geschickt wurden, standen ganz und gar fassungslos diesem verheerenden Schicksal gegenüber, das ihr Leben zerstört hatte. Viele waren überzeugt, daß Stalin nicht wußte, was da vor sich ging, daß hinter allem nur die finsteren Funktionäre des NKWD standen. Denn Stalin hatte sich klugerweise von dem Terror distanziert. Er verlegte sein Büro aus dem Gebäude des Zentralkomitees auf dem Alten Platz in ein neues Gebäude hinter der Kremlmauer. Er hielt keine großen Reden mehr. Zwischen 1937 und 1939 trat er nur selten in der Öffentlichkeit auf. Nur wenige wußten Bescheid über seine regelmäßigen Zusammenkünfte mit Jeschow und darüber, daß er persönlich hinter dem Terror stand.

Das Land war zerrissen, jeder fürchtete jeden, lebte in tödlicher Angst, ohne die Möglichkeit eines organisierten

Widerstandes, denn der Terror traf den einzelnen, jeder Fall war eine ganz besondere persönliche Erfahrung – das Klopfen an der Tür, die erwartete Verhaftung, die Fassungslosigkeit, die Überzeugung, daß da ein Irrtum vorlag, der bald bereinigt würde – und jeder dachte: Sieh nicht hin, hör nicht hin, frag nicht, wie soll ich das wissen, vielleicht war er tatsächlich ein Spion, ich lasse mir nichts zuschulden kommen, mich berührt das nicht. Die Menschen hatten schreckliche Angst vor Intriganten, Provokateuren, Denunzianten, sogar vor ihren engsten Verwandten und Freunden, die verhaftet, eingesperrt, erpreßt und so zu Spitzeln gemacht werden konnten.

Man nimmt an, daß zwischen 1929 und 1940 17 Millionen Russen umkamen, sieben Millionen von ihnen Bauern, die in der Hungersnot 1932/33 starben, und drei Millionen im Zuge der Zwangskollektivierung. Weitere neun Millionen waren im Gulag, dem russischen Akronym für eine Abteilung der Geheimpolizei, die Hauptverwaltung der Arbeitslager, das Strafsystem für »Volksfeinde«, das von der Tscheka unter Lenin begründet worden war. Stalin ermordete in den dreißiger Jahren möglicherweise mehr Russen als Hitler im Zweiten Weltkrieg.

Einige jedoch überlebten: Maxim Litwinow, der mit einem Revolver unter seinem Polster schlief, damit er sich im Falle einer Verhaftung erschießen konnte. Wjatscheslaw Molotow. Lasar Kaganowitsch. Nikita Chruschtschow.

Und Solomon Slepak.

Man könnte das Blutbad unter den kommunistischen Größen durch ihren eigenen Führer mit einer gewissen Genugtuung betrachten, wenn der Terror nicht so vielen unschuldigen Russen Leid gebracht hätte – die schuldlosen Familienmitglieder und Menschen außerhalb der Partei, die ermordet wurden. Die vielen Tausend ganz gewöhnlicher Menschen, die ums Leben kamen, diese Hölle auf Erden, der Gulag, die nicht gekennzeichneten Massengräber, die erst kürzlich in der Nähe von Minsk, Nowosibirsk, Tscheljabinsk und Kiew entdeckt worden sind. Was Stalin wollte, war Macht; Rache für tatsächliche und eingebildete Opposition. Und Macht über ein verängstigtes und gequältes Volk war, was er bekam – und bis zu seinem Tod behielt.

Doch nicht alle hatten zu leiden. Was Stalin erreichte, setzte die Kooperation von Millionen von Sowjetbürgern voraus: vom Politbüro über das NKWD, von der Justiz und Bürokratie bis hin zu den Wachen in den Gefängnissen und Arbeitslagern. Ein Foto von einem Leningrader Café, das 1937 aufgenommen wurde, zeigt eine sonnige Szene: Männer in Hemdsärmeln und Frauen in Sommerkleidern sitzen in Korbsesseln am Ufer eines Flusses, vielleicht der Newa. Tischtücher auf den Tischen. Flaschen mit Fruchtsaft, Mineralwasser, Bier, Gläser mit Tee. Ein Kellner mit weißer Jacke und Fliege, eine Frau mit Halskette, die Männer barhäuptig oder mit Mützen. Nur drei Männer von den mehr als dreißig Anwesenden tragen eine Uniform. Bäume und Schiffe und Wohnhäuser am gegenüberliegenden Ufer. Eine russische Idylle, ein beschaulicher Moment in einer Tschechowschen Landschaft, eine grüne Ruhe, umgeben von einem blutenden Land.

Für viele Russen waren die dreißiger Jahre unter Stalin eine Zeit, in der das Leben tatsächlich besser wurde. Die beiden Fünfjahrespläne hatten das Land aus dem verheerenden Analphabetismus und der landwirtschaftlichen Rückständigkeit herausgerissen und es in eine überwiegend alphabetisierte, städtische Industriegesellschaft verwandelt. Millionen von Staatsbürgern arbeiteten hart, erhielten eine Ausbildung, brachten willig Opfer für das Mutterland – so nannten sie es nach 1934 – und fanden, daß sie wirtschaftlich gut belohnt wurden.

Eines Tages las Solomon Slepak in der *Prawda* von der Verhaftung, dem Prozeß und der Verurteilung von Karl Radek, der ein Mitglied des ursprünglichen Politbüros gewesen war. Solomon äußerte seiner Familie gegenüber seine Verwunderung, daß dieser Mann, den er jahrelang persönlich gekannt hatte, die ganze Zeit über ein Spion gewesen war. Was für ein Glück für das Land, daß man ihn entlarvt hatte. Er erwähnte Radek nie wieder.

Seine Hauptaufgabe bei der TASS war es, Stalin und dem Politbüro täglich eine Zusammenfassung der ausländischen Presse vorzulegen. Außerdem mußte er Presseinformationen aus der ganzen Welt sammeln und zensieren, um sie unter dem russischen Volk zu verbreiten.

1938 bekam die TASS einen neuen Direktor, einen Mann namens Chawinson, mit dem Solomon Slepak sich bald in endlose Streitereien verwickelte. Einige Zeit später beantragte er beim Zentralkomitee eine Versetzung aus der TASS. Ein gefährlicher Schritt: Damals hatte niemand das Recht, eine Stelle aufzugeben, das konnte Verhaftung und Jahre in einem Arbeitslager nach sich ziehen. Unerklärlicherweise wurde es ihm gestattet.

Er verließ die TASS und wurde Chefredakteur – das heißt: oberster Zensor – in einem Verlag, der sich auf literarische Werke und Sachbücher spezialisiert hatte, die für die Übersetzung vorgesehen waren. Er beherrschte elf Sprachen und sprach acht davon fließend: Russisch, Jiddisch, Englisch, Französisch, Deutsch, Spanisch, Italienisch und Polnisch. Er entschied, welche russischen Bücher übersetzt werden sollten und welche Bücher ausländischer Autoren in der Sowjetunion in Originalsprache erscheinen sollten. Er leitete die Publikation der Werke Theodore Dreisers in der UdSSR.

Eines Nachts im Winter des Jahres 1938, nachdem er die TASS verlassen hatte, wachte Solomon plötzlich auf und ging in Pyjama und Morgenmantel zur Wohnungstür, wo er stehenblieb und lauschte. (In dem Gebäude wohnten ausschließlich Angestellte der TASS; die Slepaks zogen bald darauf aus und in ihre eigene Wohnung in der Gorkij-Straße.) In dieser Nacht, als Solomon an der Tür stand, wachte Wolodja auf, verließ sein Zimmer und sah seinen Vater. Als er ihn fragte, ob etwas nicht in Ordnung sei, befahl ihm Solomon, still zu sein, und Wolodja, der damals zehn Jahre alt war, erkannte zu seinem Erstaunen, daß sein Vater Angst hatte. Nach einer Weile wies Solomon ihn an, wieder ins Bett zu gehen. Einige Minuten später hörte Wolodja, wie auch er in sein Zimmer zurückkehrte.

Jahre später erklärte ihm sein Vater, daß er Angst gehabt hatte, verhaftet zu werden. »Aber du warst doch Parteimitglied!« sagte Wolodja. »Bei manchen Krankheiten«, antwortete sein Vater, »ist es nötig, auch gesundes Gewebe zu entfernen.« Um sicherzugehen, daß alle Staatsfeinde beseitigt würden, erklärte Solomon Slepak seinem Sohn ruhig, verhaftete das NKWD alle, die den Feinden nahestanden. Er selbst, sagte er, hatte vielen nahegestanden, die sich später als Feinde entpuppten. Das NKWD könnte denken, daß auch er beteiligt war. Sogar Personen, die früher für die Geheimpolizei gearbeitet hatten, wurden verhaftet.

Solomon Slepak, ein treuer Altbolschewik, wartete nachts in seiner Wohnung an der Tür auf das Klopfen des NKWD und die Worte »Sie sind verhaftet«.

Der zwergenhafte Nikolaj Jeschow war der lebende Beweis für das russische Sprichwort »Aus Dreck kann man Prinzen machen«. Als er 1936 Genrich Jagoda als Chef des NKWD ablöste, hielt er vor seinen höchsten Beamten eine Ansprache und erwähnte die vielen unschuldigen Opfer, die im Zuge der Anstrengungen, das Land von Spionen und Verrätern zu befreien, unweigerlich unter die Räder kommen würden. »Es ist besser, wenn zehn Unschuldige leiden«, erklärte er, »als daß ein einziger Spion entkommt. Wo gehobelt wird, fallen Späne.«

Warum war nicht auch Solomon Slepak unter den Hobel gekommen?

Bei einem Spaziergang mit seinem Enkel in den späten fünfziger Jahren traf er zufällig den ehemaligen Sekretär der Parteiorganisation der TASS, der offenbar erstaunt war, ihn zu sehen.

Er fragte Solomon: »Wann sind sie freigelassen worden?«

»Ich bin nie verhaftet worden«, antwortete Solomon.

Der Mann war verblüfft. »Ich habe eine Liste der TASS-Leute gesehen, die verhaftet werden sollten. Sie standen auf der Liste.«

Es stellte sich heraus, daß die Liste aufgestellt worden war, kurz nachdem Solomon Slepak die TASS verlassen hatte. Der Mann, der bei der TASS für die Adressen der auf der Liste Aufgeführten zuständig war, hatte beim NKWD angerufen und gemeldet, daß Slepak nicht mehr dort arbeite. Man befahl ihm, »Arbeitet nicht mehr hier« hinter Slepaks Namen zu schreiben. Alle anderen auf der Liste wurden verhaftet und erschossen.

War er nur aufgrund bürokratischer Unfähigkeit, aus schierer Gunst des Schicksals verschont geblieben und war bloß immer wieder zufällig durch irgendwelche Ritzen gerutscht? Hatte er einen sechsten Sinn für die Gefahr, der ihn rettete, der ihn der Geheimpolizei ständig einen Schritt voraus sein ließ, immer eine Stufe unter den offensichtlich Mächtigen, und der ihm sagte, wann es Zeit war, einen Posten zu verlassen? Hatte er womöglich Informationen über die Machthaber in der Hand?

Einer von Solomon Slepaks engsten Freunden war Wassilij Gorschkow, der während des Bürgerkriegs in der Baikalregion unter seinem Befehl gekämpft hatte. Er war ein großer, kräftiger Mann, mit einer tiefen Narbe von einer

Kopfwunde aus dem Krieg. Er liebte das Leben, war ungebildet, lachte gern. Er spielte oft mit Wolodja. Plötzlich verschwand er, und die Familie sprach nicht mehr über ihn.

Mitte der fünfziger Jahre klopfte es eines Tages an der Wohnungstür, und Wolodjas Mutter öffnete. In der Tür stand ein weißhaariger Mann, gebeugt, auf einen Stock gestützt. Er sah Fanja Slepak durchdringend an.

»Erkennst du mich nicht?«

»Nein.«

»Ich bin Wassilij.« Er sah aus wie ein gebrochener alter Mann.

»Wassilij? Komm herein.«

Er trat ein, blieb einen Moment stehen und sah sich um. Er fragte leise: »Bekommst du eine Pension von deinem Mann? Wann wurde er rehabilitiert?«

»Ich bekomme keine Pension. Mein Mann lebt.«

»Sam ist am Leben?« Er schien verwirrt.

»Ja.«

»Wo ist er?«

»Er ist Brot kaufen gegangen.«

»Wann wurde er freigelassen?«

»Er wurde nicht verhaftet.«

»Aber wie ist das möglich? Der Hauptvorwurf gegen mich war meine Verbindung zu dem japanischen Spion Slepak. Ich war sicher, daß Sam in der Nachbarzelle saß.«

Niemand scheint zu wissen, warum Solomon Slepak im Rahmen der Säuberungen in den dreißiger Jahren nicht verhaftet worden war.

Im August 1939 unterzeichneten der sowjetische Außenminister Molotow und der deutsche Außenminister Ribbentrop den Nichtangriffspakt zwischen Sowjetrußland und Nazideutschland. Die Welt war fassungslos. Beide Vertragspartner verpflichteten sich, neutral zu bleiben, sollte der andere von einem Dritten angegriffen werden.

Die beiden Länder teilten auch insgeheim die Einfluß-
sphären in Mittel- und Osteuropa unter sich auf. Die öst-
liche Hälfte Polens sollte den Russen zufallen, ebenso Litauen, Estland, Lettland und Bessarabien. Die Deutschen
konnten jetzt Moskau als Touristen besuchen, auf sowjetischen Straßen spazierengehen und die Stadt besichtigen.

Wie sollte man dem zwölfjährigen Wolodja diesen plötzlichen Frieden mit dem verhaßten faschistischen Feind verständlich machen?

Solomon Slepak erklärte seinem Sohn, daß die Deutschen
sich jetzt in Richtung Sozialismus bewegten und man daher mit ihnen in Frieden leben konnte. Er sagte das in ab-
solutem Ernst, und sein Sohn glaubte ihm.

Am 22. Juni 1941 wachten die Slepaks spät auf, wie es
an Sonntagen ihre Gewohnheit war. Sie saßen um den
Frühstückstisch, ohne das Radio einzuschalten. Es läutete
an der Tür. Es war Wolodjas Cousin Israel Dagman, der
Neffe seines Vaters, der auf Geschäftsreise in Moskau war.
Er wurde zum gemeinsamen Frühstück eingeladen, und
Solomon fragte beiläufig nach seinem Leben, seinen Plänen. Israel Dagman antwortete, der Familie gehe es gut,
aber was für Pläne könne er schon machen nach dem, was
heute passiert war? Was war passiert? fragte Solomon. Israel Dagman schien erstaunt und erzählte, daß am frühen
Morgen deutsche Flugzeuge begonnen hatten, russische
Städte zu bombardieren, und daß deutsche Truppen die
Grenze überschritten hatten und auf russischem Gebiet
standen. Solomon Slepaks Gesicht verfinsterte sich. Er
schaltete das Radio ein, und sie hörten die Nachricht vom
Krieg zwischen Sowjetrußland und Nazideutschland.

Wolodja glaubte den Beteuerungen, die er Tag für Tag
im Radio hörte, und war überzeugt, daß der Krieg in zwei
oder drei Wochen mit dem Sieg der Roten Armee enden
würde. Aber bald war Leningrad nahezu völlig von einer
deutschen Armee eingeschlossen, während eine zweite auf

Moskau zumarschierte und eine dritte die Ukraine und die Krim überrollte und sich dem Kaukasus näherte. Und dann, wenige Wochen nach Kriegsbeginn, kam die überraschende Meldung, daß die Kinder aus Moskau evakuiert werden sollten.

An einem sonnigen Tag im August fuhr Wolodja mit seiner Schwester Rosa und seinen Eltern zum Bahnhof, der voll war von Kindern und ihren Eltern. Er und Rosa verabschiedeten sich von Solomon und Fanja und stiegen in einen Sonderzug für die Schüler des Moskauer Krasnogwardejskij-Bezirks. Den Kindern im Zug erschien das ganze wie ein Ausflug, wie eine Fahrt in ein Sommerlager für Jungpioniere; sie würden alle in einem Monat, höchstens zwei, zurück sein. Die Eltern, die ihren Kindern vom Bahnsteig zuwinkten, wirkten merkwürdig ernst.

Bald hatte der Zug Moskau verlassen. Viele Stunden vergingen, bis er in der Stadt Schilowo im Bezirk Rjasan ankam, wo die Kinder auf Lastautos stiegen, die sie in verschiedene nahe gelegene Dörfer brachten.

Der Lastwagen, der Wolodja, seine Schwester und andere Kinder sowie einige Eltern und Lehrer aus der Moskauer Schule transportierte, fuhr sie in das kleine Dorf Iritzi, etwa fünfzig Häuser an einer unbefestigten Straße, die an trockenen Tagen staubig und bei Regen schlammig war. Hinter jedem Haus befand sich ein kleiner Gemüsegarten. Einige Kinder wurden in leeren Häusern untergebracht; die anderen bei Bauernfamilien. Ein Speisesaal wurde eingerichtet, ebenso eine medizinische Station, die mit einem Dr. Abram Bogorad und einer Krankenschwester besetzt wurde. Es gab genug zu essen. Die Kinder arbeiteten auf den Feldern beim Heumachen und bei der Ernte.

Im September übersiedelten alle in das größere Dorf Timoschkino, wo sie die Oberschule besuchten. Im Oktober hörten sie zum ersten Mal Artilleriefeuer. Die deutsche Armee war plötzlich ganz nah! Auf schnellstem Wege wurden die Kinder nach Schilowo zurückgebracht, wo sich eine Anlegestelle an der Oka befand. Sofort wurden sie auf ein Schiff verfrachtet.

Über 3000 Menschen waren auf dem Schiff, das gewöhnlich nicht mehr als einige hundert beförderte. Kleinere Kinder wie Wolodja wurden im Laderaum untergebracht. Die älteren – wie Rosa – schliefen an Deck. Rosa war an Malaria erkrankt. Es gab kaum frisches Wasser an Bord, und niemand konnte baden, bald brach eine Läuseplage aus. Zweimal täglich bekamen die Kinder heißen Tee, es gab nur kaltes Essen. Das Schiff brachte sie die Oka hinunter, fuhr dann die Wolga entlang und auf der Kama nach Nordosten. Fast überall waren die Flußufer von dichten Wäldern bedeckt, die manchmal von flachen Feldern unterbrochen waren, die sich bis zum Horizont erstreckten. Wolodja fragte sich ständig, warum der Krieg nicht schon vorbei war, wie die Deutschen so weit nach Rußland hatten vordringen können. Das Radio hatte mit solcher Überzeugung von der Macht der Roten Armee gesprochen! Die Erwachsenen erklärten den Kindern auf ihre Fragen, daß der Angriff sehr plötzlich gekommen sei und daß ganz Europa die Deutschen unterstütze.

Als sie sich der Stadt Gorkij näherten, erreichte sie die Nachricht, daß ein Schiff, mit dem die Eltern der nach Rjasan evakuierten Kinder auf der Oka unterwegs waren, von den Deutschen bombardiert worden und mit allen Passagieren gesunken war. Wolodja und Rosa fürchteten, daß auch ihre Eltern an Bord gewesen sein könnten.

Nach etwa zehn Tagen erreichten sie die Stadt Ochansk im Ural. Sie bestiegen Pferdewagen und fuhren stundenlang über unbefestigte Straßen nach Bolschaja Sosnowa, eine von weiten Feldern und dichten Wäldern umgebene Stadt an der Sosnowka, bestehend aus etwa 3000 Häusern.

Das war im Oktober 1941.

Das entfernte Artilleriefeuer, das die Kinder in Timoschkino gehört hatten, stammte von der deutschen Armee, die
durch das Herz Rußlands marschierte. Die Deutschen waren in drei Monaten etwa 2000 Kilometer weit vorgedrun-
gen. In Moskau wurden Fabriken demontiert, um sie nach
Osten zu evakuieren. Die sowjetische Regierung wurde
850 Kilometer weiter östlich nach Kujbischew verlegt. Stalin zog es vor, in Moskau zu bleiben.

Am 20. Oktober standen die vordersten Einheiten der
deutschen Armee acht Kilometer vor Moskau. In den Straßen herrschte Panik, Geschäfte wurden geplündert. Solomon Slepak bekam eine Schaufel und mußte, gemeinsam
mit Hunderten anderer, Schützengräben ausheben. Gegen
Ende des Monats hielten Schlamm und Regen den deutschen Vormarsch auf.

Während Solomon Slepak Gräben aushob, versammelten sich die deutschen Stabschefs aller wichtigen Einheiten
in Rußland zu einer Konferenz in Orscha, der Stadt, in der
der dreizehnjährige Solomon gelandet war, als er von zu
Hause ausriß. Die Temperatur betrug minus 20 Grad Celsius, und man beschloß, die Offensive gegen Moskau fortzusetzen.

Ende November waren Kampfeinheiten der SS nur elf
Kilometer vom Kreml entfernt. Die Blockade von Leningrad dauerte noch immer an, 11 000 Russen verhungerten
dort in diesem November. Einige deutsche Panzer kamen
dem Herzen Moskaus sehr nahe; ihre Besatzungen konnten die Türme des Kreml sehen. Dies war der äußerste
Punkt des deutschen Vormarsches auf die Stadt. Die Temperatur fiel mit einem Mal auf minus 32 Grad.

In einem Moskauer Vorort sahen sich einige der Zivilisten, die die Gräben aushoben, unter ihnen auch Solomon
Slepak, plötzlich von deutschen Truppen eingeschlossen.
Sie benützten ihre Schaufeln als Waffen und kämpften sich
frei.

Am 3. Dezember, bei einer Temperatur von minus 38 Grad, begannen die Deutschen ihren Rückzug aus den Moskauer Vororten. Zu dieser Zeit hatten Solomon Slepak und die Angestellten des Verlags, in dem er arbeitete, den Befehl erhalten, die Stadt zu verlassen. Er und Fanja fuhren mit dem Zug in Richtung Süden nach Engels, einer Stadt nahe der Wolga nördlich des Kaspischen Meers. Etwa 300 Kilometer weiter südlich lag Stalingrad, das bis zum Februar 1943 von den Truppen der deutschen Wehrmacht belagert wurde. Fast 900 000 Russen starben bei dieser Belagerung.

Solomon und Fanja Slepak wußten nicht, wo sich ihre Kinder befanden. Wolodja und Rosa, die mehrere Briefe nach Hause geschrieben und keine Antwort erhalten hatten, waren überzeugt, daß ihre Eltern tot waren. Solomon brauchte mehrere Monate, bis er – durch Vermittlung des Obersten Sowjets – den Aufenthaltsort seiner Kinder in Erfahrung bringen konnte. Weitere Monate vergingen. Dann, im April 1942, erreichte ein Brief von ihm Bolschaja Sosnowa, und Wolodja und Rosa erfuhren, daß ihre Eltern am Leben waren.

Rosa arbeitete damals in der Munitionsfabrik im nahe gelegenen Molotow (dem heutigen Perm), wo Gewehrpatronen hergestellt wurden. In diesem Winter fiel die Temperatur auf minus 50 Grad Celsius. Wolodja erkrankte an einem rheumatischem Fieber. Er verbrachte einen Monat im Bett und überlebte nur dank der Fürsorge, die ihm Dr. Bogorad angedeihen ließ. Als er wieder gehen konnte, arbeitete er im Speisesaal, sammelte schmutziges Geschirr ein und wusch es. Einige Wochen später begann er, in der Küche zu arbeiten, er holte Wasser vom Brunnen, sägte und hackte Brennholz und konnte essen, soviel er wollte. Sein Gesundheitszustand besserte sich, er ging wieder zur Schule. Im Sommer arbeitete er mit den anderen Kindern auf den Feldern.

Die Monate vergingen, der Krieg tobte weiter. Jeder wußte mittlerweile, daß Leningrad und Stalingrad belagert wurden. Kriegsnachrichten erreichten die Bevölkerung über Radiolautsprecher, die zweimal täglich die Sendungen der Zentralen Moskauer Radiostation übertrugen. Es gab keine privaten Sender, sie waren immer verboten gewesen, sogar in Friedenszeiten. In den frühen Kriegstagen hatte die Regierung die Ablieferung aller Radioempfänger angeordnet, um die Bevölkerung davon abzuhalten, feindliche Propaganda zu hören. Man mußte die Geräte in spezielle Geschäfte bringen oder mit sofortiger Verhaftung rechnen. Dann wurden im ganzen Land Radiolautsprecher verteilt; meist hingen sie an einem Nagel an der Wand und waren an eine spezielle Steckdose angeschlossen. Jede Stadt und jedes Dorf hatte eine Empfangsstation, die die Nachrichten aus Moskau an die Lautsprecher in den Häusern, Wohnungen und Büros weiterleitete.

Als die Nachricht vom Sieg der Roten Armee über die Wehrmacht vor Moskau Bolschaja Sosnowa erreichte, äußerte einer von Wolodjas Lehrern vor einer Gruppe von Kindern Zweifel an dieser Meldung. Ein, zwei Tage später verschwand er und wurde nie wieder gesehen.

Dann kamen die Gerüchte – nicht über die Lautsprecher, sondern über Mundpropaganda – von der Ermordung der Juden durch die Deutschen. Angeblich waren in der Nähe von Kiew viele Tausende getötet worden. Aber erst 1944, als Kiew befreit wurde, erfuhren die Russen von dem Mord an 90 000 Juden in der Schlucht von Babij Jar.

Ende Januar 1943 meldete sich Wolodja, dessen Gesundheit sich sehr gebessert hatte, gemeinsam mit zahlreichen Mitschülern zu einer Ausbildung für Munitionsarbeiter in Moskau. Im März erfuhren sie, daß sie bald nach Moskau aufbrechen würden, und einige Tage später bestiegen sie Pferdefuhrwerke und begannen die 45 Kilometer lange Fahrt nach Wereschtschagino, wo sich die nächste Bahnstation befand.

Die Luft war eisig, die Straße gefroren. Sie konnten nie für längere Zeit auf den Wagen sitzen, sondern mußten nebenhergehen oder -laufen, um sich warmzuhalten. In Otscher machten sie eine kurze Rast und bekamen warmes Essen. In Wereschtschagino mußten sie zwei Stunden in der Kälte auf den Zug warten, der sie nach Moskau bringen sollte. Er kam am Abend und war voll von Kindern. Alle kamen aus dem Gebiet östlich des Urals und fuhren nach Moskau; alle hatten sich zur Ausbildung in Munitionsfabriken gemeldet.

Wolodja fand einen Platz ganz oben im Gepäcknetz und versuchte zu schlafen. Der Zug fuhr langsam und hielt oft, um weitere Passagiere aufzunehmen. In manchen Bahnhöfen gab es Essen für die Kinder, in einigen nur Suppe oder Hafergrütze. Alle waren hungrig. Bei einer Haltestelle tauschte Wolodja seine Jacke gegen einen Laib Brot und eine Flasche Milch. Der Zug fuhr an, er lief hinterher und sprang vom Bahnsteig auf die Stufen des letzten Waggons, aber er konnte sich keinen Weg durch die dichtgedrängte Menge zu seinem Waggon bahnen. Bis zum nächsten Halt saß er im Freien, und als er bei seinen Freunden ankam, war er blaugefroren, aber er hatte etwas zu essen. Sie hatten geglaubt, sie hätten ihn verloren.

Die Fahrt von Bolschaja Sosnowa nach Moskau dauerte vier Tage. Wolodja kam am 1. April 1943 in Moskau an. Er hatte seine Eltern nicht von seiner Ankunft benachrichtigen können – er hatte nicht genug Geld für ein Telegramm, und ein Brief wäre nicht rechtzeitig angekommen –, also holte ihn niemand vom Bahnhof ab. Er fuhr mit der Metro nach Hause.

Sein Vater, der seit dem Herbst des Vorjahres wieder in Moskau war, öffnete die Tür und stand einen Augenblick da, sprachlos. Dann umarmten sie sich. Wolodjas Schwester Rosa war schon früher zurückgekehrt und kam ihm nun aus einem Zimmer entgegengelaufen und drückte ihn fest. Fanja war zum Einkaufen gegangen, und als sie zurückkam und ihren Sohn sah, begann sie zu weinen. Er war fünfzehn Jahre alt und war 20 Monate nicht zu Hause gewesen.

Die Wohnung in der Gorkij-Straße war genauso, wie er sie verlassen hatte. Nur die Tapeten sahen etwas älter aus. Auch die Stadt war unverändert. Ein paar verfallene Häuser mehr; hier und da ein abgezäuntes Areal wegen der Bombenschäden. Nachts gab es in den Straßen kein Licht.

Das Wohnhaus war 1940 fertiggestellt worden, ein halbes Jahr bevor die Deutschen in die Sowjetunion einmarschierten und zu einer Zeit, da der Stalinsche Terror zu Ende ging. Die Fassade des Gebäudes an der Gorkij-Straße war aus hellgrauem Stein, die dem Hof zugewandte Rückseite war graugelb verputzt. Der Moskauer Sowjet – das Rathaus – weiter unten in der Straße war von rötlicher Farbe. Alle anderen Gebäude waren weiß, grau oder gelb; in beinahe allen befanden sich im Erdgeschoß Geschäfte oder Restaurants.

Das Haus, in dem die Slepaks lebten, war sauber, abgesehen von den Küchenschaben, die über die Fußböden und Wände krabbelten und gegen die man einen endlosen und aussichtslosen Krieg führte. Der Eingang befand sich an der Rückseite, weil Geschäfte die gesamte der Gorkij-Straße zugewandte Seite einnahmen. Das Gebäude hatte elf Eingänge, neun Stockwerke im riesigen Mittelteil und jeweils sieben an den Seiten. Zu jeder der ungefähr 200 Wohnungen, in denen insgesamt rund 1200 Menschen lebten, führten ein Aufzug und eine Treppe, es gab keine Eingangshalle. Der Radiator an der Wand neben der Treppe spendete immer ausreichend Wärme, ausgenommen in den Kriegsjahren. Die Bewohner des Hauses waren Schauspieler, Musiker, Journalisten, Architekten, Ingenieure und einige wenige Arbeiter. Selten entwickelten sich Freundschaften unter den Mietern.

Die Slepaks bewohnten zwei Zimmer in einer Dreizimmerwohnung im achten Stock mit Blick auf die Gorkij-Straße. Das dritte Zimmer wurde immer an eine andere Familie vermietet, weil Solomon Slepak der Ansicht war, daß eine Familie nicht mehr Zimmer beanspruchen sollte, als sie tatsächlich brauchte, besonders in Zeiten der Wohnungsknappheit. Die Mieter des dritten Zimmers wechselten in der Zeit, als Wolodja dort lebte, fünfmal: ein TASS-Angestellter, ein bekannter Violinist, ein pensionierter Oberst, ein Offizier der Bürgerwehr, ein Postbediensteter.

In der Nachbarwohnung wohnte der bekannte Filmemacher Michail Slutzkij, der Produzent der aufsehenerregenden Dokumentation »Ein Tag des Krieges«, mit seiner Frau Mimi. Die Dokumentaraufnahmen waren am 13. Juni 1943 von Hunderten von Kameraleuten gemacht und von Slutzkij montiert worden. Eines Nachts im Herbst 1943 – Wolodja erinnert sich nicht mehr genau, wann – drang der KGB in die Wohnung der Slutzkijs ein und verhaftete ihn. Einige Tage später klopfte Mimi Slutzkij an die Tür der Slepaks und zeigte ihnen die Vorladung, im Büro des KGB zu erscheinen. Etwas später kam sie mit der Nachricht zurück, daß der KGB sie darüber informiert hatte, daß sie – weil sie in Wien geboren war – als deutsche Staatsbürgerin interniert würde. (Alle Deutschen wurden während des Krieges in besonderen Konzentrationslagern gefangengehalten.) Sie legte die notwendigen Dokumente vor, um zu beweisen, daß sie nicht Deutsche, sondern Jüdin war, und erfuhr, daß man sie nicht internieren würde und daß sie statt dessen 24 Stunden Zeit habe, Moskau zu verlassen. Sie gab den Slepaks ihren Schmuck und andere Dinge und bat sie, alles dem Bruder ihres Mannes zu geben, an dessen

Namen sich Wolodja nicht erinnern kann. Sie sahen sie nie wieder. Michail Slutzkijs Bruder erhielt vom KGB den Befehl, alle Möbel aus der Wohnung zu entfernen. Wenig später zog ein KGB-Oberst ein.

Etwa drei Jahre später kam Michail Slutzkij völlig rehabilitiert aus dem Gefängnis zurück. Bis heute scheint niemand zu wissen, warum er verhaftet wurde. Der KGB-Oberst und seine Familie blieben in der Wohnung.

Die Gorkij-Straße hatte sechs Fahrbahnen, eine Mittelspur und breite Gehsteige. Autos, O-Busse und Autobusse. Keine Lastwagen, außer bei Militärparaden. An solchen Tagen versammelten sich dort Panzer, motorisierte Artillerie und Lastwagen, die Raketenabschußgeräte und Soldaten transportierten, auf ihrem Weg zum Roten Platz. Die meisten Wohngebäude waren sieben bis acht Stockwerke hoch. Die Menschen drängten sich auf den Balkonen, um die Parade unten vorbeiziehen zu sehen.

Während des Krieges fanden nur wenige Paraden statt, es wurde nur selten gefeiert. Die Truppen, die am 7. November 1941 zur Feier der Oktoberrevolution an der Ehrentribüne vorbei über den Roten Platz zogen, marschierten direkt von der Feier an die Front weiter. Und Stalin hielt keine Reden außer der einen, etwa zehn Tage nach Kriegsbeginn, als er sich von dem Schock und der Depression ausreichend erholt hatte, die ihn in den ersten Tagen nach der deutschen Invasion beinahe völlig gelähmt hatten: »Genossen! Mitbürger! Soldaten unserer Armee und Marine! Brüder und Schwestern, ich wende mich an euch, meine Freunde ...«

Im Haus, in dem die Slepaks wohnten, wurden private Trauerfälle nie öffentlich bekanntgemacht. Die Nachricht, daß ein Soldat im Kampf gefallen war, kam mit der Post von der lokalen Militärbehörde. Bei Erhalt dieser Mitteilung konnte die Familie eine Pension beantragen, wenn der

Gefallene der Ernährer der Familie war, und das Vorrücken auf der Liste derer, die auf ein neues Zimmer oder eine neue Wohnung warteten, beantragen. In den Wohnungen wurde viel um die Toten getrauert. Aber nur selten waren Blumen oder Kränze an den Türen oder in den Fenstern zu sehen. Das kommunistische Regime hatte die alten Bräuche abgeschafft. Die Obrigkeit mißbilligte das offene Zurschaustellen von Trauer.

Wolodja weiß nicht, wie viele Familien in diesem Wohnhaus während des Krieges Angehörige verloren.

Während der Kriegsjahre herrschte in den Universitäten und Instituten ein Mangel an Studenten. Die meisten jungen Leute, die in Frage kamen, waren in der Armee. Für diejenigen, die die achte oder neunte Klasse absolviert hatten, wurden spezielle Kurse organisiert, um sie auf die Abschlußprüfungen vorzubereiten.

Als Wolodja nach Moskau zurückkehrte, unterzog er sich noch im selben Monat einer medizinischen Untersuchung und erfuhr zu seiner Bestürzung, daß das rheumatische Fieber, an dem er in Bolschaja Sosnowa erkrankt war, sein Herz in Mitleidenschaft gezogen hatte. Er war daher untauglich für die anstrengende Arbeit in der Munitionsfabrik.

Es gab zahlreiche Diskussionen zwischen Wolodja und seinem Vater über die Zukunft. Wolodja begann, sich auf die Prüfungen der achten Klasse vorzubereiten, die er im Juli bestand. Das bedeutete, daß man ihn in einem Institut seiner Wahl aufnehmen würde, wo er spezielle Kurse für ein Diplom besuchen konnte. Wolodja hatte sich für ein Luftfahrtinstitut entschieden, das für seine hochspezialisierte Ingenieursausbildung auf dem Gebiet der Flugzeugmotoren, Navigationsgeräte, Radioelektronik und Flugzeugbewaffnung bekannt war. Er wollte sich auf Radioelektronik spezialisieren. Das war in seinen Augen der interessanteste Bereich der Luftfahrttechnik. Und der Lehrkörper hatte einen ausgezeichneten Ruf.

Im September 1943 begann Wolodja sein Studium am Institut für Luftfahrttechnik, und im folgenden August legte er seine Prüfungen ab. Er und seine Eltern versammelten sich mit Hunderten im riesigen Hörsaal des Instituts. Die Studenten wurden einer nach dem anderen auf das Podium gerufen, wo der Rektor ihnen die Hand schüttelte und ihnen ihre Abschlußurkunde überreichte. Dann hielt ein Student eine kurze Rede, in der er im Namen aller Studenten der Partei und der Regierung dankte.

Man kann sich leicht vorstellen, wie sich Solomon Slepak in diesem Hörsaal an das Jahr 1913 erinnerte, als ihm die Aufnahme in das Höhere Technische Institut in Moskau verwehrt wurde, weil er Jude war. Jetzt, eine Generation später, sein Stolz angesichts der Leistung seines Sohnes! Und seiner Tochter, die an der philologischen Fakultät der Moskauer Universität studierte. Das rechtfertigte all das Blut, das im Namen des bolschewistischen Traums von einer neuen Welt für die Juden und die gesamte Menschheit geflossen war.

Zu jener Zeit arbeitete Solomon Slepak noch immer als Chefredakteur für ausländische Bücher in einem großen Verlag; er war außerdem Mitglied des Jüdischen Antifaschistischen Komitees, das im April 1942 von Stalin ins Leben gerufen worden war, um die – wie er meinte – wohlhabende und einflußreiche jüdische Gemeinde in den Vereinigten Staaten zu beeinflussen. Die Idee geht ursprünglich auf zwei polnische Juden zurück, Viktor Alter, ein Ingenieur, und Henryk Erlich, ein Rechtsanwalt, beide Führer des Jüdischen Arbeiterbundes, die 1939 bei dem Vormarsch der Deutschen geflohen, auf sowjetisches Staatsgebiet gelangt und vom NKWD verhaftet worden waren. Sie wurden beschuldigt, Spione und Konterrevolutionäre zu sein, und zum Tode verurteilt, zwei Jahre später jedoch aus dem Gefängnis entlassen. Die Sowjets hatten der polnischen Exilregierung in England versprochen, alle verhafteten Polen freizulassen.

Im September 1941 wurden die beiden Arbeiterbundführer, die damals im Hotel Metropol in Moskau wohnten, von Berija ersucht, eine Liste von Juden zusammenzustellen, die in dem Komitee mitarbeiten könnten. Die Liste, auf der auch der berühmte russisch-jiddische Schauspieler Solomon Michoels stand, wurde von Berija genehmigt, der die beiden Männer bat, ein Memorandum an Stalin zu verfassen, das die Aufgaben des Komitees skizzierte.

In diesem Memorandum forderten sie die sowjetische Regierung auf, ein jüdisches Anti-Hitler-Komitee zu schaffen, das sich aus Vertretern der von den Nazis besetzten Staaten, der Sowjetunion, den Vereinigten Staaten (die noch nicht in den Krieg eingetreten waren) und Großbritannien zusammensetzen sollte; das Komitee sollte die Unterstützung des Weltjudentums im Kampf gegen die Nazis mobilisieren und sich um polnisch-jüdische Flüchtlinge in der Sowjetunion kümmern. Innerhalb der Vereinigten Staaten sollte eine Jüdische Legion gegründet werden, die sich der Roten Armee anschließen sollte.

Das Memorandum, datiert mit Anfang Oktober 1941, wurde Stalin übergeben.

Als sich die deutsche Wehrmacht Moskau immer mehr näherte, gingen die beiden Arbeiterbündler gemeinsam mit den sowjetischen Führern, ausgenommen Stalin, nach Kujbischew am Ural. Durch einen Anruf im Büro des Grand Hotel in Kujbischew wurden die beiden Männer in der Nacht zum 3. Dezember 1941 zu einem Treffen mit Berija beordert. Sie verließen das Hotel, und niemand hörte jemals wieder von ihnen. Jahre später entdeckte man, daß Stalin auf ihr Memorandum die Worte »Rasstreljat' oboich« (»Beide erschießen«) geschrieben hatte.

Einige Tage nach ihrem Verschwinden griffen die Japaner Pearl Harbor an, und Hitler erklärte den Vereinigten Staaten den Krieg. Die Idee eines Jüdischen Antifaschistischen Komitees war nicht vergessen. Einige Juden in der sowjetischen Führung begannen offen darüber zu diskutieren. Jetzt, da Amerika in den Krieg eingetreten war, schien es unumgänglich, den Einfluß der Juden in der ganzen Welt, die bis dahin dem Gedanken der Unterstützung des bolschewistischen Rußland kühl gegenübergestanden hatten, zu mobilisieren, um für die Sowjetunion Propaganda zu machen, Geldmittel für die Kriegsanstrengungen aufzutreiben und die Eröffnung einer zweiten Front durchzusetzen, die die furchtbaren Verluste der Roten Armee eindämmen würde.

So wurde im April 1942 mit Stalins Zustimmung das Jüdische Antifaschistische Komitee gegründet. Es war die einzige jüdische Organisation in der Sowjetunion, die offiziell von der Regierung anerkannt war, und in ihren Reihen fanden sich, unter anderen, der Schriftsteller Ilja Ehrenburg, der jiddische Dichter Itzik Fefer, das Mitglied des Zentralkomitees Solomon Losowskij, der Schauspieler Solomon Michoels, der auch Vorsitzender des Komitees war – und der Altbolschewik Solomon Slepak.

Auf Verlangen Stalins reisten im Mai 1943 zwei Mitglieder des Komitees, Solomon Michoels und Itzik Fefer, in die Vereinigten Staaten. Stalin verabschiedete sie höchstpersönlich. Bei ihrer Ankunft in New York wurden sie von Jewgenij Kisselew begrüßt, dem sowjetischen Generalkonsul. Es gibt ein Foto von Michoels am Grab von Scholem Alejchem, dem beliebten russisch-jiddischen Schriftsteller, der in New York begraben ist, ein anderes zeigt Michoels und Fefer mit Albert Einstein in Princeton. Alle auf diesem Foto lächeln, alle wirken entspannt. Einstein, im Pullover und mit wirrem Haar und struppigem Schnauzer, Michoels und Fefer in Jackett, Hemd und Krawatte, Bäume im Hintergrund, Sonnenlicht. Michoels und Fefer trafen Senator Herbert Lehman, den ehemaligen Gouverneur des Bundesstaates New York, sie trafen Präsident Roosevelts berühmten Freund Rabbi Stephen Wise und Marc Chagall, der in den Jahren unmittelbar nach der Revolution, als Michoels dort Direktor war, Bühnenbilder für das Jüdische Staatliche Theater in Moskau gemalt hatte.

In diesem Sommer bereisten die beiden Mitglieder des Jüdischen Antifaschistischen Komitees die Vereinigten Staaten, Kanada und Mexiko und sprachen mit zahlreichen Juden, deren Verbindung zu Rußland seit mehr als zwei Jahrzehnten abgerissen war. Sie sprachen von den zukünftigen politischen und kulturellen Beziehungen zu ihren sowjetischen Brüdern und Schwestern, von der heldenhaften Rolle der Juden in der Roten Armee. Bei öffentlichen und privaten Versammlungen in Washington, Chicago und Los Angeles erzählten sie vom tapferen Kampf der Roten Armee gegen die Nazis und betonten die Notwendigkeit der Unterstützung durch die Juden. Die beiden schienen einander zu ergänzen: Fefer war Oberst in der Roten Armee und leidenschaftlicher Kommunist. Michoels war erstaunlicherweise nicht einmal Mitglied der Kommunistischen Partei. Bei einer Kundgebung auf dem New Yorker Polo-Feld, an der nahezu 50 000 Menschen teilnahmen, sprachen zuerst Fefer und Michoels, danach pries der Schriftsteller Sholem Asch die Sowjetunion für die Abschaffung des Antisemitismus. Ben Zion Goldberg, der jiddische Journalist und Schwiegersohn von Scholem Alejchem, sprach von Marschall Stalin als einem großen Führer. Und der Schauspieler und Sänger Paul Robeson sang jiddische und russische Lieder.

Michoels und Fefer kehrten nach zwei Monaten heim, sie hatten mehr als zwei Millionen Dollar für die sowjetischen Streitkräfte gesammelt.

Während ihrer Abwesenheit schlugen etwa 7000 Panzer

und Stalinorgeln in der Nähe der russischen Stadt Kursk 400 Kilometer südlich von Moskau die größte Schlacht der Geschichte. In Moskau, wo Solomon Slepak neben seiner Tätigkeit im Verlag noch im Jüdischen Antifaschistischen Komitee mitarbeitete und wo sich Wolodja auf die Prüfungen der achten Klasse vorbereitete, las die Familie Slepak die Zeitungsberichte über die Schlacht, die fast eine ganze Woche dauerte, und hörte im Radio die Nachrichten. Die deutsche Wehrmacht verlor schließlich mehr als 90000 Soldaten und 2000 Panzer. Ihr Angriff an der Hauptfront war niedergeschlagen. Wie bereits im vorangegangenen Februar Stalingrad, wo sich Feldmarschall Friedrich von Paulus ergeben hatte, war auch Kursk ein Wendepunkt in diesem Krieg: Es war die letzte große deutsche Offensive an der Ostfront.

Die Familienchronik enthält keine Details über Solomon Slepaks Aktivitäten im Jüdischen Antifaschistischen Komitee – abgesehen von der trockenen Feststellung, daß er im Pressebüro arbeitete. Auf seinem Höhepunkt hatte das Komitee etwa 100 Mitglieder. Es gab eine eigene jiddische Zeitschrift, *Ejnikajt* (Einigkeit), heraus. Hinsichtlich der Ziele des Komitees waren sich die Mitglieder durchaus nicht einig. Manche wollten die Bemühungen des Komitees auf Propaganda im Ausland beschränken, andere wollten es zu einer Triebfeder der Wiederbelebung jüdischer Institutionen und jüdischer Kultur in der Sowjetunion machen, wieder andere forderten, daß das Komitee Stalin überreden solle, die Schaffung einer Jüdischen Republik auf der Krim statt in Birobidschan zu genehmigen. Die Krimtataren waren im Mai 1943 für immer verbannt worden, weil sie mit den Deutschen kollaboriert hatten – sie wurden vom NKWD in Viehwaggons verladen und auf eine vier Monate dauernde Reise über die kahle Steppe nach Zentralasien verschickt, wodurch die Krim für die Kolonisierung durch andere geöffnet wurde.

Anscheinend läßt sich nicht sicher sagen, welche Positionen Solomon Slepak im Hinblick auf diese Fragen einnahm. Keine Aufzeichnungen seiner Ansichten, wenn er überhaupt etwas niederschrieb, konnten ausfindig gemacht werden. Sein Name taucht in der einzigen mir bekannten wissenschaftlichen Arbeit über das Jüdische Antifaschistische Komitee nicht auf. Und zu Hause sprach er nie über seine Arbeit.

Im März 1944 hatte die Rote Armee die Deutschen fast bis zur russischen Westgrenze vor 1939 zurückgedrängt. In Weißrußland reichten die deutschen Linien auf der Ostseite des Dnjepr nur wenige Kilometer über Orscha hinaus. Im Herbst 1944, als sich die Rote Armee in den Vororten von Warschau befand und die Amerikaner die Siegfried-Linie in Deutschland attackierten, begann Wolodja sein erstes Jahr als Student der Radioelektronik am Luftfahrtinstitut. Jeden Tag fuhr er mit dem O-Bus zur Metro-Station am Swerdlow-Platz und von dort nach Sokol. Der Unterricht begann um halb neun Uhr morgens und dauerte mitunter bis fünf Uhr nachmittags. Zusätzlich zur technischen Ausbildung mußte Wolodja pro Woche drei Vorlesungen oder Seminare über marxistische Ideologie besuchen: die Grundsätze des Marxismus-Leninismus, marxistische Philosophie, marxistische politische Ökonomie. Wer drei oder mehr solcher Seminare ohne triftigen Grund versäumte oder die Prüfungen nicht bestand, mußte das Institut verlassen.

Das Luftfahrtinstitut befand sich an der Ecke Leningradskoje Chaussee und Wolokolamskoje Chaussee, breite asphaltierte Straßen mit riesigen Büro- und Wohngebäuden und zahlreichen Geschäften. Wie die Anlage der Russischen Botschaft in Peking, wo Wolodja seine frühe Kindheit verbracht hatte, war auch das Institut von einer Mauer umgeben, hatte einen bewachten Eingang und ein Tor am anderen Ende. Dahinter verlief die Bahnlinie nach Riga. Innerhalb der Anlage befanden sich die Seminarräume, das Auditorium und die Verwaltungsräume sowie der Hangar, der Windtunnel, die Maschinenwerkstätten und der Studentenklub. Am Eingang des Verwaltungsgebäudes stand eine monumentale Stalinbüste. Wie die meisten Moskauer Bauten war auch das Institut aus Ziegeln errichtet und teilweise verputzt beziehungsweise mit Stein- oder Betonplatten verkleidet. Außerdem waren da noch Volleyball-, Basketball-, Fußball- und Tennisplätze.

In jeder der fünf Lehrveranstaltungen, die Wolodja besuchte, waren 30 bis 40 Studenten, etwa 65 Prozent waren Männer. Weniger als zehn Prozent des Lehrkörpers waren Frauen. Etwa ein Viertel der Studenten und Lehrenden waren Juden. Das Institut hatte etwa 7000 Studenten.

Wolodjas einziger engerer Freund war Walerij Wojtinskij, den er seit Jahren kannte, der Sohn des alten Freundes seines Vaters aus New York und China. Gemeinsam besuchten sie das Luftfahrtinstitut, unterhielten sich über die Filme, die sie sahen, die Bücher, die sie lasen, ihre Probleme beim Studium. Im Sommer machten sie gemeinsam Ferien; im Winter gingen sie Eislaufen und ins Theater. Aber nach etwa sechs Monaten im Luftfahrtinstitut beschloß Walerij, das Studium abzubrechen, und meldete sich zur Roten Armee. Die Freundschaft wurde kühler, löste sich langsam und ging schließlich zu Ende.

Wolodja war einen Meter siebzig groß und schmal; er hatte dunkelbraune, fast schwarze Haare; seine Augen waren graugrün. Er trug am liebsten Sportjacken und Pullover, aber Essen und Kleidung waren rationiert, und er zog an, was er bekommen konnte. Er hatte keinen Mantel und hätte frieren müssen, wenn da nicht ein Cousin gewesen wäre, der in der Roten Armee diente und ihm irgendwie einen Militärmantel besorgte. Sein musikalischer Geschmack war eher klassisch: Chopin, Tschaijkowskij, Beethoven,

Brahms. Er besuchte Konzerte in der Moskauer Philharmonie, hörte Musik im Radio und hatte einen Plattenspieler und russische Schallplatten. Er mochte russische und Zigeunermelodien, und hin und wieder ging er zu einem Jazz-Konzert. Er las Übersetzungen der Romane von Balzac, Hugo und Dreiser und Gedichte von Puschkin und Lermontow. Er interessierte sich kaum für Sport.

An einem Spätnachmittag im Mai 1945 kam im Radio die Meldung von der deutschen Kapitulation. Der Große Vaterländische Krieg war vorbei, der verhaßte faschistische Feind geschlagen! Jubel in der Wohnung der Slepaks! Zwei von Wolodjas Freunden waren damals zu Besuch, und Wolodja ging mit ihnen weg. Die Eltern blieben zu Hause. In den Straßen umarmten sich wildfremde Menschen. Wolodja und seine Freunde wurden von der Menge mitgerissen, die durch die Gorkij-Straße zum Roten Platz zog. Musik und Tanz und Feuerwerk. Der Rote Platz war bis in die Morgenstunden voll von überglücklichen Menschen.

Nicht lange danach hörte Solomon Slepak vom Schicksal seines Bruders Aaron, der in Dubrowno geblieben war und den er 1936 zuletzt gesehen hatte. Wolodjas Cousin Anatolij, einer von Aarons Söhnen, der in der Roten Armee war, kehrte bald nach dem Krieg nach Dubrowno zurück und erfuhr, daß sein Vater, drei von seinen sieben Geschwistern und seine Stiefmutter von den Deutschen getötet worden waren.

Die Deutschen hatten eineinhalb Millionen russische Juden ermordet. Die meisten wurden von Einsatzgruppen getötet, Sondereinheiten der Gestapo, die die Armee begleiteten. Die Slepaks erfuhren nichts davon aus den Zeitungen, obwohl es seit März 1944 bekannt war, als eine spezielle Regierungskommission zur Untersuchung der deutschen Verbrechen von den Morden in Babij Jar berichtete und die Einzelheiten der dortigen Ereignisse schilderte, ohne allerdings die Juden zu erwähnen. Es gehörte damals zur sowjetischen Politik, die Juden nicht als primäres Opfer der Todesmaschine der Nazis hervorzuheben; es wurde lediglich festgehalten, daß die Opfer Zivilisten waren, die zusammen mit so vielen anderen Unschuldigen ermordet wurden. Erst vor kurzem, nach dem Ende der Sowjetunion, wurde ein Denkmal für die in Babij Jar ermordeten und begrabenen Juden errichtet.

Wolodja nahm an der Siegesparade auf dem Roten Platz am 24. Juni dieses Jahres nicht teil. Vom Balkon der Wohnung schauten er und seine Familie zu, wie Panzer und Lastautos, Truppen und Raketenwerfe die Gorkij-Straße hinunterfuhren. Eine Zeitlang sah er Aufnahmen von dieser Parade im Kino: Stalin, der – flankiert von den Mitgliedern des Politbüros – mit ausdruckslosem Gesicht zusah, wie die Einheiten der siegreichen Roten Armee vorbeimarschierten und die Fahnen der vernichteten deutschen Wehrmacht vor ihm niederlegten. Die Fahnen türmten sich bald zu einem hohen Berg. Stalin erschien wie ein triumphierender Cäsar.

Am Ende des Krieges erstreckte sich das sowjetische Imperium von Wladiwostok im Osten bis Berlin, Prag und Budapest im Westen. Nie war Rußland stärker; nie war das kommunistische Schreckgespenst, das wie ein Schatten über der Erde lag, bedrohlicher. Und das trotz der unglaublichen Verluste, die das Land im Krieg erlitten hatte: über 20 Millionen Tote und eine unvorstellbare Verwüstung des Landes und seiner Städte.

Im Kreml begann Stalin wieder, seine Aufmerksamkeit auf Fragen der internen Parteidisziplin und der persönlichen Macht zu richten. Nicht daß sich sein eiserner Griff während des Krieges gelockert hätte: Millionen von Angehörigen nationaler Minderheiten waren nach Zentralasien, Sibirien und in die Arktis verschickt worden, um ihre eventuelle Kollaboration mit den Deutschen im Keim zu ersticken. Nachdem die Russen 1944/45 Osteuropa besetzten, wurde eine halbe Million Deutsche, Polen, Ungarn, Bulgaren und Rumänen nach Sibirien deportiert, und sogar als der Krieg auf seinem Höhepunkt angelangt war, konnte jeder, der angezeigt wurde, ein falsches Wort gesagt oder geschrieben zu haben, verhaftet und in ein Arbeitslager geschickt werden. Aber der Konflikt hatte zu einer Lockerung der kulturellen Kontrolle innerhalb der Sowjetunion ebenso wie zu Kontakten mit dem Westen geführt, die Stalin und Andrej Schdanow (von dem viele dachten, daß er eines Tages den Platz des alternden Diktators einnehmen würde) jetzt ganz besonders bedrohlich erschienen.

Stalin hatte die Arbeit des Jüdischen Antifaschistischen Komitees und seine internen Diskussionen aufmerksam verfolgt. Jetzt, wo der Krieg vorüber war, beschloß er, daß er das Komitee nicht länger brauchte. Es war ein Ärgernis und eine potentielle Bedrohung – all dieses Gerede von einer Etablierung kultureller Beziehungen zwischen den Juden in Rußland und im Westen, von der Erneuerung eines jüdischen nationalen und kulturellen Lebens in der Sowjetunion und der unverschämte Antrag, anstelle des gescheiterten Birobidschan auf der Krim eine jüdische Republik zu errichten.

Manche behaupten, daß der Schauspieler Solomon Michoels vor Stalin im Kreml oft als Shakespeares König Lear auftrat, eine seiner besten Rollen. Spielte er diese Rolle auf russisch oder jiddisch? Die Quellen berichten uns darüber nichts, aber der Gedanke, daß Stalin Michoels als einem jiddischen Lear lauschte, ist kaum vorstellbar. Wolodja bezweifelt sogar, daß Stalin und Michoels einander überhaupt begegneten, und hält die diversen Überlieferungen, die das Gegenteil behaupten, für pure Phantasie. Klar ist nur, daß Stalin begann, die mutigen Aktionen Michoels' als Leiter des Jüdischen Antifaschistischen Komitees und seine selbstgewählte Rolle als Führer der Juden zu verabscheuen, und daß er in dem Schauspieler schließlich einen potentiellen Feind sah.

In der Nacht zum 13. Januar 1948 befand sich Solomon Michoels auf dem Weg zurück von Minsk, der Hauptstadt Weißrußlands, wo er sich Theaterstücke im Hinblick auf die Verleihung von Staatspreisen angesehen hatte. Er wurde von einem Lastwagen angefahren und getötet. Zumindest war das die offizielle Nachricht, die auf einer der hinteren Seiten der Zeitungen kurz erwähnt wurde, wo sie die Familie Slepak las und als traurige Tatsache zur Kenntnis nahm.

Bald jedoch wurde offensichtlich, daß Michoels ermordet worden war, zweifellos auf Befehl Stalins. Einige berichteten, daß er zusammengeschlagen worden war. Ein Augenzeuge gab zu Protokoll, daß ihn der Lastwagen mehrmals gegen eine Mauer geschleudert hatte. Es kursierte sogar das grausige Gerücht, daß sein Kopf abgeschnitten worden war. Aber zumindest zwei Personen, die den Leichnam sahen, als er für die Beerdigung hergerichtet wurde, beteuerten, daß er nicht mehr Verletzungen aufwies, als man das bei einem so schweren Unfall erwarten würde. Irgend jemand sagte ganz offensichtlich nicht die Wahrheit, und es ist wahrscheinlich, daß die Einzelheiten der seltsamen Umstände von Solomon Michoels' Tod nie ans Tageslicht kommen werden. Aber ich habe niemanden getroffen, der von diesem Ereignis wußte und der heute daran zweifelt, daß Michoels, ebenso wie Kirow, auf Stalins Geheiß ermordet wurde.

Stalin gewährte dem hochgeschätzten jüdischen Schauspieler ein Staatsbegräbnis. Der Tote wurde von Professor Sbarskij (möglicherweise mit Hilfe seines ältesten Sohnes), der einst den Leichnam Lenins einbalsamiert hatte, für eine öffentliche Zurschaustellung präpariert. Drei Tage lang zogen schweigende Menschenmassen im Gebäude des Moskauer Jüdischen Theaters an dem toten Schauspieler vorbei, um ihm die letzte Ehre zu erweisen. Stalin, der von den Tausenden Juden erfuhr, die an dem Sarg vorbeidefilierten, sah zweifellos seinen Verdacht bestätigt, daß Michoels ein gefährlicher Sammelpunkt jüdischer nationaler Identität gewesen war.

Die folgenden brutalen Bemühungen Stalins, die jüdische Kultur innerhalb der Sowjetunion ein für allemal auszurotten, bildete einen absoluten Kontrast zur sowjetischen Außenpolitik gegenüber dem neuen israelischen Staat – und wurden ironischerweise zu einem großen Teil von dieser angeheizt.

Die offizielle sowjetische Politik nach dem Krieg stand voll auf der Seite des im Entstehen begriffenen jüdischen Staates und sprach sich entschieden gegen die britische Präsenz im Nahen Osten aus – das ging so weit, daß die Sowjetunion dem neuen Staat half, die Waffen zu erwerben, die er in seinem Krieg gegen die arabischen Invasoren so dringend benötigte. Im September 1948 fuhr Golda Meir als Israels erste Botschafterin in der Sowjetunion nach Rußland und erschien am jüdischen Neujahrstag in Moskau. Eine riesige Menge von Juden begrüßte sie vor der Synagoge, gegenüber der Schule, die Wolodja einst besucht hatte. Sie wurde umringt und gefeiert. Polizisten umstellten die Menge, und überall waren Angehörige des Geheimdienstes, die jedoch nicht eingriffen. Zur Verwunderung aller ertönte in der Menge plötzlich ein Schrei auf hebräisch: »Das jüdische Volk lebt!« Männer und Frauen weinten vor Freude.

Stalin war außer sich angesichts dieser Menge und kochte vor Wut über den jüdischen Nationalismus, den er für tot gehalten hatte; er sah darin eine offene Bedrohung seiner Macht. Erlaubte man einer nationalen Gruppe, ihr Haupt zu erheben, würden andere bald folgen, und das Ergebnis wäre Anarchie.

Im November desselben Jahres drangen Angehörige der Sicherheitspolizei in die Druckerei des letzten jiddischen Verlages in der Sowjetunion ein und schalteten die neuen Setzmaschinen aus. Strongin, der Direktor, und Belenki, der Chefredakteur, waren anwesend, gemeinsam mit einigen Arbeitern. Eine schreckliche Stille erfüllte plötzlich die Druckerei. »Euer Verlag ist stillgelegt!« rief einer der Polizisten.

Ende 1948 löste die Regierung auch das Jüdische Antifaschistische Komitee auf. Nahezu alle seine führenden Persönlichkeiten – so auch Itzik Fefer, ein begeisterter Kommunist und Oberst in der Roten Armee – wurden verhaftet.

Ebenfalls verhaftet wurden die Dichter Peretz Markisch und Itzik Kipnis, die Schriftsteller David Bergelson, Boruch Weisman, Mosche Notowitsch und Leib Kwitko. In der *Prawda* erschienen die ersten Artikel, die den »Kosmopolitismus« in Literatur und Kunst, in Musik und Wissenschaft anprangerten. 70 Prozent der Schriftsteller, Künstler und Wissenschaftler, die von der Presse besonders kritisiert wurden, waren Juden.

Zeitungen in der ganzen Sowjetunion trompeteten gegen »Menschen ohne Hintergrund«, »wurzellose Kosmopoliten«, »Vagabunden ohne Paß«, »Renegaten, die in Rußland keinen Platz haben«, Menschen, die keine Vorstellung hatten von der Geschichte und der Lyrik Rußlands, von der russischen Seele – und jeder wußte, daß diese Tiraden gegen die Juden gerichtet waren, die angeblich keine tiefen Gefühle für das russische Land und die sowjetische Lebensweise hegten. Mitglieder des ehemaligen Jüdischen Antifaschistischen Komitees wurden nun zu Agenten des amerikanischen Zionismus erklärt, die den Plan ausgeheckt hatten, auf der Krim einen jüdischen Staat zu schaffen, als Brückenkopf des amerikanischen Imperialismus, eine gefährliche Bedrohung für die Sowjetunion. Jüdische Schulen wurden geschlossen. Eine angespannte

Pogrom-Atmosphäre breitete sich langsam im ganzen Land aus. In russischen Schulen wurden jüdische Kinder angegriffen. Es wurde gefährlich für Juden, auf die Straße zu gehen. Juden begannen ihre Arbeit zu verlieren. Um sich zu schützen, verbrannten einige ihre jüdischen Bücher und brachen jeden Kontakt mit jüdischen Verwandten und Freunden im Ausland ab.

Alles in allem wurden etwa 400 jüdische Schriftsteller und Künstler verhaftet und verbannt. Man konnte nie mit Sicherheit sagen, daß sich Stalins Wut nur gegen die Juden richtete; es wurden immer auch einige Nichtjuden verhaftet, verbannt, erschossen. Mit der Auflösung des Jüdischen Antifaschistischen Komitees und dem massiven Verlust von jüdischen Schriftstellern und Künstlern wurde jeder offenen und wirkungsvollen jüdischen Kultur in der Sowjetunion ein Ende bereitet.

Wie schon während der Säuberungen der dreißiger Jahre entging Solomon Slepak mysteriöserweise der Verhaftung. Diesmal aber kam er nicht völlig unversehrt davon. Enge Freunde im Regionalen sowie im Moskauer Parteikomitee setzten ihn davon in Kenntnis, daß er bald aus dem Verlag entlassen würde. Der Grund? Er war Jude. Und, als ob das noch nicht Anlaß genug war, die Tatsache allein, daß er so viele Jahre im Ausland gelebt hatte, war jetzt ein ausreichender Grund für die Beendigung seiner Tätigkeit. Sie könnten nichts für ihn tun, erklärten seine Freunde, als eine Parteipension zu beantragen – obwohl er noch nicht alt genug dafür war –, als Dank für seinen Einsatz für die bolschewistische Sache während des Bürgerkrieges.

Im Oktober 1950 wurde Solomon Slepak – der engagierte Altbolschewik, der geachtete Redakteur und Übersetzer, der bekannte Autor von Artikeln für *Iswestija* und *Prawda* unter dem Pseudonym M. Osipow, Dozent für internationale Angelegenheiten beim Moskauer Parteikomitee – aus seiner Position im Verlag entlassen.

Er erhielt die Pension und lebte noch fast drei Jahrzehnte, schrieb, hielt Vorträge, übersetzte. Aber seine aktive Rolle als Mitwirkender im Zentrum der Macht war zu Ende.

DER SOHN

4 Der innere Feind

Etwa zur selben Zeit, als Solomons Leben als Karrierekommunist zu Ende ging, begann sich Wolodja, der im Juni 1950 sein Studium der Radioelektronik am Luftfahrtinstitut als einer der Besten seines Jahrgangs abgeschlossen hatte, nach einer Stelle umzusehen.

Er schickte Bewerbungen an Fabriken und Institute. Der übliche Bewerbungsbogen enthielt mehr als 100 Fragen, darunter solche wie »Haben Sie Verwandte im Ausland?«, »Haben Sie oder ein naher Verwandter je im Ausland gelebt?«, »Welcher Nationalität gehörten Ihre Großeltern an?«, »Waren Sie, Ihre Eltern oder Ihre Großeltern vor der Revolution je Mitglied einer anderen Partei als der bolschewistischen?«, »Hatten Sie jemals Zweifel hinsichtlich der Politik der Kommunistischen Partei?«.

In seinem internen Paß, seinem Personalausweis, stand als Bezeichnung seiner Nationalität »Jewrej«. Jude.

Monatelang suchte Wolodja Arbeit. Nachdem er den ausgefüllten Bewerbungsbogen abgegeben hatte, wartete er zwei oder drei Tage ab, dann rief er an, nur um zu hören, daß er nicht gebraucht wurde. Er bewarb sich ein Dutzend Mal. Nur wenige derer, die ihn abwiesen, machten sich die Mühe, die Gründe für seine Ablehnung zu verbergen. Wolodja Slepak, der Sohn von Solomon Slepak, konnte nach sechs Jahren in einem der führenden wissenschaftlichen Institute der Sowjetunion und mit einem abgeschlossenen Studium der Radioelektronik keine Anstellung finden, weil er während seiner Kindheit im Ausland gelebt hatte und – weil er Jude war.

Er erzählte seinen Eltern von seinen fruchtlosen Bemühungen. Seine Mutter bemitleidete ihn und drängte ihn, es weiterhin zu versuchen. Sein Vater sagte: »Das passiert, weil es unter den Juden so viele Verräter und Spione gibt, besonders unter denjenigen, die im Ausland waren. Jetzt, wo unser Land von Feinden umzingelt ist, müssen wir den Kommunismus allein aufbauen, und die Partei hat nicht die Zeit, jeden genau zu überprüfen. Deshalb lassen sie keine Juden in Positionen, die für den Staat wichtig sind. Später, nach sorgfältigen Untersuchungen, werden alle, die unschuldig sind, eine Arbeit bekommen, die ihrer Ausbildung und ihrem Wissen entspricht.«

Wolodja akzeptierte ohne Zögern die Erklärung seines Vaters. Als er nach Monaten noch immer keine Anstellung als Radiotechniker gefunden hatte, nahm er in einer Werkstatt in der Gorochowskij-Straße in der Nähe des Kursker Bahnhofes eine Stelle als Fernsehmechaniker an. Der Leiter des Werkstatt war Jude.

Damals kostete ein Fernseher ungefähr 500 Rubel, was etwa fünf Monatsgehältern entsprach. Die Geräte waren so groß wie ein Mikrowellenherd und hatten einen rechteckigen 14-Zoll-Schwarzweißbildschirm. Der Korpus war aus glänzendem braunem Holz, das Bild war schlecht. In den fünfziger Jahren gab es in der Sowjetunion eine Fernsehstation, und man mußte an die fünf Monate auf ein Fernsehgerät warten. Wenn das Gerät plötzlich nicht mehr funktionierte, konnte man es – sofern man in Moskau lebte – in eine der fünf oder sechs Reparaturwerkstätten in der Stadt bringen.

Die Werkstatt, in der Wolodja arbeitete, bestand aus einem Korridor und zwei Räumen von jeweils knapp zwanzig Quadratmetern, mit großen Fenstern, Werkbänken und Regalen an allen Wänden. Eines Tages kam einer von Wolodjas Freunden, einer seiner Kommilitonen im Luftfahrtinstitut, zusammen mit einer jungen Frau in die Werkstatt. Der Freund war bei einer Frau namens Rita und ihrer

Kusine Mascha zu Besuch gewesen. Rita hatte ihn gebeten, einen Blick auf ihren Fernseher zu werfen, der nicht funktionierte. Es hatte sich herausgestellt, daß eine der Röhren ausgetauscht werden mußte, aber in einem gewöhnlichen Geschäft waren keine Röhren zu bekommen, erklärte der Freund, weil Ersatzteile für Fernseher Mangelware waren. Er kannte allerdings jemanden, der in einer Reparaturwerkstatt arbeitete, der möglicherweise eine neue Röhre auftreiben konnte. Er könnte hingehen und in einer Stunde zurück sein. Ob Mascha vielleicht mitkommen wollte?

Sie trug eine schwarz-weiße gestrickte Wollmütze und einen beigen Lammfellmantel. Ihre Haut war makellos, ihr Gesicht rund, ihre Augen hinter den Brillen braun und wach. Sie studierte seit drei Jahren an der Medizinischen Hochschule in Rjasan, einer Stadt 200 Kilometer südöstlich von Moskau, und war für das Wochenende in Moskau, um ihre Familie zu besuchen.

Kaum hatte sein Studienkollege mit Mascha und der neuen Röhre die Werkstatt verlassen, rief Wolodja Rita an, teilte ihr mit, daß er sie am nächsten Samstag gern besuchen würde, und fragte, ob sie auch ihre Kusine Mascha einladen könnte.

An jenem Samstag traf Wolodja Mascha in Ritas Wohnung wieder. Diesmal war Maschas Tante dabei, und sie tranken Tee. Später erklärte er, daß er Mascha heimbringen würde. Ihre Familie lebte nicht allzu weit entfernt in einem Wohnhaus im Stadtzentrum, in der Nähe der Moskauer Synagoge. Es war Februar und sehr kalt. Sie gingen mehrere Stunden lang spazieren.

Wolodja kann sich nicht genau erinnern, worüber sie sprachen, wahrscheinlich über ihr Studium an der medizinischen Hochschule, über Bücher, die sie gelesen hatten, über Konzerte. Vage erinnert er sich daran, daß er ihr zu erklären versuchte, warum er als Fernsehmechaniker arbeitete – eine kurze, vorsichtige Bemerkung über den Antisemitismus im Ingenieursbereich –, aber er weiß nicht mehr, ob das damals oder zu einem späteren Zeitpunkt in ihrer Beziehung passierte. Sie sprachen nicht über Israel oder über Politik.

Ihr Name war Maria Raschkowskaja, ihre Mutter hieß Bertha. Die Chronik berichtet, daß sie Angst davor hatte, sich an zu vieles zu erinnern. »Ich wünschte, ich wüßte mehr über meine Familie«, erzählt sie uns. »Aber es gibt niemanden, den ich fragen könnte. Früher war es gefährlich, wenn Kinder etwas wußten. Sie könnten es ja ausplappern. Nach der Revolution versuchten die Menschen, ihre Vergangenheit zu verbergen, sie so tief wie nur möglich zu begraben. Ich erinnere mich, daß meine Mutter Anträge ausfüllte, viele Seiten graues Papier. Sie beantwortete die Frage ›Welcher Klasse gehören Sie an?‹ mit den Worten ›Kleinbürger‹ oder ›untere Mittelschicht‹. Diese schreckliche Frage stand auf der ersten Seite jedes Antragsformulars – für Wohnungen, Schulen, Arbeitsplätze. Ebenso: ›In welcher Partei waren Sie vor 1917?‹, ›Welche Ansichten vertraten Sie?‹ Die Antworten würden ein ganzes Leben lang an uns hängenbleiben. Deshalb versuchte meine Mutter, soviel wie nur möglich zu verbergen. Vieles ist mit meiner Mutter verlorengegangen.«

Dessen ungeachtet bewahrt Maschas erstaunlich gutes Gedächtnis eine Fülle von Details. Sie erinnert sich deutlich an ihren Vater Sanja. Ein gutaussehender, gedrungener Mann, einen Meter siebzig groß, mit glattem braunem Haar und einem ebenmäßigen, glattrasierten Gesicht, das morgens glänzte und abends bläuliche Bartspuren aufwies. Er stammte aus einer assimilierten Familie aus Tiraspol, die sich eine Generation zuvor vom jüdischen Brauchtum abgewandt hatte. Er war in Odessa aufgewachsen, diente im Bürgerkrieg in der Roten Kavallerie und stieg zum Rang eines Hauptmanns auf. Nach dem Krieg ließ er sich in Moskau nieder, wo er Bertha kennenlernte und heiratete. Er war Autodidakt, belesen, er liebte die Oper und brachte Leben in jede Feier. Seine Arbeit in einem Antiquariat und später in einem staatlichen Verlag erlaubte ihm, seiner Leidenschaft für Bücher zu frönen. Er besaß eine Sammlung von etwa 800 seltenen in Leder gebundenen Büchern, die vor der Revolution erschienen waren: Boccaccio, Daudet, Flaubert, Balzac, Zola, Hugo, Shakespeare, Swift, Voltaire, Defoe, Maupassant, Puschkin, Gogol, Lermontow, Turgenew, Dostojewskij, Tolstoij, Nekrasow. Er liebte die Bücher, liebte, wie sie rochen und wie sie sich anfühlten. Er las sie, wußte Bescheid über die Herkunft jedes einzelnen. An seinem Arbeitsplatz konnte er sich an die Geschichte jedes Buches erinnern, das ihm in die Hände kam: das Erscheinungsjahr, wer es wo verlegt hatte, wie viele Auflagen es gab, wie viele Exemplare gedruckt worden waren. Lange bevor sie in die Schule kam, brachte er Mascha das Lesen und Schreiben und Zählen bei. Das erste Buch, das sie – auf russisch – allein las, war »Rotkäppchen«. Er war ein jähzorniger Mann, und als er einmal Mascha dabei ertappte, wie sie eine Seite in einem Buch umknickte, um sie zu kennzeichnen, schrie er sie an: »Wie kannst du es *wagen*, ein Buch so zu behandeln? Das ist *barbarisch*, nur ungebildete Menschen tun so etwas. Weißt du, wie viele Menschen notwendig waren, um *dieses eine Buch* zu machen?«

Mascha wurde am 7. November 1926 in Moskau geboren, dem neunten Jahrestag der Oktoberrevolution. Freunde sagten zu ihren Eltern: »Ihr müßt sie ›Oktjabrina‹ nennen, zu Ehren der Revolution.« Die Menschen waren noch immer euphorisch, was die Revolution betraf, und optimistisch; sie gaben ihren Kindern Namen wie »Traktor« oder »Industrija«. Maschas Vater meinte, sie sollte eigentlich nach ihrer Großmutter Miriam genannt werden, aber es gab Gründe, die gegen einen solchen Namen sprachen. Unter den Zaren hatten die Russen die Juden verachtet, jetzt haßten und fürchteten sie sie, machten sie für die Revolution verantwortlich und betrachteten sie als Verschwörer, die planten, die gesamte christliche Welt zu zerstören. Und tatsächlich hatten ein paar tausend Juden – in blinder Wut über die zaristische Unterdrückung – die letzten Zeichen ihres Judentums abgelegt, hatten sich der Bolschewistischen Partei angeschlossen und der Revolution zum Sieg verholfen. Für sie und alle anderen neuen Herren Rußlands war der Name Miriam zu jüdisch. Deshalb nannten Sanja und Bertha Raschkowski ihre Tochter Maria, und zu Hause riefen sie sie Musja oder Manja. Wolodja war es, der sie Mascha nannte.

Mascha war die älteste. Fünf Jahre später kam ein Junge, Sinowij, der Salja genannt wurde, später noch eine zweite Tochter, Genrietta, genannt Gera.

Sanja Raschkowski überließ die Sorge für die Kinder und den Haushalt seiner Frau, deren Kochkünste ihm ganz besondere Freude bereiteten. Lammeintopf und Hühnersuppe mit Nudeln zum Abendessen: Gierig sog er die Düfte ein und rieb sich die Hände vor Freude. Er liebte Süßigkeiten, oft erzählte er Mascha von einem Berg bei Odessa, einem Märchenberg aus Halwa, und er beschrieb ihn so lebendig, daß sie den Honig fast schmecken konnte. Schnittblumen fand er bedrückend. »Blumen sterben, sobald man sie abschneidet«, erklärte er Mascha. »Wie kann man sich an etwas freuen, das tot ist?«

In den frühen dreißiger Jahren erkrankte Maschas Vater an Tuberkulose. Er verbrachte die letzten Monate seines Lebens in einem Sanatorium in einem Nadelwald außerhalb von Moskau. Ein Monat bevor er starb besuchten ihn Mascha und ihre Mutter. Die zehnjährige Mascha erkannte die abgemagerte Gestalt nicht, die ihr Vater sein sollte. Er verhungerte, schmolz langsam dahin, konnte nicht essen wegen der schneidenden Schmerzen in seinen Gedärmen.

Er starb am 17. Januar 1937 und wurde drei Tage später begraben. Viele Menschen kamen zu seinem Begräbnis. Mascha sah, wie der Sarg in die Erde gelassen wurde. Plötzlich warf sie sich schreiend nach vorn, um diesen schrecklichen Fall aufzuhalten. »Papa! Papa!« Ihr Onkel zerrte sie zurück. Die Chronik verzeichnet ihren Kommentar: »Meine Kindheit war zu Ende.«

Maschas Mutter entstammte einer Familie frommer Juden aus einer kleinen ukrainischen Stadt am Dnjepr. Ihr Vater, der sich mit der Herstellung von Lederwaren – Gürtel, Sättel, Zaumzeug – mehr schlecht als recht durchschlug, war gleichzeitig Richter am regionalen jüdischen religiösen Gerichtshof, er war so angesehen, daß die Ukrainer sich oft an ihn wandten und ihn baten, ihre Streitigkeiten zu schlichten. Während der Pogrome der Jahre 1903 bis 1905 und im Bürgerkrieg bemühten sich die Ukrainer, die Familie vor den Kosaken zu schützen. Maschas Großmutter hatte eine lange Narbe im Gesicht von den Metallspitzen der Peitsche eines berittenen Kosaken.

In den frühen dreißiger Jahren besuchten Maschas Eltern gemeinsam mit ihren Kindern die Großeltern, und Mascha erinnert sich an jüdische Drucke an den Wänden und den leckeren Duft der besonderen Speisen für den Sabbat und die Feste. Ihre Großmutter zündete Freitag abends Kerzen an, der Großvater zelebrierte den Seder am Passah-Fest. Am Sabbat versammelte sich die Familie um den großen Eßtisch. An der Spitze saß der Großvater, neben ihm seine Mutter, Baba Malka, auf der anderen Seite seine Frau, daneben seine Kinder und Enkel. Alle wußten genau, wo sie zu sitzen hatten. Dann der Segen über dem Wein, das Händewaschen, der Segen über dem Brot, die Gerüche, die Speisen, die Sabbat-Lieder, das Dankgebet nach dem Essen. Mascha erinnert sich noch immer an die Besuche bei ihren Großeltern. Und daran, wie sie einmal allein vor dem Haus stand und die Arme kreisen ließ und wie ihr Großvater auf jiddisch – er sprach auch Ukrainisch, konnte aber nur mit Mühe Russisch lesen – rief: »He, du Windmühle, hör auf damit, du hast kein bißchen zugenommen, was soll ich deiner Mutter sagen?«

Ihre Mutter war in den frühen zwanziger Jahren nach Moskau gegangen, wo sie unter entsetzlichen Bedingungen in einem gewissen Hotel Chicago wohnte. Sie besuchte eine Schule für Höhere Bildung für Frauen und erwarb ein Lehrerdiplom – was etwa einem Universitätsabschluß entsprach – mit dem Schwerpunkt Vorschulerziehung. Der Winter des Jahres 1924 war in Moskau besonders streng. Am Tag von Lenins Begräbnis stand sie mit Zehntausenden anderer geduldig in der Schlange, um Lenin in seinem offenen Sarg zu sehen und dem Führer der Revolution die letzte Ehre zu erweisen. Einer der Wachposten neben dem Sarg ging auf sie zu und erklärte ihr leise, daß eine Seite ihres Gesichts nach schlimmen Erfrierungen aussehe und sie sich sofort darum kümmern solle.

Nachdem sie im Juni 1926 Sanja geheiratet hatte, leitete sie einen der erfolgreichsten Kindergärten Rußlands, und Maschas früheste Erinnerung ist, wie sie als Dreijährige in dem Klassenzimmer ihrer Mutter saß und ihr zusah, wie sie Bilder von Lenin und Stalin und der Revolution zeigte. Sie erinnert sich an einen Abend, als ihr Vater in seinem Sessel saß und die *Prawda* las. Auf einmal sagte er angewidert: »Was soll das für eine Zeitung sein? Vier Seiten – weißt du, wie viele Seiten eine englische Zeitung hat?« Ihre Mutter sah sich nervös um und flüsterte: »Sanja, sei still, die Wände haben Ohren.« Mascha war fünf Jahre alt. Sie bewohnten ein Zimmer in einer Zweizimmerwohnung in der Pokrowka-Straße in der Nähe des Kreml, direkt unter dem schrägen Dach eines zweistöckigen, noch vor der Revolution errichteten Hauses. In dem anderen – kleineren – Zimmer lebten zwei ältere Männer, Fabrikarbeiter. Mascha erinnert sich an die Angst im Gesicht ihrer Mutter, als sie sagte: »Die Wände haben Ohren.«

Die Schulbehörde ersuchte ihre Mutter, der Partei beizutreten, und sie sprach darüber mit ihrem Mann. Er meinte, daß sie – als Mitglied – an Versammlungen teilnehmen müßte und weniger Zeit für die Kinder haben würde, deshalb lehnte sie die Einladung ab. Jahre später erzählte sie Mascha, daß diese Entscheidung sie möglicherweise gerettet hatte, denn wenn sie Mitglied geworden wäre, wäre sie aufgestiegen, und alle hohen Parteimitglieder unter ihren Kollegen wurden später verhaftet und erschossen.

Die Verbindung zu ihrer Familie in der Ukraine riß in den dreißiger Jahren ab. Das Ledergeschäft ihres Vaters wurde von den Kommunisten übernommen. 1939 starb er an einem Herzinfarkt. Der Rest der Familie verlor sich in den Wirren des Krieges.

In den ersten Monaten des Krieges, als die deutsche Wehrmacht auf Moskau zumarschierte, versank die Stadt anfangs im Chaos, Horden von betrunkenen und hysterischen Menschen zogen durch die Straßen und hielten nach deutschen Spionen Ausschau. Später waren die Straßen plötzlich menschenleer, kein Verkehr, keine Fußgänger, niemand wußte einen Ausweg, und vor den Geschäften standen lange Schlangen. Als Mascha eines Morgens in einer solchen Schlange wartete, hörte sie, wie jemand sagte: »Was haben Juden hier verloren?« Sie war sicher, daß alle Juden in Moskau getötet würden, wenn es am nächsten Tag kein Brot oder Mehl gab. Sie wartete drei Stunden in der Kälte, und irgend jemand stieß sie aus der Schlange und sagte: »Geh doch nach Palästina dein Brot holen.« Sie lief weinend nach Hause.

In jenem Oktober wurde die Familie aus Moskau evakuiert. Eine schreckliche Fahrt in einem von mehr als neunzig überfüllten Güterwaggons. Die beiden Lokomotiven wurden von Männern geführt, die nicht zu wissen schienen, wohin sie unterwegs waren. Erst fuhren sie nach Süden zum Kaukasus, dann nach Osten zum Ural, durch enorme Ebenen und Wälder, manchmal konnten sie den Krieg hören, das Donnern und Krachen der Geschütze und die deutschen Flugzeuge über ihnen.

Nach sechs Wochen brachte sie der Zug ins exotische Taschkent, die Hauptstadt von Usbekistan in Zentralasien, wo sie eine Weile in einer Baracke lebten. Es war Winter, Regenzeit, und sehr kalt. Eines Morgens sahen sie in einem Basar, wie Soldaten die Leichen verhungerter Kinder, die vor kurzem aus der Ukraine gekommen waren, auf einen Lastwagen luden, und wenig später wurde ein hungriger Junge vor ihren Augen von einer wütenden Menge zu Tode geprügelt, weil er einen Apfel gestohlen hatte. Maschas Mutter beschloß, daß sie nicht in Taschkent bleiben würden, und sie fuhren weiter nach Süden und lebten in einem Dorf unweit der afghanischen Grenze. Dort überlebten sie den Winter aufgrund des Muts und des klaren Kopfes ihrer Mutter, die zu wissen schien, wie man mit den Einheimischen verhandelte, sie tauschte Kleider gegen Essen, arbeitete mit Mascha – die damals fünfzehn Jahre alt war – gelegentlich für jeweils einen Laib Brot pro Tag auf einer Kolchose und pflegte Maschas Schwester, als sie die Masern hatte, an denen alle anderen Flüchtlingskinder, die sie bekamen, starben.

Im Sommer 1942 kehrten sie nach Moskau zurück – nach einer monatelangen alptraumhaften Fahrt in Bummelzügen, die von Flüchtlingen nur so wimmelten, nach schweren Krankheiten unterwegs, nachdem Mascha und ihr kleiner Bruder von ihrer Mutter und der Schwester getrennt worden waren, als der Zug ohne sie losfuhr und sie sich eine Woche lang auf Güterzügen und Armeelastern ohne Papiere und ohne Geld nach Moskau durchschlagen mußten und schließlich ihre Mutter zu Hause fanden, außer sich vor Kummer über den Verlust ihrer beiden Kinder und von Freude überwältigt, als sie sie wiedersah.

Mascha entdeckte bestürzt, daß ein großer Teil der ledergebundenen Bücher, die ihr Vater so geliebt hatte, gestohlen war, eingetauscht gegen Lebensmittel oder als Heizmaterial verbrannt. Die beiden alten Männer, ihre Nachbarn in der Gemeinschaftswohnung, starrten sie eisig an, als Maschas Mutter sie nach den Büchern fragte. Was dachte sie, was in Kriegszeiten wichtiger sei, die Bücher ihres Mannes oder russische Menschenleben?

Sie waren lange aus der Stadt fort gewesen und brauchten eine neue Aufenthaltsgenehmigung, um Lebensmittelkarten zu bekommen. Es war nicht sicher, daß sie die Genehmigung erhalten würden. Maschas Mutter sagte zu ihr: »Du mußt mit mir zur Polizeistation kommen, du wirst mir Glück bringen. Du hast dieses Glück, es steckt in dir.« Mascha verstand das nicht. Sie gingen zum zuständigen Revier und bekamen ihre Aufenthaltsgenehmigung und Formulare zum Ausfüllen. Ihre Mutter nahm sie überallhin mit, bis sie ihre Papiere hatten. Sie nannte Mascha »mein kleines Amulett«. Wann immer sie einen wichtigen Weg zu erledigen hatte, sagte sie zu Mascha: »Komm mit, du bringst mir Glück.«

1943 übersiedelten sie in ein anderes Haus, weil die Wände ihrer alten Wohnung, von den deutschen Bombenangriffen mitgenommen, langsam zerfielen. Die neue Wohnung war riesig, sie hatte eine Spüle, eine Toilette, neun Zimmer, neun Familien, insgesamt etwa 30 Menschen, darunter zehn Kinder, neun Tische in der Küche, auf jedem ein Petroleumkocher, Kochen, Wäsche, Klatsch, Streitereien in der Küche, ein Gewimmel von Kindern, Eimer und Waschzuber, Kleider, an einer Wand ein Fahrrad, Bücherkisten. Still war es nur, wenn alle schliefen.

In Usbekistan hatte Mascha keine Schule besucht und so die siebte und achte Klasse versäumt. Als sie nach Moskau zurückkamen, lernte sie allein für die Abschlußprüfung der neunten Klasse und bestand sie. Gemeinsam mit anderen Jugendlichen wurde sie Mitglied des Komsomol. In ihrer ersten Wohnung hatten die Eltern miteinander Jiddisch gesprochen und mit den Kindern Russisch. Ihre Mutter sang Lieder und erzählte Geschichten auf jiddisch und russisch. Jetzt, in dieser Wohnung und auf der Straße, sprachen die Raschkowskis nur noch Russisch. In der Schule und in der Umgebung hatte Mascha jüdische und nichtjüdische Freunde. Sie hielt Abstand von allen, die auch nur entfernt den Ruf hatten, Antisemiten zu sein. Sie ging Schwierigkeiten aus dem Weg, sprach mit niemandem über Politik.

Nach Abschluß der Schule besuchte sie das Institut für Historische Archive, weil es in der Nähe ihrer Wohnung lag, und am Ende des ersten Semesters erklärte sie ihrer Mutter, daß sie das Studium abbrechen wollte, weil sie sich langweilte. Ihre Mutter sagte: »Wenn das so ist, wirst du entweder Medizin studieren oder in eine Fabrik arbeiten gehen.« Ihre Mutter war der Ansicht, daß ein medizinischer Beruf für eine Frau gut sei.

Das war 1947, vor dem Aufflammen des stalinistischen Antisemitismus. Um eine Medizinische Hochschule zu besuchen, benötigte man damals einen Schulabschluß und Prüfungen in Chemie, Physik und Russisch. Im Sommer dieses Jahres traf Mascha die notwendigen Vorbereitungen und wurde ohne Probleme zum Medizinstudium zugelassen.

Es folgten zwei Jahre Vorlesungen, Übungen und Auswendiglernen. Außerdem Unterricht in Marxismus, Leninismus, Stalinismus, politischer Ökonomie, Geschichte der Kommunistischen Partei, dialektischem Materialismus, historischem Materialismus, was die Medizinstudenten – der Familienchronik zufolge – nicht sehr ernst nahmen. Sie brachten ihre Mitschriften zu den Prüfungen mit und vergaßen sofort wieder, was sie auswendig gelernt hatten.

Maschas Eltern hatten keine religiösen Traditionen eingehalten. Ihre Mutter zündete am Sabbat keine Kerzen an.
Als Mascha Wolodja kennenlernte, stand sie der Religion
ebenso gleichgültig gegenüber wie er. Sie betrachteten sich
als Bürger der Sowjetunion, wobei das Wort »Jude« als Bezeichnung ihrer Nationalität routinemäßig in ihren Perso-
nalausweisen stand.

Mascha konnte das Medizinische Institut in Rjasan nur am
Wochenende verlassen, um nach Moskau zu kommen. Bei
ihrem fünften Zusammentreffen mit Wolodja nahm er sie in
die Wohnung in der Gorkij-Straße mit und stellte sie seinen
Eltern vor. Wolodjas Schwester Rosa wohnte nicht mehr
dort. Sie hatte ihren Magister in Philologie an der Moskauer
Universität 1948 abgeschlossen und noch im selben Jahr geheiratet. Wolodjas Eltern fanden Mascha intelligent, sym-
pathisch, durch und durch russisch und passend für ihren
Sohn. Das war etwa zum Frühlingsbeginn 1951.

Nachdem sie insgesamt neunmal zusammen ausgegangen waren, fragte Wolodja, ob sie ihn heiraten wolle. Mascha sagte ja. Die Eheschließung fand am 7. Juni auf dem
städtischen Standesamt statt. Danach gab es eine kleine
Feier in der Wohnung von Maschas Familie und später eine
weitere in der Wohnung der Slepaks in der Gorkij-Straße.

Am folgenden Tag fuhr Mascha aus Moskau fort, um
ihr Sommerpraktikum in einem Krankenhaus in der kleinen Stadt Lebedjan im Gebiet Rjasan – etwa 350 Kilometer
südöstlich von Moskau – anzutreten. Sie kam Ende August
zurück und zog in Wolodjas Zimmer in der Wohnung der
Slepaks; als sie an das Medizinische Institut in Rjasan
zurückkehrte, um ihr Studium fortzusetzen, entdeckte sie
bald, daß sie schwanger war.

Sie wollte das Baby nicht in Rjasan bekommen und beschloß, beim Gesundheitsministerium ihre Versetzung an
ein Medizinisches Institut in Moskau zu beantragen. Ge-

meinsam mit Wolodja bahnte sie sich einen Weg durch die Bürokratie und durch Berge von Papier: unzählige Anträge, Dokumente, die ihre Eheschließung bestätigten, Papiere von Maschas Arzt zur Bestätigung ihrer Schwangerschaft, eine eidesstattliche Erklärung über Wolodjas Arbeitsplatz und Stellung.

An den Wochenenden fuhr sie nach Moskau, um mit Wolodja in dem kleinen Zimmer mit dem Balkon auf die Gorkij-Straße zusammenzusein.

Wochen vergingen, während Maschas Bitte um Versetzung langsam ihren Weg durch die Behörden fand. Zu ihrer großen Freude wurde dem Antrag schließlich stattgegeben. Am Ende des Semesters, nachdem sie ihre Prüfungen bestanden hatte, wurde sie ans Zweite Moskauer Medizinische Institut versetzt. Im Mai ging sie in das nächstgelegene Entbindungsheim in der Stanislawskij-Straße, um ihr Baby zu bekommen. Nach stundenlangen schweren Wehen, während derer sie weitgehend unbetreut blieb, war sie völlig erschöpft und gefährlich lethargisch. Ärzte und Schwestern mußten lange und hart kämpfen, um sie und ihr Baby zu retten. Sie schenkte einem Sohn das Leben, den sie Alexander – nach ihrem Vater kurz Sanja – nannten. Einige Wochen später kehrte Mascha Slepak an das Medizinische Institut zurück.

Im Sommer und Herbst 1952 war alles friedlich bei den Slepaks in der Gorkij-Straße: Mascha war im letzten Jahr ihrer medizinischen Ausbildung, Wolodja arbeitete als Ingenieur in der Elektro-Vakuum-Fabrik in Moskau. Der Leiter der Fabrik hatte beschlossen zu ignorieren, daß er Jude war. Jetzt wurden ausgebildete Spezialisten gebraucht, wenn die Sowjetunion den Westen auf dem Gebiet der Radartechnik überholen wollte. Solomon, der Altbolschewik, war fast sechzig und lebte mit sich selbst im Frieden, trotz eines kürzlich festgestellten Herzleidens. Sein Enkel war für ihn die Verkörperung der Beständigkeit und des Erfolgs, und sein lebenslanger Traum von einer neuen Ordnung hatte sich zu einem großen Teil erfüllt. Was sicher zu diesem Gefühl des persönlichen Erfolges beitrug, war die enorme Befriedigung angesichts des Endes des Bürgerkriegs in China und der Schaffung der Kommunistischen Volksrepublik unter der Führung von Mao Tse-tung im Jahr 1949.

Dann, im November 1952, ordnete Stalin plötzlich die Verhaftung seines persönlichen Arztes, A. N. Winogradow, an. Auch andere Ärzte aus dem Kreml-Krankenhaus, das die herrschende Klasse der Sowjetunion behandelte, wurden verhaftet. Die unerwartete Anschuldigung: Beteiligung an einer Verschwörung, die gesamte Führung des Landes zu vergiften.

Mascha Slepak, die als Teil ihres letzten Studienjahres am Zweiten Moskauer Medizinischen Institut im Moskauer Städtischen Krankenhaus Nummer 4 als Praktikantin arbeitete, kannte viele der verhafteten Ärzte. An einem Novemberabend kam sie höchst aufgeregt aus dem Krankenhaus nach Hause. Sie nahm Wolodja beiseite und redete auf ihn ein. Dann gingen sie ins Zimmer seiner Eltern.

Fanja Slepak war nicht zu Hause. Solomon Slepak saß allein da und las.

»Ich komme gerade von einer Versammlung in meinem Krankenhaus«, sagte Mascha.

Solomon blickte von seiner Zeitung auf.

»Es war schrecklich«, sagte Mascha.

Solomon fragte, was passiert sei.

Mascha sagte: »Es war eine Versammlung der Belegschaft. Fast jeden Tag organisiert die Krankenhausleitung so eine Versammlung. Alle Studenten und Ärzte und Professoren müssen teilnehmen. Jedesmal erscheint ein Aktivist der Partei, und gleich nach seiner Ansprache lassen sie einen jüdischen Arzt auftreten, der gegen jüdische Verräter und die jüdische Verschwörung und jüdische Professoren und Giftmörder wettert.«

Solomon sagte ruhig: »Es ist wahr, daß unter den Juden – und ganz besonders unter den jüdischen Ärzten – Verräter sind.«

Mascha antwortete: »Aber viele der Professoren, die verhaftet wurden, sind meine Lehrer. Ich kenne sie. Sie sind anständige Menschen.«

»Vielleicht«, sagte Solomon.

»Sie können keine Verräter oder Spione sein.«

»Vielleicht sind sie vollkommen unschuldig.«

»Wie können sie dann verhaftet werden?« fragte Mascha.

Geduldig erklärte Solomon: »Der Klassenkampf ist jetzt in seiner schlimmsten und gefährlichsten Etappe. Sieh uns an, wir sind umzingelt von kapitalistischen Feinden. Ist es nicht besser, hundert Unschuldige zu verhaften und anzuklagen und einen Spion unter ihnen zu erwischen, als diesen Spion entkommen zu lassen?«

»Ich kann das nicht akzeptieren«, sagte Wolodja plötzlich.

»Wo gehobelt wird, fallen Späne.« Solomon zitierte das alte Sprichwort.

»Ich werde so eine Philosophie nie akzeptieren«, sagte Wolodja.

»Du begreifst sehr wenig«, sagte Solomon, und seine Stimme wurde lauter.

»Ich begreife genug.«

»Was begreifst du?«

»Ich begreife genug, um zu wissen, daß ich mich nie deiner Partei anschließen werde!«

Für Solomon Slepak hatte die Kommunistische Partei die Macht einer Kirche, die Autorität eines Ordens, die Kraft einer Glaubensgemeinschaft. Sie hatte ihm Selbstachtung gegeben, einen Traum, für den er kämpfte, einen starken Führer, den er verehrte. Man kann sich seine Wut vorstellen: *deine* Partei! Was für eine Respektlosigkeit und Undankbarkeit! Und was für gefährliche Reden. *Deine*

Partei! Solomons Gesicht lief rot an, und er schrie: »Du begreifst gar nichts!«

»Ich begreife eine Menge«, sagte Wolodja.

»Ich habe mein Leben aufs Spiel gesetzt, um für deine Zukunft zu kämpfen, und wie redest du mit mir!«

»Ich begreife, daß zuviel Blut an deinen Händen klebt«, antwortete Wolodja. »*Das* begreife ich!«

Wolodja und Mascha verließen das Zimmer. Einige Minuten später sah Wolodja, wie sein Vater in die Küche ging, etwas von seiner Medizin in ein Glas goß und wie er es mit zitternden Händen an die Lippen führte und austrank.

Im Juli dieses Jahres, 1952, wurden fünfundzwanzig anerkannte jüdische Schriftsteller und Persönlichkeiten des öffentlichen Lebens vor Gericht gestellt, und im August wurden viele ohne weitere Umstände hingerichtet, unter ihnen David Bergelson, Binjamin Suskin und Peretz Markisch. Auch der Dichter Itzik Fefer, ein leidenschaftlicher Bewunderer Stalins, wurde erschossen. Allen war vorgeworfen worden, sie seien Spione, Zionisten, Verräter.

Dann beschuldigte – mehreren Quellen zufolge – eine junge Röntgenologin namens Lidia Timaschuk, die als Informantin für die Geheimpolizei arbeitete, in einem Schreiben an Stalin einige Ärzte, sie hätten sich verschworen, ihn und andere mittels Gift und falscher medizinischer Behandlung zu ermorden. Niemand scheint zu wissen, warum sie diesen Brief schrieb oder ob es diesen Brief überhaupt gab; ebensogut kann ihn die Geheimpolizei auf der Basis eines früheren Berichts erfunden haben, in dem sie ihren Verdacht hinsichtlich der Ärzte äußerte, die Andrej Schdanow nach seinem schweren und schließlich tödlichen Herzinfarkt im August 1948 behandelt hatten. Auf alle Fälle wurden in diesem November mehrere Ärzte aus dem Kreml überraschend verhaftet und zu Geständnissen genötigt, sie wurden geschlagen, wenn sie sich weigerten, und gezwungen, ihre Mitverschwörer zu nennen.

Am 13. Januar 1953 erschien ein groß aufgemachter Artikel in der *Prawda*, der die Verhaftung von neun Ärzten bekanntgab – sechs von ihnen hatten unverkennbar jüdische Namen und standen angeblich mit dem »Joint Distribution Committee« in Verbindung, der philanthropischen Organisation, die im Ersten Weltkrieg zur Unterstützung russischer Juden gegründet worden war und die – laut *Prawda* – ein verlängerter Arm des amerikanischen Geheimdienstes war. Die drei anderen Ärzte wurden beschuldigt, britische Agenten zu sein. Das ganze sowjetische Volk, verkündetete die *Prawda*, verurteilte nun diese neun Ärzte, die gestanden hatten, 1948 Andrej Schdanow und vor ihm Alexander Schtscherbakow, einen Sekretär des Zentralkomitees, vergiftet zu haben. Verurteilt wurden auch ihre ausländischen Auftraggeber und »der bekannte jüdisch-bürgerliche Nationalist Michoels«. Überall gab es westliche Agenten, warnte die Zeitung, sogar mitten im Herzen der Sowjetunion. Es sei absolut notwendig, sich vor Sabotageaktionen zu hüten und den Juden zu mißtrauen, deren Verbindung zu westlichen Mächten es ihnen ermöglichte, als imperialistische Spione und Kollaborateure zu arbeiten, es sei notwendig, solch »widerliches Ungeziefer« zu zertreten, die »Volksfeinde« zu vernichten.

Weil sie die heimtückischen Ärzte so tapfer entlarvt hatte und weil sie mitgeholfen hatte, das Land auf den jüdischen »inneren Feind« aufmerksam zu machen, wurde Lidia Timaschuk der begehrte Leninorden verliehen.

Gerüchte verbreiteten sich: Juden mischten Gift in die Medikamente, sie drangen in Erholungsgebiete und Altersheime ein, um ihre niederträchtigen Pläne in die Tat umzusetzen. Sie schleusten zionistische Spione in die Regierung und in die Universitäten ein. In Autobussen und in Vortragssälen schrie man die Juden an: »Ihr Giftmörder! Ihr habt all unsere großen Führer vergiftet!« Russen gingen nicht länger zu jüdischen Ärzten. In vielen Teilen des Landes kam es zu Kundgebungen gegen Juden. Das industrialisierte Rußland des 20. Jahrhunderts hatte das mittelalterliche Bild vom Juden als dämonischem Giftmörder zu neuem Leben erweckt.

Wie schon in der Vergangenheit waren es nicht allein die Juden, die die Zielscheibe von Stalins Denunzierungskampagne bildeten. Alte Menschewiki, Trotzkisten, einige sowjetische Minderheiten, Schriftsteller und vom Westen beeinflußte Künstler, russische Intellektuelle, Ökonomen wie Ärzte, jeder, der verdächtigt wurde, auch nur den geringsten Kontakt mit Ausländern zu haben – das Volk wurde aufgefordert, sie alle anzuzeigen.

Die Arbeiter blieben im großen und ganzen unberührt. Sie waren das Publikum der Denunziation, nicht ihre Zielscheibe. Über allen anderen schwebte die erschreckende Möglichkeit einer weiteren Massensäuberung in der Partei. Der Schlußakt eines alten und kranken Despoten, der überall Feinde witterte, der sich an der Unterwürfigkeit und der Erniedrigung anderer ergötzte, der die Loyalität aus Angst der Treue aus Überzeugung vorzog und der das Alter verfluchte, das ihm langsam die Kräfte raubte, seine Konzentrationsfähigkeit schwächte, ihn unerbittlich zwang, seine Kontrolle über den riesigen Regierungsapparat zu lockern. Ein letztes Aufräumen in der Partei, entscheidend und vernichtend. Aber zuerst mußte er ein für allemal sein Problem mit den anmaßenden, intellektuellen, störrischen sowjetischen Juden aus dem Weg räumen.

Mascha las besorgt die Zeitungsberichte über die verhafteten Ärzte – Chirurgen, Internisten, Neurologen und Kinderärzte; sie alle waren angeklagt, im Zuge einer Operation Patienten ermordet oder ihnen Gift verschrieben zu haben. Weil sie viele der Ärzte persönlich oder ihrem Namen nach kannte, konnte sie Wolodja davon überzeugen, daß die Genannten unschuldig waren. Langsam wurde ihnen klar, daß eine riesige organisierte Kampagne gegen die sowjetischen Juden begann. Es gab keinen besseren Weg, den Zorn des gesamten sowjetischen Volkes auf die Juden zu lenken, als sie als Handlanger einer internationalen Verschwörung zur Ermordung der Führung des Landes zu entlarven. Aber wozu? Was stand hinter der antisemitischen Kampagne? Was hatte Stalin mit den Juden vor?

Immer wieder versuchten sie, diese Angelegenheit mit Solomon Slepak zu besprechen, aber die Gespräche endeten immer in lautem Streit. Manchmal, mitten in einem hitzigen Wortgefecht, blickte Solomon plötzlich auf seine Uhr, verkündete, daß er mit jemandem verabredet sei, und stürzte aus der Wohnung. Mascha und Wolodja hörten auf, mit ihm über die Ärzte zu sprechen.

Tag für Tag erschienen auf den Seiten von *Iswestija*, *Trud*, *Prawda* und der satirischen Zeitschrift *Krokodil* bösartige Karikaturen von Juden und eine Flut wütender Artikel, die »die abscheuliche Bande der Mörderärzte« attackierte. Die antisemitische Hysterie nahm zu und weitete sich zu Dimensionen aus, die die Sowjetunion bis dahin nicht gekannt hatte. Die gesamte Nation wurde auf neue Pogrome, auf ein Blutbad, vorbereitet.

Dann schwirrten neue Gerüchte durch die bitterkalte Winterluft Moskaus. Im Kreml fanden geheime Versammlungen statt. Stalin setzte für die Juden ein sorgfältig ausgearbeitetes Drehbuch in Szene. Verschiedene Versionen seiner Pläne waren wie schleichendes Gift im Umlauf. Einer Version zufolge – die später durch den MGB-Major Alexej Rybin bestätigt wurde, der an zwei Versammlungen teilnahm, bei denen die Details ausgearbeitet wurden – würde es bald zu einer öffentlichen Verhandlung gegen die Ärzte kommen, die für schuldig befunden und zum Tod durch Erhängen auf dem Roten Platz verurteilt werden sollten. Dann, kurz vor Vollstreckung des Urteils, sollten die Gefangenen – den heldenhaften Bemühungen der Wachen zum Trotz – von der wütenden Menge gelyncht werden. Im ganzen Land sollten Pogrome folgen, das sowjetische Volk würde seinem unbezähmbaren Haß gegen die Juden freien Lauf lassen. Zusätzlich zu diesen Gerüchten kamen Berichte über Baracken, die in Sibirien in großem Maßstab errichtet wurden und die nur als Hinweis auf eine drohende Massendeportation von Juden zu werten waren; über Güterzüge auf Verschiebebahnhöfen in der Nähe von Moskau; über Listen von Juden, die in den Polizeirevieren aufgestellt wurden. Die Juden in den wichtigsten Städten Sowjetrußlands sollten zwei Stunden Zeit zum Packen haben, eine Tasche pro Person. Alle, die auf dieser qualvollen Fahrt durch den sibirischen Winter zugrunde gingen, sollten aus den Zügen auf die gefrorenen Felder und in die Wälder geworfen werden.

Ein Zufall bestätigte Mascha Slepak diese Gerüchte. Eines Morgens, um sechs Uhr früh, erschien plötzlich in der Wohnung von Maschas Mutter eine Russin namens Nadeschda Naumowna, eine alte Freundin der Mutter. Sie hatte als Kind ihre Eltern verloren und war von einer jüdischen Familie in der Stadt Gomel in Weißrußland aufgenommen worden. Sie sprach fließend Jiddisch. Sie lebte in Dawidkowo, einem Dorf in der unmittelbaren Nähe von Moskau, das mittlerweile im westlichen Teil der Stadt aufgegangen ist und nicht mehr existiert. Aufgeregt erzählte sie Maschas Mutter, was sie in dieser Nacht – einer klaren, mondhellen Nacht – gesehen hatte: Lastwagen, die plötzlich auftauchten und vor den Häusern hielten, in denen Juden lebten, und Menschen, die mit Kindern und kleinen Bündeln die Häuser verließen und auf die Lastwagen stiegen. Und das Davonrumpeln der Lastwagen. Und Stille. Am Morgen waren alle Juden von Dawidkowo verschwunden.

Die verängstigte Frau beendete ihren Bericht und ging rasch wieder. Maschas Mutter rief sofort ihre Tochter an und bat sie, in ihre Wohnung zu kommen, wo sie ihr erzählte, was sie gerade gehört hatte. Mascha berichtete es Wolodja. Beide sahen in den Ereignissen jener Nacht eine Generalprobe für das, was kommen würde. Sie sagten Solomon nichts davon, sie waren sicher, daß er das Ganze als verrückt und unbegründet abtun würde, als Verleumdung der Partei.

Die Wahrheit aber war, daß die Deportation der Juden, wenn sie schließlich stattfände, nicht vor der Öffentlichkeit verborgen werden konnte. Im Gegenteil, sie würde ganz offen geschehen – ein großherziger Akt Stalins, der einzig mögliche Weg, um die Juden vor dem Zorn des Volkes zu bewahren, und in der Folge eines eindringlichen, von führenden sowjetischen Juden unterzeichneten Bittbriefs an die Redaktion der *Prawda*. Wir Juden, die wir in der Sowjetunion leben, sollte in dem Brief stehen, haben das Privileg, alle von unserer Verfassung garantierten Rechte zu genießen. Wir arbeiten bereitwillig in den Fabriken, Institutionen und wissenschaftlichen Einrichtungen unseres Landes. Aber ein militanter bürgerlicher Nationalismus hat die gesamte sowjetische jüdische Bevölkerung erfaßt. Als angemessene Buße dieses Volkes für die mörderischen Ärzte und die korrupten nationalistischen Gedanken und um es vor dem berechtigten Zorn des sowjetischen Volkes zu schützen, richten die Juden, die dieses Schreiben unterzeichnet haben, die Bitte an den Genossen Stalin, die Juden der Sowjetunion zur Umerziehung in den entferntesten Winkel des Landes zu schicken.

Der Brief wurde von dem Historiker Isaak Mintz und dem Philosophen Mark Mitin gemeinsam mit dem *Prawda*-Redakteur Jakow Chawinson aufgesetzt. Vielleicht glaubten sie daran, daß diese Handlung sie davor bewahren würde, gemeinsam mit den anderen deportiert zu werden.

In der Redaktion der *Prawda* hängten sich Chawinson und ein weiterer jüdischer Angestellter, Dawid Saslawksij – zwei Juden, die Stalin sklavisch ergeben waren –, ans Telefon; sie kontaktierten Juden im ganzen Land und forderten sie auf, nach Moskau zu kommen und den Brief zu unterzeichnen, der die sowjetischen Juden retten sollte.

Viele gaben nach und unterschrieben, viele weigerten sich, trotz der offensichtlichen persönlichen Gefahr. Der Brief wurde später aus der Erinnerung derer rekonstruiert, die gebeten worden waren, ihn zu unterzeichnen. Der Brief selbst wurde in den Kreml-Archiven bis jetzt nicht gefunden. Er hätte von Stalin genehmigt werden müssen, ging aber wahrscheinlich nicht den üblichen bürokratischen Weg, im Zuge dessen es notwendig gewesen wäre, ihn auf jeder Ebene zu registrieren und zu numerieren. Deshalb ist er auch nicht in den entsprechenden Akten zu finden. Zweifellos wird er eines Tages auftauchen.

Während die Unterschriften für den Brief gesammelt wurden, ging Solomon Slepak, aufrechter Bolschewik und Vorsitzender des Hauskomitees, einmal ins Büro der Gebäudeverwaltung. In der Sowjetunion gehörten alle Wohnhäuser dem Staat, in jedem Haus gab es ein Büro, das für die Installationen, die elektrischen Leitungen, für Gas, Heizung und Miete zuständig war. Regierungsbeamte leiteten diese Büros, unterstützt von Hauskomitees, die sich aus Freiwilligen – meist Rentnern – zusammensetzten. Die Beamten standen in engem Kontakt mit der örtlichen Polizei, die ihrerseits dem Geheimdienst Bericht erstattete. Im Büro seines Hauses sah Solomon Slepak an jenem Tag eine Liste der jüdischen Bewohner des Gebäudes. Sein Name stand auf der Liste.

In der Nacht des 28. Februar 1953 hielt Stalin im Kreml mit seinen engsten Vertrauten ein Trinkgelage ab: Georgij Malenkow, Lawrentij Berija, Nikita Chruschtschow und

Nikolaj Bulganin. Er war guter Laune und ziemlich betrunken. Das Gelage dauerte bis sechs Uhr früh. An diesem Tag rief er niemanden zu sich, und daher blieb seine Wohnungstür geschlossen. In den frühen Morgenstunden des 2. März betrat eine Hausangestellte die Wohnung und fand ihn auf dem Fußboden. Berija wurde sofort von den Wachen gerufen. Bald darauf kam Malenkow, gefolgt von den übrigen Mitgliedern des inneren Kreises. Sie standen lange um das Sofa herum, auf das man Stalin gelegt hatte. Dann gingen sie – ohne einen Arzt zu rufen.

Am nächsten Tag brachten sie einen Arzt mit, der einen Schlaganfall diagnostizierte. Stalin konnte nicht sprechen und war teilweise gelähmt. Sie standen um ihn herum und sahen zu, wie er starb.

Er lag dreieinhalb Tage dort, im Todeskampf, er erstickte langsam, und sein Gesicht färbte sich schwarz.

Er starb am 5. März 1953. Drei Tage später wurde sein Tod im Radio bekanntgegeben.

Solomon Slepak war erschüttert und weinte offen. Sogar in den Arbeitslagern weinten viele. Welche Zukunft erwartete nun das Mutterland? Mascha und Wolodja geben zu, daß sie Angst hatten. Wer würde das Land regieren, es zusammenhalten?

Wolodja bahnte sich einen Weg zur Säulenhalle in der Nähe des Roten Platzes, wo Stalins Leichnam öffentlich aufgebahrt lag. Die Menschen strömten aus den Seitenstraßen auf den Petrowskij-Boulevard. Ein undurchdringliches Gewühl auf dem Puschkin-Platz. Die Gorkij-Straße abgesperrt. Lärmende Menschenmassen bewegten sich langsam in Richtung der Säulenhalle im Gewerkschaftsgebäude. Der Despot lag tot in seinem Sarg, sein Schnauzbart schien frisch poliert, die schweren Lider seiner Augen hatten sich für immer geschlossen. Ein bewaffneter Soldat stand Wache. Stalin war tot! Wie erstaunlich klein und hilflos wirkte er jetzt, sogar ein bißchen lächerlich, anstößig, mit seinen gefärbten roten Haaren und dem pockennarbigen Gesicht. Der uniformierte Leichnam war von Blumen bedeckt, üppige Buketts umgaben den Sarg.

Am 9. März wurde Stalin von seinem Sohn Wassilij, einem chronischen Alkoholiker, Malenkow, Berija, Chruschtschow, Molotow und Woroschilow zum Mausoleum auf dem Roten Platz getragen. Der mumifizierte Leichnam wurde neben Lenin aufgebahrt. In den Straßen weinten Männer und Frauen, auch wenn er vielleicht ihre Angehörigen ins Arbeitslager geschickt hatte. Viele feierten insgeheim seinen Tod, aber die meisten fürchteten, daß bald jemand regieren könnte, der noch schlimmer war – vielleicht der gefürchtete Berija. Von Zeit zu Zeit gerieten die Menschenmassen in Moskau in Raserei, und man konnte entfernte Schreie hören: Viele der Trauernden wurden totgetrampelt. Sogar nach seinem Tod kostete Stalin viele das Leben. Einige munkelten, daß er – wenn es ihm möglich gewesen wäre – ganz Rußland mit in sein Grab genommen hätte.

Der Despot war zur Zeit des Purimfestes gestorben, mit dem die Juden die Errettung einer jüdischen Gemeinde in Persien vor der Vernichtung durch einen Staatsminister namens Haman feiern. Allerdings wußte niemand von den Slepaks genug über die jüdische Kultur, um diese Verbindung herzustellen.

Am 4. April, einen Monat nach Stalins Tod, wurde im Radio eine Meldung über die »Verschwörung der Ärzte« gebracht: »Die an der Verfälschung der Ermittlungen schuldigen Personen sind verhaftet worden und werden vor Gericht gestellt, um die Verantwortung für ihre kriminelle Tat zu übernehmen.« Der Sprecher fügte außerdem hinzu, daß der Hauptzeugin der Anklage, Dr. Lidia Timaschuk, der Leninorden aberkannt wurde.

Der 4. April war der dritte Tag des Passahfestes, das an die Befreiung der Israeliten aus der ägyptischen Sklaverei erinnert. Diesen Anlaß übersah Solomon Slepak zweifellos, der zu dieser Zeit bereits in der *Prawda* gelesen haben mußte, daß die in der »Verschwörung der Ärzte« Angeklagten »ohne rechtliche Grundlage« eingesperrt worden waren und nun freigelassen wurden. Ein Leitartikel in der *Prawda* erklärte Solomon Michoels für unschuldig und bezeichnete ihn als »aufrechtes Mitglied der Gemeinschaft«.

Einige Jahre später stellte Wolodja in Gegenwart seines Vaters die Frage, ob es während der Zeit der »Verschwörung der Ärzte« je eine Deportationsliste der Juden in ihrem Wohnhaus gegeben habe. Sein Vater reagierte nicht. Mascha sagte, daß sie von den Listen gehört hatte und daß es in jedem Haus eine gab. Wolodja fragte seinen Vater: »Wie war es möglich, daß du nichts davon wußtest, du warst doch Vorsitzender des Hauskomitees?« Mascha sagte zu Solomon: »Du mußt es gewußt haben.« Solomon gab zu, daß er die Liste im Büro gesehen hatte. Wolodja sagte: »Du hast die Liste gesehen und uns nichts gesagt?« Solomon blickte auf seine Uhr. Wolodja fragte: »Warst du auf der Liste?« Solomon antwortete: »Ja, ich war auf der Liste.« Wolodja sagte: »Du mußt verrückt sein, ihnen dabei zu helfen, das mit dir zu machen.« Solomon stand auf und ging ohne ein weiteres Wort aus dem Zimmer.

Hinter den dicken Kremlmauern wurde unter den streitsüchtigen Erben Stalins ein wütender Nachfolgekrieg ausgetragen: Malenkow, Berija, Molotow, Chruschtschow. In Asien tobte immer noch der Koreakrieg. Und mit dem Ende der stalinistischen Herrschaft wurden die sowjetischen Satellitenstaaten an der Westgrenze unruhig.

Anfangs schien es, als regierten Malenkow, Berija und Chruschtschow gemeinsam, eine unansehnliche Troika: Malenkow als Staatsoberhaupt, Berija als Leiter des Geheimdienstes und Chruschtschow als Parteiführer. Dann, Ende Juni 1953, nach Streiks und Demonstrationen in der

Tschechoslowakei und einem überraschenden Arbeiteraufstand in Ostberlin, gab es erste Anzeichen, daß Berija – dessen Aufgabe es war, solche Ereignisse vorherzusehen – seine Macht verlor, sein Name stand in der *Prawda* nicht auf der Liste der Parteibonzen, die das Bolschoj-Theater besucht hatten. Im Juli wurde das Ende des Koreakriegs ausgehandelt. Im September wurde Chruschtschow Generalsekretär der Partei. Zu Weihnachten 1953 brachte die *Prawda* die Meldung, daß Berija zusammen mit sieben seiner engsten Mitarbeiter vor Gericht gestellt und erschossen worden war. Einige Zeit später forderte die *Große Sowjetische Enzyklopädie* ihre Leser auf, den Artikel über Berija und sein Foto mit einer Rasierklinge zu entfernen und durch einen Eintrag über die Beringsee zu ersetzen.

Damals sprachen Solomon Slepak und sein Sohn nur noch selten über Politik. Aber Wolodja fügt der Familienchronik hinzu, daß sein Vater, hätte er ihn nach dem Ende Berijas gefragt, voll Begeisterung geantwortet hätte: »Siehst du, wie aufrichtig die Partei ist, wie sie vor ihrer eigenen Tür kehrt. Berija, nicht Stalin, muß an der Verhaftung der Ärzte schuld gewesen sein. Berija, dieser Agent des Imperialismus, hat Stalin die ganze Zeit hinters Licht geführt.«

1954 wurde das MGB, das Ministerium für Staatssicherheit, das 1946 an die Stelle des NKWD getreten war, neu organisiert und erhielt die Bezeichnung KGB, Komitee für Staatssicherheit. Ein Jahr später wurde Malenkow, dessen wirtschaftliche Maßnahmen sich als verheerend erwiesen hatten, überraschend von seinem Posten entfernt und von Nikolaj Bulganin ersetzt. Er und Chruschtschow regierten jetzt die Sowjetunion.

In den Arbeitslagern lebten nahezu zehn Millionen Gefangene. Nach und nach wurden sie freigelassen, sie wurden rehabilitiert und bekamen ihre Pensionen. Die »Verbrechen« vieler, die umgekommen waren, wurden aus den Akten gestrichen, ihre Familien aus dem Exil heimgeschickt.

Die Gefahr für die physische Existenz der sowjetischen Juden schien vorüber zu sein. 1959, nachdem die jiddische Literatur elf Jahre lang zum Schweigen verurteilt gewesen war, erschienen plötzlich drei Werke in jiddischer Sprache, die ausgewählten Werke der größten jiddischen Schriftsteller der zaristischen Epoche: Mendele Mocher Seforim, I. L. Peretz und Scholem Alejchem. In den folgenden Jahren wurden sporadisch jiddische Bücher von überlebenden Autoren publiziert, aber keine jüdische Institution oder Schule wurde wiedereröffnet, kein professionelles Theater zum Leben erweckt.

In der Gorkij-Straße schien die Familie Slepak ein bequemes und friedliches sowjetisches Leben zu führen.

Der kleine Sanja Slepak besuchte die Englische Spezialschule Nummer 31 in der Stanislawskij-Straße, einen Häuserblock von der Wohnung entfernt. In der Schule, die 1963 zu einer Englischen Schule erklärt worden war (es gab andere Schulen, die sich auf Französisch oder Spanisch spezialisierten), wurden zahlreiche Kinder und Enkel der herrschenden Klasse der Sowjetunion unterrichtet. Sie war nach dem schottischen Dichter Robert Burns benannt und hatte eine Partnerschule in Glasgow, die den Namen des russischen Dichters Alexander Puschkin trug. Die Lehrer waren hervorragend, und der Englischunterricht begann in der zweiten statt in der fünften Klasse, wie das in den gewöhnlichen Schulen der Fall war. Die Schule widmete dem Englischen mehr Stunden als andere und hatte die modernste Ausrüstung für den Sprachunterricht. Englisch wurde in kleinen Gruppen unterrichtet, fünf oder sechs Schüler pro Lehrer, in einigen Fächern wie Geographie und Geschichte war Englisch die Unterrichtssprache.

Warum, könnte man sich fragen, wurde Englisch in der sowjetischen Elite so begeistert aufgenommen und unterrichtet, wenn die offizielle Politik auf höchster Ebene kulturellen Einflüssen aus dem Ausland so feindselig gegenüberstand? In dieser Schule wurden die Kinder der Elite ausgebildet, dort wurden sie auf den Kontakt mit der Welt außerhalb des Mutterlandes vorbereitet, wo Englisch das internationale Verständigungsmittel war. Etwa ein Drittel der Schüler kam aus Diplomatenfamilien und würde in englischsprachigen Instituten oder im Institut für Internationale Beziehungen tätig sein. Andere würden eines Tages als Dolmetscher und Übersetzer im sowjetischen Radio und Fernsehen arbeiten. Es gab nur zwei oder drei vergleichbare englische Schulen in Moskau, alle in der Nähe des Kreml.

Zu den Schülern der Englischen Spezialschule Nummer 31 zählten zu jener Zeit der Enkel Chruschtschows, die Enkel des Mitglieds des Politbüros Anastas Mikojan, die Tochter des Kulturministers Demitschew, die Tochter Berijas und die Kinder und Enkel zahlreicher hoher Parteifunktionäre. Es war fast unmöglich für eine durchschnittliche russische Familie, daß ihre Kinder in eine solche Schule aufgenommen wurden. Als Sanja Slepak das Schulalter erreichte, ging Solomon Slepak in die Schule und hatte eine Unterredung mit dem Direktor, Grigorij Suworow, der als anständiger und ehrlicher Mann bekannt war, ein Mann von hohen Prinzipien. Die Einzelheiten von Solomons Gespräch mit Suworow sind nicht bekannt, aber Sanja Slepak wurde zur Aufnahmeprüfung zugelassen und bestand sie.

Nach fünf weiteren Jahren medizinischer Ausbildung war Mascha nun Röntgenologin im Städtischen Krankenhaus Nummer 30 auf der Krestjanskaja Sastawa. Später arbeitete sie in einer Poliklinik, die nach Felix Dserschinski benannt war, dem Gründer von Lenins Geheimpolizei; die Klinik befand sich im Kitajskij Projesd (der »chinesischen Gasse«) im Zentrum Moskaus.

1957 wendete sich plötzlich das Blatt für Wolodja: Das

Moskauer Institut für Fernsehforschung und -entwicklung bot ihm eine Stelle als leitender Ingenieur in einem Labor an, wo Experimente mit Meß- und Kontrollinstrumenten für Fernsehsendegeräte durchgeführt wurden.

Dann, 1959, starb seine Mutter an Krebs. Ein Jahr später heiratete sein Vater eine Russin und zog zu ihr in die Maschkowa-Straße, fast fünf Kilometer von der Wohnung in der Gorkij-Straße entfernt, die er Wolodja und Mascha überließ, die mittlerweile zwei Kinder hatten. Im Mai 1959 war ein zweiter Sohn geboren worden, den sie Leonid nannten, ohne dabei an jemand bestimmten zu denken. Mascha mochte einfach den Namen.

1962 wurde Wolodja überraschend von dem Institut, in dem er arbeitete, gebeten, ein Labor zu leiten. Er sollte der Planungsleiter eines speziellen Projekts werden. Seine neue Position mußte vom Ministerium für Radiotechnik bestätigt werden, denn das Projekt war Teil eines Abkommens zwischen dem Ministerium für Radiotechnik und dem Verteidigungsministerium. Ersteres war offenbar weniger daran interessiert, daß er Jude war, als an seiner Fähigkeit, den Vertrag des letzteren zu erfüllen.

Wolodja Slepak war nun an der Entwicklung eines Systems zur Verteidigung des sowjetischen Luftraums beteiligt.

Die Sowjetunion war von einem dichten Netz von Radarstationen umgeben, die ihre Resultate an einen zentralen Computer weitergaben, der seinerseits Signale an Raketen- und Flugabwehrsysteme sowie an Flugplätze und die Generalstäbe der Luftabwehr schickte. Für die Offiziere und ihre Stäbe mußten die Signale auf riesige Bildschirme in den Besprechungszimmern übertragen werden, auf denen die Verteidigungs- und Angriffspositionen von Landkarten abzulesen waren, die die Bewegung von Raketen und Flugzeugen zeigten. Die Daten jedes Flugzeugs und jeder Rakete auf dem Bildschirm mußten entsprechend präzisiert werden: Typ, Geschwindigkeit, Flughöhe.

Wolodja und sein Labor waren verantwortlich für die Gestaltung der modernsten Bildschirme. Um diese Stellung zu bekommen, hatte er eine Unbedenklichkeitsbescheinigung benötigt, die sich nur wenig von der für Staatsgeheimnisse unterschied.

Wolodja Slepak, Sohn von Solomon Slepak, war an den Gipfel des unpolitischen Lebens in der Sowjetunion gelangt und stand nun hinsichtlich der Verteidigung des Mutterlandes in vorderster Front.

Etwa ein Jahr bevor er diese heikle neue Stelle antrat, hatte Wolodja für 80 Rubel in einem Moskauer Geschäft ein Radio erstanden, das als Spidola bezeichnet wurde, eine schwarz-gelbe Plastikkiste, etwa 30 × 20 × 10 cm. Ein Radio, mit dem er – nach einigen Modifizierungen – die russischsprachigen Sender von BBC, der Deutschen Welle, der Stimme Amerikas und der Stimme Israels empfangen konnte. Die Stimmen der äußeren Feinde.

5 Das Radio im Wald

Eigentlich wollte Mascha Chirurgin werden. Aber ihr war rasch klar geworden, daß die Chirurgie nicht das Richtige für sie war. Sie hatte ein Kind und konnte ur möglich die für Chirurgen üblichen Arbeitszeiten einhalten. Außerdem würde es nicht leicht sein, als Frau eine Stelle in einem guten Krankenhaus zu bekommen.

Sie begann als praktische Ärztin zu arbeiten und fuhr den halben Tag in der Stadt herum, um Kranke und Verwundete zu Hause zu behandeln, den Rest des Tages kümmerte sie sich um die Patienten in ihrem Krankenhaus. Diese Lebensweise hatte sie bald völlig ausgelaugt.

Sie erwog, die Medizin aufzugeben. Dann erfuhr sie, daß das Krankenhaus dringend einen qualifizierten Röntgenologen brauchte und bereit war, jeden zu unterstützen, der sich in diese Richtung weiterbilden wollte. Mascha bewarb sich und bekam die Stelle. Kollegen warnten sie vor den Gefahren der Strahlung und erzählten, daß Röntgenologen aus diesem Grund immer in Frühpension geschickt wurden. Aber sie war fasziniert von der Röntgenologie und kannte sich hervorragend aus, und immer wenn es im Krankenhaus Zweifel an der Interpretation eines Röntgenbildes gab, wurde sie konsultiert.

Noch während ihres Medizinstudiums hatte sie mit wachsender Verwirrung und Besorgnis beobachtet, wie sich ihr Land vor ihren Augen veränderte, wie in seinem Herzen die Abneigung gegen die Juden anwuchs. Sie wußte, daß es immer viele gegeben hatte, die die Juden haßten, aber in der Vergangenheit hatten die sowjetischen Behörden diese Feindseligkeit im Zaum gehalten, besonders während des Krieges. Plötzlich, in den späten vierziger Jahren, brach eine Sturzflut von Schmähungen gegen die »Imperialisten«, »bürgerlichen Nationalisten«, »Kosmopoliten«, »Zionisten«, »ausländischen Einflüsse« und »Volksfeinde« los – schrill, bösartig und offensichtlich von oben organisiert – und unverhohlen gegen die Juden gerichtet.

Sie erinnerte sich daran, daß sie in den Jahren unmittelbar nach dem Krieg mehrmals gehört hatte, daß russische Soldaten, die von den Deutschen gefangengenommen worden waren, nach ihrer Freilassung direkt nach Sibirien verschickt wurden. Das war ihr grausam erschienen, die eigenen Soldaten in Arbeitslager zu schicken, sie so zu belohnen. Aber man sprach damals nicht über solche Angelegenheiten, nicht einmal innerhalb der eigenen Familie. Und dann gab es Gerüchte, daß diejenigen, die nach Verbüßen ihrer zehnjährigen Strafe freigelassen worden waren, erneut verhaftet wurden. Und 1948 waren da diese 3000 Biologen, die entlassen wurden, weil sie den genetischen Theorien von Trofim Lysenko widersprachen, der den Anspruch erhob, die Vererbungslehre widerlegt zu haben, und behauptete, der Mensch könne problemlos die Gesetze der Natur umstoßen und die Umwelt beherrschen. All das, und dazu die endlosen Angriffe gegen die »Kosmopoliten« in Zeitschriften und Tageszeitungen. Mascha hatte voller Angst begonnen, sich zu fragen, was in ihrem Land geschah: Warum wurden die aus der Kriegsgefangenschaft zurückgekehrten Soldaten eingesperrt, die Intellektuellen verfolgt, die Juden attackiert?

Dann kam der eigenartige Befehl, alle ausländischen Namen aus den medizinischen Lehrbüchern zu streichen. In einer der Vorlesungen, die Mascha besuchte, erwähnte der Professor einmal das Blumberg-Symptom bei schmerzlosen Blinddarmentzündungen und erklärte, daß es in Wahrheit von einem Professor Schtschotkin entdeckt worden war und deshalb von nun an als Schtschotkin-Symptom bezeichnet werden sollte. Als zwei Jahre später irgend jemand zufällig entdeckte, daß Blumberg, ein Professor aus Odessa, tatsächlich Russe und nicht Jude war, begann man vom Blumberg-Schtschotkin-Symptom zu sprechen.

Die Reaktion der Studenten auf das wiederholte Umschreiben der Medizingeschichte schwankte zwischen Gefügigkeit, heimlicher Verachtung und Wut, die jedoch unterdrückt wurde, weil man vermutete, daß in den Vorlesungen MGB-Agenten saßen.

Eines Tages im April 1951, während ihres Praktikums in Rjasan, wurde Mascha von der Geheimpolizei verhaftet. Die Anschuldigung: heimlicher Waffenbesitz. Zwei Beamte verhörten sie acht Stunden lang. »Mit wem sind Sie befreundet?« wollten sie wissen. Obwohl sie über die Verhaftung bestürzt und durch das Verhör eingeschüchtert war, hatte sie doch noch soviel Geistesgegenwart zu antworten: »Mit allen.« »Wir meinen bei den Studenten«, sagten sie. »Mit allen Studenten«, antwortete Mascha, ohne Namen zu nennen. Anscheinend waren zwei Studenten aus ihrem Jahrgang wegen antisowjetischer Aktionen verhaftet worden, und die Agenten wollten von Mascha Namen von Personen, die sie als Zeugen gegen die beiden Studenten verwenden konnten. Sie wurde freigelassen, nachdem sie eine Erklärung unterschrieben hatte, daß sie Rjasan nicht ohne Erlaubnis des MGB verlassen und mit niemandem über ihre Verhaftung sprechen würde.

Sie hielt sich von Gruppen fern, denn sie spürte, daß es gefährlich war, irgendeiner Gemeinschaft anzugehören. Nach sowjetischem Gesetz war die Mitgliedschaft in einer geheimen Verbindung ein schlimmeres Verbrechen, als allein zu agieren. Mascha hatte damals nur einen engen Freund, und nicht einmal ihm erzählte sie von ihrer Verhaftung.

Der Verhaftung war eine Durchsuchung der Moskauer Wohnung von Maschas Mutter durch das MGB vorangegangen. Die Agenten, die nach versteckten Waffen suchten, hatten nichts gefunden. Als Mascha vor ihrer Hochzeit nach Moskau zurückkehrte, erzählte ihre verängstigte Mutter ihr von der Durchsuchung, und Mascha berichtete von ihrer Verhaftung und dem Verhör. Wolodja erzählten sie nichts davon.

Die beiden Studenten wurden vor Gericht gestellt, für schuldig befunden und in ein Arbeitslager geschickt.

Im Sommer 1952, einige Monate nach der Geburt ihres ersten Sohnes, als Mascha an die Universität zurückkehrte, erhielt sie überraschend eine Nachricht von ihrem besten Freund, der sie dringend bat, ihn allein zu treffen. Dieser Freund war ein Mitstudent, ein Nichtjude, der in Sibirien lebte. Sein Vater war Vernehmungsbeamter im Büro eines Staatsanwalts. Sie trafen sich am 20. August, einige Monate vor der Verhaftung der Ärzte, und er erklärte ihr, daß er erfahren hatte, daß es in naher Zukunft zu Aktionen gegen die Juden kommen würde, daß alle Juden aus Zentralrußland nach Sibirien deportiert werden sollten und daß aufgrund der schlechten Transportbedingungen die Hälfte die Reise nicht überleben würde. Er sagte: »Ich kann dich und dein Kind retten. Dein Sohn ist blond, ich werde ihm meinen Namen geben und euch beide nach Sibirien mitnehmen, weit weg von allen Städten.« Mascha antwortete: »Nein, ich werde mit meinem Volk gehen, mit meinen Brüdern und Schwestern.« Sie vertraute ihm völlig und erzählte niemandem davon, nicht einmal Wolodja. Im Februar 1953 kam er noch einmal zu ihr und sagte, daß die endgültige Entscheidung gefallen war und die Aktionen gegen die Juden bald beginnen würden. Mascha erklärte: »Ich habe meine Meinung nicht geändert. Ich kann mich nicht auf diese Weise retten.« Er antwortete: »Zumindest kannst du dein Kind retten«, aber sie sagte nein. Sie hatte ihn viele Jahre gekannt, er war ein vollkommen ehrlicher Mensch, und sie glaubte ihm. Er war aus Sibirien gekommen, um Medizin zu studieren, war ein hervorragender Student und fest entschlossen voranzukommen. Er sagte wütend: »Ihr seid ein schwaches Volk, verdorben von der Zivilisation, und in 40 Jahren werde ich Professor sein.« Heute ist er Mitglied der Akademie der Wissenschaften und hat eine hohe Position. Die Familienchronik verrät seinen Namen nicht.

Mascha Slepak wurde nun Zeugin der inszenierten Versammlungen im medizinischen Institut und im Krankenhaus, der grausamen Beschimpfung jüdischer Ärzte und der undifferenzierten Geständnisse jüdischer Schuld, und sie bat Wolodja, mit seinem Vater zu sprechen und ihn um eine Erklärung der Ereignisse zu bitten. Immerhin war er Parteimitglied, er schien hohe Parteifunktionäre zu kennen. Warum waren unschuldige jüdische Ärzte die Zielscheibe öffentlicher Wut und Verfolgung? Dann kam es zu dem heftigen Streit in der Wohnung der Slepaks. Und einige Wochen später wurden die neun Ärzte verhaftet, Züge standen bereit, und Listen wurden angefertigt. Die Vorhersagen von Maschas Freund aus Sibirien erwiesen sich als wahr. Die Sowjetunion machte sich daran, sich ihre Juden vom Hals zu schaffen.

Wenn man die Zahlen der offiziellen sowjetischen Volkszählungen heranzieht und berücksichtigt, wie schwierig es ist, zu definieren, wer eigentlich Jude ist, kommen wir auf eine geschätzte Zahl von knapp über zwei Millionen Juden in der Sowjetunion zur Zeit der »Verschwörung der Ärzte«.

1939 hatte es etwa drei Millionen Juden gegeben. Im Krieg kam einer von drei Juden um, wodurch sich ihr Anteil an der Bevölkerung von zweieinhalb auf etwa ein Prozent reduzierte. Die jüdischen Verluste im Krieg waren viermal so hoch wie die der Gesamtbevölkerung.

Stalin hatte geplant, die wichtigsten Bevölkerungszentren von Juden zu säubern und so seinen offenkundigen Schwierigkeiten mit diesem arroganten Volk ein Ende zu machen. Statt dessen starb er.

Im Februar 1956 stand Chruschtschow etwa drei Stunden lang vor dem Zwanzigsten Parteikongreß und hielt eine sorgfältig vorbereitete Zwanzigtausend-Worte-Rede, die die Schrecken der Stalinschen Herrschaft bloßstellte und die kommunistische Welt verblüffte. Es gibt ein Foto von Chruschtschow hinter dem Rednerpult, vor ihm eine Phalanx von Mikrophonen, und die Reihen der Abgeordneten, die ihn anstarren oder wegsehen oder miteinander flüstern. Die Rede wurde vor einer geschlossenen Versammlung gehalten und hätte geheim bleiben sollen – es durften keine Aufzeichnungen gemacht und keine Fragen gestellt werden. Niemand durfte während des Vortrags den Saal verlassen –, aber sie fand ihren Weg zu den kommunistischen Parteien im Westen, zum CIA und dem amerikanischen Außenministerium und in die Büros der Parteifunktionäre in der ganzen Sowjetunion. Berichte über die Rede erzählen von einem drückenden, schockierten Schweigen im riesigen Kongreßsaal, einem eisigen Schweigen, das hie und da von wütenden Ausrufen, ärgerlichem Gemurmel, Wellen der Unruhe und Applaus unterbrochen wurde. Stalin, sagte Chruschtschow, hatte sich weit von den leninistischen Grundsätzen entfernt und hatte sich des Despotismus, des Massenterrors, brutaler Gewalt und des Personenkults schuldig gemacht. Bei ihm lag die Schuld an der mangelnden Vorbereitung des Landes und an den kostspieligen Niederlagen im Großen Vaterländischen Krieg. Kirows Ermordung in Leningrad im Jahr 1934 sollte erneut untersucht werden, denn es war wahrscheinlich, daß Stalin dabei die Hand im Spiel gehabt hatte. 70 Prozent der Mitglieder des Zentralkomitees, das am Siebenten Parteikongreß 1934 gewählt worden war, sowie mehr als die Hälfte der Abgeordneten waren auf Anordnung

Stalins hingerichtet worden. Er war ein grausamer, blutrünstiger und krankhaft mißtrauischer Tyrann, der in seinen Säuberungsaktionen in der Partei und der Armee die Unschuldigen gemeinsam mit den Schuldigen abgeschlachtet hatte. Er hatte die Wolgadeutschen und andere loyale Minderheiten deportiert. Die »Verschwörung der Ärzte« war eine Erfindung von Dr. Lidia Timaschuk gewesen, und Stalin hatte persönlich Anweisungen gegeben, wie die Untersuchungen und die Verhöre zu führen waren. Er hatte den Untersuchungsrichter zu sich gerufen und ihm befohlen, zu »schlagen, schlagen und noch einmal zu schlagen«, so lange, bis er die Geständnisse hatte. Nicht die Partei war im Unrecht, sagte Chruschtschow, sondern ein einziger Mann, ihr Führer, Stalin, dessen Verirrungen die Partei nun bereinigen mußte, damit das Land wieder mit derselben Weitsicht und Wirksamkeit regiert werden konnte wie zu Lenins Zeiten. Er verlor kein Wort über die Partei vor 1934, über die zahllosen Bauern und Parteilosen, die verhungerten oder getötet wurden, über die ukrainischen Intellektuellen, die er selbst hatte umbringen lassen, über seine eigene Rolle in Stalins brutalen Aktionen, über die Millionen Gefangenen, die sich noch immer in Arbeitslagern befanden, über den Plan, die »Verschwörung der Ärzte« mit einer Massendeportation sowjetischer Juden abzuschließen.

Bis heute gibt es keine allgemein akzeptierte Erklärung für Chruschtschows Rede. Ging es darum, seine Position in der Partei zu konsolidieren, indem er sich offen gegen die stalinistische Fraktion – Malenkow, Kaganowitsch, Molotow und Schepilow – stellte? Dem Terror und der Geheimpolizei ein Ende zu bereiten, die die sowjetische Kunst und Kultur erstickten? Die unschuldigen Opfer des Stalinschen Verfolgungswahns irgendwie zu entschädigen?

Ungefähr einen Monat nach dem Zwanzigsten Kongreß fragte Wolodjas Vorgesetzter in der Elektro-Vakuum-Fabrik, ob er Chruschtschows geheime Rede lesen wolle. Wolodja antwortete: »Ja, natürlich.« Der Mann sagte: »Gehen Sie in. mein Büro. Sie liegt auf dem Schreibtisch. Ich habe sie aus dem Büro des Parteikomitees mitgenommen.« Etwa zur selben Zeit wurde die Rede während einer Personalversammlung in Maschas Krankenhaus laut verlesen. Sie und Wolodja hatten vieles von der in der Rede dargestellten Geschichte in groben Zügen gewußt, aber sie waren verblüfft über die Einzelheiten und über die Tatsache, daß die Parteiführer jetzt offen über die Greueltaten Stalins sprachen.

Die Familienchronik erzählt von der ruhigen Reaktion Solomon Slepaks, als er von der Rede erfuhr: »Stalin war auf jeden Fall eine große Persönlichkeit. Er hat viel Positives für unseren sozialistischen Staat getan. Ja, er hat Fehler gemacht. Die Partei wird sie korrigieren.« Aber dieser Entgegnung ist nicht ganz zu trauen. Die Rede und die wütende Reaktion der kommunistischen Chinesen auf Chruschtschows Entstalinisierung und die Liberalisierung des sowjetischen Lebens – eine Reaktion, die 1963 zu einer unüberbrückbaren Kluft zwischen den beiden Zentren des Weltkommunismus führte – hat dem kranken Herzen des Altbolschewiken wohl kaum Freude bereitet.

Im Frühsommer 1957, einige Monate nach der Niederschlagung des ungarischen Aufstandes im Herbst 1956 durch sowjetische Truppen, stärkte Chruschtschow seine Machtposition noch weiter, als er das Präsidium dazu brachte, seine Gegner – Malenkow, Molotow, Kaganowitsch, Bulganin, Woroschilow, Mikojan und Schepilow – auszuschalten. Dann, im März 1958, trat Bulganin als Regierungschef zurück, und Chruschtschow übernahm das Amt des Premiers. Er war nun sowohl Parteivorsitzender als auch Oberhaupt des Staates. Er war durch eigene Kraft an die Spitze aufgestiegen. Sein Vater war ein ukrainischer Bauer gewesen, und er regierte jetzt die Sowjetunion: laut, derb und rücksichtslos ebenso wie listig, verschlagen und seit den zwanziger Jahren im Byzantinismus der Parteipolitik geschult.

Der Zweiundzwanzigste Parteitag, der im Oktober 1961 zusammentrat, bestätigte die führende Position Chruschtschows und zeigte weitere Greueltaten Stalins auf. Die Zeitungen brachten Artikel zu diversen Einzelheiten der großen Säuberungen. Zur Verwunderung Maschas und Wolodjas und vieler anderer wurde noch vor Jahresende Stalins Leiche aus dem Mausoleum am Roten Platz entfernt, ein Ereignis, dem die sowjetischen Medien ebenso wie die BBC und die Stimme Amerikas breiten Raum gaben. Und die Stadt Stalingrad hieß von nun an Wolgograd.

Wie reagierte Solomon Slepak, der damals achtundsechzig Jahre alt war, darauf, daß Stalin so ohne Umschweife von seinem Platz neben Lenin entfernt wurde? Die Chronik schweigt sich über die Meinung des Altbolschewiken aus, verzeichnet aber Wolodjas Mutmaßungen über eine mögliche Antwort seines Vaters: »Seht ihr, wie die Partei ihre eigenen Ränge säubert? Nicht einmal der große Stalin kann den wachsamen Augen der Partei entgehen.«

Wolodja meint, daß sein Vater von der Richtigkeit der Entwicklung überzeugt war. Der ursprüngliche Parteikult ersetzte jetzt den unangebrachten stalinistischen Personenkult.

Stalins Leichnam wurde in einem Grab zwischen dem Mausoleum und der Kremlmauer beigesetzt, unter einem Stein und einer Büste des Tyrannen.

Wolodja und Mascha begannen sich zu fragen, ob das Land einen neuen Weg eingeschlagen hatte, ob das Leben der Menschen in der Sowjetunion in eine neue Epoche eingetreten war, besonders für die Juden. Oder war das alles lediglich eine Periode interner politischer Machtkämpfe, eine Atempause, und keine dauerhafte Neuorientierung? Zu jener Zeit hörten Wolodja und Mascha gemeinsam mit einigen engen Freunden regelmäßig die Sendungen der BBC und der Stimme Amerikas.

An warmen Wochenenden und im Sommer fuhren Wolodja und Mascha in die Wälder außerhalb von Moskau, wo sie inmitten von Fichten, Erlen, Ahornen und Wacholderbüschen mit ihren Freunden zelteten. Alle brachten ihre Kinder mit. Jede Familie hatte ihr eigenes Zelt, das sie in einem Moskauer Sportgeschäft gekauft hatten. Wandern, Fischen, Schwimmen, Bootsfahrten, Pilze und Beeren sammeln – so wie es auch Wolodja in seiner Kindheit in den dreißiger Jahren mit seinem Vater getan hatte.

Es war ein Kreis von etwa sechs bis zehn Freunden: Ingenieure, Ärzte, Wissenschaftler. Ihre Gespräche drehten sich um neue Filme, Bücher, Musik, Konzerte, um die neuesten Erkenntnisse der Wissenschaft, der Medizin, der Technik, der Biologie oder um das Geschehen in der Weltpolitik. Sie sprachen über ihre Verwunderung, daß die sowjetischen Behörden im Jahr 1962 die Veröffentlichung von Alexander Solschenizyns *Ein Tag im Leben des Iwan Denisowitsch* gestattet hatte. Sie interessierten sich nicht so sehr für den Inhalt des Buches – die meisten Einzelheiten waren ihnen bekannt –, sondern für das Buch selbst, was sein Erscheinen bedeutete, seinen literarischen Wert. Sie spekulierten, was für Werke dieser Art wohl folgen würden.

Sie erinnerten sich oft an die Atmosphäre der Entspannung der sowjetischen Kultur, die auf den Tod Stalins gefolgt war: Ilja Ehrenburgs 1954 erschienener Roman *Tauwetter*, 1955 die Rehabilitierung des Schriftstellers Isaak Babel, der im Zuge der Säuberungen der dreißiger Jahre verhaftet worden und wahrscheinlich in einem Arbeitslager umgekommen war, die Artikel in Zeitschriften und Zeitungen, die die Stagnation der russischen Literatur beklagten. Unmittelbar nach dem ungarischen Aufstand 1956 brach ein plötzlicher Frost über die Künste herein, gefolgt von einem neuen Tauwetter durch das Erscheinen der

Lyrik Josef Brodskijs und Jewgenij Jewtuschenkos und durch die von Tausenden besuchten öffentlichen Lesungen auf dem Moskauer Majakowskij-Platz und im Luschniki-Sportpalast, wo eine neue Generation junger Dichter ihre Werke vortug, die offen die Rebellion gegen ihre Väter und Mütter verkündeten. Wolodja und Mascha gingen nicht zu diesen Lesungen, hatten aber von ihnen gehört. Sie wußten auch, daß die Behörden diesen Lesungen schließlich ein Ende machten: Organisatoren und Dichter wurden verhaftet, einige wurden ins Exil und andere in psychiatrische Heilanstalten geschickt.

Weil er Freunden seine Gedichte vorgelesen hatte, wurde der Mathematiker und Lyriker Alexander Jesenin-Wolpin, dessen Mutter Jüdin war, in den späten fünfziger Jahren verhaftet und nach Sibirien verbannt. Er wurde im Februar 1961 freigelassen. Im Februar 1962 wurden einige von Wolpins Freunden verhaftet. Als sie wegen »antisowjetischer Agitation« vor Gericht gestellt wurden – sie hatten ihre Gedichte vor einer Menschenmenge auf dem Majakowskij-Platz vorgelesen –, versuchte Wolpin, den Gerichtssaal zu betreten, wurde aber von den Wachen daran gehindert. Freunde und Verwandte waren von der Verhandlung ausgeschlossen. Einer plötzlichen Eingebung gehorchend zeigte Wolpin den Wachen das neue Strafgesetzbuch, das eine Zusage der neuen sowjetischen Führung enthielt, daß Verhandlungen in Zukunft öffentlich zugänglich seien und mit »sowjetischer Legalität« geführt würden. Nach einigem Zögern gestatteten ihm die Wachen einzutreten.

Einige sehen in diesem scheinbar unbedeutenden Ereignis rückblickend den Beginn des Kampfes für Bürger- und Menschenrechte in der Sowjetunion.

Im selben Jahr, 1962, erschien Anatolij Kusnezows Roman *Babij Jar*. Wie das großartige Gedicht Jewgenij Jewtuschenkos, das denselben Titel trägt, befaßt sich der Roman mit der Ermordung von 90 000 Juden durch die

Deutschen im Jahr 1941 in der Schlucht außerhalb von Kiew. Man hätte meinen können, daß die Sowjets endlich zugaben, wie einzigartig und trostlos das Schicksal der Juden in ihrer Mitte war. Aber dann, 1963, brachte die Ukrainische Akademie der Wissenschaften in 12 000 Exemplaren ein Buch von Trofim Kitschko mit dem Titel *Das unbeschönigte Judentum* heraus, eine Überarbeitung der auf die zaristische Polizei zurückgehenden, zu Beginn des Jahrhunderts erschienenen *Protokolle der Weisen von Zion*, die eine Verschwörung von jüdischen Bankiers, Zionisten und westlichen Kapitalisten zur Unterwerfung der ganzen Welt »belegten«. Das Buch strotzte nur so von häßlichen rassistischen Karikaturen, die an die Nazizeit erinnern.

Wolodja und Mascha und ihre Freunde sprachen während der Wochenend- und Sommerausflüge in den Wäldern rund um Moskau ausführlich über diese Ereignisse. Abends saßen sie um ein Lagerfeuer, hörten die russischsprachigen Sendungen aus der Welt jenseits der Grenzen der Sowjetunion. Die Programmplaner kannten die russischen Arbeitszeiten und sendeten nur frühmorgens und vom Spätnachmittag bis in die Nacht hinein. Nachrichten von draußen tönten aus den tragbaren Radios und wehten durch die Wälder: Berichte aus England, Deutschland, Amerika, Israel. Die fünfziger und sechziger Jahre waren turbulente Zeiten: die Präsidenten Eisenhower und Kennedy im amerikanischen Weißen Haus, Joseph McCarthy im Senat, Bürgerrechtskundgebungen in den Straßen, überall der Kalte Krieg und das Wettrüsten, der Sinai-Krieg im Nahen Osten, das Abschießen des Sputnik, das Wettrennen im Weltraum, die Kuba-Krise, die zunehmende amerikanische Einmischung in Vietnam. Die Nachrichten aus den USA schienen nackt und unzensiert über den Äther zu kommen, Gutes ebenso wie Schlechtes. Wolodja fragte sich immer wieder: Was ist das für ein Land, das die schmutzigen Einzelheiten seiner inneren Unruhen, seiner häßlichen Krawalle, der Ermordung seines Präsidenten vor aller Welt ausbreitet? Ein starkes und freies Land, dachte er, und sagte das auch oft zu seinen Freunden.

Unter seinen Freunden waren David und Noemi Drapkin, Leonid Lipkowskij, Viktor und Jelena Polskij, Alexander Gilman, Alla Futer, Wladimir Prestin und Pawel Abramowitsch.

Im Winter fuhren sie zum Skilaufen in die Wälder. Wieder nahmen sie ihre Radios mit und hörten die Stimmen, die von entfernten Welten erzählten.

Keines der sowjetischen Kurzwellenradios, die in den Geschäften zu kaufen waren, hatte die für den Empfang ausländischer Sender notwendigen Frequenzen. Um die Stimmen von draußen einzufangen, mußte man die Frequenzbänder neu einstellen. Für Wolodja als Radiotechniker war das eine simple Angelegenheit: einige Spulen neu wickeln und ein paar Kondensatoren austauschen. Er machte das für sich selbst und für seine Freunde. Mehr und mehr Menschen begannen, ausländische Sender zu hören, und es war möglich, Techniker zu finden, die für wenig Geld ein Kurzwellenradio inoffiziell umstellten. Die sowjetischen Gesetze untersagten den Bürgern nicht ausdrücklich, ausländische Radiosendungen zu hören, denn dann hätte man gleich die Bewegung der Luft verbieten müssen. Die Regierung versuchte den Empfang mit Störsendern zu verhindern, die eine Geräuschwand errichteten, die die Stimmen der Feinde abschirmte. Die Störsender aber waren kostspielig und daher vor allem auf die Großstädte konzentriert, und nicht einmal dort waren sie hundertprozentig erfolgreich. Im Freien konnten die umgestellten Kurzwellenradios die Signale empfangen, die Wolodja und Mascha und ihren Freunden Nachrichten aus Amerika und Europa und Israel überbrachten, ihnen von neuen Möglichkeiten erzählten.

Obwohl es also kein Gesetz gab, das das Hören ausländischer Sender ausdrücklich verbot, hätte doch der Hinweis, daß man regelmäßig diesen Stimmen lauschte, leicht zu zweifeln an der Loyalität oder zu Mißtrauen von seiten der Vorgesetzten führen können. Ein Zweifel würde den nächsten nach sich ziehen. Und möglicherweise eines Tages zum Verlust des Arbeitsplatzes und dem KGB vor der Tür führen.

Warum also taten sie es? Warum hörten diese erfolgreichen, assimilierten russischen Juden, diese gebildeten Männer und Frauen, die zumeist Familien und gute Positionen hatten, die – abgesehen von einigen Zweifeln – der marxistischen Ideologie verbunden und an das Leben in der Sowjetunion gewöhnt waren, heimlich ausländische Sender? Warum begannen Wolodja und Mascha und die anderen, den sowjetischen Kern ihres Daseins auseinanderzunehmen, Tunnels in ihre Persönlichkeiten zu bohren und ihr Selbst zu entdecken?

Wolodja hatte wiederholt die brutale Unbeirrbarkeit seines Vaters gespürt. Er war der einzige in seinem Freundeskreis, dessen Vater ein Altbolschewik war, der auf unerklärliche Weise alle stalinistischen Säuberungen überlebt hatte und dessen Verteidigung der Parteipolitik durch plötzliche Wutausbrüche und ausweichende Antworten seinen Sohn dazu gebracht hatten, ihn als kompromißlosen sowjetischen Ideologen zu betrachten, als einen Mann von erbarmungsloser Gerissenheit und Grausamkeit in politischen Fragen, auch im Hinblick auf die Juden. In dieser Angelegenheit schien er sich den Richtlinien der Partei völlig zu unterwerfen, manchmal bis hin zu kriecherischer Unterwürfigkeit. Obwohl Wolodja nie dieser Gedanke kam, ist es nicht allzu abwegig, sich zu fragen, wie weit sich sein Vater ideologisch und charakterlich von dem skrupellosen Lasar Kaganowitsch unterschied, dem einzigen Juden im Politbüro, der mit Stalin gemeinsam regiert hatte.

Während Wolodja weiterhin am Luftverteidigungssystem der Sowjetunion arbeitete, erschien ihm seine eigene Zukunft in zunehmend düsterem Licht. Er war sich bewußt, daß Juden nicht mehr ins Außen- oder Außenhandelsministerium zugelassen wurden, daß ihnen die höchsten Ränge der Partei und der Geheimpolizei, wo Juden von der Revolution bis in die dreißiger Jahre besonders stark vertreten gewesen waren, nicht länger offenstanden, und daß der Anteil der Juden in den regionalen Sowjets, in den Legislaturen der Republiken und im Obersten Sowjet ständig abnahm. Er wußte auch, daß sich zwischen 1958 und 1961, zum ersten Mal in der Geschichte der Sowjetunion, kein einziger Jude unter den zahlreichen Ministern in der Regierung befand. Bis Mitte 1957 hatten viele sowjetische Juden daran geglaubt, daß eine Art kultureller und religiöser Wiedergeburt bevorstand: Ein paar Bücher in jiddischer Sprache waren erschienen, in einigen Städten hatten die Behörden sogar Amateurtheateraufführungen erlaubt, Synagogen blieben unbehelligt, die Synagoge in Moskau hatte ein theologisches Seminar bekommen und in Moskau wurden 3000 Gebetbücher aufgelegt. Während der ersten Hälfte des Jahres 1957 wurden etwa 30 000 sowjetische Juden nach Polen repatriiert – ein Teil des sowjetisch-polnischen Abkommens, polnischen Staatsbürgern aus der Zeit vor 1939 und ihren Familien die Rückkehr in die Heimat zu gestatten. Viele wanderten bald aus Polen nach Israel und in andere Länder aus. Es gab Besuche von israelischen Sportlern, israelische Teilnehmer am internationalen Jugendfestival in Moskau 1957, Touristen aus Israel und anderen Ländern und Konzerte von israelischen Künstlern in der Sowjetunion. Aber ganz plötzlich, als ob er auf einmal Angst bekommen hätte, daß er seine Tore allzu weit geöffnet hatte und daß er womöglich die Kontrolle verlieren könnte, änderte der Kreml seine Politik wieder. Eine antireligiöse Kampagne begann 1957 fast das ganze Land zu überrollen, verstärkte sich 1959 und dauerte in ungeminderter Schärfe bis 1964 an. Sie richtete sich nicht nur gegen das Judentum, sondern gegen alle Glaubensrichtungen. Etwa 50 Synagogen – »Nester von Spekulanten«, so der Aufschrei der Regionalpresse – und Tausende von Kirchen wurden geschlossen. Das Dach der letzten Synagoge in Minsk wurde während eines Gottesdienstes entfernt, sie wurde in einen Klub umgewandelt. Es wurde verboten, das traditionelle ungesäuerte Passahbrot, Matze, zu backen. Eine erstaunliche Zahl von Juden fiel einer Kampagne gegen Wirtschaftsverbrechen zum Opfer, ihre Namen machten Schlagzeilen. In den frühen sechziger Jahren kam es zu mehr als 500 Gerichtsverfahren wegen Unterschlagung, Spekulation mit ausländischen Währungen, Bestechung und Verbindungen zu Ausländern. 117 Personen, 91 davon Juden, wurden zum Tod verurteilt. Daß so viele Juden unter den Verhafteten waren, ist nicht verwunderlich, da Juden in bestimmten Bereichen der Wirtschaft führende Positionen einnahmen. Aber es ist auch nicht abwegig, sich zu fragen, warum die Zahl der hingerichteten Juden proportional um so viel höher war, und bestürzt zu sein über den Haß, der durch den Antisemitismus in der sowjetischen Presse erzeugt wurde, der so kraß an die Atmosphäre der späten vierziger und frühen fünfziger Jahre unter Stalin erinnerte.

Die Sowjetunion änderte ständig ihre Einstellung zu den Juden; einmal erwärmte sie sich für sie, dann wieder kühlten sich die Beziehungen ab. Wie schon zu Zeiten des Zarismus war es ein ständiges Hin und Her, eine schwindelerregende Politik von Frieden und Krieg, Fortschritt und Rückzug, Annahme und Ablehnung: der klassische, lähmende russische Zwiespalt. Keine Pogrome mehr, das wäre zu plump, wo doch die ganze Welt zusah. Chruschtschow war kein antisemitischer Rüpel und die Schlächterei der Pogrome, deren Zeuge er während seiner frühen Jahre in der Ukraine geworden war, erschien ihm unzivilisiert, unpassend für eine Supermacht, die ihren Einfluß auf die Dritte Welt ausdehnen wollte. Dennoch, irgendwie mußte man mit den Juden fertig werden. Sie waren allzu leicht für den Zionismus oder einen bürgerlichen Nationalismus zu begeistern, sie waren viel zu intellektuell, sie drückten sich gern um kollektive Arbeit und Gruppendisziplin und nützten die Nichtjuden zu sehr aus, sie waren allzu versessen auf den Besuch von Universitäten und zu tief verstrickt in uralten Aberglauben, sie waren viel zu individualistisch. Abweichler. Am besten war es, sie gerade noch zu tolerieren, sie als eine Randerscheinung zu behandeln, die nie wirklich Teil der sowjetischen Gemeinschaft sein würde.

Diese Einstellung gegenüber den Juden bekam Wolodja manchmal an seinem Arbeitsplatz zu spüren. Im Jahr 1963 hatte er im Labor etwa 25 Angestellte unter sich, die alle an der Verbesserung des sowjetischen Luftverteidigungssystems arbeiteten. Hin und wieder erklärte er dem Stellvertretenden Direktor des Instituts, daß er zusätzliche Ingenieure benötigte, und jedesmal lautete die Antwort: »Finden Sie gute Ingenieure, ich werde sie akzeptieren. Aber es dürfen keine Tataren oder Juden sein. Für die kann ich nichts tun.«

Mascha hatte an ihrer Arbeitsstelle keine Probleme mit dem Antisemitismus, weil die meisten Ärzte in ihrem Krankenhaus Juden waren. Aber sie wußte von Wolodjas Erfahrungen und war sich der vergifteten Atmosphäre im Land schmerzlich bewußt. Sie und Wolodja fragten sich oft, wie sie unter derartigen Bedingungen ihre Kinder großziehen sollten. Sogar diejenigen, die sich assimilieren wollten, konnten nie sicher sein, daß es nicht eines Tages heißen würde: »Ihre Großeltern und Eltern waren Juden, deshalb können Sie kein vollwertiger Russe sein.« Und wer heute noch eine gute Arbeit hatte, konnte – einfach weil er Jude war – jederzeit entlassen und dann verhaftet, verbannt, erschossen werden. Auf der einen Seite wurden die Juden ihrer Kultur, ihrer Religion, ihrer Geschichte beraubt, auf der anderen Seite weigerten sich die Behörden ganz unverblümt zu akzeptieren, daß sie jemals ein integraler Bestandteil der Sowjetunion sein könnten. Soweit es vorhersehbar war, würde in den Pässen sowjetischer Juden in der fünften Zeile in der Rubrik »Nationalität« immer »Jude« stehen, außer wenn ein Elternteil Nichtjude war und man sich bei Vollendung des sechzehnten Lebensjahres entschloß, die Nationalität dieses Elternteils anzunehmen. Die Identität der Juden wurde von ihren Feinden definiert. Sogar Wolodjas Vater – der mitgeholfen hatte, die Revolution zu verwirklichen, der sich von einem Dorfjuden zu einem bolschewistischen Kämpfer gewandelt hatte – wurde von derselben Partei, der er immer blind ergeben gewesen war, als potentiell gefährlicher Außenseiter angesehen. Was für ein Land war das, um Kinder großzuziehen? Auf welche Sicherheit konnten Mascha und Wolodja in einem Land hoffen, in dem ihr Leben eines Tages von einem gewaltsamen Umsturz zerstört werden konnte? Waren Juden überall in der Welt so hilflos? Gab es einen Ort, wo sie anders behandelt wurden?

So wandten sich Wolodja und seine Freunde den überseeischen Stimmen in den Wäldern zu. Er entdeckte, daß in bestimmten Bereichen ihrer Wohnung das Metallgerüst in den Wänden eher die Störsignale als die Signale der Radiosender abschirmte, und 1963 begannen er und Mascha auch zu Hause das Kurzwellenradio zu benutzen. Abhängig von der Erdatmosphäre und von der Sonnenaktivität war es oft möglich, durch den Störsender hindurch etwas zu hören. Wenn er allein war, setzte Wolodja Kopfhörer auf. Wenn Mascha dabei war, drehten sie es leise an. Die Wände in ihrem Wohnhaus waren von guter Qualität und ziemlich dick, so daß niemand von draußen die ausländischen Stimmen in ihrer Wohnung hören konnte. Die Kinder waren nie dabei.

Meistens hörten sie am Abend Radio. Sie verfolgten aufmerksam die Berichte der Stimme Amerikas über die Ermordung von Präsident Kennedy und die Nachrichten der Stimme Israels über die Geschehnisse im Nahen Osten. Es war dies die Zeit, als der Kreml begann, die arabische Welt zu hofieren, und sich die sowjetisch-israelischen Beziehungen abkühlten. Aber noch wurden die Verbindungen zwischen den beiden Ländern aufrechterhalten – die Sowjets machten sich Sorgen um die vielen Millionen Dollar russischen Eigentums in Israel, und die Israelis waren sich bewußt, daß noch eine große Anzahl russischer Juden für den Zionismus gewonnen werden konnte, und in beiden Ländern gab es aktive Gesandtschaften, diplomatisches Personal fuhr hin und her.

Wolodja und Mascha konnten nichts von den geheimen Aktionen wissen, die der israelische Geheimdienst Mossad damals in der Sowjetunion durchführte. Nach Ansicht derer, die sie durchführten, ebenso wie nach der vieler anderer hatten diese Aktionen eine nachhaltige Wirkung auf das Schicksal der sowjetischen Juden und auf die Zukunft der Sowjetunion selbst.

Israel beteiligte sich erst nach und nach an der sowjetisch-jüdischen Dissidentenbewegung und schien auch später noch übertrieben vorsichtig zu bleiben. Geopolitische Interessen zwangen es zu einer Politik der Vorsicht: Es benötigte die sowjetische Unterstützung und konnte die Sowjetunion nicht offen kritisieren oder sich in die Streitigkeiten der rivalisierenden Völkerschaften einmischen.

Einige in Israel meinten, daß man das, was nicht offen erreicht werden konnte, eben im Geheimen tun sollte. Zu diesem Zweck startete, mit der Zustimmung von Premierminister David Ben-Gurion, eine kleine Gruppe innerhalb des israelischen Geheimdienstes 1952 eine Aktion, deren

Hauptaufgabe eine klassisch zionistische war: Juden im Baltikum und im sowjetischen Kernland zu kontaktieren – insbesondere solche, die einmal Mitglieder zionistischer Jugendgruppen gewesen waren – und – für den Fall stalinistischer Pogrome – Fluchtwege nach Israel einzurichten. Gleichzeitig wurden über diplomatische Kanäle bestimmte Publikationen aus Israel in die Sowjetunion eingeschleust.

Es handelte sich nicht um Spionageaktionen im eigentlichen Sinn: keine geheimen Versammlungen, die als Bedrohung der sowjetischen Autorität aufgefaßt werden konnten, kein heimliches Fotografieren, kein Diebstahl geheimer Dokumente. Man war übertrieben vorsichtig, um den unvermeidlichen Provokateuren zu entgehen: die schöne Frau, die mit einem ins Bett gehen wollte, der junge Mann, der einem ein Vermögen an Ikonen versprach, der aufstrebende Schriftsteller, der einen anflehte, ein Manuskript aus dem Land zu schmuggeln. Während der Regierungszeit Chruschtschows, der im Oktober 1964 überraschend vom Politbüro seiner Macht enthoben wurde, und während der langen drückenden Jahre unter Leonid Breschnew und seinen Nachfolgern gab es keine gefährlichen Spionagespielchen. Lediglich eine kleine Zahl von Mossad-Agenten, die – manchmal gemeinsam mit ihren Frauen – als Touristen oder als Botschaftsangehörige einreisten und unter sowjetischem Gesetz verbotene Bücher in die Sowjetunion schmuggelten – hebräische Bibeln, Grammatiklehrbücher, jüdische Kalender, israelische Zeitungen und Zeitschriften, zionistische Schriften –, die sie mit scheinbarer Gleichgültigkeit – hier eine Bibel, da eine Zeitschrift – in einer Synagoge, einer Wohnung, auf einer Parkbank oder an einem Strand liegenließen, wie man eine Zeitung am Ende einer Zugfahrt zurückläßt. Überall in der Sowjetunion trafen sie – oft zufällig, manchmal aber geplant – in einem alten Basar in Samarkand, einem Kurort am Schwarzen Meer, einer Synagoge in Litauen, einem Dorf im Kaukasus, einer Stadt in Georgien – auf besorgte, verzweifelte Juden. Sie gaben ihnen die Gelegenheit, die Gegenwart eines Israeli zu erleben, und wurden Zeugen eines plötzlich aufflammenden Erstaunens, eines Erwachens zu neuem Lebensmut. Aufgrund der Aktivitäten des Mossad waren – als die sowjetisch-jüdische Dissidentenbewegung (nach dem Sechstagekrieg im Nahen Osten, an einigen Orten sogar schon davor) schließlich Gestalt annahm – wenigstens einige Bücher im Land, gab es ein paar hebräische Grammatiklehrbücher zum Studium und zur Vervielfältigung.

Aufgrund der Arbeit einiger weniger russischer Juden waren außerdem vereinzelt unersetzliche alte Bücher greifbar – Klassiker von Autoren wie Leon Pinsker, einem der Pioniere des Zionismus im zaristischen Rußland des 19. Jahrhunderts, von Simon Dubnow, dem jüdischen Historiker, von Theodor Herzl, dem Begründer des politischen Zionismus, und anderen –, auf die sie in vergessenen Privatbibliotheken gestoßen waren. Sie hatten ihren kulturellen Wert erkannt und sie vom Staub befreit, in der Hoffnung, sie könnten für eine neue Generation junger Menschen nützlich sein.

Wolodja und Mascha Slepak konnten nicht wissen, daß sie während der sechziger Jahre – vor dem Sechstagekrieg – Teil einer noch formlosen, jedoch langsam ansteigenden Flut von Dissidenten in der Sowjetunion waren.

Wo liegen die Anfänge dieser Bewegung?

Ihre einzelnen Bestandteile herauszugreifen ist, als versuche man, die Wellen eines stürmischen Meeres zu fassen. Der Tod Stalins 1953, die zerstörerischen Machtkämpfe im Politbüro, die erstaunliche geheime Rede Chruschtschows vor dem Zwanzigsten Parteitag 1956 – all das setzte die Auflösung des kommunistischen Netzes in Gang, insbesondere unter Teilen der jungen intellektuellen Elite in den Städten, und führte zur Bildung kleiner Freundeszirkel, die *kompanii* genannt wurden, Gruppen gleichgesinnter junger Männer und Frauen, die zusammenkamen, über Literatur, Musik, Journalismus redeten, zur Gitarre sangen, verbotene Gedichte lasen, gefährliche Witze erzählten (*Frage:* Was wird geschehen, wenn die Kubaner den Kommunismus aufbauen? *Antwort:* Sie werden anfangen, Zucker zu importieren. – *Frage:* Was ist der Unterschied zwischen Kapitalismus und Kommunismus? *Antwort:* Im Kapitalismus beutet ein Mensch den anderen aus, im Kommunismus ist das umgekehrt.) – und die sich nur außerhalb des erdrückenden, beengenden sowjetischen Lebens lebendig fühlten. Diese *kompanii* – bärtige Männer in selbstgestrickten Pullovern mit russischen heidnischen Symbolen und gepflegte, kettenrauchende, intelligente Frauen – waren in den späten fünfziger Jahren der Keim der Dissidentenbewegung, die in den sechziger Jahren in unterschiedlicher Gestalt heranwuchs: lange unterdrückter Nationalismus, der unter Ukrainern, Litauern, Letten, Georgiern, Armeniern, Krimtataren und Wolgadeutschen aufglomm, Leninisten, die eine Rückkehr zum ursprünglichen Kommunismus anstrebten, der ihrer Meinung nach die Anfänge der Revolution ausgezeichnet hatte, Demokraten und Humanisten, die nach einer Regierungsform suchten, die frei von politischer Ideologie war, Russen, die von einer vorrevolutionären russischen Kultur und einer neuerstandenen orthodoxen Kirche träumten, Baptisten, Adventisten vom Siebenten Tag und Anhänger der Pfingstbewegung, die auf eine Gelegenheit warteten, neue Seelen zu sammeln – und Juden, die um das Recht kämpften, nach Israel emigrieren zu dürfen.

Für viele russische Intellektuelle – diejenigen unter den frühen *kompanii*, die keinen Anschluß fanden, nachdem das Phänomen der *kompanii* in den frühen sechziger Jahren zu Ende ging – kam der Wendepunkt im September 1965 mit der Verhaftung von Julij Daniel, einem Juden, und seinem Freund Andreij Sinjawskij, beide sowjetische

Schriftsteller, deren Werke in der Sowjetunion verboten waren.

Nach dem Vorbild des Schriftstellers Boris Pasternak – sein Roman *Dr. Schiwago* war in den späten fünfziger Jahren in Italien erschienen, »tamisdat« nannten das die Russen: »dort drüben herausgegeben« – hatten Daniel und Sinjawskij einige ihrer Manuskripte hinausgeschmuggelt und unter den Pseudonymen Nikolaj Arschak und Abram Terz veröffentlicht.

Ihre Verhaftung, knapp ein Jahr nach der unerwarteten Absetzung Chruschtschows, erschien vielen als ein Zeichen der Feindseligkeit des neuen Regimes gegenüber dem »samisdat« (»selbst herausgeben«), der damals in intellektuellen Kreisen immer mehr zunahm. Es war ein Prozeß, der viel Aufmerksamkeit und Zeit erforderte: die heimliche Vervielfältigung von unzensierter Literatur, Lyrik und politischen Schriften mit Hilfe von Schreibmaschinen und Kohlepapier, und dann ihre illegale Verbreitung, manchmal von ausländischen Autoren, deren Werke nicht länger in Übersetzungen erhältlich waren wie Koestlers *Sonnenfinsternis* und Orwells *1984*, oft von Schriftstellern wie Sinjawskij und Daniel und anderen, deren Werke von den offiziellen sowjetischen Verlagen abgelehnt worden waren.

Die Verhaftung der beiden Schriftsteller, die von den sowjetischen Behörden vorerst nicht gemeldet wurde, erregte in der ganzen Welt Aufsehen. Zum ersten Mal brachten ausländische Sender Nachrichten über eine KGB-Aktion. Kurz nach Beginn der ausländischen Sendungen berichtete auch die sowjetische Presse von der Verhaftung und verurteilte die Schriftsteller für ihre Verleumdung der sowjetischen Gesellschaft. Besorgte Freunde und Verwandte sahen angstvoll einer Rückkehr der Schrecken der dreißiger Jahre entgegen: Folter und Geständnisse und weitere Verhaftungen, Exekution durch Kopfschuß oder durch ein Hinrichtungskommando.

Wolodja und Mascha können sich nicht daran erinnern, wie sie von den Verhaftungen erfuhren. Aus dem Radio, aus den Zeitungen. Bald wußten es alle.

Anfang Dezember 1965 verfaßte der Mathematiker Alexander Jesenin-Wolpin – der Mann, der sich 1962 zu einer Verhandlung Zutritt verschafft hatte, indem er den Wachen die neue Ausgabe des Strafprozeßrechts gezeigt hatte, das garantierte, daß Verhandlungen in Zukunft öffentlich zugänglich sein würden – eine Erklärung, ließ sie in zahlreichen Kopien abtippen und als Flugblätter in verschiedenen Instituten der Moskauer Universität verteilen.

Die Flugblätter berichteten über die Verhaftung der Schriftsteller, brachten die Sorge zum Ausdruck, daß ihr Prozeß die Gesetze hinsichtlich der Öffentlichkeit von Gerichtsverfahren verletzen würde, und verkündeten: »Die Bürger haben ein Mittel, sich gegen die Willkür der Justiz zur Wehr zu setzen: öffentliche Versammlungen, auf denen ein wohlbekannter Spruch – ›Wir fordern eine öffentliche Verhandlung‹ – gerufen oder auf Transparenten proklamiert wird. Sie sind zu einer öffentlichen Versammlung eingeladen ...«

Für eine Reihe sowjetischer Staatsbürger war das Ende des unterwürfigen Duldens gekommen.

Am Abend des 5. Dezember 1965 versammelten sich etwa 200 Menschen, darunter viele Studenten, auf dem Moskauer Puschkin-Platz bei der Statue des Dichters. Auf ein vereinbartes Signal hin hoben sie Transparente, auf denen die Worte »Achtet die Sowjetische Verfassung« und »Wir fordern eine öffentliche Verhandlung für Sinjawskij und Daniel« zu lesen waren.

Die Demonstration war sofort wieder zu Ende. Kaum hatten Wolpin und andere ihre Transparente gezeigt, wurden sie ihnen von KGB-Leuten und Polizisten in der Menge entrissen. Die Blitzlichter der Kameras der ausländischen Korrespondenten, die sich versammelt hatten, um Zeugen der Aktion zu werden und darüber zu berichten, gingen zu Bruch. Etwa 20 Demonstranten wurden in den bereitstehenden Autos abtransportiert – und nach einigen Stunden wieder freigelassen. Wenige Tage später wurden etwa 40 Personen, die an der Demonstration teilgenommen hatten, aus ihren Instituten entlassen.

So endete die erste Menschenrechtsaktion mit Transparenten und Parolen in der Geschichte der Sowjetunion.

In den folgenden Jahren versammelten sich am Abend des 5. Dezember Demonstranten auf dem Puschkin-Platz im Gedenken an jene erste friedliche Protestkundgebung. Unter den im Jahr 1966 Anwesenden war auch Andrej Sacharow, der Physiker, der an der Entwicklung der sowjetischen Wasserstoffbombe mitgearbeitet hatte. Im folgenden Jahrzehnt kam er regelmäßig wieder.

Wolodja und Mascha erfuhren sofort von der Demonstration. Einmal unterhielten sich zwei Ingenieure in Wolodjas Institut während der Mittagspause in der Cafeteria über die Demonstration und über die Bücher von Sinjawskij und Daniel, die illegal in der Sowjetunion oder im Ausland erschienen waren: *Hier spricht Moskau*, *Die Hände*, *Glatteis*, *Ljubimow*. Irgend jemand muß ihr Gespräch mit angehört und sie verraten haben. Ihre Schreibtische wurden durchsucht, die Bücher gefunden. Zwei Tage später wurden die Ingenieure entlassen.

Der Prozeß gegen Sinjawskij und Daniel – der erste in einer Reihe von Schauprozessen, die bald im ganzen Land begannen – fand in einer Zeit arktischer Kälte im Februar 1966 statt. Sinjawskij bekam sieben Jahre Zwangsarbeit, Daniel fünf – für »antisowjetische Propaganda«, eine Formulierung aus dem Strafgesetz, die hier zum ersten Mal gegen Intellektuelle eingesetzt wurde. Die Urteile verwandelten die Vision von einer Rückkehr zu stalinistischen Repressionen plötzlich in Realität. Sicher, keiner der Schriftsteller war verprügelt worden, und man beschuldigte sie nicht des Terrorismus gegen den Staat, aber der Preis, den sie für ihre abweichende Meinung zahlen mußten, war unverhältnismäßig grausam.

Die Verhaftung und der Prozeß von Sinjawskij und Daniel gelten als ein Wendepunkt. Mit diesem Ereignis wurde – in den Augen der meisten Historiker – die Menschenrechtsbewegung in der Sowjetunion geboren. Briefe wurden verfaßt, Petitionen unterschrieben und abgeschickt: an die Abgeordneten des Obersten Sowjet, an den Generalstaatsanwalt, an Breschnew. Briefe und Petitionen waren oft an Stalin gesandt worden, der manchmal mit Verhaftung, Jahren im Arbeitslager, einer Kugel in den Kopf antwortete. Aber in der poststalinistischen Sowjetunion von 1966 schien der Kreml vorerst unentschlossen, wie er reagieren sollte.

Dann wurden viele dieser Briefe in einer Samisdat-Edition eines Werks mit dem Titel *Weißbuch* veröffentlicht, das auch Zeitungsberichte und ein gekürztes, inoffizielles Protokoll der Verhandlung enthielt. Das setzte der Geduld der Behörden ein abruptes Ende, und 1968 wurden vier junge Samisdat-Aktivisten – Jurij Galanskow, Alexander Ginzburg, Wera Laskowa und Alexej Dobrowolskij – verhaftet und beschuldigt, das Buch in den Westen geschmuggelt zu haben. Ihr Prozeß, der als »Prozeß der Vier« bekannt wurde, und die langen Gefängnisstrafen, die sie erhielten, waren Anlaß für noch mehr Briefe und Petitionen. Protestaktionen, Verhaftungen, Verhandlungen, weitere Protestaktionen und Verhaftungen: Eine sich ständig ausweitende Eskalation hin auf den Untergang der einen oder der anderen Seite – oder beider – hatte begonnen.

Einige derjenigen, die in den Jahren 1966–1968 Petitionen unterschrieben, fanden sich bald in Arbeitslagern; wer Parteimitglied war, wurde aus der Partei ausgeschlossen und verlor seine Arbeit; Parteilose verloren ihre Stellung oder wurden in niedrigere Positionen versetzt; Studenten wurden von ihren Instituten verwiesen, Künstler und Schriftsteller aus ihren Gewerkschaften ausgeschlossen; Wissenschaftler konnten ihre Dissertationen nicht fertigstellen. Wer seinen Namen unter einen Brief oder eine Petition setzte, wurde – einst ein vollwertiges und erfolgreiches Mitglied der offiziellen sowjetischen Gesellschaft – plötzlich gemieden, exkommuniziert. Dennoch wurden weiterhin Briefe geschrieben, unterzeichnet, abgeschickt.

Und 1968 verfaßten Larisa Bogoras, die Frau von Julij Daniel, und Pawel Litwinow, der Enkel von Maxim Litwinow, dem ehemaligen Außenminister der Sowjetunion, einen Brief, in dem sie gegen den »Prozeß der Vier« protestierten und den sie nicht nur innerhalb der Sowjetunion, sondern – anders als in der Vergangenheit üblich – auch im Westen verbreiteten. Ein getippter Entwurf wurde dem Reuters-Korrespondenten in Moskau übergeben und erschien bald in der ausländischen Presse. Radiostationen in Übersee sendeten wiederholt den vollständigen Text des Briefes in die sowjetischen Haushalte.

Ein Kommunikationskreis hatte sich geschlossen: von sowjetischen Staatsbürgern, denen Unrecht geschehen war, über die ausländische Presse zurück zu immer größeren Kreisen sowjetischer Staatsbürger.

Etwa zur selben Zeit, Mitte der sechziger Jahre, entstand auch die Bürgerrechtsbewegung in den Vereinigten Staaten. In beiden Ländern, von entgegengesetzten Polen des politischen Spektrums aus, hatten eigenartigerweise zur selben Zeit Menschen, die keine Macht besaßen, begonnen, gegen ihren Status als Unberührbare zu protestieren: Krimtataren, Kalmücken, Tschetschenen und andere in der Sowjetunion; Farbige, Indianer, Frauen und Homosexuelle in den Vereinigten Staaten. Ruhelose, desillusionierte Jugendliche in beiden Kulturen machten sich zornig daran, Gegenkulturen zu schaffen. Wolodja und Mascha hörten über die Stimme Amerikas Berichte von Krawallen und Demonstrationen; Nachrichten vom eskalierenden Krieg in Vietnam drangen in den Wald und die Wohnung. Es gab Zeiten, in denen Wolodja und Mascha den Eindruck hatten, besser über die Protestaktionen in den Vereinigten Staaten informiert zu sein als über die in ihrem eigenen Land.

Deshalb wußten sie im September 1964 auch nichts von einem Mann namens Josif Tschornobilskij, einem Schlosser aus Kiew, der einer Touristin aus Detroit eine Erklärung übergab, der zufolge die Sowjetunion die Juden »mit wildem antisemitischem Haß« verfolgte und den Juden ihre »Rechte auf Bildung und Arbeit« verweigerte. Die Erklärung wurde übersetzt und erschien in den *Detroit Jewish News*. Nachdem er 1966 einige Unterschriften für eine Petition zur Errichtung eines jüdischen Nationaltheaters in Kiew – das von der Ukrainischen Kommunistischen Partei abgelehnt worden war – erhalten hatte, wurde Tschornobilskij verhaftet. In den Akten, die der KGB über ihn führte, befanden sich Kopien seiner Erklärung in den *Detroit Jewish News* und von Briefen an seine Schwester in Israel, Berichte über seine Begegnungen mit Touristen und eine Liste von Büchern über Israel, die er erhalten hatte.

Ebensowenig wußten Wolodja und Mascha Slepak Bescheid über die wenigen Juden in der Sowjetunion, die versuchten, das Studium des Hebräischen wiederzubeleben: Rachel Margolina-Ratner, Felix Shapiro, Michael Sand, Hillel Butman, Sew Mogilewer und andere. Sie wußten auch nicht, daß amerikanische jüdische Organisationen, auf Betreiben des Theologen Abraham Joshua Heschel und einiger anderer, begonnen hatten, das Leiden der sowjetischen Juden zu erkennen. Moshe Decter, der sich seit den fünfziger Jahren für die sowjetischen Juden einsetzte, organisierte 1963 eine Konferenz über den Status der Juden in der Sowjetunion. In den folgenden Jahren erschien das Thema der sowjetischen Juden mit zunehmender Häufigkeit auf den Tagesordnungen jüdischer und nichtjüdischer amerikanischer Organisationen und Institutionen, in Zeitungen und im Kongreß. Kundgebungen wurden abgehalten, auf denen Senatoren sprachen: Robert Kennedy und Jacob Javits forderten die Sowjetunion auf, ihre eigene Verfassung zu befolgen und den Juden ihre gesetzlich festgelegten Rechte zu gewähren. Katholische Geistliche, Arbeiterführer und andere schlossen sich den Protesten an. Die sowjetische Regierung, auf die öffentliche Meinung bedacht, reagierte 1965 mit der Einstellung der wirtschaftlichen Verfolgung von Juden und der Aufhebung des Verbots von ungesäuertem Brot für das Passahfest und erteilte einigen Juden die Erlaubnis zu emigrieren.

In der Zwischenzeit wurde langsam eine Brücke des Tourismus zwischen westlichen Juden und der Sowjetunion errrichtet. Amerikanische Rabbis reisten nach Moskau. 1965 leitete Rabbi Israel Miller aus New York eine Delegation orthodoxer Rabbis und sprach auf jiddisch zu der überalterten Gemeinde, die sich in der Moskauer Synagoge versammelt hatte, ein noch nie dagewesenes Ereignis. Im Sommer 1966 besuchte eine Gruppe von amerikanischen reformierten Rabbis dieselbe Synagoge, und der kleine Sohn eines Rabbis wurde zur Torah gerufen, um den Segen zu sprechen. Erstaunen und Tränen füllten die Augen der alten Gläubigen; es war dies das erste Mal in 40 Jahren, daß ein junger Mensch an einem Gottesdienst teilnahm.

Ein undefinierbares, unbestimmtes Wiedererwachen ihrer Identität schien sich unter den Juden der Sowjetunion anzubahnen; das erzählten einige Touristen bei ihrer Heimkehr. Sie berichteten auch von einer vagen, entfernten Unruhe: das ungewöhnlich weitverbreitete Ausleihen bestimmter Bücher, beispielsweise der *Hebräisch-Russischen Konversation*, die man oft in den Lesesälen von Instituten Orientalischer Literatur finden konnte; die ständige Lektüre – mit Hilfe eines hebräisch-russischen Wörterbuchs

(War es in einer alten vorrevolutionären Privatbibliothek aufgestöbert worden? Oder hatte es ein Agent der Mossad zurückgelassen?) – der offiziellen hebräischen Zeitung der Kommunistischen Partei, *Kol Ha-Am* (»Stimme des Volkes«), die täglich in Israel erschien und die in der Moskauer Leninbibliothek auslag; Rentner, die diese Bücher und Zeitungen lasen, um Hebräisch zu lernen und es dann den Jungen beizubringen. Tatsächlich aber waren an diesem Wiedererwachen in der ersten Hälfte der sechziger Jahre nur wenige alte und junge sowjetische Juden beteiligt. Nur sehr wenige.

Wolodja und Mascha Slepak wußten nichts von dieser aufkeimenden kulturellen Bewegung. Obwohl sie regelmäßig ausländische Radiosendungen hörten und obwohl sie der Antisemitismus und die offensichtliche Stalinisierung der Politik der Regierung Breschnew beunruhigten, waren sie doch noch vorbildliche sowjetische Bürger – Mascha eine geachtete Röntgenologin in einem städtischen Krankenhaus, Wolodja ein erfahrener leitender Ingenieur, dessen Arbeit an einem höchst geheimen Verteidigungsprojekt ihn mitunter zu strategischen Luftwaffenstützpunkten und Radareinrichtungen führte; ihre beiden Söhne besuchten eine hervorragende englische Spezialschule.

Weniger als ein Jahr später brachte das Kurzwellenradio Nachrichten von entfernten Ereignissen in ihre Wohnung und in den Wald, die Mascha und Wolodja Slepak schließlich veranlaßten, ihr Leben grundlegend zu verändern.

6 Reisen

Die Wandlung in Mascha und Wolodja vollzog sich langsam. Daß sie überhaupt begann, war zu einem gewissen Teil die Folge privater und persönlicher Erlebnisse: Maschas beängstigende Verhaftung durch den KGB; Wolodjas beunruhigende Konfrontationen mit dem Antisemitismus am Arbeitsplatz; das nagende Bewußtsein der skrupellosen Taten Solomon Slepaks in China. Teilweise ging sie auf öffentliche und politische Ereignisse zurück: die Entmythologisierung Stalins; die Offenheit der Chruschtschow-Jahre und die plötzliche Vergiftung der Atmosphäre nach der Verhaftung und dem Prozeß von Sinjawskij und Daniel; die Möglichkeit eines alternativen Lebens für sie selbst und ihre Kinder, von der die Radiostimmen erzählten. Die Wandlung begann widerstrebend, angstvoll und zögernd. Bis zur endgültigen inneren Verwandlung, die auf den überwältigenden Schrecken und den Triumph eines weit entfernten Krieges folgte.

Die Familienchronik erzählt von sommerlichen Bootsfahrten, die Mascha und Wolodja in den Jahren unter Chruschtschow und Breschnew oft unternahmen. Auch im Sommer 1966 machten sie einen solchen Urlaub – das Jahr, in dem Sinjawskij und Daniel wegen »antisowjetischer Propaganda« verurteilt und in Arbeitslager geschickt wurden; das Jahr, in dem der Schlosser Iosif Tschornobilskij seine erfolglose Petition zur Errichtung eines jüdischen Theaters in Kiew an die Ukrainische Kommunistische Partei richtete und verhaftet wurde; der Sommer, in dem amerikanische reformierte Rabbis die Moskauer Synagoge besuchten und ein Junge, der mit ihnen gereist war, als erster Junge seit vierzig Jahren zur Thora gerufen wurde.

Das Boot, mit dem sie in diesem Sommer segelten, war die *Delphin*. Es war in Ostdeutschland gebaut worden, war fünf Meter lang und einen Meter siebzig breit, hatte zwei Segel und einen Motor. Sein Holzrahmen war mit einem gummierten Stoff überzogen. Man konnte es leicht auseinandernehmen und in mehreren Taschen verstauen.

Sie segelten zwei Wochen entlang der Kurischen Nehrung, einer 120 Kilometer langen, 800 Meter bis 4 Kilometer breiten Sandbank, die das Kurische Haff von der Ostsee trennt. An Bord waren außerdem ihre Freunde Wiktor und Jelena Polskij und Leonid Lipkowskij, Ingenieure, die Wolodja durch seine Arbeit in der Elektro-Vakuum-Fabrik in Moskau kennengelernt hatte.

Sie fuhren von Klaipeda, einer litauischen Stadt an der Ostsee, nach Königsberg, das die Sowjets Kaliningrad nannten, im ehemaligen Ostpreußen. Sie segelten einen Tag im Haff, legten dann an, schlugen ihre Zelte auf und blieben ein, zwei Tage, schwammen, lagen in der Sonne, angelten, sammelten Beeren. Nachts machten sie ein Lagerfeuer, Leonid Lipkowskij spielte auf der Gitarre, und sie saßen um das Feuer, sangen lustige Liedchen und alte russische Lieder über die Liebe, das Meer, die Natur und lange Reisen und lauschten den Stimmen im Radio und unterhielten sich leise. Sie waren eng befreundet. In diesen Tagen unter Breschnew war man um so sicherer, je kleiner der Freundeskreis war: So war die Gefahr, verraten zu werden, geringer. In dieser Gruppe enger Freunde, die im Sommer 1966 entlang der Kurischen Nehrung segelten, gab es keine Verschwörer. Sie kampierten auf den weißen Dünen, fernab jeder Zivilisation; nur dreimal besuchten sie die Städte auf der Sandbank, um Proviant zu kaufen, Brot, Zucker, Nudeln und andere Nahrungsmittel.

Der Sand am Strand auf der Seite des Haffs war fein

und weiß, stellenweise erreichte er eine Höhe von 30 Metern. Es machte Spaß, von einer hohen Düne in das seichte Wasser des Haffs zu rutschen, das von der Memel gespeist wurde. Es gab viele Fische, und sie fingen und brieten Brassen und kauften Aale von den Fischern und räucherten sie.

Dort, wo die Sandbank breiter war, erstreckten sich hinter dem Strand Wälder. Bei ihren Erkundungen in einem dieser Wälder stießen sie auf die Jagdhütte, die einst der nazideutsche Generalfeldmarschall Hermann Göring benutzt hatte. Die Wände waren schon lange von Nachbarn entfernt und als Brennholz verwendet worden. Nur der Parkettfußboden existierte noch. Um die Ruine herum gab es einen verwilderten Garten mit verlassenen Stallungen und Hühnerhäusern. An den Sträuchern im Garten wuchsen Beeren, die die Slepaks und ihre Freunde pflückten und mit Genuß verzehrten.

Zwei Wochen lang war das Radio ihre einzige Verbindung mit der Zivilisation. Die Männer ließen ihre Bärte wachsen. Am letzten Tag verfinsterte sich der Himmel, Wind kam auf und dann ein Sturm mit zwei Meter hohen Wellen. Als sie in der Stadt Selenogradsk ankamen, nahmen sie das Boot auseinander und verstauten es. Sie mieteten einen kleinen Lastwagen und fuhren nach Kaliningrad, wo sie zum Friseur gingen. Nachdem er sich die Haare hatte schneiden lassen, betrachtete sich Wolodja im Spiegel. Neununddreißig Jahre alt. Ein markantes Gesicht, gutaussehend, unrasiert. Graugrüne Augen, volle Lippen, eine vorspringende, leicht gebogene Nase. Ein Moskauer, elegant, intellektuell, etwas zu männlich, zu attraktiv, wie es auch Maschas Vater gewesen war. Er wandte sich zu Mascha und sagte mit seiner rauhen Stimme: »Vielleicht soll ich den Bart dran lassen?« Mascha antwortete: »Du kannst es ja versuchen.«

Die plötzliche Entscheidung, den Bart wachsen zu lassen. Ein Behaupten der eigenen Identität, um der zunehmenden inneren Unsicherheit entgegenzuwirken? Oder der Versuch, sich hinter einer aufdämmernden schmerzhaften Wahrheit zu verstecken?

Sie verbrachten den Rest des Tages mit der Besichtigung der Stadt und besuchten auch das Grab des großen deutschen Philosophen Immanuel Kant, einer der legendären Gestalten der Aufklärung des 18. Jahrhunderts. An diesem Abend bestiegen Wolodja und seine Freunde den Zug nach Moskau; Mascha, die noch eine Woche Urlaub hatte, fuhr nach Klaipeda und von dort mit dem Bus nach Palanga, einem Kurort an der Ostsee, wo sich ihre Mutter mit den Kindern aufhielt.

Das war der letzte Sommer im sowjetischen Paradies für die Slepaks, das letzte Jahr sklavischer Gefangenschaft für viele Juden in der Sowjetunion.

1926 hatte es in der Sowjetunion mehr als 1000 Synagogen gegeben; 1966 gab es noch 62. Jede Synagoge war ganz auf sich gestellt, kämpfte allein ums Überleben, es gab keine zentrale religiöse jüdische Organisation. 30 Synagogen befanden sich in nichteuropäischen Gebieten der Sowjetunion, in denen weniger als zehn Prozent der jüdischen Gesamtbevölkerung lebten. Die orientalischen Juden dieser Gebiete hätten jeden Versuch, ihre Synagogen zu schließen, auf Leben und Tod bekämpft, und die Behörden ließen sie weitgehend in Ruhe. Noch wesentlicher war aber, daß die orientalischen Juden nicht das jüdische nationalistische Bewußtsein hatten, das unter den westlichen Juden bestand, für die religiöse und nationalistische Vorstellungen untrennbar verknüpft waren. Daher bekämpften die sowjetischen Behörden jedes offene Zutagetreten von Religion in den Reihen der westlichen Juden. Und diese Juden, die weitgehend assimiliert waren und sich den staatlichen Schikanen beugten, waren im Laufe der Jahre Zeugen der antisemitischen Propagandafeldzüge des Regimes geworden, der Schließung der Synagogen, der Ausmerzung aller Institutionen, die Gelegenheit zur Versammlung und zur Absonderung geben könnten. Sie hatten den allmählichen Zusammenbruch des Judaismus um sich herum mit angesehen: das Fehlen von Akademien jüdischer Bildung, die Unterdrückung der religiösen Erziehung der Kinder, das allmähliche Ansteigen des Durchschnittsalters – jetzt über siebzig Jahre – der Rabbis, der rituellen Schlächter und Beschneider, und das Auslöschen jeder öffentlichen Erwähnung von eindeutig jüdischen Beiträgen zum sowjetischen Leben in Vergangenheit und Gegenwart. Und sie hatten bis jetzt geschwiegen. Die Synagogen wurden kontrolliert; die jiddische Presse war – abgesehen von Vorzeigepublikationen – tot. Ganz offensichtlich lag es in der Absicht der Regierung, den lebenden Organismus des Judaismus zu ersticken, bis er tatsächlich aufhörte zu existieren, wodurch sich die Ankündigung seines Ablebens als wahr erweisen würde.

Erstaunlicherweise veranlaßte die brutale Niederwerfung des jüdischen Nationalismus einige junge, nichtreligiöse Juden zu einer Suche nach anderen Ausdrucksformen, zu einer Reise in bislang unerforschte Regionen religiöser Verehrung, und sie entdeckten das geräuschvolle, überschwengliche Simchat Thora, das Freudenfest, mit dem die Juden das Ende und den Neubeginn des jährlichen Thora-Lesezyklus feiern und dessen lebhafter Enthusiasmus vom jüdischen Gesetz nur lose geregelt wird. Sie tanzten, sie sangen, sie spielten auf ihren Gitarren.

Und so versammelten sich im Herbst 1966, nur wenige Wochen nach dem Segelurlaub der Slepaks und ihrer Freunde, Hunderte junger Menschen in und vor der Moskauer Synagoge, sangen, tanzten, trugen die Thora-Rollen, feierten dreist das Thora-Fest in Anwesenheit des KGB und der Polizei, die zwei riesige Scheinwerfer aufgestellt hatten und jeden fotografierten, der die Synagoge betrat. Ebenfalls anwesend waren Elie Wiesel und eine Reihe von Touristen, die nach ihrer Heimkehr berichteten, was sie gesehen hatten.

Es gehörte zur Vorgehensweise des KGB, zuerst zu beobachten und zu beschatten und dann zuzuschlagen und zu verhaften. Meistens erfolgte die Beobachtung ganz offen; der Terror, den der KGB ausübte, bestand zu einem gewissen Teil darin, einen wissen zu lassen, daß man gejagt wurde. Die Slepaks waren überzeugt, daß sich in ihrem kleinen Freundeskreis keine Verräter befanden, weil niemand sie beobachtete.

Diesem Kreis gehörten auch Wiktor und Noja Drapkin an. Er war Ingenieur, sie Biologin. Sie hatten eine Tochter, Wika. Wiktor Drapkin, der sich später Dawid nannte, war ein großer, grauäugiger Mann Mitte Vierzig mit beginnender Glatze und leicht heiserer Stimme; er hinkte, weil er als Kind unter eine Straßenbahn gefallen war, wobei ihm der Großteil eines Fußes bis auf die Ferse abgetrennt worden war. Er war ein lauter, streitsüchtiger, leicht erregbarer Mann, der assimilierte Juden verachtete. Aus seinem Mund klang der Begriff *assimiljant* wie ein Schimpfwort. Noja, oder Noemi, Drapkin war in vieler Hinsicht das Gegenteil ihres Gatten: dunkelhaarig, dunkeläugig, klein, zurückhaltend. Sie war in Riga geboren, wo sie eine gute jüdische Erziehung genossen hatte – die baltischen Staaten waren erst seit dem Hitler-Stalin-Pakt von 1939 Teil der Sowjetunion und hatten keine radikalen religiösen Säuberungen durchgemacht, weil sie am äußersten Rand des Reiches lagen. Noja konnte Hebräisch, hatte ein traditionelles jüdisches Leben kennengelernt und besuchte jedes Jahr ihre Verwandten und Freunde in Riga, wo es eine starke jüdische Gemeinde gab. Sie hatte ihren Gatten von den Tugenden des Zionismus überzeugt, und die beiden ließen keine Gelegenheit aus, über Israel zu sprechen, wenn sie mit ihren engsten Freunden um ein Lagerfeuer saßen.

Diese Freunde, qualifizierte Ingenieure und Wissenschaftler, die in den besten Instituten der Sowjetunion ausgebildet worden waren, hatten in den frühen Jahren ihrer Freundschaft darüber gesprochen, was ihrer Meinung nach die wirklichen Gründe für Chruschtschows geheime Rede gewesen waren, hatten sich darüber unterhalten, was sie im Samisdat gelesen hatten, und später über die Verhaftung und den Prozeß von Daniel und Sinjawskij, über Gerüchte, daß Juden aus Städten an den Grenzen der Sowjetunion ausreisten, um sich mit ihren Familien in Israel zu vereinigen. Zuerst waren es nur ein paar Russen, die über ein paar andere Russen redeten, wobei die ganze Unterhaltung eindeutig gesetzwidrig war. Der einzige Grund für ihr Interesse an diesen Ereignissen war Neugier. Sie wollten sich keiner Bewegung anschließen, hatten nicht das geringste Interesse daran, sich auf das gefährliche Terrain der Parteipolitik zu begeben. Anfänglich gab es keine Aktivisten unter diesen Freunden; sie waren lediglich ein paar junge, neugierige Menschen, die sich einfach unterhalten wollten.

Dann, im Laufe der Jahre, in der Atmosphäre der Freundschaft und der Sicherheit, die sie sich geschaffen hatten, begannen sie nach und nach, ihre Neugier vorsichtig auszuweiten, manchmal bis nach Israel, wo es – wie sie gehört hatten – kollektive Landwirtschaftsbetriebe gab, die als Kibbutzim bezeichnet wurden. Wie ließ sich der Kibbutz mit einer sowjetischen Kolchose vergleichen? fragten sich die Freunde. Und sie hörten die Stimme Israels, fingen sie mit ihren Radios ein, die sie in die Wälder und auf sommerliche Reisen mitnahmen.

Anfangs hatten sie nicht das Gefühl, etwas anderes als Russen zu sein, sie fühlten keine Verbundenheit zu den Israelis. Nur Dawid und Noja Drapkin beharrten darauf, daß sie alle Teil eines Volkes waren. Die anderen waren der Ansicht, daß sie – wenn sie überhaupt Juden waren – russische Juden waren und nichts mit Israel zu tun hatten; aber ja doch, es war schon interessant, was die Israelis da aufbauen wollten, ihre offensichtlich erfolgreiche kollektive Landwirtschaft, ihre starke Bürgerarmee, ihre sozialistische Regierung, ihre offene Gesellschaft.

Als die Jahre vergingen und der Antisemitismus nicht nachließ, wagten einige der Freunde mitunter, sich laut zu fragen, ob sie wirklich Teil der russischen Welt waren. Und bald begannen andere über dieses Land der Dämmerung zu murren, in dem sie lebten. Sie wußten nicht mehr, wer sie tatsächlich waren: Russen? Juden? Was sonst?

Es war jetzt offensichtlich, daß die chauvinistischen slawischen Gruppen sie nie als Teil des russischen Volkes akzeptieren würden.

Sie sagten sich: Auch wenn wir ihnen erklären, daß wir Russen sind, erklären sie uns, daß wir Juden sind. Werden wir je zu ihren Festen eingeladen? Und selbst wenn sie uns einladen, würden wir hingehen? Vielleicht während des Kriegs und unmittelbar danach, ja, da wären wir hingegangen. Damals herrschte das Gefühl, daß wir ein Land sind, ein Volk. Das war das einzige Mal, daß ich mich als ganzer Mensch gefühlt habe, nicht zu einem Teil als Russe, zum anderen als Jude. Aber dann, nach der Verhaftung der Jüdischen Antifaschistischen Komitees, nach der Erschießung der jiddischen Schriftsteller, nach der »Verschwörung der Ärzte«, nach den endlosen Artikeln, die die Juden verurteilten – nein, wir würden nicht hingehen. Die lange Geschichte des Antisemitismus in diesem Land hat uns zu einem eigenen Volk gemacht.

Einer der Freunde fragte sich einmal: »Was wäre gewesen, wenn es keinen Antisemitismus gegeben hätte?«

Wolodja meinte: »Dann wären wir wie jede andere Minderheit in diesem Land aufgegangen und verschwunden, und der Traum meines Vaters wäre Wirklichkeit geworden.«

Mascha stimmte ihm zu. Während des Kriegs und unmittelbar danach hatte es viele Eheschließungen zwischen Juden und Nichtjuden gegeben, damals schien der Traum wahr zu werden. Jetzt geschah das immer seltener.

»Warum haben die Russen das nicht gesehen?« murmelte jemand.

»Weil sie uns zu sehr hassen«, antwortete Mascha.

Eines Tages, 1965, sah sie – plötzlich und ganz deutlich – sich selbst und ihre Familie nach Israel auswandern, eine Idee, mit der sie früher nur vage gespielt hatte. Sie erwähnte sie Wolodja gegenüber, der fand, sie sei zu impulsiv, typisch Frau, eine Träumerin.

Und irgendwann während der letzten Sommerwochen der Jahre 1965 und 1966 erklärte eine der Freundinnen, daß sie zur Simchat Thora in die Moskauer Synagoge gehen würde, ob Wolodja nicht mitgehen wolle, und Wolodja sagte, das sei keine gute Idee, denn der KGB und die Polizei würden auch dort sein, und er wolle seine Unbedenklichkeitsbescheinigung nicht aufs Spiel setzen.

Erst Jahrzehnte später erkannten Wolodja und Mascha, daß ihr Freundeskreis einer von Tausenden anderer in der Sowjetunion war, in einer von Angst zerfressenen Gesellschaft, deren instinktive Reaktion die Bildung der kleinsten und sichersten gemeinschaftlichen Einheit war. Unter diesen Freundeskreisen war eine winzige Zahl Intellektueller, darunter einige von Rußlands besten Schriftstellern. Es waren die ersten Schlachten, die die Freundeskreise austrugen, die dann den Boden vorbereiteten für den späteren Kampf der Juden, der seinerseits, als er an Schlagkraft zunahm, die demokratische Menschenrechtsbewegung der russischen Dissidenten unterstützte. Diese frühen Kreise waren Mikrokosmen kleiner Turbulenzen, die sich eines Tages verbinden und eine wichtige Rolle im plötzlichen und folgenschweren Zusammenbruch eines der mächtigsten Reiche der menschlichen Geschichte spielen sollten.

Jeder dieser Kreise, von Sibirien im Osten bis zum Baltikum im Westen, wurde durch unterschiedliche Ereignisse dazu gebracht zu handeln: die furchtbaren Erzählungen ehemaliger Gefangener von Arbeitslagern, die geheime Rede Chruschtschows 1956, der Schauprozeß gegen Daniel und Sinjawskij 1966, der »Prozeß der Vier« und die sowjetischen Panzer, die 1968 den Prager Frühling in der Tschechoslowakei niederwalzten, die ständigen Verhaftungen und Prozesse, die körperliche Gewalt, die innere Verbannung in Provinzstädte, der plötzliche Verlust der Arbeit oder der Ausschluß aus dem Institut, lange Haftstrafen in Arbeitslagern – kurz, die nahezu vollständige Niederschlagung der Dissidentenbewegung in den siebziger und frühen achtziger Jahren, die Rückkehr zum Stalinismus unter Breschnew und seinen Nachfolgern, Jurij Andropow und Konstantin Tschernenko, kranken Männern, die der eingefahrenen alten Ordnung treu ergeben waren. Aber jeder Akt der Unterdrückung durch das Regime entfachte weitere Feuer unter den Dissidenten. Niemand schien sich damals dessen bewußt zu sein, aber eine unaufhaltsame Entwicklung war in Gang gesetzt worden, die auf nahezu unheimliche Weise an die Ereignisse erinnerte, die zu Beginn des Jahrhunderts begonnen und 1917 schließlich ihren Höhepunkt im Sturz des Zarismus gefunden hatten.

Für die jüdischen Kreise wie die Slepaks und ihre Freunde war der entscheidende Moment der Sechstagekrieg im Nahen Osten im Jahr 1968.

Anfang des Sommers 1967 schien ein Konflikt im Nahen Osten unausweichlich. Ägypten hatte die Meerenge von Tiran blockiert, die Vereinten Nationen hatten sich den Forderungen der Ägypter gebeugt und ihre Schutztruppen von der Halbinsel Sinai abgezogen, und die arabischen Länder riefen zu einem Heiligen Krieg gegen Israel auf. Die Möglichkeit eines neuen Holocaust für einen großen Teil des jüdischen Volkes verdunkelte die Atmosphäre, während die Welt tatenlos zusah. Aber Israel war nicht das Warschauer Ghetto, und die Israelis – die aus Clausewitz' Klassiker über den Krieg gelernt hatten – schlugen zuerst los. Die sowjetische Außenpolitik stand jetzt auf der Seite der Araber, und die sowjetischen Medien verurteilten die Präventivschläge der israelischen Streitkräfte, berichteten wiederholt von arabischen Siegen und verfielen dann plötzlich in Schweigen. Wolodja, Mascha und ihre Freunde versuchten mit ihren Radios, die überseeischen Nachrichten zu empfangen, und konnten die Rede des sowjetischen Botschafters Fedorenko vor den Vereinten Nationen hören, eine bösartige Haßtirade gegen Israel und Moshe Dayan. Plötzlich brachen alle sowjetischen Medien in Beschimpfungen Israels und der Juden aus, als nach einigen Tagen des Kampfes das volle Ausmaß des israelischen Sieges deutlich wurde. Am 15. Juni meldete die *Iswestija*, daß die Israelis Kriegsgefangene ermordeten und Frauen und Kinder hinrichteten. Zeitschriften und Tageszeitungen verglichen die Israelis mit den Nazis. Bei Betriebsversammlungen verabschiedeten die Arbeiter einstimmige Resolutionen, die die israelische »Aggression« verurteilten. Die Luft schien zu vibrieren angesichts der offiziellen Hysterie, die sich gegen die Juden richtete, die der Kollaboration mit den Nazis und des Völkermords bezichtigt wurden. Ein öffentliches Feiern des israelischen Sieges stand selbstverständlich nicht zur Debatte; einige private Feiern jüdischer Studenten zogen Polizeischikanen, Durchsuchungen und Verhaftungen nach sich.

In diesem Kreis von sieben Familien, dem auch die Slepaks angehörten, keimte plötzlich ein elektrisierendes, berauschendes kollektives Bewußtsein der Macht über ihre Feinde auf, das Bewußtsein einer lebenswerten Alternative zu den Erniedrigungen des sowjetischen Lebens, eines triumphalen Ziels, für das sich zu kämpfen lohnte: Emigration. Bei einigen Mitgliedern der Gruppe lagen diese Gedanken noch tief im Unterbewußten verborgen, für andere hatten sie bereits Gestalt angenommen, blieben aber vorläufig noch unausgesprochen. Für alle wurde die Möglichkeit der Emigration zu einer bleibenden Voraussetzung ihres Lebens. Anders als die russischen demokratischen Dissidenten, die im Land bleiben und das System reformieren wollten, hatten diese jüdischen Dissidenten und die Bewegung, die sie bald darstellten, keine Hoffnung für sich selbst im Rahmen des Systems, sie durchschnitten das Band des Schicksals, das sie bis dahin an Rußland gebunden hatte, in ihnen wuchs langsam das Bewußtsein, Teil des jüdischen Volkes zu sein, und sie begannen sich nach Wegen umzusehen, wie sie die Sowjetunion verlassen konnten.

In jenem Jahr im Juni brachen die Beziehungen zwischen Israel und der Sowjetunion ab. Die Israelische Botschaft in Moskau wurde geschlossen. Einige Tage später, am 13. Juni, beschloß ein einundzwanzigjähriger Mann namens Jascha Kasakow plötzlich – er war in einer assimilierten Familie aufgewachsen, hatte den Antisemitismus am eigenen Leib erlebt und begonnen, auf eigene Faust Bücher über jüdische Geschichte zu lesen –, daß er, wenn die Sowjetunion die Beziehungen zum israelischen Staat abbrach, seine Beziehungen zur Sowjetunion abbrechen würde. Er schickte von der Wohnung seiner Eltern in Moskau aus einen Brief an den Obersten Sowjet, in dem er seine Staatsbürgerschaft ablegte und das ihm – wie er meinte – zustehende Recht einforderte, nach Israel zu emigrieren. Der Brief blieb unbeantwortet. Daraufhin schrieb er an U Thant, den Generalsekretär der Vereinten Nationen, und gab den Brief eigenhändig bei der amerikanischen Botschaft ab; er wurde vom KGB verhaftet und lange verhört. »Sie werden nie ein Ausreisevisum bekommen«, erklärte man ihm bei seiner Freilassung. »Sie sind in Rußland geboren und werden in Rußland sterben.« Er schrieb weiterhin Briefe, in denen er forderte, das Land verlassen zu dürfen, und Anfang 1969 erhielt er die Erlaubnis, nach

Israel zu emigrieren. Jascha Kasakow war der erste Jude der poststalinistischen Ära, der das Sowjetregime persönlich und offen herausforderte und damit Erfolg hatte.

Etwa zur selben Zeit wurde ein anderer Jude, Boris Kotschubiewskij aus Kiew, der 1967 die Ausreise aus der Sowjetunion beantragt hatte, abgewiesen. Er reichte einen neuen Antrag ein, wurde verhaftet, im Mai 1969 vor Gericht gestellt und zu drei Jahren Arbeitslager verurteilt. Das sowjetische Schema der willkürlichen und launischen Behandlung von Visaanträgen hatte sich etabliert, Gerechtigkeit wurde zum Roulettespiel. Das sollte für die einundzwanzig Jahre des Visakriegs charakteristisch bleiben.

Im Juli 1967, unmittelbar nach dem Sechstagekrieg, verbrachten die Slepaks und ihr ältester Sohn Sanja zwei Wochen am Ufer des Tsesarka-Sees in der Nähe der litauischen Stadt Wilna. Gemeinsam mit ihnen waren dort auch Dawid und Noja Drapkin und ihre Tochter Wika, Wiktor und Lena Polskij und ihre Tochter Marina, Wolodja und Ljalja Prestin und ihr Sohn Minja. Sie hatten ein Motorrad, ein Auto, das Boot *Delphin* und ein Kajak. Jedes Ehepaar hatte ein Zelt. Es gab ein Zelt für die beiden Mädchen und eines für die beiden Jungen. Abends saßen sie um das Lagerfeuer, hörten ausländische Nachrichtensendungen und unterhielten sich über den Sechstagekrieg. Die Söhne und Töchter wußten, daß sie nichts von dem, was an diesen Lagerfeuern und zu Hause gesagt wurde, jemals vor jemand anderem wiederholen durften.

Nach zwei Wochen Segeln und Zelten kehrten die Drapkins und die Prestins nach Moskau zurück, während die Slepaks und die Polskijs nach Wilna und Kowno fuhren, wo sie die Ghettos der Nazi-Besatzung und die Stelle, an der einige tausend Juden aus Kowno ermordet worden waren, besuchten. Sie fuhren durch Lettland, Estland und Nordwestrußland, sprachen oft über den letzten Krieg im Nahen Osten und hörten Radio.

Im Laufe des folgenden Jahres erreichte sie über das Kurzwellenradio die schockierende Nachricht von der Ermordung Martin Luther Kings im April 1968, von Krawallen in den Straßen von Washington, Chicago, Detroit, Boston, von Truppen, die die amerikanische Hauptstadt bewachten. Erst Präsident Kennedy, jetzt Dr. King. Und im Juni, genau ein Jahr nach dem Beginn des Sechstagekriegs, kam aus Los Angeles die Nachricht von der Ermordung von Senator Robert Kennedys durch einen vierundzwanzigjährigen christlichen Araber, der im jordanischen Teil Jerusalems geboren worden war. Wolodja, Mascha und ihre Freunde stellten Überlegungen über das Wesen der amerikanischen Gesellschaft an, über ihre Stabilität, ihre Gewalttätigkeit, ihre Zukunft.

In jenem Sommer machten die Slepaks und ihre Freunde auf einer großen Insel im Dnjepr Urlaub, etwa 160 Kilometer südöstlich von Kiew. Die Insel war unbewohnt; die nächstgelegene Siedlung war das Dorf Prochoriwka auf der anderen Seite des Flusses. Wieder führten sie lange Gespräche, ohne Hemmungen. Wenn sie um das Lagerfeuer saßen, lauschten sie den Nachrichten aus dem Kurzwellenempfänger: Wolodja, Mascha und Sanja Slepak, Leonid und Fanja Lipkowskij, Mara Abramowitsch, Wolodja und Ljalja Prestin und ihr Sohn Minja, Dawid, Noja und Wika Drapkin, Wiktor und Lena Polskij und ihre Tochter Marina. Sie hatten die *Delphin* dabei. In etwa 900 Metern Entfernung lagerte ein weiterer Kreis von Freunden, Dissidenten, die die Sowjetunion nicht verlassen wollten; der aufbrausende Dawid Drapkin bezeichnete sie verächtlich als *Assimilanten*. Beide Gruppen saßen gemeinsam um ein Lagerfeuer, lauschten den unsympathischen Stimmen im Radio, unterhielten sich leise und sangen zur Gitarre von Leonid Lipkowskij.

Von jenen unsympathischen Stimmen erfuhren sie in der dritten Augustwoche, daß die Sowjetunion und vier der mit ihnen im Warschauer Pakt verbündeten Nationen in die Tschechoslowakei einmarschiert waren. Kommunistische Panzer und Truppen hatten die in diesem souveränen sozialistischen Staat erwachende Demokratie – eine Beendigung der Zensur, eine offene Kritik an der sowjetischen Spielart des Kommunismus, ein liberaler Sozialismus – schnell und ohne viel Blutvergießen im Keim erstickt.

Die Freunde waren empört, ernüchtert, verängstigt von diesen Nachrichten und bestärkt in ihrer Überzeugung, daß sie dieses Land verlassen mußten. Sicherlich bedeutete der Untergang der liberalen Tschechoslowakei auch das Ende der liberalen Hoffnungen im Herzen der Sowjetunion.

Wolodja, Mascha und ihre Freunde kehrten einige Tage nach der Invasion nach Moskau zurück.

Am 25. August demonstrierten sieben Männer und Frauen auf dem Roten Platz, sie trugen Transparente, auf denen stand: LANG LEBE DIE FREIE UND UNABHÄNGIGE TSCHECHOSLOWAKEI und AUF EURE FREIHEIT UND UNSERE. Sie wurden vom KGB verhaftet.

Wolodja nahm in jenem Herbst 1968 nicht an den Simchat-Thora-Feiern in der Moskauer Synagoge teil. Wieder gab er als Grund die Sorge um seine Unbedenklichkeitsbescheinigung an.

Im Rahmen einer Pressekonferenz in Paris am 3. Dezember 1966 hatte Premierminister Kosygin bemerkt: »Was die Zusammenführung von Familien betrifft, wenn sich Familien wiedervereinigen oder wenn sie die Sowjetunion verlassen wollen, so steht ihnen der Weg offen ...«

Es gibt ein Foto von Juden auf einem überfüllten Bahnsteig im Bahnhof von Riga aus dem Jahr 1967, Frauen und Männer in den Dreißigern und Vierzigern und einige Kinder, die nach Israel aufbrechen. Juden wurde nun gestattet, ihr Land zu verlassen, etwa 1000 Menschen pro Jahr, aus der südlichen und westlichen Ukraine, aus dem Baltikum, aus Ungarn.

Eines Tages im Herbst 1968 – etwa zur selben Zeit, als Richard Nixon zum Präsidenten der Vereinigten Staaten gewählt wurde – erzählten die Drapkins den Slepaks und ihren Freunden, daß einige Juden aus Riga ihre Ausreisegenehmigungen bekommen hatten und bald von Moskau aus nach Israel aufbrechen würden. Ob der Moskauer Kreis vielleicht Interesse daran hätte, Leute aus dem Rigaer Kreis zu treffen, wenn sie nach Moskau kamen, um ihre Visa abzuholen? Das ging folgendermaßen vor sich: Man fuhr von Riga nach Moskau, suchte die Niederländische Botschaft auf, um das israelische Visum abzuholen, und holte sich in der Österreichischen Botschaft ein Transitvisum, man ließ alle notwendigen Dokumente fotografieren, fuhr wieder nach Hause, um die Familie abzuholen, nahm mit der Familie den Zug zurück nach Moskau und flog dann mit dem Flugzeug nach Wien. Ja, der Moskauer Kreis wollte unbedingt Mitglieder des Rigaer Kreises kennenlernen.

Das Treffen fand am 25. Dezember 1968 in der Moskauer Wohnung der Drapkins statt. In den vorangegangenen Monaten hatten die Drapkins die Gruppe mit einer Reihe ehemaliger Häftlinge bekannt gemacht, die wegen zionistischer Aktivitäten in Arbeitslagern gewesen waren. Einer hatte eine Strafe von sechs Jahren verbüßt. Der Kreis hatte den Erzählungen über die Lager gelauscht und von Plänen zur Neubildung zionistischer Gruppen erfahren. Andere Besucher hatten von Versammlungen im Zusammenhang mit den möglichen Anfängen einer landesweiten Bewegung sowjetischer Juden und dem Beginn eines jüdischen Samisdat berichtet. Dawid Drapkin und seine Frau waren bereits fest entschlossen, eines Tages gemeinsam mit ihrer Tochter aus der Sowjetunion zu emigrieren. In der Zwischenzeit hatten sie – um jegliche Assimilation zu vermeiden – aufgehört, russische Speisen zu essen und russische Autoren zu lesen.

Jetzt unterhielt sich die Gruppe in der Wohnung der Drapkins mit sechs Leuten aus Riga, unter denen sich ein Mann namens Mark Blum befand, der Ende zwanzig war und nicht nach Riga zurückfuhr, weil er unverheiratet war und keine Familie hatte. Statt dessen sollte er demnächst nach Wien und weiter nach Israel fahren. Wollte ihm vielleicht jemand in der Gruppe seine persönlichen Daten geben, die die Israelis benötigten, um eine offizielle Einladung zu schicken, die für die Beantragung des sowjetischen Visums notwendig war? Namen, Adressen, Kinder, Geburtsdaten, die Namen der Eltern, Verwandte in Israel. Er würde die Informationen an die Israelis weitergeben, die dann die Verwandten ausfindig machen würden. Gab es keine Verwandten, würden die israelischen Behörden sich nach anderen Möglichkeiten umsehen.

Die Mitglieder der Gruppe fingen an, die nötigen Angaben aufzuschreiben.

Wolodja und Mascha saßen da und sahen sich an. Es war schon spät. Die Vorhänge waren zugezogen, um die winterliche Düsternis abzuhalten. Mascha stand auf und nahm Wolodjas Hand, sie zogen sich in einen dunklen Winkel in der Nähe eines Fensters zurück und kehrten den anderen den Rücken zu.

Mascha sagte leise: »Das ist eine besondere Gelegenheit. Wer weiß, wann sich so etwas wieder ergibt? Bist du bereit?«

Wolodja zögerte ängstlich und antwortete nicht.

Mascha unterdrückte ihre Besorgnis über die Konsequenzen, die diese Handlung für ihre Kinder haben würde, und sagte: »Wir müssen diese Gelegenheit nützen.«

Nach kurzem Schweigen sagte Wolodja: »Tun wir's.« Er hatte das Gefühl, als wären sie plötzlich in tiefes, eisiges Wasser gefallen.

Die Familienchronik berichtet, daß sich Mascha nicht sicher war, was sie getan hätte, wenn sich Wolodja geweigert hätte. Sie hätte wohl weiterhin versucht, ihn zu überzeugen, meint sie. Da deutete sich vage eine Scheidung an, aber die nüchterne Realität verscheuchte solche Gedanken: Nach sowjetischem Gesetz hätte sie allein vielleicht ihr Visum für Israel bekommen, aber sie hätte ihre Kinder an Wolodja verloren.

An diesem Abend übergaben Wolodja und Mascha jenem Mark Blum die notwendigen Daten über ihre Familie. Es war derselbe Tag, der 25. Dezember 1968, an dem drei amerikanische Astronauten den Mond umkreisten, mehr als 100 Kilometer hoch über seiner abweisenden Oberfläche, und einer von ihnen den Anfangsvers des Buches Genesis zitierte – so daß es die ganze Welt hören konnte: »Am Anfang schuf Gott den Himmel und die Erde ...«

Die Slepaks hatten ihren ältesten Sohn, Sanja, der damals sechzehn war, darüber informiert, daß sie vorhatten zu emigrieren. Der jüngere Sohn aber, der neunjährige Leonja, wußte nichts, mit ihm mußten sie noch reden. Maschas Mutter wußte es, sie hatte ihnen ihren Segen gegeben und erklärt, daß sie gern mit ihnen ausreisen wollte. Es bestand tatsächlich die entfernte Möglichkeit, daß sie in Israel Verwandte hatte. Wolodjas Vater wußte nichts von den Plänen seines Sohnes und seiner Schwiegertochter; auch ihm mußten sie es sagen. Aber nicht sofort. Erst wollten sie sehen, was mit den Daten passierte, die sie Mark Blum mitgegeben hatten. Dieser nannte sich in Israel Mordechai Lapid und wurde sehr fromm, er wurde 1993 von einem arabischen Terroristen getötet.

Nun warteten sie. Nach außen hin lebten sie ihr Leben so, als ob dieses abendliche Treffen nie stattgefunden hätte. Niemand beschattete sie, im Haus und am Arbeitsplatz schien alles normal. Aber sie waren aus den Reihen des

Volkes herausgetreten, waren nicht mehr loyale Staatsbürger, und ihre russischen Kollegen und Mitarbeiter hätten sie nahezu als Kriminelle betrachtet, wenn sie von ihren Pläne gewußt hätten.

Während sie warteten, wuchs die Dissidentenbewegung weiter. Bedeutende Persönlichkeiten, die von der sowjetischen Regierung geehrt worden waren und die im sowjetischen Leben eine zentrale Rolle spielten, privilegierte Bürger, die der Stolz der Nation waren wie der gefeierte Physiker Andrej Sacharow und der bekannte Wissenschaftler Roy Medwedew schlossen sich der Menschenrechtsbewegung an. Ihre Werke erschienen als illegale Samisdat-Publikationen: Sacharows *Wie ich mir die Zukunft vorstelle: Gedanken über Fortschritt, friedliche Koexistenz und geistige Freiheit*, eine Kritik der gesellschaftlichen Struktur der Sowjetunion; Medwedews *Das Urteil der Geschichte*, eine umfassende und erschütternde Studie der stalinistischen Epoche.

Die Samisdat-Zeitschrift *Chronika* wurde im April 1968 von der Lyrikerin Natalja Gorbanewskaja gegründet: ein Blatt, das nur grundlegende Informationen enthielt, ohne Kommentar; ein Exemplar wurde mit mehreren Durchschlägen getippt, die dann ihrerseits als Tippvorlagen weitergegeben wurden. Die hauchdünnen Seiten wurden zusammengeheftet und von Hand zu Hand weitergereicht. Niemand scheint zu wissen, wie viele Menschen diese Zeitschrift erreichte. Wolodja und Mascha gehörten zu denen, die sie lasen. Berichte von Geheimprozessen und der Verfolgung litauischer und ukrainischer Katholiken, der Adventisten vom Siebenten Tag, Buddhisten und Zeugen Jehovas; Darstellungen von Gefangenen in psychiatrischen Kliniken, von Hungerstreiks, Protestschreiben, plötzlichen Entlassungen, Hausdurchsuchungen, Verhaftungen, Visaanträgen, Gefangenenlagern. In den offiziellen Medien erfuhr man nichts über diese übelriechenden Winkel des sowjetischen Hauses. Diese Geschichten fand man nur in Publikationen wie *Chronika* und anderen, so auch in den heimlich erstmals in den siebziger Jahren erschienenen Veröffentlichungen.

Anfang 1969, kurze Zeit nachdem Mark Blum mit den Daten, die ihm die Slepaks und ihre Freunde gegeben hatten, nach Israel geflogen war, bat Wolodja seinen Vater, ihn zu Hause zu besuchen. Solomon Slepak war damals siebenundsechzig Jahre alt, grauhaarig, gedrungen, ein kräftiger, robust wirkender Mann mit glattem rosigem Gesicht und klaren braunen Augen, die die Probleme, die er mit seinem Herzen hatte, mit Erfolg verbargen.

Die drei – Mascha, Wolodja und Solomon – saßen im Wohnzimmer. Solomon schien sich unbehaglich zu fühlen und sah immer wieder auf seine Armbanduhr.

Wolodja erzählte ihm mit ruhiger Stimme, daß sie sich entschlossen hatten, ein Ausreisevisum nach Israel zu beantragen.

Solomon Slepak starrte seinen Sohn an.

Wolodja erklärte, daß sie um eine offizielle Einladung aus Israel gebeten hatten und daß sie – sobald diese eintraf – ihre Visaanträge einreichen würden.

Solomon sprang auf. »Ihr seid verrückt!«

»Wir haben unsere Entscheidung getroffen«, sagte Wolodja.

»Ihr seid Volksfeinde!«

Mascha saß schweigend da und beobachtete den Sturm zwischen Vater und Sohn.

»Israel!« sagte Solomon Slepak voller Verachtung. »Ich hätte Verständnis, wenn ihr euch entschlossen hättet, nach Amerika oder nach Kanada zu gehen, um ein besseres Leben zu führen. Ich war in beiden Ländern, ich weiß, wie die Menschen dort leben. Aber nach Israel, in ein faschistisches Land!«

Wolodja antwortete: »Wir haben unsere Entscheidung getroffen.«

»Ich habe unter Juden gelebt. Ich weiß, wie das ist.«

»Wir werden unsere Absicht nicht ändern.«

»Ich warne euch«, tobte Solomon. »Wir werden uns auf den Barrikaden gegenüberstehen!«

»Wir werden weggehen«, sagte Wolodja.

»Ich sage dir, ich werde alles tun, was in meiner Macht steht, euch daran zu hindern!« schrie Solomon, stürmte aus der Wohnung und schlug die Tür hinter sich zu.

Wolodja erinnert sich, wie die Luft in dem plötzlich ruhigen Zimmer zu vibrieren schien und an die Wut und die Angst, die er fühlte, als er überlegte, wieviel Einfluß sein Vater in der Kommunistischen Partei auch nach Stalin noch hatte.

Die offizielle Einladung aus Israel kam im März 1969 mit der Post. Sie bestand aus zwei zusammengehefteten Blättern. Das erste war an die sowjetischen Behörden gerichtet und kam von einer Frau, die sich als »Verwandte« der Slepaks deklarierte. Offizielle Nachforschungen hatten ergeben, daß die Slepaks keine tatsächlichen Verwandten in Israel hatten. Sie führte die Namen, Adressen und Geburtsdaten der sowjetischen Staatsbürger an, die ihre »Verwandten« waren, den Grad des »Verwandtschaftsverhältnisses« und die Zusage, für ihren Unterhalt aufzukommen. Das zweite Blatt war eine Erklärung des israelischen Außenministeriums, das die Unterschrift der einladenden »Verwandten« bestätigte, sich ihrer Bitte anschloß und den Eingeladenen nach ihrer Ankunft die Staatsbürgerschaft garantierte.

Diese Einladung war das zentrale Element im verschlungenen Prozeß der Antragstellung, der jetzt begann: der Schlüssel zur Tür, die aus der Sowjetunion hinaus- und nach Israel hineinführte. Bei genauerem Hinsehen sah Wolodja, daß ihre Namen mehrfach falsch geschrieben waren, was sich nicht mehr korrigieren ließ. Er war bestürzt. Jetzt mußten sie auf eine zweite Einladung warten.

Wolodja wußte, daß alle Briefe aus dem Ausland vor der Zustellung geöffnet und von den Behörden gelesen wurden. Es konnte sich nur um Tage handeln, bis der KGB den Leiter des Instituts davon in Kenntnis setzte, daß Ingenieur Slepak die Absicht hatte zu emigrieren. Er würde sofort entlassen werden. Nun mußte er jemand anderen finden, der nach Israel auswanderte. Mehrere Monate würden vergehen, bis er eine zweite Einladung bekam. Für den Visaantrag benötigte er eine *charakteristika*, eine Empfehlung von seinem Arbeitsplatz. Er mußte den Leuten, mit denen er jahrelang zusammengearbeitet hatte, sagen, daß die Empfehlung zur Beantragung eines Ausreisevisums an das UVIR gerichtet werden mußte, die Abteilung für Visa und Genehmigungen. Wie demütigend, um eine *charakteristika* bitten zu müssen, nachdem er aufgrund des KGB-Berichts entlassen worden war. Seine Vorgesetzten würden ihn auf einer Flut von Versammlungen mit spöttischen Reden, erniedrigenden Fragen und entwürdigenden Anschuldigungen überhäufen.

Er beschloß, seine Stelle am Institut aufzugeben, eine einfachere Arbeit zu suchen und dort um eine *charakteristika* zu bitten.

Einen Tag, nachdem er die Einladung aus Israel bekommen hatte, überreichte er dem Stellvertretenden Direktor eine Erklärung, daß er seine Stelle kündigen wollte und – gemäß der vom Gesetz garantierten Rechte – in zwei Wochen nicht mehr zur Arbeit kommen würde.

Der Stellvertretende Direktor fragte erstaunt: »Warum?«

Wolodja erklärte, er habe eine neue Stelle gefunden.

Der Stellvertretende Direktor fragte: »Was für eine Stelle? Wo?«

Wolodja antwortete, daß er das lieber für sich behalten wolle.

Der Stellvertretende Direktor fragte ihn: »Würden Sie bleiben, wenn man Sie zum Leiter einer Abteilung machte und Sie ein höheres Gehalt bekämen?« Der Leiter einer Abteilung war üblicherweise für drei bis fünf Labors verantwortlich.

Wolodja sagte: »Nein.«

Zwei Wochen später gab er seinen Arbeitsplatz auf.

Er bat seine Freunde, ihm zu helfen, eine neue Arbeit zu finden, und fand nach kurzer Zeit eine Stelle in einem der Büros von Trust Geophysica, das sich mit der Suche nach Erdöl beschäftigte und Karten von den Schichten der Erdkruste in bestimmten Gebieten der Sowjetunion anfertigte. Kleine Sprengladungen wurden in einer Tiefe von 1,5 bis 2,5 Meter gezündet. Um die Sprengsätze befanden sich in einer Entfernung von etwa drei bis fünf Kilometern Geräte, die die so entstandenen Schwingungen im Boden auf Magnetbänder aufzeichneten. Durch den Vergleich der Frequenzen dieser Schwingungen erhielt man ein Bild der Erdkruste im Bereich der Sprengungen. Diese Vergleiche konnte nur ein Computer anstellen, der aber die analogen Aufzeichnungen auf den Bändern nicht lesen konnte. Wolodjas Arbeit bestand darin, ein elektronisches Gerät zu konstruieren, das analoge Signale in digitale umwandelte, die der Computer lesen und analysieren konnte.

Das Büro von Trust Geophysica befand sich in der Nähe der Powarowka-Station an der Bahnstrecke zwischen Moskau und Leningrad, etwa eine halbe Stunde vom Leningrader Bahnhof in Moskau entfernt. Die Arbeit war deutlich schlechter bezahlt als Wolodjas frühere Stelle am Institut.

Etwa sechs Monate später traf er auf der Straße einen seiner ehemaligen Kollegen aus dem Institut und erfuhr, daß einen Monat nach seiner Kündigung eine Versammlung aller Parteimitglieder sowie der Abteilungs- und Laborleiter stattgefunden hatte. Das ausschließliche Thema der Versammlung war Wolodja Slepak gewesen und seine

Pläne, nach Israel zu emigrieren. In einer wütenden Rede gegen Wolodja hatte der Parteisekretär gesagt: »Wie blind waren wir, daß wir nicht gesehen haben, daß sich unter uns ein Verräter, ein Volksfeind befand!«

Mascha behielt ihre Stelle als Röntgenologin, weil ihr Vorgesetzter keine Anweisungen erhalten hatte, sie zu entlassen. Er war ein rechtschaffener Mann, der sie nicht von sich aus auf die Straße setzen wollte, obwohl er wußte, daß sie vorhatte auszuwandern. Außerdem wurden Röntgenologen in Moskau dringend gebraucht.

Dawid und Noja Drapkin reichten die notwendigen Dokumente beim UVIR ein und beantragten die Ausreisegenehmigung. Im April 1969, etwa zur selben Zeit, als Wolodja seine Stelle im Institut aufgab, erhielt Dawid Drapkin einen Anruf vom UVIR, in dem ihm mitgeteilt wurde, sein Antrag sei abgewiesen worden.

»Es gibt zu viele von euch Juden«, erklärte ihm der Beamte am Telefon. »Wir werden euch nicht ausreisen lassen; wir werden euch hier erledigen.«

Wolodjas trat seine neue Arbeit bei Trust Geophysica im Juni an. Weil er noch keinen Anspruch auf Urlaub hatte, blieben er, Mascha und Sanja in jenem Sommer in Moskau. Es war sehr heiß, die Luft war braun vor Staub. An einigen Wochenenden fuhren die Slepaks mit Freunden in den Wald, wo sie wieder die Radionachrichten hörten. Das war der Sommer, in dem zwei amerikanische Astronauten den Mond betraten. Die politische Atmosphäre in Moskau war unheilschwanger von neostalinistischen Tönen nach einem Jahr zunehmender Unterdrückung und der überraschenden Niederschlagung der Demokratiebewegung in der Tschechoslowakei im vorangegangenen Sommer. Leonid Slepak, der damals zehn Jahre alt war, verbrachte seine Ferien in einem Pionierlager.

In diesem August emigrierte Sascha Blank aus Leningrad, ein alter Freund der Slepaks, nach Israel und nahm die Daten für eine zweite Einladung mit. Zu jener Zeit wurden viele Ausreiseanträge abgewiesen, weil die Einladenden in den Augen der Beamten des UVIR keine »engen« Verwandten waren. Daher bat Maschas Mutter Sascha Blank, eine israelische Frau im Alter von etwa fünfzig Jahren zu finden, die sich in der Einladung als ihre Tochter ausgeben sollte. Maschas Mutter hatte sich für die Auswanderungsbehörden eine lange Geschichte ausgedacht, wie sie während des Bürgerkriegs plötzlich an Typhus erkrankt und im Zug ohnmächtig geworden war. Nachdem man sie aus dem Waggon getragen hatte und sie auf dem Bahnhof aufgewacht war, hatte sie entdeckt, daß ihre Tochter verschwunden war. Das Amulett, das ihre Tochter all die Jahre getragen hatte, hatte sie schließlich zu ihrer Mutter geführt.

In diesem August, als Sascha Blank mit Wolodjas und Maschas Daten und der Geschichte der »Tochter« von Maschas Mutter nach Israel reiste, taten 18 jüdische Familien aus Georgien den verblüffenden Schritt, eine Petition direkt an die israelische Premierministerin Golda Meir zu schicken und sie um die Weiterleitung an U Thant zu ersuchen. Die Petition enthielt die Bitte, ihre Emigration nach Israel, die immer wieder verhindert worden war, zu unterstützen. »Es ist unbegreiflich, daß im 20. Jahrhundert Menschen daran gehindert werden können zu leben, wo sie leben wollen«, stand in der Petition. »Wir werden Monate und Jahre warten, wir werden, wenn nötig, unser ganzes Leben lang warten, aber wir werden nicht unseren Glauben und unsere Hoffnung aufgeben.«

Die Petition, die den Beginn einer Massenbewegung zu signalisieren schien, wurde in der Knesseth verlesen und den Vereinten Nationen von der israelischen Regierung als offizielles Dokument vorgelegt. Nachrichten von der Petition erreichten die wichtigsten Städte der Sowjetunion: Moskau, Leningrad, Minsk, Riga, Wilna, Odessa, Kiew. Weitere Petitionen und Briefe – von Einzelpersonen oder

Gruppen – folgten, adressiert an die Vereinten Nationen, an Premierminister Kosygin, an das sowjetische Außenministerium, an den israelischen Präsidenten Zalman Shazar. Jahrelang mußten wir Erniedrigungen über uns ergehen lassen, stand in den Briefen und Petitionen, wir haben das Recht, eine neue Heimat in einem Land unserer Wahl zu fordern.

Wolodja und Mascha wußten kaum etwas von diesen Briefen, sie hatten keine Ahnung, daß sie Teil eines sich erweiternden Horizonts des Widerstands gegen die Tyrannei wurden. Aber Wolodja wußte, daß er sich – seit er die Arbeit am Institut aufgegeben hatte – keine Gedanken mehr über seine Unbedenklichkeitsbescheinigung machen mußte. Und so gingen er und Mascha und ihre Söhne in diesem Herbst, zum ersten Mal in ihrem Leben, von ihrer Wohnung in der Gorkij-Straße zur Moskauer Synagoge in der Archipowa-Straße, wo sie Teil der riesigen Menge von Juden wurden, die die Simchat Thora feierten.

Sie betraten die Synagoge nicht, vermieden den Kontakt mit dem Rabbi und den vom Staat angestellten Vertretern der jüdischen Gemeinde, die – wie man ihnen gesagt hatte – alle unter der Kontrolle des KGB standen. Einer ihrer Freunde, David Chawkin, hatte einen selbstgebastelten Verstärker mit zwei leistungsstarken Lautsprechern, einen Kassettenrekorder und Kassetten mitgebracht. Jüdische Musik hallte durch die Straße. Wolodja und Mascha wurden vom Wirbel und Enthusiasmus der Menge angesteckt, Tausende von Menschen. Polizisten standen am Rand, und jeder wußte, daß sich KGB-Leute in Zivil unter die Menge gemischt hatten – einige von ihnen sangen und tanzten vielleicht sogar mit –, aber niemanden schien das zu kümmern. Die Feier dauerte bis Mitternacht.

Von diesem Zeitpunkt an gingen die Slepaks am Sabbath und zu Festtagen oft zu dieser Synagoge. Sie betraten nie das Gebäude, sondern blieben mit Freunden und anderen Dissidenten auf der Straße stehen und beobachteten, wie die Menschenmenge von Jahr zu Jahr größer wurde.

Ende 1969 kam es zu einem Treffen von Dissidenten aus Moskau, Leningrad und Riga, die beschlossen, daß es nun an der Zeit war, kollektive Protestbriefe an die Behörden zu schicken und damit an die Öffentlichkeit zu gehen. Dies war der erste Schritt zu einer organisierten offenen Konfrontation mit dem Regime. Anfang 1970 gaben jüdische Dissidenten in Riga die jüdischen Samisdat-Bulletins *Iton Aleph* (»Zeitung A«) und *Iton Bet* (»Zeitung B«) heraus, einige Exemplare auf schlechtem Papier in russischer Sprache, die erste unabhängige öffentliche Stimme der aufkeimenden Bewegung: ein Interview mit Golda Meir, ein Artikel über die israelische Armee, ein Ausschnitt aus einem Buch über den Aufstand der Juden im Warschauer Ghetto gegen die Nazis 1943, die Briefe sowjetischer Juden an Regierungsbeamte, in denen sie ihr Recht auf Emigration zum Ausdruck brachten, der Wortlaut der israelischen Unabhängigkeitserklärung.

Die zweite Einladung nach Israel traf im Januar 1970 im Briefkasten der Slepaks ein – von einer anderen »Verwandten«. Diesmal waren die Namen richtig geschrieben. Wolodja und Mascha gingen zum Büro des UVIR, um sich die notwendigen Antragsformulare zu holen und um sich aus den Anschlägen darüber zu informieren, wie die Formulare auszufüllen waren und welche weiteren Dokumente sie einreichen mußten.

Es dauerte fast drei Monate, bis sie alle notwendigen Dokumente beisammen hatten. Das Antragsformular allein hatte sechs Seiten. Wie heißen Sie, wo wohnen Sie, wo und wann wurden Sie geboren, wo arbeiten Sie oder wo haben Sie in den letzten fünf Jahren gearbeitet, waren Sie Mitglied der Kommunistischen Partei oder im Komsomol, haben Sie die Mitgliedschaft verloren, warum, welcher

Nationalität gehören Sie an, wer sind Ihre engsten Verwandten, waren Sie je im Ausland, wo, wann und warum, wer von Ihren Verwandten war mit Ihnen im Ausland, haben Sie schon einmal die Ausreise aus der Sowjetunion beantragt, wann, ist der Antrag abgelehnt worden, warum, wer aus Ihrer Familie stellt ebenfalls einen Antrag, in welches Land wollen Sie einreisen, wer sind Ihre Verwandten in diesem Land, hat dieser Verwandte die Sowjetunion verlassen, von wo, warum, zählen Sie alle Kontakte mit diesem Verwandten auf, wann haben Sie zuletzt von ihm gehört, wie haben Sie erfahren, wo dieser Verwandte lebt, erklären Sie, warum Sie aus der Sowjetunion auswandern wollen.

Zusammen mit diesem Antrag mußte man beim UVIR folgende Papiere einreichen: einen Lebenslauf, die vom israelischen Außenministerium beglaubigte Einladung des Verwandten in Israel, die vom Arbeitsplatz ausgestellte *charakteristika*, die ausdrücklich für einen Ausreiseantrag an das UVIR gerichtet und vom Direktor der Arbeitsstelle, dem Parteisekretär und dem Vorsitzenden des Gewerkschaftskomitees unterzeichnet sein mußte; ein ebenfalls direkt an das UVIR gerichtetes Zeugnis vom Büro der Hausverwaltung über den eigenen Status als Einwohner von Moskau und den Zustand der Wohnung, eine eigenhändig unterschriebene Erklärung der Eltern, sofern sie noch am Leben waren, über ihre Einstellung zu den Ausreisebestrebungen und über etwaige finanzielle oder andere Ansprüche, wobei ihre Unterschriften entweder an ihrem Arbeitsplatz oder im Verwaltungsbüro ihres Wohnhauses beglaubigt werden mußten; eine Geburtsurkunde und – gegebenenfalls – Heirats- oder Scheidungs- oder Sterbeurkunden der Eltern; Kopien von Diplomen, vier Fotos, zwei unbeschriebene, an die Heimatadresse gerichtete Postkarten, eine Bestätigung der Bank über die Entrichtung der Sondersteuer für Ausreiseanträge, den Personalausweis, die Militärakte, den Gewerkschaftsausweis, das Arbeitsbuch, die Pensionskarte.

Irgendwann im März 1970 rief Wolodja seinen Vater an und bat ihn, eine Erklärung über seine Einstellung dazu, daß sein Sohn das Land verlassen wollte, zu schreiben und zu unterzeichnen. Er erklärte ihm, daß er dieses Schreiben benötigte, um die Dokumente für seinen Ausreiseantrag zu vervollständigen.

»Ich werde nie eine solche Erklärung schreiben oder unterzeichnen!« schrie sein Vater. »Ruf mich nie wieder an! Ich will nichts mit einem Volksfeind zu tun haben!« Er legte den Hörer auf.

Nach mehreren gescheiterten Versuchen, die Erklärung zu bekommen, beschloß Wolodja, seinen Dokumenten eine von ihm selbst verfaßte und unterzeichnete und von einem Notar beglaubigte eidesstattliche Erklärung beizulegen, daß sein Vater sich geweigert hatte, sich an dem Verfahren um die Ausreiseanträge zu beteiligen.

Im selben Monat bat Wolodja seine Vorgesetzten bei Trust Geophysica um die *charakteristika*, die er für das UVIR benötigte. Sie willigten unter der Bedingung ein, daß er seine Arbeit aufgab. Es dauerte drei Monate, bis er eine neue Stelle fand.

Als Mascha und Wolodja endlich alle Dokumente beisammen hatten, wußte jeder von Maschas Arbeitskollegen und jeder Mitbewohner, daß sie die Ausreisegenehmigung beantragen wollten.

Am 13. April bestiegen Wolodja und Mascha auf dem Puschkin-Platz, einen Häuserblock von ihrer Wohnung entfernt, einen dunkelblauen städtischen Autobus, fuhren zu den Pokrowskie Worota und gingen dann zum Büro des UVIR im Kolpatschnij Pereulok, wo sie ihre Anträge auf Emigration nach Israel einreichten.

Ein Beamter des Innenministeriums sah die Dokumente, die dem Antragsformular beigelegt waren, durch, ob sie auch die richtigen Stempelmarken, Unterschriften und Antworten enthielten. Bei Wolodjas Erklärung hinsichtlich der Weigerung seines Vaters hielt er inne und bestand darauf, daß sein Vater eine Erklärung abgeben müsse.

Wolodja sagte, daß das unmöglich sei. Sein Vater sei ein Altbolschewik, er würde nie eine solche Erklärung schreiben und unterzeichnen. Warum sei seine eigene Erklärung in dieser Angelegenheit nicht ausreichend?

Nach einigem Zögern gab der Beamte nach. Er nahm die Antragsformulare und die anderen Dokumente und erklärte knapp: »Sie werden über die Entscheidung informiert.«

Wolodja und Mascha verließen das Büro des UVIR und fuhren mit dem Bus zurück zu ihrer Wohnung. Wolodja war dreiundvierzig Jahre alt, Mascha vierundvierzig.

Ihre Söhne, der siebzehnjährige Sanja und der zehnjährige Leonid, wußten, daß sie die Emigration nach Israel beantragt hatten. Sie besuchten weiterhin die Schule, ohne daß es zu Zwischenfällen gekommen wäre. Niemand schien von den Plänen ihrer Familie zu wissen.

Eines Tages erschienen zwei KGB-Beamte in der Schule und erzählten dem Direktor, Grigorij Suworow, daß die Familie einer seiner Schüler, Leonid Slepak, ein Visum nach Israel beantragt hatte. Der KGB verlangte, erklärten die Beamten, daß der Direktor und alle Lehrer der Schule gemeinsam den Schüler Leonid Slepak unter Druck setzen sollten, um ihn dazu zu bringen, seine Meinung über die Ausreise nach Israel zu ändern und sich gegen seine Eltern zu stellen.

Gregorij Suworow war Russe, er unterrichtete Geschichte und war Parteimitglied. Alle in der Schule schätzten ihn, viele mochten ihn gern. Höflich erklärte er den KGB-Beamten, daß sie ihre Arbeit hätten und er die seine. Er war verantwortlich für alles, was in seiner Schule geschah, und würde keine Einmischung in seine Arbeit dulden. Dann bat er sie, das Schulgebäude zu verlassen. Bald darauf rief er die Lehrer zu sich und trug ihnen auf, nichts über Leonid Slepak zu sagen, sie sollten dafür sorgen, daß er sich wohl fühlte.

In der Schule kam es zu keinen weiteren Zwischenfällen im Zusammenhang mit den Emigrationsplänen der Slepaks.

Wochen vergingen. Die Slepaks hörten nichts vom UVIR. An einem Junitag, nachdem sie etwa zwei Monate gewartet hatten, rief Wolodja beim UVIR an.

Der Beamte fragte: »Sie heißen Slepak?«

»Ja.«

»Wir haben soeben die Entscheidung der Kommission erhalten.« Er sagte nichts über die Kommission oder darüber, wie sie sich zusammensetzte. »Ihr Antrag wurde abgelehnt.«

»Aus welchem Grund?« fragte Wolodja.

»Geheimhaltung«, antwortete der Beamte. »Den Bestimmungen zufolge haben Sie das Recht, in fünf Jahren wieder einen Antrag zu stellen, dann wird man Ihren Fall nochmals überprüfen.« Danach legte er auf.

In dem Wort »Geheimhaltung« erkannte Wolodja die tatsächliche und vollständige Antwort der sowjetischen Behörden. Die Jahre seiner wissenschaftlichen Arbeit am Luftverteidigungssystem der Sowjetunion hatten ihm Zutritt zu entscheidenden Staatsgeheimnissen verschafft. Er stellte ein großes Sicherheitsrisiko dar und würde wahrscheinlich nie die Erlaubnis erhalten, das Land zu verlassen.

7 Der Visakrieg

Am Nachmittag des 15. Juni 1970, einige Tage nach dem Telefonat mit dem UVIR, bei dem Wolodja erfahren hatte, daß sein Antrag auf ein Ausreisevisum abgelehnt worden war, waren er und Mascha allein in der Wohnung, als es an der Tür läutete. Mascha ging zur Tür, während Wolodja im kleineren der beiden Zimmer blieb. Er hörte, wie die Tür geöffnet wurde, und rief: »Wer ist da?«

Mascha kam ins Zimmer zurück. »Sie wollen die Wohnung durchsuchen.«

Irgendwo draußen sagte ein Mann: »Kommen Sie bitte her!«

Wolodja folgte Mascha aus dem Zimmer. Im Korridor in der Nähe der Eingangstür standen fünf Männer in Zivilkleidung und einer in Polizeiuniform. Einer der Männer in Zivil sagte mit sanfter Stimme: »Ich bin Major Nosow vom KGB.« Er hatte einen dunkelgrauen Anzug an, weißes Hemd und Krawatte. Unter seinem Jackett trug er eine Pistole. »Ich habe den Befehl, Ihre Wohnung zu durchsuchen«, sagte er.

»In welchem Zusammenhang?« fragte Wolodja.

»Es geht um den Fall Jurij Fjodorow«, sagte Major Nosow. Er war sehr höflich.

»Was wird ihm vorgeworfen?«

»Antisowjetische Agitation«, sagte Major Nosow. Er zeigte auf den Mann in Uniform. »Hier ist ein Vertreter der Polizei. Diese beiden Männer sind Zeugen, und diese beiden sind meine Adjutanten. Und nun geben Sie uns bitte freiwillig alle antisowjetischen Unterlagen, die sich in

Ihrem Besitz befinden. Andernfalls werden wir mit der Hausdurchsuchung beginnen.«

Wolodja sagte: »Ich kenne keinen Fjodorow. Ich weiß nichts über seine antisowjetische Betätigung, und ich habe kein antisowjetisches Material.«

Die Männer begannen, die Wohnung zu durchsuchen. Sie taten dies langsam und äußerst sorgfältig. Major Nosow las fließend Englisch. Er machte sich daran, die englischsprachigen Bücher durchzusehen, trug ihre Titel auf englisch in Listen ein und übersetzte sie dann ins Russische. Er fand Regale voller juristischer Werke, Hunderte juristischer Bücher.

»Sie sind Ingenieur, warum diese Bücher?« fragte er.

»Ich interessiere mich für sowjetisches Recht«, sagte Wolodja.

Der achtzehnjährige Sanja Slepak beobachtete fasziniert die Suche, er fühlte sich wie in einem Film und erinnerte sich an Filme, die er gesehen hatte, in denen die zaristische Polizei die Wohnungen mutiger Bolschewiken durchwühlte. Einmal sagte er, daß er auf die Toilette müsse, und einer der Männer in Zivil begleitete ihn dorthin. Sanja blieb während der gesamten 18 Stunden dauernden Durchsuchung wach und mußte mitansehen, wie nach und nach ein Großteil der Bibliothek seines Vaters konfisziert wurde. Sein elfjähriger Bruder Leonid schlief ein.

Die Männer blätterten jedes einzelne Buch durch, drehten jedes Blatt Papier um. Fremdsprachige Bücher und Zeitschriften beschlagnahmten sie, ebenso private Briefe und Notizbücher. Außerdem nahmen sie Kassettenrekorder, Kassetten, das Kurzwellenradio und sogar eine kaputte Schreibmaschine mit, die einmal Solomon Slepak gehört hatte. Diese Geräte könnten dazu verwendet werden, antisowjetische Propaganda zu verbreiten, erklärte Major Nosow höflich.

Im Laufe der Durchsuchung erschienen zwei Freunde der Slepaks, Norman Sirkin und Mark Elbaum, an der Wohnungstür zu einem Besuch, und Major Nosow befahl ihnen zu warten, bis die Durchsuchung abgeschlossen war. Der KGB wollte nicht, daß sie irgend jemanden darüber informierten, daß eine Durchsuchung stattfand, weil das Leute anlocken würde. Insbesondere die lästige Anwesenheit der ausländischen Presse mußte vermieden werden. Um etwa zwei Uhr früh schlief Wolodja in einem Lehnstuhl ein. Sein lautes Schnarchen veranlaßte den erstaunten Major Nosow zu dem Kommentar: »Mir ist noch nie jemand bei einer Hausdurchsuchung eingeschlafen. Manchmal springen sie aus dem Fenster oder erhängen sich in der Toilette mit einer Krawatte.« Norman Sirkin erzählte Wolodja später, daß er Major Nosow geantwortet hatte: »Nur jemand, der ein reines Gewissen hat, kann in einer solchen Situation schlafen.«

Um sechs Uhr früh war die Durchsuchung zu Ende. Major Nosow gab Wolodja eine Liste der Dinge, die der KGB aus der Wohnung mitnahm, und bat ihn zu unterschreiben. Wolodja weigerte sich. Er erklärte, daß die Durchsuchung dem sowjetischen Recht widersprach und die beschlagnahmten Gegenstände in keiner Weise mit illegalen Handlungen in Verbindung standen. Ohne weitere Umstände faltete Major Nosow die Liste zusammen und steckte sie in die Innentasche seines Jacketts. Die Männer gingen und trugen vier riesige Säcke voll von Dingen aus dem Besitz der Slepaks davon. Nichts von dem, was sie mitnahmen, wurde je zurückerstattet.

Die Chronik enthält Wolodjas seltsame Anmerkung, daß vom KGB konfiszierte Bücher oft in Gefangenenlagern landeten. Die politisch unzuverlässigsten Bücher in den Händen der hartnäckigsten politischen Gefangenen! Bücher, die einem helfen konnten, eine Fremdsprache zu lernen. Die einen auf die Reise in verbotene Länder führten. Auf die Frage, welche Logik dahinterstehe, antwortete Wolodja: »Wenn ihr Logik wollt, müßt ihr woanders hingehen.«

Zehn Tage zuvor, am 5. Juni, hatten Wolodja und 74 andere einen Brief an U Thant, den Generalsekretär der Vereinten Nationen, der bald nach Moskau kommen sollte, unterzeichnet. Der Brief, den man heute als den »Brief der 75« kennt, wurde von Radiostationen in Übersee verlesen und erschien in Zeitungen auf der ganzen Welt. Er enthielt eine Bitte an U Thant, bei der sowjetischen Regierung für das Recht der Unterzeichner einzutreten, nach Israel emigrieren zu können.

Wolodja kannte Jurij Fjodorow nicht, den Mann, den Major Nosow als Grund für die Durchsuchung angegeben hatte, und wußte nicht, daß er am Morgen desselben Tages in Leningrad verhaftet worden war und unter Anklage stand, ein Flugzeug entführt zu haben, um aus der Sowjetunion zu fliehen. Auch die Wohnungen anderer, die den Brief an U Thant unterzeichnet hatten, wurden an jenem Tag durchsucht.

In Leningrad waren – wie Wolodja später erfuhr – um halb neun Uhr früh neun Juden und drei Nichtjuden auf dem Weg zu einem Flugzeug, das kurz vor dem planmäßigen Abflug stand, verhaftet worden. Es war eine Gruppe von Männern und Frauen, deren Ansuchen um Ausreiseerlaubnis wiederholt abgewiesen worden war. Sie hatten jede Hoffnung verloren und sahen in ihrer Verzweiflung nur die eine Möglichkeit, die ihnen Major Mark Dymschitz, ein ehemaliger Pilot der sowjetischen Luftwaffe, eröffnete: Sie würden ein Flugzeug entführen, und er würde sie damit nach Schweden bringen. Es scheint ziemlich wahrscheinlich, daß irgend jemand in der Gruppe ein KGB-Agent war, denn es kam nie zu der Flugzeugentführung; sie wurden verhaftet, bevor sie das Flugzeug erreichten. Die Anklage lautete trotzdem auf Flugzeugentführung, und dies war – neben dem Verrat des Heimatlandes, also Hochverrat, neben antisowjetischer Propaganda, der Mitgliedschaft in einer antisowjetischen Vereinigung sowie der Vorbereitung einer kriminellen Handlung – das Vergehen, für das die meisten der Beteiligten in jenem Dezember in Leningrad vor Gericht gestellt, für schuldig befunden und verurteilt wurden.

Der Staatsanwalt hatte für zwei der Beteiligten, Mark Dymschitz und Eduard Kusnetzow, die Todesstrafe und für die anderen fünf bis zu fünfzehn Jahre Haft gefordert. Und dies waren auch die Urteile, die das Gericht am 24. Dezember aussprach. Eine weltweite Protestwelle und Demonstrationen folgten: Appelle von religiösen und politischen Führern; von kommunistischen Parteien im Westen; vom sowjetischen Menschenrechtskomitee, das Andrej Sacharow gemeinsam mit anderen ohne offizielle Zustimmung im November 1970 gegründet hatte. Der Kreml befand sich in der unangenehmen Position, seine Handlungen vor der Weltöffentlichkeit rechtfertigen zu müssen, der ständig Informationen über Ereignisse zugespielt wurden, die bislang hinter den sowjetischen Grenzen unter Verschluß gehalten worden waren. Sicherlich, die Behörden hatten die Kontrolle über die Presse und den Rundfunk, aber die Regimegegner brachten Samisdat-Publikationen in Umlauf, ließen westlichen Journalisten wichtige Informationen zukommen und schafften entscheidende Dokumente im Gepäck wohlwollender Touristen ins Ausland. Eine weitere Informationsquelle für westliche Journalisten war Andrej Sacharow. Was die Peinlichkeit für die Regierung noch verstärkte, war die Tatsache, daß zur selben Zeit in Spanien der Prozeß gegen die baskischen Nationalisten stattfand, gegen den die Sowjets wiederholt protestiert hatten; die Basken wurden zum Tode verurteilt, die Strafe wurde dann von Franco umgewandelt. Der Kreml, der sich so veranlaßt sah, auf die Proteste zu reagieren, legte beim Obersten Gerichtshof Berufung ein, der schließlich, am 29. Dezember, die Todesurteile in fünfzehnjährige Haftstrafen umwandelte und die Kürzung einer Reihe weiter Strafen anordnete.

Es war offensichtlich, daß die Flugzeugentführung dem Regime als Vorwand diente, um die gesamte jüdische Dissidentenbewegung zu eliminieren. Vom Zeitpunkt der Verhaftung der sogenannten Flugzeugentführer im Juni bis zu ihrem Prozeß im Dezember wurden in Leningrad, Moskau, Kischinjow und Riga Dutzende von Aktivisten verhaftet und eingesperrt. Weitere Prozesse fanden statt: im Mai 1971 in Leningrad und Riga, im Juni 1971 in Kischinjow. Die Regierung brachte alle Verhandlungen mit der Flugzeugentführung in Leningrad in Verbindung. In den Reihen der jüdischen Aktivisten herrschte Unruhe und Verwirrung, sie verloren viele Mitglieder. Es dauerte einige Zeit, bis sich der Dissidentenbewegung neue Mitglieder anschlossen, ganz besonders in Leningrad.

Bis heute ist nicht restlos geklärt, ob der Entführungsversuch von KGB-Provokateuren initiiert war. Man nimmt an, daß im Frühjahr 1970 auf den höchsten Ebenen der sowjetischen Politik entschieden wurde, daß die jüdische Dissidentenbewegung sich zu sehr ausgebreitet hatte, daß sie allzu lästig war und zum Schweigen gebracht werden mußte. Die Flugzeugentführung war entweder eine KGB-Aktion oder eine willkommene Gelegenheit, die der Kreml für seine eigenen Zwecke nutzte. Ebenso wie Stalin die Ermordung Kirows als Sprungbrett für die Vernichtung seiner Gegner benutzt hatte, nahm nun der Kreml den Entführungsversuch zum Anlaß, erbarmungslos gegen die jüdischen Dissidenten vorzugehen.

Wolodja und Mascha Slepak wußten von den Prozessen – durch Mundpropaganda und aus Samisdat-Publikationen. Sie wußten auch, daß es in der Folge zu einer plötzlichen Zunahme der Emigrationsanträge gekommen war, das Gegenteil von dem, was der Kreml erwartet hatte. Einige ihrer Freunde erhielten die Ausreiseerlaubnis. Es gibt ein Foto von Wolodja inmitten einer Gruppe, die sich am Moskauer Flughafen versammelt hatte, um einen Dissidenten zu verabschieden. Etwa 20 Menschen haben sich für das Foto in Pose gestellt, einige lächeln. In der vordersten Reihe steht Anatolij Schtscharanskij, der jüdische Dissident, der später beschuldigt wurde, für den CIA spioniert zu haben. Wolodja und Mascha nahmen an zahlreichen derartigen Verabschiedungen teil.

Wolodja hatte seine Arbeit bei Geophysica verloren, da die Firmenleitung ihm die *charakteristika* nur unter der Bedingung ausgestellt hatte, daß er die Firma verließ. Drei Monate lang suchte er Arbeit. Freunde verhalfen ihm zu einer Stelle im Institut für Organische Chemie an der Akademie der Wissenschaften. Der Leiter der Abteilung, der ein anständiger Mensch war, wußte, daß Wolodja einen Antrag auf Ausreiseerlaubnis gestellt hatte, erwähnte dies jedoch seinen Vorgesetzten gegenüber nicht.

Wolodja arbeitete mit elektronischen Meßgeräten für nuklearmagnetische Resonanzen. Das Institut befaßte sich mit der Erforschung der Struktur organischer Moleküle. Als Laborleiter im Moskauer Institut für fernsehtechnische Forschung und Entwicklung hatte er 250 Rubel im Monat verdient, bei Geophysica waren es 140 Rubel, am Institut für Organische Chemie 160 Rubel. Eines Tages erschienen KGB-Beamte im Institut und erkundigten sich nach Wolodjas Benehmen. Seine Haltung wurde im ganzen Institut bekannt. Der Laborleiter bat Wolodja zu gehen. Seine eigene Stellung sei in Gefahr, erklärte er. Die Institutsleitung wollte niemanden mit Wolodjas zweifelhaftem politischen Status unter den Angestellten haben.

Das war im September 1971. Wolodjas nächste Arbeit

bestand darin, für eine kleine Werkstatt Federn zu spitzen. Am Vormittag klapperte er technische Zeichenbüros in der Nähe der Werkstatt ab und sammelte die stumpf gewordenen Federn ein, die er mit nach Hause brachte und wieder spitzte. Am nächsten Tag brachte der die gespitzten Federn zurück und nahm die stumpf gewordenen mit. In das Büro der Werkstatt auf dem Prospekt Mira ging er nur, um die Rechnungen abzugeben und um sein Gehalt zu kassieren, etwa 130 Rubel im Monat. Dann tauchten fast jeden zweiten Tag KGB-Beamte in der Werkstatt auf, erkundigten sich beim Leiter nach Wolodjas Verhalten, wie viele Stunden pro Tag er arbeitete, wo er sich gerade aufhielt. Schließlich, im September 1972, ertrug sein Arbeitgeber den Kleinkrieg nicht länger und bat Wolodja zu gehen. Dies war Wolodjas letzte offizielle Anstellung in der Sowjetunion, die letzte in seinem Arbeitsbuch eingetragene Beschäftigung bis zu seiner Verhaftung und seinem Prozeß 1978.

Mascha gab ihre Stelle als Röntgenologin im Dezember 1971 auf. Ihre Pension betrug 76 Rubel im Monat. Von 1972 an lebten sie und Wolodja weitgehend von der Unterstützung durch andere: Geld aus einem Fonds, der von *refjusniki* organisiert wurde – wie die jüdischen Dissidenten genannt wurden, deren Visaanträge wiederholt abgewiesen worden waren; Besucher aus dem Ausland, die Kleidung und andere Dinge zurückließen, die man in Secondhand-Läden verkaufen konnte.

Wolodja rutschte langsam in einen Abgrund von immer minderwertigeren Arbeiten – Fahrstuhlführer, Krankenhauspfleger. Er mußte arbeiten, um dem schwerwiegenden Vorwurf des Parasitismus aus dem Weg zu gehen – und dem wachsenden Gefühl, nichts wert zu sein. Die sowjetischen Dissidenten, die hochqualifizierte Wissenschaftler waren, bezogen ihr Selbstwertgefühl aus ihren Leistungen. Wolodjas seelische Qualen waren die Folge der Barrieren, die seine Arbeit, Erfolg und Anerkennung behinderten – all das, was seinem Leben Sinn gab.

Er litt nicht nur darunter, daß er und Mascha »Unberührbare« waren, sondern auch unter der bitteren Erkenntnis, daß das, was mit ihnen geschah, von einem Fehlen jeglicher Logik gekennzeichnet war, über das sie keine Kontrolle hatten. In der Frage der Ausreisegenehmigung nach Israel gab es keine klaren und konsequenten Richtlinien von oben; den Beamten vor Ort war es daher möglich, ihre Entscheidungen nach Gutdünken zu treffen. Es war alles so willkürlich, so erbarmungslos. »Sie werden nie rauskommen, bis Sie alt sind«, bekam ein Antragsteller zu hören, und einem anderen sagte ein Beamter: »Sie werden hier vermodern.« Familien mit Söhnen im Teenager-Alter wurden abgewiesen, weil sie noch nicht in der Armee gedient hatten. Hatten die Söhne den Militärdienst absolviert, wurden sie abgewiesen, weil sie als ehemalige Soldaten Staatsgeheimnisse kannten. Fünfzig- und Sechzigjährige wurden abgewiesen, weil ihre Eltern oder ehemalige Ehegatten ihnen nicht die notwendige schriftliche Erlaubnis gaben, nach Israel auszuwandern. In anderen Fällen jedoch wurde der Ausreiseantrag bewilligt und die Betreffenden waren bald auf dem Weg nach Israel.

In den frühen siebziger Jahren organisierten einige jüdische Wissenschaftler, deren Visaanträge abgewiesen worden waren und die ihre Arbeit verloren hatten und nun beruflich in der Luft hingen, Seminare, um sich weiter über die Entwicklungen auf ihren Forschungsgebieten zu informieren. Die Seminare fanden an Sonntagen statt. Auf einem Foto, das bei so einem Anlaß entstand, ist Andrej Sacharow zu sehen, der – das Kinn auf die Hand gestützt – aufmerksam zuhört.

Wolodja nahm an den Sonntagsseminaren teil und erinnert sich, daß unter anderem mathematische Logik, Radiophysik, der Aufbau und das Programmieren von Computern, die Chemie der Polymeren, Quantenmechanik, Genetik und Kybernetik behandelt wurden. Er hatte jedoch wenig Gelegenheit, sich im Bereich des Ingenieurwesens auf dem laufenden zu halten, da dafür eine bestimmte Ausrüstung notwendig war. Jeder sowjetische Staatsbürger, der an diesen Seminaren teilnahm, lief Gefahr, plötzlich verhaftet, eingesperrt, verbannt zu werden. Aber das Wissen, das man so gewann, die Zusammengehörigkeit, die man erlebte, und die Besänftigung des Kummers waren das Risiko wert.

Zur selben Zeit wurden überall in der Sowjetunion heimlich Gruppen gebildet, in denen man jüdische Geschichte und Hebräisch studieren konnte. 1969 gab es in Moskau etwa zehn solcher Gruppen, in denen um die hundert Menschen Hebräisch lernten. Zehn Jahre später besuchten Tausende in allen größeren Städten der Sowjetunion solche geheimen Hebräischkurse, was zur Folge hatte, daß eine beträchtliche Zahl sowjetischer Juden bei ihrer Ankunft in Israel die Sprache bereits beherrschte. Ich erinnere mich, daß ich Mitte der achtziger Jahre eine der Moskauer Gruppen unterrichtete: wie ich schweigend die spärlich beleuchtete Treppe des Wohnhauses hinaufstieg, das warme, überfüllte Zimmer, die halblauten Stimmen, der leise Vortrag, die gedämpfte Diskussion; das leise Hinuntergehen über die Treppe, die verschneite Straße und der eisige Wind, der sich in meinem Gesicht wie eine brennende Ohrfeige anfühlte.

Wolodja und Mascha halfen oft mit, die Lehrbücher für die Gruppen zu vervielfältigen. Abgesehen von einer Hebräischstunde, die einmal in ihrer Wohnung stattfand, beteiligten sie sich aber nie ernsthaft an den jüdischen Studien. Dies war nicht ihre Waffe im Visakrieg.

Die Behörden des UVIR hatten Wolodja erklärt, daß er fünf Jahre warten mußte, bis er wieder ein Ausreisevisum beantragen konnte. Das UVIR gab die eingereichten Doku-

mente nie zurück; man mußte daher bei einem Wiederho-
lungsantrag die gesamte Prozedur von vorne beginnen.
Wolodja weigerte sich zu warten und wollte den Alptraum
der mühevollen Beschaffung der Dokumente nicht noch
einmal durchmachen. Beim ersten Mal hatte das etwa drei
Monate in Anspruch genommen. Wiederholt richtete er
Anträge auf Wiederaufnahme seines Falles an das UVIR.
Regelmäßig rief er im UVIR an und bekam jedesmal zu
hören, daß sein Antrag abgelehnt worden war. Und wenn
er nach dem Grund fragte, lautete die Antwort immer:
»Geheimhaltung.«

Abschlägige Bescheide teilte das UVIR mündlich mit.
War jedoch ein Visaantrag genehmigt worden, erhielt man
mit der Post eine Karte. Am 11. März 1971 kam eine solche
Postkarte für Maschas Mutter, die kurz zuvor einen Herzinfarkt erlitten hatte und nun im Krankenhaus lag. »Sie haben die Erlaubnis, nach Israel auszureisen. Um Ihr Ausreisevisum zu erhalten, müssen Sie mit folgenden Dokumenten
im Büro des UVIR erscheinen.« Es folgte eine Liste.

Mascha besuchte ihre Mutter am nächsten Tag und
zeigte ihr die Postkarte. Nach längerem Schweigen erklärte
diese, daß sie allein fahren würde.

»Die Reise ist schwierig«, sagte Mascha. »Wirst du es
schaffen?«

»Das wird Gott bestimmen. Fang mit den Formalitäten
an.«

Mascha sprach mit dem Arzt ihrer Mutter, der meinte,
daß die Reise ihren Tod bedeuten würde. Mascha erklärte,
daß sich ihre Mutter entschieden hatte, sie wollte fahren.

Wolodja und Mascha trugen die notwendigen Dokumente zusammen. Der einzige Ort, an dem die Mutter –
schwach und zittrig – persönlich erscheinen mußte, war die
Österreichische Botschaft, wegen des Transitvisums.

Vier Tage später waren Mascha und ihre Mutter in der
Wohnung in der Gorkij-Straße. Wolodja war verhaftet wor-

den, weil er an einem Sit-in teilgenommen hatte. Sie tranken Tee und sprachen über die Familie, über Israel. Mutter und Tochter blieben fast die ganze Nacht auf. »Ich werde wieder gesund«, erklärte die Mutter. »Ich werde nach Europa und nach Amerika reisen. Ich werde überall von euch erzählen. Ich werde eine Brücke für euch sein und euch hier herausholen.« Ihre Entscheidung fortzugehen schien sie zu quälen. »Ich lasse euch nicht im Stich. Wir werden uns bald wiedersehen.«

Sie verließ das Land auf einer Tragbahre und flog nach Israel. Sie ließ sich in Jerusalem nieder und lebte von einer staatlichen Rente, bis sie 1980 in der Wüstenstadt Beersheba starb. Mascha sah sie nie wieder.

In den frühen siebziger Jahren hatten nicht-jüdische russische Dissidenten der sogenannten demokratischen Bewegung Verbindungskanäle zum Westen aufgebaut, über die regelmäßig Informationen über ihre Aktivitäten in der Sowjetunion und über die Bemühungen der Behörden, sie zum Schweigen zu bringen, weitergeleitet wurden. Die *refjusniki* begannen sich der Kanäle der russischen Dissidenten zu bedienen, um mit dem Westen zu kommunizieren. Listen von Juden, denen die Ausreise verweigert wurde, wurden ausländischen Journalisten zugespielt, ebenso sorgfältig dokumentierte Informationen über Menschenrechtsverletzungen. Diese Listen erschienen auch in der russischen Samisdat-Publikation *Chronika*.

Die Familienchronik der Slepaks macht deutlich, welche Unterstützung die *refjusniki* in den frühen siebziger Jahren von seiten der russischen Dissidentenbewegung erhielten. Wolodja erinnert sich an den 13. März 1971, den Tag, an dem Wladimir Bukowskij, einer der führenden russischen Dissidenten, plötzlich in Begleitung zweier Männer in seiner Wohnung in der Gorkij-Straße erschien. Wolodja hatte Bukowskij einige Monate zuvor kennengelernt und ihm von da an regelmäßig Informationen zugespielt, die dieser an Auslandskorrespondenten weiterleitete. Bukowskij war hochgewachsen, Anfang dreißig, mit breiten Schultern, braunen Haaren, braunen Augen und einem breiten Gesicht mit auffälliger Nase und vorstehenden Backenknochen. Er war bereits während seiner Zeit in der Biologischen Fakultät an der Moskauer Universität wegen regimekritischer Aktionen verhaftet worden. Da er annahm, daß die Wohnung der Slepaks vom KGB abgehört wurde, schrieb er auf eine Zaubertafel, von der das Geschriebene immer wieder rasch gelöscht werden konnte: »Ich weiß, daß ich in zwei oder drei Tagen verhaftet werde. Die KGB-Leute folgen mir Tag und Nach. Sie versuchen nicht einmal, unbemerkt zu bleiben. Ich habe zwei Stunden gebraucht, um sie abzuschütteln, damit wir ohne Begleitung zu Ihnen kommen konnten. Wenn ich verhaftet werde, können Sie direkt mit diesen Herren Kontakt halten und über sie mit anderen ausländischen Journalisten.« Einer der beiden Männer war Bob Catlin von Reuters. Der andere war ein UPI-Korrespondent, an dessen Namen Wolodja sich nicht mehr erinnert.

Tags darauf traf Wolodja einen der Korrespondenten; er erinnert sich nicht daran, welcher es war. Sie einigten sich darauf, daß jede Information, die einer von ihnen bekam, an den anderen weitergeleitet werden sollte. Wolodja informierte ihn darüber, daß er und eine Gruppe anderer am folgenden Tag mit einer Liste von Beschwerden gegen die Sowjetunion zum Obersten Sowjet gehen würden. Wolodja wurde am 15. März verhaftet und zu 15 Tagen Gefängnis verurteilt. Während er die 15 Tage absaß, verhaftete der KGB Bukowskij, der zu sieben Jahren Arbeitslager und weiteren fünf Jahren Verbannung verurteilt wurde.

Dies war der Beginn von Wolodjas direkten Kontakten zur ausländischen Presse, der Öffentlichkeit in der Welt draußen, eine seiner Waffen im Visakrieg.

Er hatte noch andere Waffen.

Am 15. März – ein kalter, bewölkter Tag, an dem der schmutzige Schnee zu schmelzen begann – traf eine Gruppe von etwa 15 jüdischen Dissidenten, deren Visaanträge abgelehnt worden waren, vor dem Gebäude auf der Puschkinskaja-Straße zusammen, wo sich das Büro des Generalstaatsanwalts befand. Der Eingang war auf der Hinterseite des Gebäudes, auf dem Sowjetskaja-Platz. Zuvor waren sie im Büro des Präsidiums des Obersten Sowjets in der Mochowaja-Straße in der Nähe des Kreml gewesen, wo man ihnen mitgeteilt hatte, daß sie ihre Beschwerde zuerst im Büro des Generalstaatsanwalts der UdSSR vorlegen mußten. Nun warteten sie im Empfangsraum des Generalstaatsanwalts Roman Rudenko, nachdem sie dem Sekretär erklärt hatten, daß sie ihre Anträge auf Ausreisevisa gemeinsam mit einer Reihe von Forderungen präsentieren wollten: 1. Diejenigen, die in Leningrad, Riga, Kischinjow und anderen Städten verhaftet worden waren, weil sie ein Visum nach Israel beantragt hatten, sollen freigelassen werden. 2. Das UVIR soll den sowjetischen Gesetzen Folge leisten und Ablehnungen schriftlich erteilen, es soll die Gründe für die Ablehnung und das Datum der Entscheidung anführen, für welchen Zeitraum die Ablehnung gültig war und wann der Antragsteller die UdSSR verlassen dürfe.

Nach zwei Stunden erklärte ihnen der Sekretär, daß niemand mit ihnen sprechen würde. Spontan beschlossen sie, nicht wegzugehen, und teilten dem Sekretär ihre Entscheidung mit: Sie wollten warten, bis der Generalstaatsanwalt oder einer seiner Vertreter auf ihre Forderungen reagierte. Sie blieben im Empfangszimmer, bis das Büro geschlossen wurde. Ein Polizeioffizier kam mit mehreren Polizisten und erklärte ihnen, daß sie alle verhaftet würden, wenn sie sich nicht sofort entfernten. Die Gruppe weigerte sich zu gehen. Schließlich kamen etwa 30 Polizisten ins Zimmer. Sie entfernten die Dissidenten gewaltsam aus dem Gebäude und stießen sie in einen Bus, der sie in das Gefängnis der Moskauer Städtischen Polizei in der Petrowka-Straße brachte. Jedes Mitglied der Gruppe wurde in einem kleinen Zimmer, in dem nur ein Tisch und zwei Stühle standen, verhört: Ihr Name? Ihr Geburtsdatum? Wer hat diese Aktion organisiert? Kennen Sie die Personen in den anderen Städten, die aufgrund ihrer antisowjetischen Aktionen verhaftet wurden und deren Freilassung Sie fordern, persönlich? Wissen Sie, daß ihre Aktionen von ausländischen Geheimdiensten initiiert wurden? Kennen Sie irgendwelche Ausländer? Wissen Sie, daß Sie die Sowjetunion nie verlassen werden, wenn Sie Ihre antisowjetischen Handlungen nicht einstellen? Kennen Sie Mitglieder der sogenannten demokratischen Bewegung?

Jedes Verhör dauerte etwa 20 Minuten. Die Mitglieder der Gruppe gaben ihre Namen und Geburtsdaten an und weigerten sich, die anderen Fragen zu beantworten oder irgendwelche Erklärungen zu unterschreiben. Statt dessen verlangten sie, daß man sie freiließ, und wiederholten ihre Forderungen. Die meisten erklärten, daß sie in Hungerstreik treten würden, wenn man sie nicht sofort freiließe. Wolodja erklärte dem Vernehmungsbeamten, daß er keine seiner Fragen beantworten würde, nicht einmal in bezug auf das Wetter, wenn man ihm nicht ein offizielles Protokoll zeige, das ihn eines Vergehens beschuldige.

Sie wurden, jeweils zu zweit, in Zellen gesteckt, wo sie die Nacht verbrachten. In jeder Zelle standen zwei Eisenbetten, ein Tisch mit eisernen Beinen und zwei Bänke, die alle in dem Betonboden festgeschraubt waren. In der Ecke stand anstelle einer Toilette ein Eimer. Eine Eisentür mit einem kleinen eisernen Schiebefenster schloß die Zelle von der Außenwelt ab. Ein hohes vergittertes Fester ließ nur den Blick auf den Himmel zu.

Am folgenden Tag wurden sie einer nach dem anderen

in einen Raum gebracht, in dem eine Frau in dunklem Kostüm und weißer Bluse sich als Richterin vorstellte und sagte: »Da Sie den Forderungen der Vertreter der Behörden nicht Folge geleistet haben, werden Sie hiermit zu 15 Tagen Verwaltungshaft verurteilt.« Diese Art von Gefängnisstrafe war härter als die übliche in einem Gefängnis der Region. Der Gefangene erhielt weder eine Matratze noch Decken oder Polster. Er bekam nur jeden zweiten Tag warmes Essen und mußte Höfe kehren oder Schnee schaufeln. In der Regel wurden allerdings Juden, die verhaftet worden waren, von den anderen getrennt und nicht zu öffentlicher Arbeit gezwungen.

Die am Sit-in Beteiligten wurden in ihre Zellen zurückgebracht und begannen mit dem Hungerstreik. Alle wußten von den Revolutionären, die in der Zarenzeit die Nahrungsaufnahme verweigert hatten. Und sie hatten von Gandhi gehört. Sie nahmen keine Nahrung zu sich und tranken nur Wasser.

Wolodja teilte die Zelle mit einem seiner engsten Freunde, Wiktor Polskij, einem Physiker, den er in der Moskauer Elektro-Vakuum-Fabrik kennengelernt hatte. Polskij war groß, rothaarig, gepflegt und den anderen in der Gruppe immer einen Schritt voraus: Er war der erste, der ein Boot kaufte, und der erste, der sich ein Auto zulegte. »Kommandant« nannten sie ihn. Sein Schwiegervater war ein bekannter Professor der Physik, und diese Position öffnete Polskij üblicherweise Tür und Tor. Doch nun, da er mit Wolodja in einer Zelle saß, hungerte und die Tage zählte, nützte ihm das nichts.

Aus einem Stück Papier machten sie ein Schachbrett, die dunklen Felder färbten sie mit abgebrannten Streichhölzern. Aus Brot formten sie die Figuren. Sie spielten die ganze Zeit. Nachts versuchten sie zu schlafen; später erzählte Polskij, daß Wolodjas dröhnendes Schnarchen eine schlimmere Folter war als der Hunger.

Polskij und die meisten anderen beendeten den Streik. Am 13. Tag war Wolodja einer der beiden, die den Hungerstreik fortsetzten.

Mascha hatte an dem Sit-in nicht teilgenommen. Gemeinsam mit den Frauen der anderen Gefangenen gingen sie von einem Regierungsbüro zum anderen, um die Freilassung ihrer Männer zu fordern.

Die Behörden wollten nicht, daß irgend jemand aus der Gruppe im Gefängnis starb oder bei der Entlassung bleich und abgemagert aussah, daher besuchte sie der Gefängnisarzt in ihren Zellen und warnte sie, daß man sie zwangsweise ernähren würde, wenn sie den Hungerstreik nicht beendeten. Die Gefangenen wurden in einen Raum gebracht, in dem die Utensilien für die Zwangsernährung auf einem Tisch ausgebreitet waren: Schläuche, Trichter, eine Vorrichtung, die das Schließen der Kiefer verhinderte. »Wir haben unsere Anweisungen«, erklärte ihnen einer der Polizisten. »Ob Sie wollen oder nicht – Sie werden essen.« Es ist ein Teil der Folter, daß der Folterknecht seinem Opfer die Folterinstrumente zeigt, bevor die Folter beginnt.

Sie wurden in ihre Zellen zurückgebracht.

Einer der Führer der Gruppe war Michael Sand, ein Linguist, der Alt- und Neupersisch, Arabisch, Hebräisch, Aramäisch und Urdu beherrschte, ein willensstarker, entschlossener Mann, der beeindruckend aussah. Am 13. Tag ihres Hungerstreiks wurde er an einem Bett festgeschnallt und von zwei Männern niedergehalten, während klare Suppe in einen Schlauch gegossen wurde, der durch seine Nase – nicht durch den Mund, denn dann hätte er zubeißen können – in die Speiseröhre und den Magen eingeführt wurde. Als die Wachen Wolodja daraufhin mitteilten, daß Sand den Hungerstreik freiwillig aufgegeben hatte, beendete auch er seinen Streik. Die erste Nahrung, die man ihm gab, war eine Suppe aus Hafergrütze, Schweine- und Rindfleisch; die plötzliche Zufuhr von Fett nach 13 Tagen des

Hungerns fügte seiner Leber und Galle bleibenden Schaden zu. Nachdem man ihn zwei Tage lang zwangsweise ernährt hatte, wurde Michael Sand in ein Spital gebracht. Die anderen wurden nach Hause geschickt, als ihre Gefängnisstrafen zu Ende waren.

Als Wolodja zu Hause ankam, war er schwach und hager und witzelte, er habe eine Kur gemacht, um seinen Bauch loszuwerden. Sein jüngerer Sohn Leonid erinnert sich, daß er auf seinen Vater stolz war und gleichzeitig Angst hatte. Niemand in der Familie hatte je zuvor eine ernsthafte Auseinandersetzung mit den Behörden gehabt. Ein neues Leben hatte für ihn und seine Eltern begonnen.

Der Hungerstreik und das Sit-in – letzteres war, so behauptet Wolodja, das erste in der Geschichte der Sowjetunion – waren weitere Waffen im Visakrieg.

Sie hatten noch eine Waffe, eine kollektive, die vom gesamten jüdischen Volk organisiert wurde.

Am 23. Februar 1971 kamen etwa 800 Delegierte aus 38 Ländern und jedem Kontinent nach Brüssel, um an der ersten Konferenz des Weltjudentums zur Frage der jüdischen Emigration aus der Sowjetunion teilzunehmen. Die Idee der Brüsseler Konferenz scheint von New York ausgegangen zu sein. Viele der Teilnehmer waren sich nicht einmal sicher, ob sich diese Frage überhaupt stellte: Gab es nach Jahrzehnten des Stalinismus, gab es nach dem Krieg noch Juden oder jüdische Gemeinden in der Sowjetunion?

In Brüssel gab es Terrordrohungen und Gerüchte über Bomben von KGB-Agenten. Es wimmelte von schwerbewaffneten Polizisten. Witalij Rubin, der erst kürzlich aus der Sowjetunion eingetroffen war, sprach vor den Delegierten und berichtete von den sowjetischen Juden, die die Gemeinschaft mit anderen Juden suchten. Im Laufe seiner Rede wurde deutlich, daß die sowjetischen Juden kein aussterbendes Überbleibsel waren, ohne lebendige Erinnerung, das nur noch vom Nachhall der Vergangenheit lebte. Eine überwältigende Erkenntnis: Da waren Juden, die den jahrzehntelangen Terror und den Krieg überlebt hatten! Nicht einmal diejenigen, die von Anfang an der Sache der sowjetischen Juden positiv gegenübergestanden hatten, hatten tatsächlich daran geglaubt, daß es in der UdSSR noch immer bewußte und engagierte Juden gab.

Bei der Konferenz anwesend waren auch der alte und gebrechliche David Ben-Gurion und der Wissenschaftler Gershom Scholem, die Schriftsteller André Schwarz-Bart und Elie Wiesel sowie eine Reihe sowjetischer Juden aus Israel, die in Arbeitslagern und psychiatrischen Anstalten eingesperrt gewesen waren, bevor sie ihre Ausreisevisa erhalten hatten. Auch Maschas kranke Mutter, Bertha Raschkowskij, war dort.

Am zweiten Tag der Konferenz kam ein plötzlicher Anruf aus Moskau: 30 Juden, unter ihnen auch Wolodja, hatten sich im Präsidium des Obersten Sowjets versammelt, wo sie eine Petition vorlegten, in der sie ihr Recht auf Emigration forderten. Die Konferenz, angespornt durch diese Aktion, setzte fünf Kommissionen ein, die die Auseinandersetzung vorantreiben und herausfinden sollten, wie man Regierungen, Medien und Universitäten in der westlichen Welt beeinflussen könnte. Es kam zu den üblichen bürokratischen Machtkämpfen, die immer wiederkehrenden organisatorischen Konflikte. Am Ende wurde keine weltweite Versammlung gebildet, es gab keine koordinierte Strategie für eine internationale Kampagne. Aber dank der aufgeladenen Atmosphäre der dreitägigen Konferenz kehrten die Delegierten voller Tatendrang heim.

Kein Wort wurde über die Situation jener sowjetischen Juden geäußert, die anscheinend gern in der Sowjetunion blieben und deren Existenz wohl von den Auswirkungen der fortgesetzten internationalen Bemühungen um eine jüdische Emigration tiefgreifend beeinflußt werden würde.

Die Brüsseler Konferenz, bei der nahezu hundert Journalisten anwesend waren, fand weltweite Aufmerksamkeit. Unmittelbar nach der Konferenz kam es zu einem plötzlichen Anstieg der jüdischen Emigration aus der Sowjetunion: 1971 waren es noch 13 022, 1972 bereits 31 903 Emigranten. Vielleicht hofften die Sowjets, sie könnten das Land von den streitsüchtigen Juden säubern und so der Emigrationsbewegung ein Ende machen. Aber das Gegenteil trat ein. Die Zahl der Ausreiseanträge nahm weiter zu. Die Bewegung wurde stärker. In den letzten Wochen des Jahres 1971 gab es Tage, an denen je zwei Flugzeuge mit sowjetischen Juden von Wien nach Israel flogen.

Aber die sowjetischen Behörden hatten im Visakrieg ihre eigenen Waffen. Im August 1972 erließen sie plötzlich eine zusätzliche Steuer für alle Emigranten, die der Regierung die Kosten für ihre höhere Bildung und ihre Hochschulabschlüsse ersetzen sollte. Wer einen Universitätsabschluß hatte, mußte nun – zusätzlich zu den früheren Gebühren und Steuern – eine weitere Summe bezahlen, eine Diplomsteuer, wie sie genannt wurde, von vierzehnhundert bis zwölftausend Rubel.

Wolodja und Mascha verdienten damals weniger als 200 Rubel im Monat. Ein Paar Schuhe kostete 30 bis 40 Rubel, eine Hose 25 bis 40 Rubel, ein Hemd 10 bis 15 Rubel, eine Bluse 20 bis 40 Rubel. Die Diplomsteuer machte alle ihre Hoffnungen und Träume mit einem Schlag zunichte, jemals die Sowjetunion verlassen zu können. Das galt auch für die anderen *refjusniki*. Wolodja kennt nur drei Personen – den Künstler Lew Sirkin und seine Frau Larissa sowie den Chirurgen Edward Schifrin –, die mit Hilfe von in den Vereinigten Staaten gesammelten Mitteln die Steuer bezahlen und aus der UdSSR ausreisen konnten.

Die Sowjets hatten noch andere Waffen. Es hatte jetzt den Anschein, als ob sich die hohen Regierungsbeamten in der Frage der jüdischen Emigration durchaus nicht einig waren; einige waren zu der Ansicht gelangt, daß man in dieser Situation gerecht handeln mußte. Aber der KGB setzte seine konventionelle Strategie fort: Überwachung, Zensur der Post, Abhören von Telefonaten, Festnahmen, Verhöre, Hausarrest, Einberufung in die Armee, schwarze Listen, die es den Betroffenen unmöglich machten, Arbeit zu finden, Bedrohung von Familienmitgliedern, Prügel, Beschuldigung der Spionage für ausländische Mächte, Verwaltungshaft, Exil, Arbeitslager. Vieles davon setzte der KGB im Visakrieg gegen Wolodja und Mascha Slepak ein.

Plötzliche Verhaftung und Gefängnis kamen im Juli 1974 zum Einsatz, nach dem Yom-Kippur-Krieg von 1973 und während der langen Debatte bezüglich des Jackson-Vanik-Amendments zum Trade Reform Act, als Präsident Nixon Moskau besuchte. Die übliche sowjetische Reaktion auf Anfragen aus dem Westen hinsichtlich der Behandlung der Juden im Land erinnerte an die Antwort der Zaren: Unsere Juden sind unsere Sache, ausschließlich eine innere Angelegenheit; wer sich anmaßt, uns vorzuschreiben, wie wir mit ihnen umgehen sollen, verletzt unsere staatliche Souveränität. Viele im Westen schienen mit dieser Antwort zufrieden. In den frühen siebziger Jahren bedienten sich die Amerikaner einer ähnlichen Formulierung, und zwar im Zusammenhang mit einem entscheidenden Handelsabkommen mit der Sowjetunion.

1972, als Richard Nixon Präsident im Weißen Haus war und Sicherheitsberater Henry Kissinger der bestimmende Faktor in der amerikanischen Außenpolitik, war Entspannung das Ziel der Regierung: eine Lockerung des Kalten Kriegs, ein Nachlassen des Wettrüstens, die Hoffnung auf die Hilfe der Sowjets bei den Verhandlungen, die zur Beendigung des amerikanischen Engagements in Vietnam führen sollten. Gleichzeitig erschien die Entspannung auch den Sowjets vorteilhaft. Sie benötigten dringend amerikanische Hilfe, um ihre stagnierende Wirtschaft anzukurbeln.

Die beiden Seiten – Präsident Nixon und der sowjetische Wirtschaftsminister Nikolaj Patolitschew – unterzeichneten im Oktober 1972 ein Handelsabkommen. Die Sowjets sollten von den Vereinigten Staaten die Meistbegünstigungsklausel erhalten und dann ihre Leih-Pacht-Schulden aus dem Zweiten Weltkrieg in der Höhe von mehreren Milliarden Dollar vollständig abzahlen.

Diese Bemühungen, die Spannungen des Kalten Kriegs zu verringern, scheiterten an der Frage der Emigration der sowjetischen Juden. Im selben Monat hatte Senator Henry Jackson ein Amendment zum Trade Reform Act eingebracht, demgemäß der UdSSR und anderen kommunistischen Staaten die Meistbegünstigungsklausel nur dann zugestanden werden sollte, wenn sie ihren Bürgern nicht »das Recht oder die Gelegenheit zu emigrieren« versagten und wenn sie die Emigration nicht durch Steuern, Strafen oder andere Maßnahmen behinderten. Im Januar 1973 legte der Kongreßabgeordnete Charles Vanik im Repräsentantenhaus einen ähnlichen Entwurf vor. Senator Jackson und seine zahlreichen Anhänger argumentierten, daß – wenn die Emigration eine innere Angelegenheit der Sowjets war – der Handel eine innere Angelegenheit der Amerikaner war, die das Recht hatten zu entscheiden, mit wem und unter welchen Bedingungen sie Geschäfte machen würden.

Es ist nicht völlig geklärt, warum Senator Jackson dieses Amendment einbrachte. Als er das Thema vor seinen Kollegen im Senat anschnitt, wurde er – zuerst widerwillig, später, angesichts der offensichtlichen Notlage der sowjetischen Juden, ziemlich energisch – von den Senatoren Jacob Javits und Abraham Ribicoff, die beide Juden waren, unterstützt. Einige mutmaßen, daß Senator Jackson sich mit dem Gedanken trug, 1976 für die Präsidentschaft zu kandidieren, und daß er meinte, die Frage der sowjetischen Juden würde ihm die Unterstützung der amerikanischen Juden und der Hardliner unter den Antikommunisten sichern und ihm den Weg ins Weiße Haus ebnen. Was auch immer sein Beweggrund war, am 4. Oktober 1972 brachte er das Amendment ein, worauf eine zwei Jahre andauernde, zermürbende Debatte folgte.

Das Weiße Haus und das Außenministerium sowie die amerikanischen Wirtschaftsverbände lehnten das Amendment ab. George Meany, der Leiter des amerikanischen Gewerkschafts-Dachverbandes AFL-CIO und ein glühender Antikommunist, befürwortete es, ebenso zahlreiche konservative Organisationen. Im Zuge dieser Kontroverse wurden ungewöhnliche Bündnisse geschlossen. Die israelische Regierung schien das Amendment vehement abzulehnen; sie wollte, daß die russisch-jüdischen Dissidenten die Diplomaten ihre stille Arbeit tun ließen. Die amerikanischen Juden waren sich uneins: Die Führung lehnte es zum Großteil ab; die meisten Juden waren dafür.

Es war die Diplomsteuer – die der Kreml im August 1972 eingeführt hatte und die offensichtlich mitten ins Herz des sowjetischen Judentums gerichtet war –, die die amerikanischen Juden empörte und die Mehrheit dazu brachte, das Amendment zu unterstützen. Es kam zum Konflikt zwischen dem Weißen Haus auf der einen Seite und dem Kongreß und dem Großteil der amerikanischen Juden auf der anderen.

An dieser Kontroverse beteiligten sich nun über hundert sowjetisch-jüdische Dissidenten. Als Reaktion auf eine Erklärung des amerikanischen Außenministers William P. Rogers vom 12. Februar 1973, in der er die stille Diplomatie zum einzig wirksamen Mittel erklärte, das die Emigration der sowjetischen Juden vorantreiben konnte, verfaßten die Aktivisten einen kollektiven Brief, in dem sie an die leitenden Persönlichkeiten des amerikanischen Judentums appellierten, das Amendment zu unterstützen.

Der Sowjetunion zu gestatten, willkürlich auszuwählen, wer emigrieren durfte und wer nicht, »würde tragische, nicht wiedergutzumachende Folgen haben und für viele Tausende von sowjetischen Juden den endgültigen Zusammenbruch jeglicher Hoffnung auf Repatriierung bedeuten«. Stille Diplomatie könne nur dort wirksam werden, fuhr der Brief fort, wo sie von »lauter Diplomatie« begleitet sei: Versammlungen, Kundgebungen, offene Forderungen, offizielle Erklärungen, Zeitungskampagnen. Auch Wolodja war einer derjenigen, die diesen Brief unterzeichneten.

Im März 1973 erfuhren jüdische Dissidenten über einen inoffiziellen Kanal (möglicherweise einen Journalisten oder einen Besucher von der Union of Councils for Soviet Jewry, Wolodja kann sich nicht mehr genau erinnern), daß sie – wenn sie wollten, daß der Kongreß das Jackson-Vanik-Amendment annahm – einen Brief verfassen mußten, in dem sie als die Opfer von Menschenrechtsverletzungen ihre volle Unterstützung für das Amendment zum Ausdruck brachten. Der Brief mußte die Unterschriften mehrerer führender Persönlichkeiten der jüdischen Bewegung tragen.

Der Brief wurde am 10. April 1973 verfaßt und von Kirill Chenkin, Benjamin Lewitsch, Wiktor Polskij, Wladimir Slepak und Alexander Woronel unterzeichnet. Mit Hilfe eines Touristen wurde er an Senator Jackson geschickt. Am 10. April 1973 hielten die Dissidenten in der Wohnung von Kirill Chenkin, einem Journalisten und Übersetzer, der in dem stalinistischen Wolkenkratzer an der Kotelnitscheskaja Nabereschnaja wohnte, eine spezielle Pressekonferenz ab. Vier der jüdischen Dissidenten waren dort, ebenso drei oder vier ausländische Korrespondenten. Kopien des Briefes an Senator Jackson wurden den Korrespondenten ausgehändigt. Einen solchen Brief zu schreiben, aufzugeben und zu verteilen bedeutete, wie Wolodja es ausdrückte, »daß wir – wie man auf russisch sagt –

die Schläge und das Feuer auf uns lenkten«. Aber der KGB blieb stumm; es war dies die Zeit der Entspannung, und die Behörden wollten offenbar keine Schwierigkeiten mit ausländischen Korrespondenten mitten in Moskau.

Als Vertreter der russischen Dissidenten schrieb Andrej Sacharow einen auf den 14. September 1973 datierten offenen Brief an den amerikanischen Kongreß, in dem er zur Verabschiedung des Amendments drängte: »Ich appelliere an den Kongreß der Vereinigten Staaten, das Jackson-Amendment zu unterstützen, das in meinen Augen und in den Augen seiner Befürworter einen Versuch darstellt, das Recht auf Emigration von Bürgern in Staaten zu wahren, die neue und freundschaftlichere Beziehungen zu den Vereinigten Staaten aufnehmen wollen ... Die Annahme des Amendments ... kann keine Bedrohung der sowjetisch-amerikanischen Beziehungen darstellen. Noch weniger wird sie die internationale Entspannung gefährden.«

Zwei Monate später kam es zu einer ablehnenden Antwort durch den sowjetischen Dissidenten und Historiker Roy Medwedew: »... es wäre unrealistisch anzunehmen, daß die sowjetische Regierung unter dem Druck des amerikanischen Kongresses ein Gesetz erläßt, das allen, die es wünschen, unbeschränkt erlaubt, aus der UdSSR zu emigrieren. Und wenn der amerikanische Kongreß das Jackson-Amendment ... aus diesem Grund annimmt und der Sowjetunion die Meistbegünstigungsklausel verweigert, würde das die Aussichten auf eine Lösung des Emigrationsproblems in der nahen Zukunft wahrscheinlich nicht verbessern, sondern höchstens verschlechtern. Außerdem würde das die sowjetisch-amerikanischen Beziehungen beeinträchtigen.«

Zwischen diesen beiden Briefen kam es zum unerwarteten Yom-Kippur-Krieg, der am 6. Oktober 1973 mit einem Überraschungsangriff auf Israel durch Ägypten und Syrien ausbrach. In der Wohnung in der Gorkij-Straße lauschten die Slepaks den sowjetischen Radionachrichten über israelische Provokationen entlang des Suezkanals und die siegreichen Angriffe der Ägypter und Syrier. Dann ein, zwei Tage Stille, gefolgt von Berichten über die heimtückischen Israelis, die von den westlichen imperialistischen Mächten Waffen erhalten hatten und nun der ägyptischen Armee in den Rücken fielen und begannen, die Zivilbevölkerung zu vernichten. Mit einem Kurzwellenradio, das sie von einem ausländischen Besucher geschenkt bekommen hatten, hörten die Slepaks die Nachrichten von der umzingelten Dritten Ägyptischen Armee, von israelischen Truppen auf der anderen Seite des Suezkanals und 50 Kilometer vor Kairo, vom syrischen Rückzug und von den diplomatischen Manövern.

In den Vereinigten Staaten wurde die Diskussion um das Jackson-Vanik-Amendment immer hitziger. Die Israelis brauchten dringend die Unterstützung der Nixon-Regierung in diesem Krieg. Nixon, der bereit war, Waffen zu schicken, fragte sich, ob die amerikanischen Juden, die wollten, daß er Israel unterstützte, ihren Enthusiasmus für das Amendment nicht etwas dämpfen könnten. Kissinger, der nun Außenminister war, erinnerte die amerikanischen Juden daran, daß die Beendigung des Kriegs im Nahen Osten nur mit der Unterstützung der Sowjets möglich war, die sie angesichts der amerikanisch-jüdischen Befürwortung des Amendments verweigern könnten. Die amerikanischen Juden sahen sich gefangen in einem klassischen Konflikt zwischen dem Weißen Haus und dem Kongreß.

Die Diplomsteuer wurde im März 1974 stillschweigend ausgesetzt, aber nicht aufgehoben. Im Juni fuhr Breschnew in die Vereinigten Staaten, legte Statistiken über die Zahlen der Juden vor, die aus der Sowjetunion emigriert waren, gab sein Wort, daß in Zukunft noch mehr ausreisen dürften, und bemühte sich um uneingeschränkte Wirtschaftskredite. Noch im selben Monat fuhr Präsident Nixon, durch den Watergate-Skandal diskreditiert, nach Moskau. Um mögliche öffentliche Kundgebungen und andere peinliche Zwischenfälle während seines Aufenthalts zu vermeiden, verhaftete das KGB vor seiner Ankunft Dutzende Dissidenten in Moskau, Leningrad, Kiew und anderswo und sperrte sie ein – unter ihnen befand sich auch Wolodja. Gemeinsam mit anderen wurde er nackt ausgezogen, durchsucht und nach Serpuchow gebracht, etwa 100 Kilometer von Moskau entfernt, wo man ihn für 15 Tage in eine Zelle steckte.

Zwei Monate später trat Nixon von seinem Amt zurück, und Gerald Ford wurde Präsident. Am 20. Dezember verabschiedete der Kongreß den Trade Reform Act und das Jackson-Vanik-Amendment. In der Familienchronik der Slepaks ist Wolodjas Bemerkung festgehalten, daß »unmittelbar danach der sowjetische Außenminister Gromyko im in der Sowjetunion üblichen propagandistischen Tonfall eine Erklärung abgab: ›Wir werden uns von niemandem etwas vorschreiben lassen.‹ Um ihr Gesicht zu wahren«, behauptet Wolodja, »haben sie die Emigration gestoppt.«

Aber es war nicht das Jackson-Vanik-Amendment, das den Kreml so verärgerte und den sowjetischen Juden und den Amerikanern im Visakrieg eine Niederlage zufügte – die Sowjets hätten die Klauseln und Zusatzbestimmungen bezüglich der Emigration möglicherweise erfüllen können –, sondern ein Amendment zum Bankgesetz, das von Senator Adlai Stevenson III. eingebracht worden war. Das Amendment beschränkte die Kredite an die UdSSR für vier Jahre auf 300 Millionen Dollar pro Jahr – Kredite, die der Kreml damals dringend benötigte, um (bei niedrigen Zinsen) seine Ankäufe amerikanischer Technologie zu finanzieren. Diese Beschränkung, die den Kreml beleidigte und empörte, machte der Wirtschaftsdebatte ein Ende, und am 10. Januar 1975 lösten die Sowjets überraschend das Abkommen, das ihr Wirtschaftsminister im Oktober 1972 gemeinsam mit Präsident Nixon unterzeichnet hatte.

Innerhalb der Sowjetunion verstärkten sich die KGB-Repressalien gegen Dissidenten. Viele junge Männer, die Anträge auf Ausreisevisa stellten, wurden in die Armee eingezogen. Die Zahl der Prozesse gegen jüdische Dissidenten nahm zu, und die der Emigranten ging zurück: von 20 628 im Jahr 1974 auf 13 221 im Jahr 1975. Wolodja meint, daß der Kreml sein Handelsabkommen mit den Vereinigten Staaten annulliert habe, weil »die Sowjets nicht sagen konnten, daß dreihundert Millionen Dollar im Tausch gegen die Juden zu wenig waren«.

Aber der Kreml brauchte dringend die Meistbegünstigungsklausel. Außerdem wollte Breschnew ein Waffenabkommen und hielt es möglicherweise für notwendig, auf die westliche Kritik an seinem peinlichen, an den Stalinismus gemahnenden Durchgreifen gegen Menschenrechtsaktivisten im Jahr 1976 zu reagieren. Zur großen Überraschung vieler stieg im selben Jahr, 1976, die Zahl der Juden, die eine Emigrationserlaubnis erhielten, plötzlich an. Das ging weiter so bis 1979, in diesem Jahr verließen 51 320 Menschen das Land.

Wolodja und Mascha waren nicht darunter. Ihr Visakrieg ging weiter. Aber nach dem Jackson-Vanik-Amendment war es eine andere Art von Krieg, denn jetzt war Amerika beteiligt.

Auch Solomon Slepak, ein alter herzkranker Mann, der sich kurz zuvor einer Operation an der Prostata unterziehen mußte, hatte im Visakrieg seine eigene Waffe: Schweigen.

Seine erste Frau, Wolodjas Mutter, war nach einem langem Kampf gegen den Krebs gestorben. In der Familienchronik erzählt Sanja, der ältere von Wolodjas Söhnen, wie er als Kind ins Zimmer seiner Großeltern kam, wo hinter einem Paravent seine Großmutter lag, und wie sie ihn anschrie, er solle das Zimmer verlassen, weil sie keinen Besuch ertragen könne. Manchmal saß sein Großvater an einem Tisch und las eine Zeitung, die er weit geöffnet vor sich hochhielt, so daß man sein Gesicht nicht sehen konnte. Sanja erinnert sich, daß ihm sein Großvater das Lesen beibrachte, indem er die Zeitung auf dem Tisch ausbreitete und ihm zeigte, wie man die Buchstaben aneinanderreihen mußte, um Worte zu bilden. Einst, in einer anderen Welt und einer anderen Zeit, hatte Solomon Slepak, der gerade erst in New York angekommen war, so von den Kindern seiner Schwester Englisch gelernt, aus Zeitungen, die sie auf dem Fußboden ausbreiteten. Sanja und sein Großvater gingen oft spazieren, und wenn Sanja Schokolade wollte, warteten sie eine Stunde oder länger in dem Geschäft, und während sie warteten, erzählte ihm der Großvater von legendären Kämpfern der Revolution, von unerschütterlichen Arbeitern, von jungen Männern und ihren heldenhaften Taten.

Nachdem seine Frau gestorben war, heiratete der Altbolschewik wieder. Jetzt lebte er mit seiner zweiten Frau in einem kleinen Haus. Von Zeit zu Zeit besuchte er Wolodja und Mascha – bis es zu dem endgültigen Bruch kam, als sie ihm von ihren Plänen, nach Israel zu emigrieren, erzählten. Von diesem Zeitpunkt an wollte der Altbolschewik nichts mehr mit seinem Sohn und seiner Schwiegertochter zu tun haben. Gelegentlich hörten sie etwas über ihn von Wolodjas Cousin Anatolij.

Maschas Mutter schimpfte einmal mit Solomon Slepak. »Enkel sollten nicht darunter leiden müssen, wenn Vater und Sohn miteinander Probleme haben. Die Kinder haben nur einen Großvater. Wie könnt ihr ihnen den Großvater vorenthalten?«

Und so fuhr Sanja drei- oder viermal im Jahr – manchmal allein, manchmal mit seinem kleinen Bruder Leonid – mit der Metro und der Straßenbahn zum Haus seines Großvaters. Der Altbolschewik lebte in der Maschkowa-Straße, einer schmalen Seitengasse im Zentrum der Moskauer Altstadt. Das einstöckige Holzhaus, das in einem Hof stand, war eine wackelige Angelegenheit, die Wände waren schief, der Fußboden knarrte; es hätte aus einem Roman von Gogol stammen können. Es hatte einen kleinen Garten, in dem Blumen und Sträucher wuchsen. Ein riesiger deutscher Schäferhund rannte herum und bellte wütend. Das Haus wirkte armselig und wie geschrumpft, als ob es sich von der Außenwelt zurückgezogen hätte und von der Geschichte vergessen wäre, ganz so wie der Mann, der dort lebte.

Fast immer öffnete ihnen die Frau ihres Großvaters die Tür, während er an einem großen runden Tisch saß und schrieb. Sie war viel jünger als Solomon, ungebildet, eine typische gewöhnliche Russin aus der untersten Gesellschaftsschicht. Sie wirkte immer aufgeregt, wenn die Kinder zu Besuch kamen, wirtschaftete nervös herum, machte große Umstände, redete unaufhörlich, bis Solomon sagte: »Genug, genug, beruhige dich.«

Manchmal wartete ihr Großvater an der Tür auf sie, schob den Hund zur Seite und nahm ihnen die Mäntel ab. Er freute sich, sie zu sehen. Berge von Büchern und Papieren und dicke Wörterbücher lagen auf dem Tisch, und es dauerte eine Weile, bis er alles weggeräumt hatte. Das Zimmer war klein, auf der einen Seite stand ein Sofa und in der Mitte ein Tisch, wie bei russischen Bauern: ein Berg von bunten Kissen, ein Tischtuch, Zierborten an den Regalen und Stickereien an den Wänden. Die Jungen und ihr Großvater saßen um den Tisch und plauderten. Er erkundigte sich nach dem Befinden ihrer Eltern. Sie wußten, daß sie ihrem Großvater nichts von den Aktivitäten ihres Vaters erzählen durften. Seine Frau brachte ihnen Tee und Süßigkeiten. Erst Jahre später erfuhren die Jungen, daß sie Alkoholikerin war, daß sie ihren Großvater beschimpfte, sein Geld stahl und ihn schlug.

Leonid Slepak, der zart gebaut, auffällig hübsch und sieben Jahre jünger war als sein Bruder, verbrachte einen großen Teil seiner Kindheit in Pflegeheimen. Wenn er krank war, kam manchmal sein Großvater in die Wohnung in der Gorkij-Straße, um auf ihn aufzupassen. Er brachte seine Arbeit mit – immerzu schrieb oder übersetzte er etwas – und saß mit seinen Büchern und Papieren am Wohnzimmertisch. Einmal ließ ihn Leonid nicht in Ruhe, und Solomon legte seine Arbeit beiseite und las ihm ein italienisches Märchen vor, »Zwiebelkopf«, das ins Russische übersetzt und damals in der Sowjetunion sehr beliebt war. Es ging darum, wie das Gemüse – die Zwiebeln, Radieschen und der Lauch – eine Revolution veranstalteten und die Orangen und Tomaten stürzten.

Einmal gab Solomon dem kleinen Leonid eine russische Übersetzung von »Alice im Wunderland«. Er selbst hielt eine englische Ausgabe in der Hand. Leonid sollte, während Solomon vorlas und vom Blatt weg ins Russische übersetzte, mitlesen und aufpassen, ob er Fehler machte. Staunend und mit wachsender Begeisterung folgte Leonid der makellosen Übersetzung seines Großvaters. »Alice im Wunderland« war das erste Buch, das Leonid auf englisch las.

Die Jungen besuchten Solomon auch im Herbst 1974 im Krankenhaus, wo er sich von einem Herzinfarkt erholte. Diesmal kamen sie mit ihrem Vater, der etwas Obst mitbrachte. Es war früh am Abend, kalt und regnerisch, auf dem Boden lag noch kein Schnee. Solomon Slepak war in einem kleinen Zimmer untergebracht, in dem nur noch ein weiteres – leeres – Bett stand. Das war erstaunlich. Die meisten Krankenhauszimmer hatten sechs bis zehn oder gar zwölf Betten. Offenbar war dies ein Zimmer, das für Altbolschewiken reserviert war.

Er lag ganz hinten links, und als sie eintraten, blickte er auf und fragte Wolodja barsch, ob er seine Meinung geändert habe, was seine Emigration nach Israel betraf. Wolodja sagte nein. Solomon zeigte auf das Obst, dann auf einen kleinen Tisch und dann auf die Tür. Wolodja legte das Obst auf den Tisch, ging hinaus und wartete draußen auf dem Gang. Die Jungen gingen zu ihrem Großvater, setzten sich zu ihm aufs Bett und plauderten eine Weile mit ihm. Dann verabschiedeten sie sich und gingen mit ihrem Vater heim.

Weil sich die Wohnung der Slepaks im Stadtzentrum befand, war sie Anfang der siebziger Jahre zu einem Treffpunkt geworden, einer Art Sammelpunkt und einem Hauptquartier im Visakrieg. Sie war nicht weit entfernt von zwei wichtigen Hotels, dem »National« und dem »Intourist«: Gorkij-Straße 15. An Geschäften vorbei gelangte man zum Eingangstorbogen. Links vom Eingang war eine große Buchhandlung, rechts ein Milchgeschäft. Wenn man durch den Torbogen trat, kam man in den Hof. Die Wohnungen erreichte man nur über den Hof; der Aufgang zur Wohnung der Slepaks war gleich der erste, eine zweiteilige Holztür mit Glasscheiben, dann eine weitere Tür, die in ein kleines Foyer führte, wo hinter einem Drahtgitter die Rückseite des Aufzugschachtes zu sehen war. Links ging es zu einer Wendeltreppe, und im Halbstock konnte man die schwere stählerne Aufzugtür öffnen, hinter der sich eine Pendeltür aus Holz und schließlich der winzige Aufzug befanden. Man zog die Stahltür zu und trat zurück, damit sich die Pendeltür schließen konnte. Dann drückte man auf den Knopf und fuhr in den achten Stock, öffnete die Pendeltür und die Stahltür und stieg aus. Man sah sich zwei Wohnungen gegenüber. Die rechte, Nummer 77, mit der braunen Holztür, war die Wohnung der Slepaks.

Anfang der siebziger Jahre hatte Wolodjas Name einige Male in der Zeitung gestanden: ein Dissident, ein Volksfeind. Die meisten seiner Mitbewohner grüßten ihn, wenn sie ihn im Hof oder auf der Straße trafen, aber abgesehen davon mieden sie ihn und Mascha. Die einzigen Freunde, die sie in dem Haus hatten, war das Ehepaar, das direkt unter ihnen wohnte. Er war Architekt, sie arbeitete in einem Verlag. Leonids Schulkameraden kamen nicht mehr zu Besuch. Sanja, der bereits erwachsen war, lebte mit seiner Freundin zusammen.

In dieser Gemeinschaftswohnung, in dem Zimmer, das er mit Mascha teilte – die anderen Bewohner waren Leonid und ein Polizist mit seiner Frau, die hinter ihren verschlossenen Türen lebten und oft betrunken waren –, bastelte Wolodja sorgfältig an den Vorrichtungen, mit deren Hilfe die Namenslisten und die notwendigen Daten derjenigen, die Einladungen aus Israel wollten, in den Westen geschmuggelt wurden. Zehntausende von Namen gingen durch seine Hände. Zuerst kaufte er in Souvenirläden russische Holzpuppen. Dann schnitt er den Puppen den Kopf ab, bohrte ein Loch in den Körper, steckte die fest zusammengerollten Negative der abfotografierten Listen hinein, klebte den Kopf wieder an und gab die Puppe einem Besucher, den ihm ausländische Freunde empfohlen hatten. Die Puppe verließ die Sowjetunion ganz offen im Gepäck eines Touristen. Unter den jüdischen Dissidenten gab es nur drei, die von diesen Puppen wußten, und nur Wolodja – oder manchmal Leonid – war an der Transaktion beteiligt. Keine der Puppen wurde je entdeckt.

Eine winzige Waffe, diese Puppen, und eine der wirkungsvollsten.

Eine neue Waffe trat auf den Plan: die Helsinki Watch Group. Das Abkommen wurde 1975 von 35 Staaten unterzeichnet – darunter auch die Sowjetunion, weil so die bis dahin inoffiziellen Nachkriegsgrenzen international anerkannt wurden, und die Vereinigten Staaten, weil sie wollten, daß sich die Sowjetunion zur Einhaltung der Menschenrechtserklärung von 1948 verpflichtete, die eine allgemeine Rede- und Meinungsfreiheit forderte. Das Abkommen, an dem drei Jahre gearbeitet wurde, war zwar rechtlich nicht bindend, dafür hatte es aber große moralische und politische Bedeutung. Die Staaten, die das Abkommen unterzeichneten, sollten »von dem Grundsatz geleitet werden, daß solche allgemeine Garantien im eigenen Land und anderswo streng eingehalten werden«. Von besonderer Bedeutung für die jüdischen Dissidenten war die Tatsache, daß sich die unterzeichnenden Staaten verpflichteten, »die Menschenrechte wie Gedanken-, Gewissens- und Religionsfreiheit zu respektieren«, und das Versprechen, sich für die Zusammenführung von Familien durch Emigration einzusetzen.

Aber die Sowjets, die vom Westen die Anerkennung der vom Abkommen garantierten Grenzen erwarteten, hatten nicht die Absicht, sich an die Menschenrechtsbestimmungen zu halten, die sie als bloße Rhetorik ansahen. Um dieser Einstellung und dem möglichen Verzicht des Weißen Hauses auf Einhaltung der Menschenrechte im Interesse der Entspannung etwas entgegenzusetzen, legte die Abgeordnete Millicent Fenwick am 23. März 1976 einen Gesetzesentwurf vor, der die Einsetzung einer »Kommission zur Überwachung der Einhaltung des Helsinki-Akommens« vorsah. Das Gesetz wurde verabschiedet. Der Kongreßabgeordnete Dante Fascell wurde Vorsitzender der Kommission.

Während der Gesetzesentwurf den Kongreß passierte und schließlich auf dem Tisch von Präsident Ford landete, der ihn im Juni unterzeichnete, organisierte Jurij Orlow, ein sowjetischer Physiker und langjähriger Dissident, in Moskau eine Gruppe, die die Einhaltung des Menschenrechtsabkommens in der Sowjetunion kontrollieren sollte und die als die Helsinki Watch Group bekannt wurde.

Ähnliche Gruppen, die von der Helsinki-Gruppe angeregt, aber von ihr unabhängig waren, wurden nun überall in der Sowjetunion gebildet – in der Ukraine, in Litauen,

Armenien, Georgien. Diese Gruppen waren der Ausgangspunkt eines stetigen Stroms von Meldungen über eine Unmenge von Menschenrechtsverletzungen – über Verhaftungen und Prozesse, die Verfolgung von Anhängern der Pfingstbewegung, von Katholiken und Krimtataren, über die Lebensbedingungen in den Arbeitslagern, den Einsatz von Drogen und die psychiatrische Behandlung von politischen Gefangenen.

Unter den ersten Mitgliedern, die Orlow für seine Moskauer Gruppe gewann, waren Alexander Ginsburg, Anatolij Schtscharanskij und Jelena Bonner, die Frau Sacharows. Orlow bat Schtscharanskij und Witalij Rubin, den bekannten Sinologen, dessen Antrag auf Auswanderung seit 1972 wiederholt abgewiesen worden war, die jüdische Emigrationsbewegung zu vertreten. Im Juni dieses Jahres erhielt Rubin plötzlich sein Visum und flog nach Israel. Seine Stelle nahm nun Wolodja ein.

Die Kontrollgruppen wurden zu einer unersetzlichen Waffe der russischen Dissidenten und jüdischen *refjusniki* und zum Stolperstein für die sowjetischen Behörden. Der KGB erklärte Jurij Orlow, daß seine Moskauer Gruppe illegal sei; er ignorierte die Anweisung, sie aufzulösen. Der KGB durchsuchte die Wohnungen der Gruppenmitglieder. Orlow und Ginsburg wurden im Februar 1977 verhaftet. Orlow erhielt die Höchststrafe für antisowjetische Propaganda: sieben Jahre Arbeitslager und fünf Jahre Exil. Ginsburg, dessen Verhandlung im Juli 1978 stattfand – lange nach Überschreitung der Höchstgrenze von neun Monaten Untersuchungshaft –, wurde zu acht Jahren im Lager verurteilt.

Auf einem Foto, das irgendwann im Mai 1978 vor dem Gerichtsgebäude von Lublino in Moskau aufgenommen worden war, in dem die Verhandlung gegen Jurij Orlow stattfand – Orlows Frau hatte sich ausziehen müssen und war von männlichen Wachen durchsucht worden, bevor sie das Gerichtsgebäude betreten durfte –, ist Andreij Sacharow vor einem halben Dutzend uniformierter Wachen zu sehen. Er scheint gerade eilig an ihnen vorüberzugehen. Etwa zur selben Zeit wurden Andreij Sacharow und seine Frau zusammen mit Wolodja fotografiert. Sie tragen Lederjacken, und an den Büschen hinter ihnen sind Knospen zu sehen. Wolodja trägt eine ziemlich auffallende Sonnenbrille. Das war nur wenige Tage vor seiner eigenen Verhaftung.

Anfangs hatten die Sowjets so getan, als ob das Helsinki-Abkommen der wichtigste historische Moment seit dem Sieg über Hitler war – so begeistert waren sie über die weltweite Anerkennung ihrer im Krieg dazugewonnenen Gebiete –, nun wurde es nach und nach als enormer taktischer Fehler angesehen. Das Abkommen hatte bestimmte grundlegende Themen, die das Leben aller betrafen, auf die internationale Tagesordnung gesetzt: Bewegungsfreiheit, der offene Austausch von Information, die Zusammenführung von Familien. Diese Bedingungen des Helsinki-Abkommens, die für die Amerikaner, die sowjetischen Dissidenten und sogar für die kommunistischen Parteien im Westen keine bloße Phrasendrescherei oder Gemeinplätze darstellten, waren auf einmal zu einer Waffe geworden, die sich gegen den Kreml richtete. Die unablässigen Berichte der Kontrollgruppen zerrten die sowjetischen Verstöße ans Licht der Öffentlichkeit und machten deutlich, wie zerrissen und quälend das Leben in der marxistisch-leninistischen Sowjetunion war. Was die Situation für den Kreml noch komplizierter gestaltete, war die Tatsache, daß die Richtung der jüdischen Emigration im Laufe der Jahre eine wesentliche Änderung erfahren hatte: Viele verließen in Wien ihren geplanten Weg und entschlossen sich – sehr zum Ärger der Israelis –, lieber nach Amerika zu gehen. So boten viele der bestens qualifizierten sowjetischen Juden ihre Dienste nicht nur dem sozialistisch-zionistischen Staat an, sondern auch dem kapitalistischen Westen. Und die vielleicht unheilvollste Entwicklung: Als ob sie den Juden nacheiferten, begannen nun auch andere Minderheiten mit Auswanderungskampagnen. 1974 hielten Wolgadeutsche mit Fahnen und Transparenten Kundgebungen vor Parteibüros ab, veranstalteten Sit-ins und Hungerstreiks.

In der Wohnung in der Gorkij-Straße trugen Wolodja Slepak und Anatolij Schtscharanskij Informationen über sowjetische Menschenrechtsverletzungen zusammen und schickten sie an die westlichen Staaten, die das Helsinki-Abkommen unterzeichnet hatten. Ihre Informationen bekamen sie von überall her, zumeist von Reisenden, die – im Zug oder im Flugzeug – Listen von Verfolgten, Verhafteten und Verurteilten mitbrachten.

Schtscharanskij war Ende Zwanzig, ein kleiner, lebhafter Wissenschaftler und Computerspezialist mit beginnender Glatze, der aufgewachsen war, ohne viel darüber zu wissen, was es bedeutete, Jude zu sein. Er war intelligent, geistreich und liebte das Leben. Der Antisemitismus und der Sechstagekrieg hatten aus ihm einen Dissidenten gemacht. Im Frühjahr 1973 stellte er einen Antrag auf Ausreiseerlaubnis und wurde abgewiesen. 1974 heiratete er. Weil er ausgezeichnet Englisch sprach, trat er bei Pressekonferenzen als Sacharows Dolmetscher auf. Er erkannte als einer der ersten die Bedeutung der Kontakte mit ausländischen Journalisten und hatte bereits zahlreiche Zusammenstöße mit dem KGB hinter sich, dessen Agenten ihm offen folgten, neben ihm in Bussen standen, hinter ihm über die Treppen der Metro liefen und sogar mit ihm in die Taxis stiegen, die er angehalten hatte. Schtscharanskij bestand immer darauf, daß sie einen Teil des Fahrpreises übernahmen.

Er und Wolodja erfüllten gewissenhaft ihre Aufgabe in

der Helsinki-Gruppe. Jeder Verstoß, von dem sie erfuhren und der einen Juden betraf, wurde dokumentiert und sorgfältig überprüft. Eine Sammlung solcher Fälle wurde der ganzen Gruppe vorgelegt. Nach langen Diskussionen und weiteren Nachforschungen wurde eine Erklärung verfaßt, die die Namen derer enthielt, deren Rechte verletzt worden waren. Die Erklärung wurde von der Gruppe geprüft und auf einer Schreibmaschine vervielfältigt. Jedes Exemplar wurde von allen Mitgliedern der Gruppe unterzeichnet. (Bestanden irgendwelche Zweifel an der Zuverlässigkeit der Fakten, wurde die Erklärung nicht veröffentlicht.) Kopien wurden dann per Post an die sowjetische Regierung und an die Regierungen der unterzeichnenden Staaten verschickt; weitere Exemplare gingen über andere Kanäle, die zuverlässiger schienen als die Post – Diplomaten, Journalisten und ausländische Besucher –, an die übrigen Signatare, an *Chronika*, das Dissidentenorgan, das seit 1972 nicht mehr regelmäßig, sondern nur noch sporadisch erschien, und an das Archiv der Helsinki Watch Group. Üblicherweise gab die Gruppe monatlich zwei bis vier solcher Erklärungen heraus.

Diskussionen und Entscheidungen über Petitionen, offene Briefe und Kundgebungen fanden fast immer im Freien statt – im Wald oder in einem Park. Wenn es – was manchmal vorkam – absolut notwendig war, solche Diskussionen in einem Raum abzuhalten, so wurde nie gesprochen. Sie schrieben auf Zaubertafeln oder auf Zetteln, die sie, sobald die Diskussion zu Ende war, verbrannten oder in kleine Stücke zerrissen, die sie in der Toilette hinunterspülten.

Einige Monate bevor Wolodja sich ernsthaft an der Arbeit der Helsinki-Gruppe zu beteiligen begann, ließen er und Mascha sich scheiden. In diesem Jahr, 1976, waren sie in ernsten Schwierigkeiten. Nicht einer von den Hunderten *refjusniki* in Moskau erhielt einen Bescheid, durch den sich seine Lage geändert hätte. Alles schien stillzustehen, nur die Zeit verging – was besonders erschreckend war für eine Familie, deren Sohn bald in das Alter kommen würde, da er in die Armee eingezogen werden konnte.

Sanja, der ältere der beiden Söhne der Slepaks, wußte, daß er aufgrund seiner Kurzsichtigkeit nicht tauglich war. Er hatte 1969 die Schule abgeschlossen und wurde an keiner Universität zugelassen – »Du wirst in diesem Land nie studieren dürfen, wir bilden keine Spezialisten für Israel aus«, hatte ihm ein KGB-Beamter unverblümt erklärt. Jetzt verrichtete er Gelegenheitsarbeiten – als Nachtwächter, Kellner, Gepäckträger – und konnte keine feste Anstellung finden, weil er der Sohn eines Dissidenten und selbst ein aktiver Dissident war und unerbittlich vom KGB verfolgt wurde. Aber Leonid, der jüngere Sohn, würde bald ins Einberufungsalter kommen.

Wolodja und Mascha wußten nur zu gut, wie die sowjetische Armee mit den Söhnen derer umging, die ein Ausreisevisum nach Israel beantragt hatten. Und sie kannten junge Juden, denen noch Jahre nach ihrem Armeedienst das Ausreisevisum verweigert wurde, weil sie in ihren Antworten auf die Fragen von UVIR-Beamten zugegeben hatten, daß sie sich an die Namen ihrer ehemaligen Offiziere erinnerten – ein Staatsgeheimnis, wie man ihnen mitteilte, als man sie davon in Kenntnis setzte, daß sie kein Visum bekommen würden. Jemand hatte Wolodja den Hinweis gegeben, daß der ganzen Familie aufgrund seines Sicherheitsstatus das Visum verweigert werde. Verzweifelt beschlossen er und Mascha im Januar 1976, sich offiziell scheiden zu lassen, um ihren rechtlichen Status und den ihrer Söhne von dem seinen zu trennen.

Sie erledigten die Scheidungsformalitäten. Beide reichten die Scheidung bei einem Gericht ein. Bei der Verhandlung erklärten sie, daß sie ihre Entscheidung nicht spontan oder nach einem Streit getroffen hatten, daß sie keine finanziellen Ansprüche aneinander stellten, daß sie nichts anderes wollten, als getrennt zu leben, daß ihre Kinder erwachsen waren. Das Gericht unternahm keinen Versuch, sie zu einer Änderung ihres Standpunktes zu überreden, und stimmte der Scheidung zu.

Mascha richtete daraufhin gemeinsam mit Leonid und getrennt von Wolodja und Sanja einen Antrag an das UVIR. Aber ihre Anträge wurden sofort abgelehnt. Ein Beamter erklärte ihr, daß das UVIR nicht an die Echtheit der Scheidung glaubte und daß sie erst dann emigrieren durfte, wenn auch Wolodja die Erlaubnis erhielt.

Sie blieben geschieden, lebten aber weiterhin in derselben Wohnung zusammen und hofften, daß das UVIR eines Tages nachgeben und Mascha und Leonid die Erlaubnis zur Ausreise geben würde.

Die Bewohner der Wohnung in der Gorkij-Straße hörten die Nachrichten von der großen Gegenoffensive des Kreml in seiner Auseinandersetzung mit Dissidenten und allen, die einen Ausreiseantrag gestellt hatten. Anfang März 1977 lasen Wolodja und Schtscharanskij mit großem Erstaunen einen offenen Brief in der *Iswestija*, der einen gefährlichen Angriff auf die Moskauer Gemeinschaft von *refjusniki* darstellte. Der Brief stammte von Dr. Sanja Lipawskij, einem Mann, den die *refjusniki* achteten und dem sie vertrauten. Die Familienchronik beschreibt ihn als einen mittelgroßen Mann mit buschigem braunen Schnauzbart, braunen Augen, kurzen, leicht angegrauten Haaren und dem selbstbewußten Lächeln einer Katze. In seinem Brief schrieb Dr. Lipawskij, daß er seinen Antrag auf ein Ausreisevisum zurückzog. Er gab zu, als Spitzel für die Central Intelligence Agency gearbeitet zu haben, und beschuldigte mehrere führende Persönlichkeiten der jüdischen Dissidentenbewegung – unter ihnen Witalij Rubin, Professor Alexander Lernen, David Asbel, Wladimir Slepak, Anatolij Schtscharanskij, Mark Asbel und einige Amerikaner –, vom CIA bezahlte Spione zu sein. Einige von dieser Liste befanden sich nicht mehr in der Sowjetunion. Die anderen mußten mit einer Anklage wegen Hochverrats rechnen, auf den die Todesstrafe stand. Am 12. März behauptete ein Artikel in der *Prawda*, daß die Dissidenten »vom Westen unterstützt, bezahlt und gefördert« wurden.

Einige Dissidenten waren der Ansicht, daß der Kreml so seinen Ärger über das jüngste Treffen von Präsident Carter mit Wladimir Bukowskij im Weißen Haus zum Ausdruck brachte, dem Dissidenten, der Wolodjas erste Kontakte mit ausländischen Journalisten arrangiert hatte und der bald darauf verhaftet, zu sieben Jahren Arbeitslager verurteilt und 1976 im Austausch gegen den chilenischen Kommunistenführer Luis Corvalan Lepe freigelassen worden war. Aber die meisten Dissidenten sahen in der Verbindung, die zwischen der Dissidentenbewegung und der CIA hergestellt wurde, eine unheilvolle Wende in der Politik des Kreml.

Die Familienchronik verzeichnet, daß Mascha zweimal gewarnt wurde – einmal in ihrer Wohnung von einem Freund der Familie, der eine Zaubertafel benutzte, und ein weiteres Mal in einem nahe gelegenen Park von einem Bekannten –, daß sich ein Provokateur unter ihnen befinde und daß ihnen allen ernsthafte Schwierigkeiten bevorstünden. Beide Male informierte Mascha Wolodja, der ihr erklärte, so etwas sei zu erwarten und er könne nichts tun. Mascha sagte: »Du mußt herausfinden, wer es ist.« Wolodja antwortete: »Ich möchte mich damit nicht beschäftigen, denn das ist ein unvermeidliches Übel. Sogar wenn ich es herausfinde und wir ihn ausschließen, wird morgen jemand anderer seinen Platz einnehmen. So ist das nun mal, und so wird es bleiben. Ich werde mich nicht darum kümmern.« Mascha sagte: »Wie du willst. Das mußt du mit deinem Gewissen ausmachen. Meine Pflicht war es, dich zu warnen, ich habe meine Schuldigkeit getan.«

Die ernsthaften Schwierigkeiten, die der Freund vorhergesagt hatte, hatten nun begonnen. Obwohl Präsident Carter und das amerikanische Außenministerium sofort die Spionagevorwürfe zurückwiesen, waren Lipawskijs Brief und der gehässige Artikel, der darauf folgte, ein großer Schock. Die Dissidenten waren erschreckt und bestürzt über die geäußerten Anschuldigungen, völlig verblüfft über Lipawskijs Motivation. Heute nimmt man an, daß er 1962 den Sicherheitsorganen seine Dienste anbot, um das Leben seines Vaters zu retten, eines Ingenieurs, der zum Tode verurteilt worden war, weil er große Mengen teurer Stoffe aus einer Textilfabrik gestohlen hatte. Die Strafe wurde in eine dreizehnjährige Gefängnisstrafe umgewandelt, und in den siebziger Jahren trat Lipawskij als Spitzel und Provokateur in die Welt der *refjusniki* ein.

Von der CIA bezahlte Juden! Juden – eine Bedrohung der Sicherheit des Mutterlandes! In diesem Ton berichteten Zeitungen und Magazine in der ganzen UdSSR. Wolodja und Mascha lasen die Artikel und waren empört über die Anschuldigungen. Sie spürten den Haß, der in der Luft lag – unter Stalin waren die Juden Giftmischer gewesen, jetzt waren sie Spione im Dienst der CIA –, und sahen sich zurückversetzt in die Zeit der Säuberungen und der »Verschwörung der Ärzte«. Das Ziel des Kreml war offensichtlich: jede Kommunikation zwischen den sowjetischen Dissidenten und der amerikanischen Regierung zu unterbinden.

Mittlerweile war deutlich geworden, daß Breschnew nicht die Absicht hatte, den Dissidenten irgendeinen Erfolg zu gönnen; die ärgerlichen Helsinki-Gruppen mußten verschwinden. Überall wurden Nachrichten über Verhaftungen und Prozesse veröffentlicht. Es schien die Sowjets wenig zu kümmern, daß Präsident Carter offenbar persönlich an Menschenrechtsfragen interessiert war und daß die Entspannung und die Abrüstungsabkommen in Gefahr geraten könnten, wobei der Kreml aber – möglicherweise im Hinblick auf die Meistbegünstigungsklausel und das Jackson-Vanik-Amendment – 1978 und 1979 einer größeren Zahl von Juden, die nicht zu den *refjusniki* zählten, die Ausreise aus der Sowjetunion gestattete. Es kam zu Zwischenfällen in Polen, in der Tschechoslowakei, in Rumänien und Ostdeutschland: Studenten und Arbeiter wiesen auf das Helsinki-Abkommen hin und forderten die Einhaltung der Menschenrechte. In der Sowjetunion aber wurden die Kontrollgruppen durch Verhaftungen, Prozesse und schwere Strafen systematisch ausgemerzt. Die nahezu völlige Ausrottung der Menschenrechtsgruppen und eine verstärkte jüdische Emigration – gleichzeitig!

Innerhalb und außerhalb der Sowjetunion war die Situation für Zuschauer und Beteiligte am Visakrieg gleichermaßen verwirrend. David Shipler, der Korrespondent der *New York Times* bei der internationalen Konferenz in Belgrad 1977/78, auf der die Einhaltung des Helsinki-Abkommens diskutiert wurde, sagte: »Niemand weiß, was alles bei der Entscheidung ein Rolle spielt, einen Dissidenten zu verhaften und vor Gericht zu stellen, einen anderen emigrieren zu lassen und einen dritten zu ignorieren. Unberechenbarkeit scheint das Markenzeichen höherer Politik zu sein, möglicherweise mit der Absicht, die Aktivisten aus dem Gleichgewicht zu bringen.«

Ein Foto zeigt Schtscharanskij und Wolodja nebeneinander. Das Bild enthält keinen Hinweis darauf, wann es genau entstanden ist. Die unbarmherzige Kamera zeigt die Anspannung in ihren Gesichtern. Sorgenvolle Linien auf Wolodjas Stirn stehen in schwerem Kontrast zu seinem verwegenen, lockigen Haarschopf und dem gutmütigen, leicht angegrauten Bart; seine Freunde hatten ihm den Spitznamen »Der Bart« gegeben. Ihre zu einer dünnen Linie zusammengepreßten Lippen lassen ihre Verbissenheit und Erschöpfung erkennen. Ihre Augen liegen in Höhlen aus dunklen Schatten. Das Foto muß kurz vor Schtscharanskijs Verhaftung entstanden sein.

Am 15. März 1977 – elf Tage nach Veröffentlichung von Lipawskijs Brief in der *Iswestija* und nach Erscheinen des langen Artikels, der Schtscharanskij und andere jüdische Dissidenten beschuldigte, Agenten für die CIA und Spione gegen das Mutterland zu sein – hielten sich Schtscharanskij, Wolodja und Mascha gemeinsam in ihrer Wohnung in der Gorkij-Straße auf. Schtscharanskij, dessen Eltern in einer Stadt etwa 80 Kilometer von Moskau entfernt lebten, wohnte manchmal, um sich das Pendeln zu ersparen, bei Freunden in Moskau, die wie er *refjusniki* waren. Seine Frau Avital hatte 1975 ihr Ausreisevisum erhalten und lebte in Israel. Er wohnte nun bei den Slepaks und konnte nirgendwo hinfahren, ohne ständig von KGB-Leuten umgeben zu sein. Seine Freunde, die sich darüber klar waren, daß seine Verhaftung unmittelbar bevorstand, wollten ihn nicht allein ausgehen lassen. Es war sechs Uhr abends. Er, Mascha und Wolodja beendeten gerade ihren wöchentlichen Hebräischunterricht.

Zwei ausländische Korrespondenten, David Satter von der Londoner *Financial Times* und Hal Piper von der *Baltimore Sun*, kamen plötzlich in die Wohnung und berichteten, daß Michail Stern, ein jüdischer Physiker und Dissident, der 1974 zu einer Strafe im Arbeitslager verurteilt worden war, aus gesundheitlichen Gründen vorzeitig freigelassen worden war. Schtscharanskij und die Slepaks waren begeistert von dieser Nachricht und fanden, das sei ein Grund zum Feiern. Das einzige, was sie zu Hause hatten, war eine Flasche Cognac. Schtscharanskij kippte ein Glas hinunter und wurde sofort übermütig, weil er keinen Alkohol vertrug; er wollte die gute Nachricht sofort anderen Korrespondenten erzählen und verfaßte gemeinsam mit

Wolodja eine kurze Erklärung. Aber der KGB hatte das Telefon in der Wohnung schon vor langer Zeit gesperrt. Schtscharanskij steckte ein paar Zwei-Kopeken-Stücke für das öffentliche Telefon auf der Straße ein. Gefolgt von Wolodja und den beiden Korrespondenten stürzte er aus der Tür – direkt in die Arme der beiden KGB-Agenten, die im Treppenhaus auf ihn gewartet hatten.

Im Aufzug war nur Platz für vier Personen, aber fünf zwängten sich hinein: die KGB-Beamten, die Korrespondenten und Schtscharanskij. Wolodja rief: »Ich gehe zu Fuß hinunter« und lief zur Treppe. Eng aneinandergepreßt fuhren die Agenten, die Journalisten und Schtscharanskij in dem klapprigen Aufzug langsam nach unten. Die Agenten bildeten mit Schtscharanskij eine Phalanx, als er die Treppen zum Foyer hinunterging und auf die Straße trat. Draußen zerrten ihn plötzlich zahlreiche Hände weg von den Journalisten, drehten ihm die Arme auf den Rücken und stießen ihn auf den Rücksitz einer wartenden Wolga-Limousine, die sofort losfuhr. Er saß zwischen zwei KGB-Agenten gezwängt da. Der Wagen brachte ihn ins Lefortowo-Gefängnis und in die grausame, kalte Nacht des KGB-Strafvollzugs.

Etwa zur selben Zeit kam, gemeinsam mit seiner Frau Elaine, Gerald Wolpe in Moskau an, ein Rabbi, der aus Amerika nach Osteuropa geflogen war, um einem schwerkranken *refjusnik* in Kiew lebenswichtige Medikamente zu bringen. Die Wolpes mußten bestimmte Personen treffen, und weil sie wußten, daß Wolodja als das Zentralnervensystem der *refjusniki* fungierte, als Schlüssel zu beinahe jedem Mitglied der Bewegung, machten sie sich auf den Weg in die Gorkij-Straße. Sie folgten dem Finger des Reiterstandbildes von Jurij Dolgorukij, des Gründers von Moskau, der zur Wohnung der Slepaks wies. Plötzlich fanden sie sich mitten im Getümmel.

In der Wohnung waren einige führende – damals schon

fast legendäre – *refjusniki* versammelt, darunter die Slepaks, Ida Nudel und Schtscharanskijs Bruder. Ida Nudel war wütend, und als sie die Wolpes sah, schrie sie: »Warum tut ihr Amerikaner nichts?«

Wolodja versuchte sie zu beruhigen.

Es dauerte einen Augenblick, bis die Wolpes begriffen, was geschehen war. Die vorläufigen Anklagepunkte gegen Schtscharanskij waren soeben bekanntgegeben worden. Unter anderem würde er wegen Spionage vor Gericht gestellt und höchstwahrscheinlich zum Tode verurteilt werden. Die Unterhaltung, die daraufhin stattfand, wurde auf Zaubertafeln geführt. Es fiel kein Wort.

Wovor die in der Wohnung Anwesenden sich am meisten fürchteten, war, daß niemand außerhalb der Sowjetunion wußte, was mit Schtscharanskij passierte. Es war lebensnotwendig, daß die Dokumente der Anklage in die Vereinigten Staaten gebracht wurden und dort von bestimmten Personen eingesehen werden konnten. Irgendwie hatte Schtscharanskijs Bruder eine Kopie der Anklageschrift in die Hände bekommen. Einige der Dokumente, die weitgehend bereits ins Englische übersetzt worden waren, wurden Rabbi Wolpe übergeben, der sie – eines nach dem anderen – auf ein Fensterbrett legte und zu fotografieren begann. Es blieb nicht genug Zeit, alle Dokumente zu fotografieren. Wolodja hatte einen Kopierer aufgetrieben und machte eilig Duplikate.

Auf dem Weg zum Flughafen sagte Rabbi Wolpe zu einer nicht-jüdischen Frau in ihrer Reisegruppe: »Wir versuchen, einigen Leuten zu helfen. Könnten Sie diesen Film für uns mitnehmen?« Ohne zu zögern antwortete sie: »Ja.« Elaine Wolpe hatte Dokumente und Kopien in ihre Unterwäsche und an ihre Haut geklebt und kam durch den Zoll, ohne durchsucht zu werden. Der Film und die Dokumente erreichten ihr Ziel in den Vereinigten Staaten.

Schtscharanskij verbrachte 16 Monate in Einzelhaft, wurde im Juli 1978 vor Gericht gestellt und zu drei Jahren Gefängnis und zehn Jahren Arbeitslager verurteilt.

Der KGB hatte eine besonders gemeine Waffe im Visakrieg: das Ausreisevisum selbst, das dazu benutzt wurde, Dissidentengruppen und -familien auseinanderzubringen. 1977 kam diese Waffe gegen die Slepaks zum Einsatz.

Bis 1967, als er in die zehnte Klasse kam, war Sanja in seiner Schule nicht mit Antisemitismus in Berührung gekommen. Es war eine der besten Schulen in Moskau. Sein Großvater, den er sehr liebte, hatte den Direktor irgendwie überredet, ihn aufzunehmen. Die Kinder und Enkelkinder der sowjetischen Elite saßen mit ihm in der Klasse, gingen mit ihm durch die Korridore, tollten mit ihm über den Spielplatz. Daß irgend etwas in der Welt um ihn herum nicht stimmte, begann er nicht im Kontakt mit Juden, sondern bei den russischen Freunden seiner Eltern zu bemerken. Er erinnert sich daran, daß er Diskussionen über die stalinistischen Säuberungen, über ungerechtfertigterweise mit Verbot belegte Bücher, über die Zensur von Dichtern und Romanautoren hörte, eher kulturelle und intellektuelle als ethnische Probleme.

In jenen poststalinistischen Jahren war für viele Moskauer das befriedigendste ästhetische Erlebnis nicht das offizielle Theater oder Ballett, sondern das Zusammensein mit Freunden: gesellige Treffen, Diskussionen über die neuesten Bücher, über jemandes Erfahrungen im Ausland; verrauchte Zimmer, Grillpartys, Fleischspieße, georgisches Essen, russische Volkslieder, Gitarren, Wein. Nicht immer in derselben Wohnung, aber immer dieselben Leute. Das waren die frühen Jahre der Moskauer Intelligenzia, die Zeit der *kompanii*, die von den daran beteiligten Russen so lebendig und detailliert beschrieben wurde, die Zeit, in der die demokratische Bewegung entstand. In dem Jahr, in dem er die zehnte Klasse besuchte, nahm Sanja hin und wieder mit seinen Eltern an solchen Treffen teil und hörte bei ihren Gesprächen zu. Später ging er allein hin.

Unter den Russen waren Juden, die sich anfangs ganz als Russen fühlten. Dann, infolge des Sechstagekriegs, fingen einige Juden an, sich auf jüdische Fragen zu konzentrieren. Und das war der Beginn der jüdischen Bewegung. Sanja erinnert sich, daß er an David und Goliath dachte, als er von dem überwältigenden israelischen Sieg hörte, und daß er sich plötzlich bewußt war, ein Jude zu sein, und daß er stolz darauf war. Und zum ersten Mal kam er nun mit dem Antisemitismus in seinem Land in Berührung: in den Zeitungen, im Radio, auf der Straße.

Danach begannen die Sommerurlaube mit seinen Eltern und ihren engsten jüdischen Freunden, bis dahin hatte er die Ferien mit seiner Großmutter verbracht. Jetzt wurde gesegelt und gewandert, ruhige Gespräche am Lagerfeuer, Hebräisch mit der kleinen Vokabelsammlung *Elef Milim*, die gespenstischen Stimmen aus den Kurzwellenradios. Und langsam eröffneten sich ihm alternative Welten, in denen Juden nicht verachtet, diffamiert, verleumdet wurden.

Während seiner ganzen Schulzeit hatte ihn niemand je als »Schid« bezeichnet, aber er war mit keinem seiner russischen Mitschüler besonders befreundet gewesen. Er weigerte sich, am Unterricht in Marxismus-Leninismus teilzunehmen. Dennoch wurde seine Schulzeit – dank der Aufmerksamkeit des Direktors und der Lehrer – durch keinen Zwischenfall getrübt. Seine Mitschüler waren höflich, aber abgesehen von eher kühlen Begrüßungen mieden sie ihn.

Er wollte Biologie studieren, aber der KGB sorgte dafür, daß keine Universität und kein Institut ihn nach Abschluß der Oberschule 1969 aufnahm. Durch einen Freund fand er in einem medizinischen Forschungsinstitut in Moskau Arbeit als Labortechniker. Dort arbeitete er zwei Jahre lang. Der KGB verhaftete ihn wegen seiner Aktivität als Dissident und steckte ihn für 15 Tage ins Gefängnis, und er verlor seine Arbeit.

Er verrichtete Gelegenheitsarbeiten und war in der Dissidentenbewegung aktiv: Verbindungen zu ausländischen Korrespondenten, Kundgebungen, Proteste, Samisdat. Seine Freundin Aljona, die später seine Frau wurde, tippte Durchschläge von Leon Uris' *Exodus*; der Roman, der in der Sowjetunion verboten war, war für die jüdischen Dissidenten eine beinahe heilige Schrift. Sanja widmete sich jetzt voll und ganz der Dissidentenbewegung. Während sie auf ihre Ausreisebewilligungen warteten, war das Leben in Rußland wie eine lange, kalte Dämmerung. Der KGB ließ ihn nicht in Ruhe, regelmäßig holte man ihn ab, drohte ihm, schlug ihn von Zeit zu Zeit, warnte ihn, daß er sein Visum nie bekommen würde, wenn er seine Aktionen fortsetzte. Aber jugendliches Draufgängertum siegte über die Angst und machte ihn zuversichtlich: Ihm und seiner Familie würde nichts geschehen, die Behörden würden es nicht wagen. Sie waren zu bekannt, die ganze Welt sah zu. Die Öffentlichkeit würde sie retten, ganz gleich, welche sowjetischen Vorschriften sie mißachteten.

1977 war er 25 Jahre alt. Er war mittelgroß und sah seiner Mutter unglaublich ähnlich: ein rundliches Gesicht, volle Lippen, kurzsichtige Augen hinter dicken Brillengläsern. Er lebte auf zwei getrennten Ebenen: Auf der einen Seite waren da die jüdischen Dissidenten, auf der anderen gleichaltrige Russen und Juden, eine ganz private, ganz und gar nicht ideologische Gruppe, mit der er feierte und sich betrank. Die jüdischen Dissidenten waren für diese Unbändigkeit nicht geeignet.

Anfang Herbst des Jahres lud ihn der KGB vor und bot ihm ein Ausreisegenehmigung an. Sie nahmen ihn oft mit, zeigten ihm manchmal das ausgefüllte Visum mit seinem Foto, legten es vor ihm auf den Tisch und erklärten ihm, er könne es haben, wenn er die bevorstehende Kundgebung absagte oder einwilligte, seine Kontakte zu den Korrespondenten abzubrechen. Er weigerte sich, sie zerrissen das Visum, und manchmal verprügelten sie ihn, bevor sie ihn wieder nach Hause schickten.

Im Herbst 1977 sollte in Belgrad eine internationale Konferenz beginnen, auf der die Einhaltung des Helsinki-Abkommens bewertet werden sollte. Der Fall Slepak sollte vom Vertreter der Vereinigten Staaten im Rahmen der Konferenz vorgebracht werden. Der KGB, der Peinlichkeiten für die Sowjetunion vermeiden wollte und gleichzeitig die Möglichkeit sah, die Familie zu zerreißen, nahm Sanja mit und erklärte ihm, daß er nach Israel ausreisen dürfte, wenn er die ausländischen Korrespondenten anriefe und sie davon in Kenntnis setzte, daß er die Ausreiseerlaubnis erhalten hatte. Er sagte nein, er traue dem KGB nicht über den Weg; wenn er anrief, fragte er, was sie davon abhalten würde, sein Visum wieder zu zerreißen? Sie schickten ihn nach Hause.

Am nächsten Tag holten sie ihn wieder ab und sagten, sie würden ihm das Visum zu seinen Bedingungen geben. Er erklärte, er würde zuerst das Land verlassen, dann würde sein Vater die Journalisten anrufen. Sie willigten ein und gaben ihm eine Woche Zeit.

Für einen *refusnik* gab es nur eine Reaktion, wenn er sein Visum bekam: Nimm es, und dann nichts wie weg. Ungeachtet der familiären Umstände, ganz gleich wie schmerzvoll die Trennung war. Sanja verbrachte einen Teil der Woche in sinnlos betrunkenem Zustand. Es war eine schwere Zeit für ihn – der Abschied von seinen Freunden und seiner Familie, von der Wohnung, von Moskau.

Er rief seinen Großvater an, der sagte, daß er ihn nicht sehen wolle. Sanja fuhr trotzdem hin. Als er das Haus betrat, stand der alte Mann am Fenster und hatte ihm den Rücken zugewandt. Sanja spürte, daß er nicht berührt werden wollte. Er sagte, daß er in wenigen Tagen abfahren und ihn sicher nie wiedersehen würde. Der alte Mann begann zu weinen. Er sagte: »Ich hätte Verständnis, wenn du nach Amerika gehst. Aber in dieses faschistische Land! Du bist so dickköpfig!«

Sanja wandte sich zum Gehen. Der alte Mann, der seinem Enkel noch immer den Rücken zukehrte, sagte: »Viel Glück.« Sanja nahm diese Worte als den Segen seines Großvaters.

Hunderte Menschen kamen zum Flughafen, um ihn zu verabschieden, die meisten von ihnen Juden, aber auch seine russischen Freunde. Niemand jubelte, niemand tanzte; es war eine nüchterne, ruhige, kultivierte Versammlung. Er umarmte seine Eltern. Leonid, sein jüngerer Bruder, war nicht dabei. Er hatte eine Woche zuvor seinen Einberufungsbescheid erhalten und den Behörden in einem Brief geantwortet, daß er sich weigere, in der sowjetischen Armee zu dienen. Dann hatte er die Wohnung verlassen und war untergetaucht, nachdem er sich von seinem älteren Bruder verabschiedet hatte. Sanja bestieg das Flugzeug und flog gemeinsam mit einer weiteren jüdischen Familie nach Wien. Zwei Tag im Wiener Wartelager: ein Haus des Roten Kreuzes mit schrägem Dach und Wachtürmen mit österreichischer Polizei an den Toren. Am Morgen tönte es aus den Lautsprechern: »Achtung, Achtung!« Eine ungemütliche Erfahrung.

In Israel wurde er von seiner Großmutter, Verwandten und Freunden empfangen. Er mietete eine Wohnung in Jerusalem. Das israelische Außenministerium bat ihn, als Vertreter der russischen Juden zu arbeiten, und er begann zu verschiedenen Konferenzen zu fahren.

Im Juni 1978 hörte Sanja in den englischen Nachrichten von Radio Israel, daß seine Eltern verhaftet worden waren. Er fuhr sofort nach Tel Aviv und traf dort Nechemyah Levanon, einen Israeli, der früher einmal eine wichtige Rolle in der geheimen Mossad-Aktion gespielt hatte, die hebräische Bücher in die stalinistische Sowjetunion brachte. Einige Zeit später teilte man ihm mit, daß die israelische Regierung nichts für seine Eltern tun konnte. Sanja hatte den Verdacht, die Israelis wollten, daß seine Eltern und andere *refjusniki* in der UdSSR blieben, weil sie den Wunsch der Emigration nach Israel lebendig hielten.

Die internationale Kampagne um eine Ausreisegenehmigung für die Slepaks änderte nun ihre Stoßrichtung und begann sich auf die Freilassung Wolodjas aus dem Gefängnis zu konzentrieren. Etwa ein Jahr nach seiner Ankunft in Israel erkannte Sanja, daß er sich entscheiden mußte. Sein Vater war zu fünf Jahren Exil in Sibirien verurteilt worden. Seine Mutter, deren Strafe zur Bewährung ausgesetzt worden war, lebte mit seinem Vater in einem Dorf an der mongolischen Grenze. Sein Bruder hielt sich bei Freunden in Moskau oder anderswo versteckt. Sie waren auseinandergerissen und in alle Winde verstreut. Sanja war sechsundzwanzig Jahre alt. Die Jahre als Dissident hatten ihn seiner Universitätsausbildung beraubt; sie hatten sein Leben aufgeschoben und zerbrochen. Er war sich nicht darüber im klaren, was er tun sollte.

In Telefongesprächen mit seinem Vater hatte er ihm erzählt, daß er Veterinärmedizin studieren wollte und daß es in Israel keine entsprechenden Ausbildungsmöglichkeiten gab. Sein Vater, irritiert von der Absicht, die er hinter diesen Worten witterte, erklärte ihm, daß es unrecht sei, Israel zu verlassen. Russische Juden sollten nach Israel gehen, sie hatten doch so lange um die Ausreisegenehmigung gekämpft. Aber die israelische Sonne war schlecht für Sanjas Augen, und die Sprache klang seltsam in seinen Ohren. Er hatte begonnen, in Erwägung zu ziehen, sich an amerikanischen Universitäten zu bewerben.

Am 2. Juni 1978 wurde die Wohnung der Slepaks zu einem Schlachtfeld. Seit den siebziger Jahren war sie Schauplatz von Kämpfen und Kommandozentrale gewesen, aber noch nie war es in den Räumen zu tatsächlicher Gewaltanwendung gegen die Bewohner gekommen. Auch im Rahmen der hitzigsten Diskussionen hatte nie jemand die Hand erhoben. Die erbittertsten Streitigkeiten unter den *refjusniki* waren gewaltfrei beigelegt worden.

Bei diesem Streit ging es um die Verteilung der Geldmittel, und der Mann, der mithalf, ihn zu schlichten, war ein amerikanischer Rechtsanwalt, einer der vielen hundert Besucher, die an die Tür der Wohnung Nr. 77 klopften. Viele kamen aus Philadelphia, der Heimatstadt dieses Amerikaners: Leonard Shuster, Stuart und Enid Wurtman, Sheila und Dan Segal, Eileen Sussman, und aus anderen amerikanischen Städten. Und aus Kanada, Frankreich, Großbritannien, Schweden, Dänemark. Und sogar aus Australien.

An einem Julitag des Jahres 1974 verließen der Amerikaner und seine Frau, Joseph und Connie Smukler, ihr Hotel im Zentrum Moskaus. Sie gingen die Gorkij-Straße entlang, an den Wohnhäusern und Geschäften vorbei, bogen bei Nummer 15 links ab und fuhren mit dem Lift in den achten Stock. Die Holztür der Wohnung Nummer 77 war ganz offensichtlich vor kurzem eingeschlagen worden und nur notdürftig repariert.

Auf Joseph Smuklers Klopfen hin wurde die Tür von Wolodja geöffnet. Die Smuklers hatten ihn noch nie zuvor gesehen und waren sofort eingenommen von dem gutaussehenden Mann mit der tiefen Stimme, dem dichten grauen Haar und dem üppigen Bart. Zu ihrer Rechten befand sich eine Tür, die in das Zimmer führte, in dem früher Wolodjas Eltern gewohnt hatten und in dem nun Wolodja und Mascha lebten. Dahinter waren ein Gang und das Badezimmer, die Toilette, die Küche und das Zimmer des Ehepaars, mit dem sie die Wohnung teilten, sowie das ihrer Söhne, das der fünfzehnjährige Leonid nun allein bewohnte. Als sie durch die Tür rechts traten, sahen die Smuklers am anderen Ende des Zimmers ein von einem Spitzenvorhang verhängtes Fenster und an der Wand rechts – zu ihrer großen Verwunderung – eine kleine israelische Flagge und eine Landkarte von Israel. Eine israelische Flagge mitten in Sowjetrußland!

Joseph Smukler hatte zum ersten Mal von Wolodja gehört, als er und andere Dissidenten 1970 den »Brief der 75« an U Thant unterzeichneten, in dem sie seine Unterstützung ihrer Bemühungen um Emigration aus der Sowjetunion forderten. Wolodjas Name stand ganz oben.

Eine zufällige Begegnung mit einem erst vor kurzem angekommenen russischen Ehepaar in einem Restaurant in Israel im Sommer 1973 hatte die Smuklers tief in den Kampf der sowjetischen Juden involviert. Der Mann bat sie, ihm zu helfen, seinen Bruder aus Leningrad herauszubekommen. Nach ihrer Rückkehr nach Philadelphia wurden die Smuklers immer stärker in einen kleinen Kreis von Menschen eingebunden, die eine Organisation auf die Beine stellen wollten, die die ständig wachsenden Bemühungen um jüdische Emigration aus der Sowjetunion gezielt unterstützen sollte. Sie beschlossen, im darauffolgenden Sommer nach Leningrad zu reisen, um dort den Bruder des Mannes zu treffen, den sie in Israel zufällig kennengelernt hatten. Man gab ihnen eine Liste von Personen, die sie in Moskau besuchen sollten, und auf dieser Liste standen auch Wolodja und Mascha Slepak.

Sie kamen kurz nach dem Besuch von Präsident Nixon in Moskau an. Um etwaige Kundgebungen während dieses Besuchs zu verhindern, hatte der KGB viele Dissidenten verhaftet und in verschiedene Gefängnisse in einiger Entfernung von Moskau verstreut. Auch Wolodja war verhaftet worden. 15 Polizisten hatten um acht Uhr früh die Tür zu seiner Wohnung eingeschlagen und dann die Schlafzim-

mertür aufgebrochen, sie hatten Wolodja aus dem Bett ge-
zerrt und ihn abgeführt. Viele der Dissidenten, die erst vor
kurzem wieder freigelassen worden waren, hatten sich an
diesem Tag in der Wohnung von Alexander Lunts, einem
bekannten Mathematiker und *refjusnik*, versammelt. Später hatten sich einige in der Wohnung der Slepaks einge-
funden und saßen ruhig da oder standen herum, als die
Smuklers eintraten.

Auch in dem Zimmer, unter dem Tisch, befand sich Sanjas Hund, ein riesiger, über 60 Kilogramm schwerer und
fast 80 Zentimeter hoher, schwarzer russischer Terrier namens Akhbar, den Sanja als Welpen gekauft hatte. Einer
der Männer, die in die Wohnung eingedrungen waren,
hatte gedroht, den Hund zu erschießen, wenn er nicht in
ein anderes Zimmer gebracht würde. Leonid hatte versucht, sich davonzuschleichen, um ausländische Korrespondenten anzurufen, und war gewarnt worden, daß man
ihm – wenn er sich nur in die Nähe eines öffentlichen Tele-
fons begäbe – jeden einzelnen Finger brechen würde, so
daß er nie wieder eine Wählscheibe betätigen könne.

Frühere Besucher hatten Wolodja von der Ankunft der
Smuklers in Kenntnis gesetzt: Joseph, der damals Anfang
Vierzig war, Connie, schlank, blond und ausgesprochen
hübsch, außerordentlich intelligent und geistreich. Beide
hatten keine Erfahrung, was den Kampf und das Überleben im Visakrieg betrifft.

Die Möbel in dem Zimmer waren alt und abgenutzt.
Wolodja bot Joseph Smukler einen Lehnstuhl an. Leise
stellten sie sich vor. Mascha verließ das Zimmer und ging
den Gang entlang zur Küche. Auf eine Zaubertafel schrieb
Smukler: »Wir sind Freunde aus Philadelphia. Wie können wir euch helfen?« Sie fertigten Listen an: Bücher, verschiedene Dinge. Wie man ihnen Geld zukommen lassen
konnte: Amerikanische Juden stellten für philanthropische
Zwecke gewöhnlich Schecks aus, aber die *refjusniki* baten:

Schickt keine Schecks, denn die Regierung behält 35 Prozent von jedem Scheck. Bringt lieber Jeans mit. Sie waren alle noch unerfahren in diesen frühen Jahren des Visakriegs, der Zeit vor den Organisationen, Bewegungen und Bürokratien, vor dem Helsinki-Abkommen und den Kontrollgruppen, bevor die Welt auf die Frage der Menschenrechte aufmerksam wurde. Sofort entwickelte sich eine innige Freundschaft zwischen den *refjusniki* und den Amerikanern. Mascha brachte Tee und einen kleinen Imbiß. Der Hund stand plötzlich auf, und der Tisch erzitterte. Einmal sagte Mascha leise etwas auf russisch, und irgend jemand schrieb ihre Worte auf englisch auf eine Zaubertafel und zeigte sie den Smuklers: »Wir machen das für die Kinder. Nicht für uns, sondern für die Kinder. Damit sie nicht hier leben müssen.«

Nach ihrer Heimkehr wurden die Smuklers noch tiefer in die Aktivitäten der rivalisierenden Gruppen gezogen: der National Conference of Soviet Jewry, einer bürgerlichen Organisation, der Union of Councils for Soviet Jews, einer Basisbewegung, des Jewish Community Relations Council, der United Synagogue und anderer.

Aus der Sowjetunion hörte man erste verwirrende Nachrichten von einer Spaltung in den Reihen der jüdischen Aktivisten.

Robert Toth, der Moskauer Korrespondent der *Los Angeles Times*, der ausgehend von Informationen, die er von Schtscharanskij bekommen hatte, immer wieder über jüdische Aktivisten geschrieben hatte, verfaßte Anfang 1975 einen beunruhigenden Artikel über eine mörderische Auseinandersetzung zwischen zwei Gruppen von *refjusniki*: erbitterte Anschuldigungen, Veruntreuung von Geldmitteln, unvereinbare Ideologien. Ein Krieg im Krieg.

Der Konflikt hatte seine Wurzeln in einer grundlegenden ideologischen Differenz: Sollten die *refjusniki* teures Geld und Energie dafür aufwenden, um in der Sowjetunion

Bildungsanstalten zu errichten, um sich selbst und ihre Kinder zu unterrichten, während sie auf ihre Ausreise warteten, oder sollten sie all ihre Bemühungen auf die Emigration richten und überhaupt nicht versuchen, eine Gemeinschaft aufzubauen, solange sie hier waren? Wolodja war auf der Seite der zweiten Gruppe; er wollte mit keiner Art von Gemeinschaftsleben in der Sowjetunion etwas zu tun haben.

In diesem Sommer fuhren die Smuklers wieder nach Moskau und besuchten die Slepaks. Es hatte sich nicht viel verändert, außer daß der KGB die israelische Flagge und die Landkarte von der Wand gerissen hatte und blasse Umrisse ihre beklemmende Abwesenheit hervorhoben. Bei einer Versammlung von *refjusniki* in der Wohnung versuchte Joseph Smukler, die Wogen zu glätten, wobei er – unterstützt von Wolodja, der sich als geschickter Unterhändler entpuppte – bis zu einem gewissen Grad erfolgreich war. Mit Hilfe der unersetzlichen Zaubertafeln einigten sich die beiden Lager darauf, keine vernichtenden Erklärungen gegeneinander zu veröffentlichen und ein Komitee einzusetzen, das die Verteilung der im Ausland gesammelten Geldmittel kontrollieren und verantworten sollte. Smukler versicherte die *refjusniki* der anhaltenden Unterstützung der amerikanischen jüdischen Gemeinde.

Bei dem Treffen war auch Dr. Sanja Lipawskij anwesend.

Vom 17. bis 19. Februar 1976 nahmen die Smuklers an der zweiten Brüsseler Konferenz teil: 1200 Delegierte aus 32 Staaten. Sie lernten Maschas Mutter kennen; sie war aus Israel gekommen, um sich für die Familie ihrer Tochter einzusetzen. »Bitte tun Sie etwas für sie«, bat sie. »Meine Kinder werden sterben.«

Das bürokratische Gerangel ging weiter. Es kam zu Konflikten zwischen den bürgerlichen Organisationen und militanten Studentengruppierungen. Die Konferenz konnte sich auf keine allgemeinen Ziele einigen, keine internationalen Richtlinien festlegen. Die Bewegung zur Rettung der russischen Juden hatte als eine lose Verbindung von Basisgruppen begonnen, und es schien ganz so, als würde sie das auch bleiben.

Connie Smukler reiste in den siebziger Jahren häufig in die Sowjetunion und besuchte regelmäßig die Slepaks. Ihre Wohnung wimmelte von ausländischen Gästen. Allein aus Philadelphia kamen – nachdem sie die Smuklers und andere vorbereitet hatten – jedes Jahr über hundert Besucher, manchmal vier pro Woche. Sie stiegen aus dem Flugzeug, trugen sich in ihren Hotels ein und gingen die Gorkij-Straße hinauf zur Wohnung der Slepaks. Wir sind Freunde aus Philadelphia, viele Grüße von Herrn Soundso, wie können wir euch helfen? Sie brachten Jeans, Waren, Zeitschriften, Bücher, Fotos, Botschaften, Glückwünsche und Informationen über Strategien, Demonstrationen, Konferenzen. Wolodja rauchte seine Pfeife und hörte geduldig zu, manchmal nickte er ein. Mascha war ständig in der Küche, um Tee und Kuchen vorzubereiten.

Joseph Smukler war einer von denen, die Lipawskij in seinem in der *Iswestija* abgedruckten Brief als CIA-Agenten bezeichnete. Der Brief erschien am 4. März 1977, aber das Datum der Zeitung lautete auf den 5. März, den Jahrestag von Stalins Tod. Ein Druckfehler? Oder eine versteckte Warnung? Alle in dem Brief Genannten hatten 1975 an der Versammlung in der Wohnung der Slepaks teilgenommen, als sich die zerstrittenen Fraktionen der *refjusniki* versöhnten.

1977 beantragte Joseph Smukler ein Touristenvisum in die Sowjetunion und wurde abgewiesen. Als Grund wurde angeführt, daß er ein Agent der CIA sei. Bis 1988 wurde ihm die Einreisegenehmigung immer wieder verweigert.

Knapp über ein Jahr nach der Verhaftung Schtscharanskijs am 15. März 1977 – er wurde noch immer im Lefortowo-Gefängnis festgehalten, wurde noch immer verhört und wartete noch immer auf seinen Prozeß – kam es in der Wohnung in der Gorkij-Straße zu einem Handgemenge zwischen den Slepaks und dem KGB, als neue, andersartige Waffen im Visakrieg zum Einsatz kamen.

Im Frühjahr 1978 war Wolodja Slepak der älteste und bekannteste *refjusnik*, der noch nicht verhaftet war. Ihm und Mascha war 1970 das Ausreisevisum verweigert worden. Er wurde nun allgemein als Führer der jüdischen Dissidentenbewegung in der Sowjetunion angesehen.

Damals gab es noch viele bekannte *refjusniki*, darunter auch die Wirtschaftswissenschaftlerin Ida Nudel. Sie war Ende Vierzig, einen Meter sechzig groß, energisch, mit dunklen Augen und Haaren und einer lauten Stimme. Sie lebte im Süden Moskaus, nicht weit vom Rjasanskij Prospekt entfernt. Ihre Schwester hatte ein Ausreisevisum bekommen, aber Ida Nudel war seit 1971 abgewiesen worden, weil das UVIR behauptete, sie sei Trägerin von Staatsgeheimnissen. Sie setzte sich unermüdlich für Dissidenten ein, die im Gefängnis saßen, und kämpfte um eine Ausreisegenehmigung. Sie wurde schikaniert und wiederholt verhaftet, ihre Wohnung wurde durchsucht, sie selbst Leibesvisitationen unterzogen. Nach dem Erscheinen von Lipawskijs Brief in der *Iswestija* und der Verhaftung Schtscharanskijs hatte sie geäußert, daß sowjetische Juden nur deshalb beschuldigt wurden, in der Sowjetunion zu spionieren, »weil die Anklage, ein christliches Kind ermordet zu haben, in einem atheistischen Land völlig lächerlich wäre«.

In diesem Frühling des Jahres 1978 sollte in Washington ein NATO-Gipfel über das Strategic Arms Limitation Treaty stattfinden. Am 26. Mai, einige Tage vor dem Gipfel, schrieben Mascha Slepak und Ida Nudel sowie 23 weitere jüdische Frauen einen Brief an Leonid Breschnew, in dem sie ankündigten, daß sie am 1. Juni, dem Internationalen Tag des Kindes, vorhatten, vor der Leninbibliothek

eine Kundgebung abzuhalten. 17 Kinder würden dabei-
sein, und sie würden Transparente tragen, auf denen sie
dagegen protestierten, daß sie illegal in der UdSSR festgehalten wurden.

Am 1. Juni versammelten sich die Frauen mit ihren Kindern in fünf Wohnungen. Alle wurden vom KGB sofort unter Hausarrest gestellt und am Verlassen der Wohnungen
gehindert. Die Frauen hängten ihre Transparente an die
Balkone und aus den Fenstern. Plötzlich waren überall
Polizisten und KGB-Beamte, die die Dächer kontrollierten,
die Nachbarwohnungen requirierten und sich vor jedem
der fünf Wohnhäuser auf der Straße drängten. In einer der
Wohungen stellten die Frauen Plakattafeln auf, die den Davidsstern trugen; auf einem stand deutlich zu lesen: VISA
NACH ISRAEL. Die KGB-Agenten versuchten, die Tür ein-
zuschlagen, aber die Frauen wehrten sich, und der KGB zog
sich zurück. Von der Nachbarwohnung aus riß ein KGB-
Beamter mit einem langen Stock den Davidsstern und das
Plakat herunter. Andere Wohnungen wurden von Angehörigen des KGB gestürmt, sie kämpften sich durch die
Gruppe von Frauen und Kindern und entrissen den Frauen
mit den Fäusten und langen, mit Nägeln bewehrten Stangen die Plakate.

In der Wohnung von Ida Nudel stand der KGB einer ver-
barrikadierten Tür und einem mit Parolen bedeckten Balkon gegenüber. Wie schnell sie diese mit ihren Stangen
auch entfernten, Ida Nudel hatte stets Nachschub. Mit
einem an ein Seil gebundenen Schraubenschlüssel schlugen
sie ihre Fenster ein. Als sie am Ende des Tages abzogen,
war Ida Nudel noch immer in ihrer Wohnung.

An diesem Morgen bemerkte Mascha Slepak, die ihren
kleinen Hund Tschuka ausführen wollte, daß sie ihre Wohnungstür nicht öffnen konnte. Olga, Leonids Freundin,
wohnte damals bei ihnen. Ihr russischer Vater, ein Mari-
nekapitän, war gestorben, als sie drei Jahre alt war; ihre

jüdische Mutter war verschwunden. Sie hatte die dreijährige Olga und ihre kleine Schwester bei der Großmutter zurückgelassen, die sie in einer Stadt außerhalb von Moskau aufzog. Olga trommelte gegen die Tür und rief, daß sie den Hund ausführen und zur Arbeit gehen müsse. KGB-Agenten öffneten die Tür, die sie mit einem Seil am Stiegengeländer festgebunden hatten, und ließen sie hinaus. Sie führte den Hund aus, brachte ihn zurück und ging wieder. Die Tür wurde von neuem vertäut. Mascha sperrte ihrerseits von innen ab. Allein mit Wolodja in der Wohnung, erklärte Mascha in einem plötzlichen Anfall von unkontrollierter Wut: »Ich kann diese Demütigung nicht ertragen!« Sie wollte auf den Balkon in der Gorkij-Straße hinausgehen und dort eine Kundgebung abhalten.

Wolodja war einverstanden.

Sie nahmen ein Bettuch, und mit einem in Farbe getauchten umwickelten Bleistift schrieb Wolodja darauf: LASST UNS ZU UNSEREM SOHN NACH ISRAEL GEHEN. Durch den Korridor gingen sie ins Zimmer ihres Sohnes. Draußen auf dem Balkon hielt jeder einen Zipfel des Bettuchs. Gemeinsam hoben sie es hoch und hängten es über das Geländer.

Es war ein warmer, sonniger Tag. Die Straßen waren voll von Moskauern auf dem Weg zur Arbeit. Es dauerte nicht lange, bis sich eine Menschentraube bildete. KGB-Agenten versuchten von der Nachbarwohnung aus, das Transparent mit einer langen Stange herunterzureißen, aber Wolodja packte die Stange und zerbrach sie. Bald standen Tausende auf der Straße, und der Verkehr kam zum Erliegen.

Von der Wohnung über ihnen goß jemand kochendes Wasser über Wolodja aus und verbrühte seinen Kopf. Die KGB-Leute auf der Straße johlten. Wolodja wickelte ein Handtuch um seinen Kopf und hielt weiter mit Mascha das Leintuch fest. In der Menge wurden Rufe laut: »Verprügelt sie!«

»Holt die Henker!«

In ihrer Wohnung im achten Stock hörten Wolodja und Mascha ein Hämmern an ihrer Tür. Wolodja versperrte rasch die Tür zu Leonids Schlafzimmer. Die KGB-Agenten zertrümmerten die Eingangstür mit Äxten, liefen durch den Korridor, brachen die Schlafzimmertür auf, stürzten hinein, rissen das Transparent herunter und beförderten Wolodja und Mascha rasch mit dem Aufzug in den Hof und auf die Straße zu einem wartenden Gefängniswagen, der sie zu einer Polizeiwache brachte.

Dort saßen sie eine Weile nebeneinander auf einer Bank, dann wurden sie getrennt. Wolodja wurde auf eine andere Wache gebracht und in eine unterirdische Zelle gesteckt, die etwa drei mal zwei Meter groß war. Ein kleines vergittertes Fenster in Straßenhöhe, eine Eisentür mit einem Guckloch und eine kleine Tür in der größeren, durch die das Essen in die Zelle geschoben werden konnte. Der Fußboden war aus Holz, ein Teil war erhöht und diente als Schlafstatt. Kein Polster, keine Matratze. Zu essen gab es nur Wasser und Brot. Am dritten Abend wurde er mit Kriminellen in einen Gefängniswagen gesteckt. Im Inneren des Wagens waren zwei runde Metalkammern mit jeweils nur einem Sitzplatz, die als Isolierzellen dienten, als Gefängnis innerhalb des Gefängnisses. Wolodja wurde in eine dieser Kammern gesteckt und die Tür hinter ihm zugeschlagen. Er wurde ins Butyrskaja-Gefängnis gebracht, wo ihm befohlen wurde, sich auszuziehen. Gemeinsam mit den anderen wurde er durchsucht. Dann wurden für jeden einzelnen Papiere ausgefüllt: Name, Geburtsdatum, Grund der Verhaftung. Sie duschten, zogen sich an und wurden in einen Raum geführt, wo man ihnen eine Matratze, ein Kopfkissen und eine Decke gab. Wolodja wurde in eine Zelle gebracht, in der sich noch sechs andere befanden, von denen einer bald verlegt wurde. Drei eiserne Stockbetten, ein Tisch mit zwei Sitzbänken, alles im Boden verschraubt, ein Waschbecken, ein Klosett in der Ecke. Die Männer wollten wissen, warum er hier war. Er sagte, er habe eine Kundgebung abgehalten. »Auf der Gorkij-Straße?« fragten die Männer. »Ja«, sagte er. »Wir haben davon gehört«, sagten sie und stellten sich vor.

In der Zwischenzeit forderte man Mascha, die von Wolodja getrennt worden war, in der Polizeistation auf, ihren Paß auszuhändigen, dann wurde sie verhört: Ihr Name, Geburtsdatum und Geburtsort? Wo sind Ihre Kinder? Warum sind Sie auf den Balkon hinausgegangen? Anfangs schloß sie die Augen und weigerte sich zu reagieren. Nach sowjetischem Gesetz hat der Angeklagte das Recht, nicht zu antworten. Man befahl ihr: »Kommen Sie mit.« Sie wurde in einen Wagen gesteckt und auf eine andere Polizeiwache gebracht, wo sie einen Becher aus Blech bekam und in eine leere Zelle gesperrt wurde. Ein Fußboden aus Beton und ein schmales hölzernes Podest als Bett. Weder Kopfkissen noch Matratze. Ein kleines vergittertes Fenster, das Glas weiß übermalt, so daß kaum das letzte Licht des Tages hindurchschien. Durch ein kleines Luftloch über der Tür drang etwas Licht aus dem Korridor in die Zelle. Nach einiger Zeit hörte sie ein Pochen und klopfte als Antwort mit ihrem Becher an die Wand. Dann hielt sie den Becher an die Wand und drückte ihr Ohr an seinen Boden. Sie erfuhr, daß sich in der Nachbarzelle drei Männer befanden. Diese fragten sie, wer sie sei und warum sie da war. Sie legte ihre Hände wie einen Tricher um ihren Mund, drückte sie an die Wand und erzählte von der Kundgebung in der Gorkij-Straße. Wieder hielt sie ihren Becher an die Wand und erfuhr, daß die Männer bereits davon gehört hatten. Der Wachposten trat an ihre Zelle und erklärte ihr freundlich: »Es ist verboten, an die Wände zu klopfen und mit den anderen Gefangenen zu sprechen. Sie sollten das lieber nicht tun.«

Am nächsten Tag hatte sie Magenschmerzen von dem

Wasser und Brot und Zucker, das man ihr zu essen gab. Das Brot war Schwarzbrot, das in den Geschäften nicht verkauft und hart oder schimmelig geworden war. Dieses wurde gesammelt, zermahlen, mit Wasser und Hefe besprenkelt und wieder gebacken. Im Laufe der folgenden Tage wurde sie zweimal täglich verhört. Weil sie dachte, daß es die Sache für Wolodja leichter machen würde, erklärte sie, daß es ihre Idee gewesen sei, das Transparent zu schreiben und an den Balkon zu hängen. Ihre Magenschmerzen wurden schlimmer. Ein Arzt wurde geholt. Man steckte sie in einen Wagen. Es war Nacht, und der Wagen blieb mehrmals stehen, jedesmal wurden Gefangene ein- und ausgeladen. Mascha, die in einer Isolierzelle saß, hörte, wie die beiden Wachen über sie sprachen: Sie trug Jeans, und die Wachen dachten, daß sie lesbisch sei. Sie hielten neben einem anderen Wagen. Wachen riefen: »Schneller, schneller«, und plötzlich hörte sie das schwere unverkennbare Atmen Wolodjas, der in ihren Wagen gebracht wurde – ein haarsträubender Irrtum der Verwaltung: Personen, die an demselben Verbrechen beteiligt waren, durften nie im selben Wagen transportiert werden. Sie schrie auf: »Wolodja!« und hörte, wie er antwortete: »Ja, ich bin's.« Sie sagte: »Ich habe alles auf mich genommen«, und er rief zurück: »Du bist verrückt; sag kein Wort mehr.« Die Wachen brüllten: »Ruhe! Noch ein Wort und ihr werdet verprügelt!«

Der Wagen brachte sie beide ins Butyrskaja-Gefängnis. Wolodja und die anderen Männer wurden hineingeführt. Einen Augenblick später folgte Mascha, schwer bewacht. Sie fand sich in einer Halle wieder, groß wie ein Bahnhof, mit einer Kuppel und hohen gewölbten Wänden. Zahlreiche Türen führten aus dieser Halle hinaus. Vor einer dieser Türen sah sie einen Berg von Männerschuhen und erkannte sofort Wolodjas Sandalen unter ihnen. Sie wurde in eine winzige Wartezelle gesteckt, in der es kein Licht gab. Aus den Betonwänden ragten Vorsprünge spitz wie Nadeln, damit man sich nicht anlehnen konnte. Nach einer halben Stunde wurde sie in einen Raum gebracht, in dem kleine Sitzbänke und Tische standen, die durch Glasscheiben geteilt waren. Wenig später saß sie an einem solchen Tisch, hinter der Trennwand ein Vernehmungsbeamter, der sie wieder nach ihrem Namen, ihrem Geburtsort und -datum fragte, nach dem Grund der Kundgebung, wer sie dazu angestiftet habe. Sie sagte, daß sie nicht antworten könne, ihre Magenschmerzen seien zu stark. Das Verhör ging weiter. Nach einiger Zeit zeigte der Vernehmungsbeamte auf eine große Metalltür, in der sich eine kleinere Tür befand. Mascha ging durch die kleine Tür in einen Hof. Von dort brachte sie ein Wagen auf die Polizeiwache ihres Bezirks, wo sie eine Erklärung unterschreiben mußte, in der sie sich verpflichtete, in Moskau zu bleiben. Dann erlaubte man ihr, nach Hause zu gehen. Ihren Paß bekam sie erst einige Tag später wieder.

Am folgenden Morgen ging sie gemeinsam mit ihrem Bruder zu Sacharow und erzählte ihm, was geschehen war. Sacharows Schwiegermutter Ruth, Elena Bonners Mutter, war auch dort. Sie sagte, daß sie das Gefängnis kannte, das so groß wie ein Bahnhof war, sie und andere waren schon dort gewesen. Sacharow erklärte, daß er keinen Zweifel hatte, daß man Wolodja vor Gericht stellen würde. Mascha fragte: »Was soll ich tun?« Sacharow antwortete mit unendlicher Sanftheit: »Sie müssen stark sein.«

Einige Tage später wurde Ida Nudel während einer Kundgebung auf dem Trubnaja-Platz verhaftet, und am 21. Juni verurteilte man sie zu vier Jahren Exil. Am Tag ihrer Verhaftung wurde Wolodja vor einem anderen Gericht wegen böswilliger Unruhestiftung angeklagt. Als er einen Gang zum Verhandlungszimmer entlangging, sah er zu seinem Erstaunen, daß sich draußen eine Menschenmenge versammelt hatte. Eine riesige Menge. Solidarität mit ihm und Mascha nach ihrer Kundgebung auf dem Balkon.

Man hatte ihm einen Verteidiger zugewiesen, einen Mann namens Popow, der Mitglied der Kommunistischen Partei war und ein anständiger Mensch zu sein schien. Zu Beginn der Verhandlung ergriff Wolodja das Wort und erklärte, daß er seinem Verteidiger Popow, der ihm geholfen hatte, sich auf den Prozeß vorzubereiten, dankbar sei; dann wandte er sich an den Richter und bat – unter Berufung auf bestimmte Paragraphen des Verfahrensrechtes –, seine Verteidigung selbst führen zu dürfen. Der Richter gab seinem Antrag statt.

Der Verhandlungsraum hatte etwa 40 Zuschauerplätze, die allesamt von Anfang an von KGB-Leuten in Zivilkleidung besetzt waren. Es gab einen Tisch für den Staatsanwalt und einen für die Verteidigung, einen großen Tisch für den Richter und einen kleinen für den Sekretär. Zwei Wachen standen in unmittelbarer Nähe des Angeklagten; ein dritter Wachposten stand an der Eingangstür. Keiner von Wolodjas Freunden oder Angehörigen wurde eingelassen, ihnen wurde erklärt, daß der Gerichtssaal voll sei.

Mascha war nicht bei der Verhandlung anwesend, sondern im Krankenhaus, wo sie sich einer Behandlung ihres Magengeschwürs unterzog.

Wolodja berief sich in seiner Verteidigung darauf, daß die sowjetische Verfassung Redefreiheit garantiere. Er sprach von der Menschenrechtserklärung und der Unverletzlichkeit des eigenen Heims.

Die Verhandlung dauerte einen Tag. Er wurde der böswilligen Unruhestiftung für schuldig befunden und zu fünf Jahren Exil verurteilt.

Mascha erfuhr im Krankenhaus von dem Urteil durch ein kleines Radio, das ihr ein Freund mitgebracht hatte. Sie schloß die Augen und stellte sich schlafend, ihre Schläfen pochten, und in ihrem Kopf hallten die Worte »fünf Jahre«. Trotz ihrer Angst und Trauer fragte sie sich, wohin man Wolodja schicken und was nun mit ihr geschehen würde. Offiziell waren sie noch immer geschieden, und die Behörden könnten ihr möglicherweise verbieten, ihn als seine Frau zu begleiten. Aber man könnte ihr gestatten, als seine Lebensgefährtin mitzugehen, und wenn man auch sie verbannte, würde man sie vielleicht an denselben Ort schicken. Aber das war zu naiv. Das Gericht erfüllte nie die Bitte des Angeklagten nach einem bestimmten Verbannungsort.

Seltsam, wie die Patienten in dem Zimmer sie anstarrten.

Eine junge Krankenschwester, die Jüdin war, erklärte ihr später flüsternd, daß jeder in dem Spital den Auftrag erhalten hatte, sie im Auge zu behalten, weil sie als Volksfeind galt.

Ein Mann in einem weißen Mantel, ein Arzt, beugte sich plötzlich mit süffisantem Lächeln über sie. Er teilte ihr mit, daß Wolodja zu fünf Jahren Exil verurteilt worden war.

Am nächsten Morgen sagte man ihr, daß man eine schwerwiegende invasive Untersuchung an ihr vornehmen wollte, aber sie aß ihr Frühstück, wodurch die Untersuchung unmöglich wurde. Der Oberarzt rief sie zu sich und erklärte ihr barsch, daß er vorhabe, alle notwendigen Untersuchungen durchzuführen, und daß sie keinen weiteren Versuch unternehmen solle, seine Bemühungen zu behindern.

Am Abend bekam sie Besuch von ihrem Bruder Salja und Aljona, Sanjas Freundin. Sie bat sie, am nächsten Tag etwas zum Anziehen mitzubringen. Aljona kam früh, brachte ihr die Kleider ins Zimmer und ging hinaus. Mascha zog sich an und ging. Die Frau, die das Bett neben dem ihren hatte, eilte aus dem Zimmer zur Schwesternstation. Aljona und Salja warteten vor dem Krankenhaus auf Mascha. Sie kamen glücklich durch das Haupttor und fuhren mit dem Taxi zu ihrer Wohnung.

Mascha verbrachte die folgenden Tage damit, von einem Regierungsbüro zum anderen zu gehen, um herauszufinden, wohin Wolodja verbannt werden sollte – ohne Erfolg.

Sie besuchte ihn im Butyrskaja-Gefängnis. Hohe, von Moos bedeckte Steinmauern. Ein umbauter Innenhof. Sträucher, ein erst vor kurzem gemähter Rasen, keine Blumen. Bedrückend wie eine mittelalterliche Burg. Mascha trug ein Paket, das einen Plastikbecher, Butter, Weißbrot, Wurst, Käse, Kekse, Zigaretten, Zwiebeln, Knoblauch, Tee und ein paar Äpfel enthielt, außerdem einen Trainingsanzug, Baumwollsocken, einen Pullover, Taschentücher und ein Paar feste Schuhe. Der Becher und der Tee wurden von den Wachen ohne Erklärung entfernt, die Schuhe und der Pullover – kommt nicht in Frage. Jetzt ist Sommer, noch nicht die Zeit für Wintersachen. Nicht vor Oktober.

Man erteilte ihr die Erlaubnis, mit Wolodja zu sprechen. Sie saßen in einem Raum, durch eine Glaswand voneinander getrennt, und unterhielten sich mit Hilfe von Lautsprechern. In der Nähe stand ein Wachposten. Wolodja trug eine blaue Jacke und sah sehr blaß und erschöpft aus, sein Bart war lang, seine Haare leicht ergraut. Sie sagte: »Deine Haare müßten geschnitten werden.« Er antwortete: »Nein, das ist schon in Ordnung, so ist es wärmer.« Sie sprachen über seine Berufung, über ihre bevorstehende Verhandlung, darüber, daß sie – sollte man sie verbannen – beantragen würde, an denselben Ort geschickt zu werden wie Wolodja. Sie sprachen über Leonid. Die Minuten vergingen wie im Flug. Die Wache rief: »Die Zeit ist um!« Wolodja stand auf, winkte ihr zu, lächelte und ging aus dem Zimmer.

Das Berufungsgericht bestätigte das Urteil gegen Wolodja. Mascha ging noch einmal zum Butyrskaja-Gefängnis, um ihn zu besuchen, und erfuhr dort, daß er am Vortag in ein Durchgangsgefängnis in der Nähe der Bahnstrecke gebracht worden war. Seine Reise ins Exil hatte begonnen.

Zu ihrem Prozeß in der letzten Juliwoche trug Mascha Rock und Bluse und nahm einen Rucksack mit, der eine Zahnbürste, ein Stück Seife, Kleider zum Wechseln, eine Kaffeetasse und etwas Käse enthielt. Freunde halfen ihr dabei, eine Erklärung an den Richter zu verfassen, in der sie sagte, daß sie sich darüber im klaren sei, daß die Entscheidung des Gerichts von vornherein feststehe, und daß sie an der Verhandlung nicht teilnehmen werde. Sie verzichtete auf ihr Recht, sich von einem Anwalt vertreten zu lassen. Der kleine Gerichtssaal war voll von fremden Gesichtern. Die Anklage gegen Mascha wurde laut verlesen. Böswillige Unruhestiftung. Mascha bat um Erlaubnis, ihre Erklärung vorlesen zu dürfen. Dann trat sie vor und legte das Schreiben vor dem Richter auf das Pult. Auf eine Frage des Richters antwortete Mascha, daß sie sich weigere, an dieser Gerichtsverhandlung teilzunehmen. Der Richter befahl ihr, sich zu setzen. Die Staatsanwältin, eine blonde Frau, sah Mascha befremdet an. Auf jede Frage, die der Richter ihr stellte, antwortete Mascha nur: »Ich bin nicht bereit, an dieser Verhandlung teilzunehmen.« Aus dem Publikum hörte man widerwilliges Gemurmel: »Was glaubt sie eigentlich, wer sie ist?«

»Zeigt man so Respekt vor einem Richter?« Die Leute im Publikum waren Polizisten in Zivilkleidung; Verbrecher einer wie der andere, dachte Mascha. Sie sah ein bekanntes Gesicht, die Frau aus der Wohnung über der ihren, die Wolodja mit kochendem Wasser übergossen hatte und die später als Zeugin aussagte, daß die Kundgebung tatsächlich den Verkehr auf der Gorkij-Straße zum Erliegen gebracht hatte. Der Richter fragte Mascha, ob sie dieser Aussage zustimme. Mascha sagte: »Ich bin nicht bereit, an dieser Verhandlung teilzunehmen.« Die Verhandlung dauerte mehr als eine Stunde. Als der Richter sie aufforderte, eine Stellungnahme abzugeben, stand Mascha auf und sagte: »Ich bin nicht bereit, an dieser Verhandlung teilzunehmen, und verzichte auf mein Recht auf eine abschließende Stellungnahme.«

Danach zog sich das Gericht für eine halbe Stunde zurück. Als die Verhandlung wiederaufgenommen wurde, wandte sich die Staatsanwältin an den Richter. Von einem Blatt Papier las sie vor, daß alle in diesem Gerichtssaal deutlich sehen könnten, daß sich Bürgerin Slepak ihres Akts der Unruhestiftung voll bewußt geworden sei und sich von ihm distanziere. Jetzt, da sie sich voll und ganz zu ihrer Schuld bekenne und ihre Tat bereue, bestehe die Möglichkeit, sie zu drei Jahren Arbeitslager zu verurteilen – hier machte sie eine Pause, bevor sie fortfuhr – und sie auf Bewährung freizulassen. Die Staatsanwältin setzte sich. Offensichtlich hatte sie einen Text verlesen, der vor der Verhandlung von jemandem für sie geschrieben worden war, der nicht mit Maschas Schweigen gerechnet hatte.

Der Richter verlas das Urteil: drei Jahre Arbeitslager, auf Bewährung. Gegen das Urteil konnte innerhalb von sieben Tagen Berufung eingelegt werden. Die Verhandlung war zu Ende. Mascha und ihre Freunde waren angesichts dieses Ergebnisses überglücklich.

Wolodja und Mascha sind überzeugt, daß ihr Urteil aufgrund ihres schlechten Gesundheitszustandes ausgesetzt worden war und auch deshalb, weil es nichts brachte, sie einzusperren. Die Kreml-Behörden hatten Wolodja isoliert und wußten, daß Mascha ihm ins Exil folgen würde.

Mascha teilte die Wohnung nun mit Olga, Leonids Freundin. Der Polizist und seine Frau waren schon zwei Jahre vor dem Zwischenfall auf dem Balkon ausgezogen. In ihrem Zimmer lebten nun eine Frau in mittleren Jahren, die bei der Post arbeitete, und ihr Sohn. Sie hatten ein eigenes Telefon bekommen mit der Auflage, daß die Slepaks es nicht benutzen durften, sonst würde es abgesperrt.

Maschas Familie war zerrissen. Leonid hielt sich versteckt, um dem Gefängnis zu entgehen, weil er sich dem Einberufungsbefehl widersetzt hatte, er zog von einer Moskauer Wohnung zur anderen oder fuhr mit dem Zug – er flog nicht, denn man mußte seinen Namen angeben und den Personalausweis vorweisen, wenn man ein Flugzeug benutzte – nach Leningrad, Wilna und Armenien zu Freunden, denen er vertrauen konnte. Sanja war in Israel und fuhr häufig mit Unterstützung des israelischen Außenministeriums und jüdischer Organisationen nach Europa, England und in die Vereinigten Staaten zu Versammlungen und Konferenzen, wo er mit kleinen Gruppen einflußreicher Leute und vor großen Menschenmengen sprach, sich für seine Eltern einsetzte und Geld sammelte. Und Wolodja fuhr unter schwerer Bewachung gemeinsam mit anderen Gefangenen zu seinem Verbannungsort. Keiner der Beamten, die Mascha aufsuchte, konnte ihr sagen, wohin er gebracht wurde.

Ende August kehrte Solomon Slepak, der den Sommer mit seiner zweiten Frau in einem Häuschen außerhalb von Moskau verbracht hatte, nach Hause zurück. Erstaunlicherweise hatte er nicht gehört, was mit Wolodja und Mascha geschehen war; er wurde von seinem Neffen Anatolij von Wolodjas Verhaftung und Verurteilung informiert und erlitt einen Herzinfarkt.

Solomons russische Frau erzählte Mascha und Leonid später, daß der alte Mann die letzten Tage seines langen Lebens mit seinem Hut auf dem Kopf auf dem Sofa sitzend verbracht hatte. Langsam wiegte er sich vor und zurück und murmelte etwas in einer Sprache, die sie nicht verstand. Mascha meint, daß er vielleicht auf hebräisch gebetet habe.

Solomon Slepak war sechsundachtzig Jahre alt, als er am 2. September 1978 starb. Zwei Tage später wurde er auf einem Moskauer Friedhof beigesetzt, der für Parteimitglieder reserviert war, die nur wenig unter dem Rang derer standen, die an der Kremlmauer begraben wurden. Wolodja weiß nicht und kann nicht einmal Vermutungen darüber anstellen, wer die Bestattung seines Vaters auf diesem Friedhof genehmigt haben könnte. An dem Begräbnis nahmen Verwandte, einige Freunde und ein Vertreter des regionalen kommunistischen Parteikomitees teil. Letzterer hielt eine kurze Ansprache. KGB-Beamte lauerten im Hintergrund. Der Sarg wurde zugenagelt.

Maschas Antrag, daß Wolodja am Begräbnis seines Vaters teilnehmen durfte, wurde von einem hohen Beamten des Innenministeriums in Übereinstimmung mit sowjetischem Recht bewilligt, unter der Bedingung, daß er, während er in Moskau war, weder *refjusniki* besuchte noch Journalisten oder Ausländer traf.

Vier Tage nach seiner Ankunft an seinem Verbannungsort hatte Wolodja ein Anruf von Mascha erreicht: Sein Vater war gestorben. Sie fügte hinzu, daß sie für ihn die Erlaubnis bekommen hatte, zum Begräbnis nach Moskau zurückzukehren. Wolodja war erschüttert und tieftraurig: Was für eine Tragödie, dachte er. Er hat mich nie verstanden, und ich weiß nicht, ob ich ihn je verstanden habe. Sein Kommunismus hat alles auf den Kopf gestellt. Aber er war mein Vater. Bei der örtlichen Polizeibehörde besorgte sich Wolodja die notwendigen Papiere, dann kehrte er per Bus und Flugzeug nach Moskau zurück. Er kam rechtzeitig zum Begräbnis.

Die russische Frau seines Vaters, peinlich berührt und empört über Maschas Verhaftung und Wolodjas Verhaftung und Verbannung, wollte nichts mit ihnen zu tun haben. Sie sah sich selbst als patriotische Sowjetbürgerin und verweigerte Wolodja die privaten Papiere seines Vaters. Jahre später, nach ihrem Tod, versuchte Wolodja, die Papiere von ihren Kindern aus erster Ehe zu bekommen, aber sie hatten alles weggeworfen. Wolodja blieb nichts von der Bibliothek seines Vaters, nichts von den Briefen, Manuskripten und Notizbüchern des Altbolschewiken, nichts von seinen detaillierten Aufzeichnungen über seine lebenslange Arbeit für die Partei.

Maschas Antrag, Wolodja ins Exil zu begleiten, war bewilligt worden.

Am 8. September traten sie die 8000 Kilometer lange Reise in das sibirische Dorf an, das 240 Kilometer südlich von Tschita lag und etwa 320 Kilometer von der Gegend in China entfernt war, in der Solomon Slepak 60 Jahre zuvor, während des Bürgerkriegs, als Kommandant einer bolschewistischen Partisaneneinheit gekämpft hatte.

8 Das Amulett

Vor seiner Verhandlung wurde Wolodja vier Wochen lang im Butyrskaja-Gefängnis festgehalten. Einmal pro Woche durfte er duschen und bekam frische Unterwäsche. Am Morgen bekam jeder Gefangene 600 Gramm Schwarzbrot und zwei Stücke Würfelzucker. Warmes Essen gab es dreimal pro Tag.

Nach der Verhandlung und nachdem seine Berufung abgewiesen worden war, wurde er ins Krasnopresnenskaja-Gefängnis überstellt. Die übliche Leibesvisitation. Wachen durchwühlten die Tasche, in der er seine persönlichen Dinge aufbewahrte, und steckten ihn dann mit etwa dreißig anderen in eine Zelle. Es war ein Durchgangsgefängnis; ein ständiges Kommen und Gehen. Er war vier Tage dort und wurde dann in eine andere Zelle gebracht, erneut einer Leibesvisitation unterzogen, seine Tasche durchsucht. Die Zelle wurde im Gefängnisjargon »Akkumulator« genannt.

Eines Abends wurde er gemeinsam mit anderen zu einem Polizeiwagen gebracht. Wachen mit Maschinengewehren befahlen ihnen einzusteigen. Hinten war Platz für höchstens 20 Personen, wenn sie dicht gedrängt standen, aber mehr als 25 mußten transportiert werden. Die überzähligen Gefangenen wurden wie Säcke auf die Köpfe der Stehenden gestapelt.

Der Wagen brachte sie zu einem Eisenbahndepot außerhalb von Moskau. Ein betonierter Bahnsteig, ein Netz von Geleisen, Schuppen, leere Waggons. Scheinwerfer an langen Masten beleuchteten die Geleise.

Ein zweiter Wagen fuhr vor, Wachen und deutsche Schäferhunde mit Maulkörben sprangen heraus. Die Gefangenen wurden auf den Bahnsteig getrieben und angewiesen, sich mit den Händen hinter dem Rücken hinzuhocken. Jeder Gefangene hatte rechts neben sich auf dem Boden eine kleine Tasche mit seiner persönlichen Habe. Einer der Wachposten deutete auf einen Waggon und erklärte, daß, sobald er das Signal gab, die Gefangenen hinzulaufen und dort stehenzubleiben hatten. Er sagte: »Wenn einer von euch beim Laufen auch nur einen Schritt nach rechts oder links macht, gilt das als Fluchtversuch, und er wird erschossen.« Den Hunden wurden die Maulkörbe abgenommen.

Wachen mit einer Hundeleine in der linken Hand und einer Waffe in der rechten, Wachen vorne und zu beiden Seiten, eine Wache hinten mit einem langen Gummiknüppel für Gefangene, die nicht schnell genug waren. Die Hunde und Wachen an ihren Fersen, rannten die Gefangenen über die Schwellen und Geleise und den mit Schotter bedeckten Boden. Vor dem Waggon hielten sie an und hockten sich hin, wurden gezählt und aufgerufen und mußten den Artikel des Strafgesetzbuches angeben, nach dem sie verurteilt worden waren. Dann wurden sie wieder einer Leibesvisitation unterzogen. Und schließlich in ihre Abteile geschickt.

Wolodja fand sich in einem Waggon wieder, in dessen langem Gang bewaffnete Wachen auf und ab gingen. Auf einer Seite von außen weiß übermalte Fenster. Auf der anderen Seite, den durchscheinenden Fenstern gegenüber, fensterlose Abteile, mit Wänden aus starkem Drahtgitter. Die Wachen – Zentralasiaten: Usbeken, Jakuten, Burjaten – sprachen kaum Russisch und konnten, abgesehen vom Bellen rudimentärer Befehle, nicht mit den Gefangenen kommunizieren. In jedem der für vier Personen gedachten Abteile befanden sich mindestens zehn Gefangene, und in einem der zahlreichen Züge, mit denen Wolodja auf dieser langen Reise fuhr, waren in einem Abteil 30 untergebracht, auf den Sitzen, in der Gepäckablage, stehend. Keiner der Männer wußte, in welche Richtung sie fuhren, welches Feuer oder Eis sie am Ziel erwartete.

Jeder Gefangene bekam Proviant, der für die erste Etappe der Fahrt reichen mußte: Schwarzbrot, gesalzenen Hering, sechs Stücke Würfelzucker. Weil sie üblicherweise zwei Stücke Zucker pro Tag bekamen, wußten sie jetzt, daß sie drei Tage in diesem Waggon bleiben würden. Sie spürten den Ruck, als der Waggon an einen Güter- oder Personenzug gehängt wurde. Bald fuhr der Zug ab. Knarrend und quietschend rollten sie aus Moskau hinaus.

Wolodja war damals einundfünfzig Jahre alt.

Sibirien ist so gigantisch – etwa acht Millionen Quadratkilometer –, daß die Grenzen oft unbestimmt bleiben; es reicht, grob gesagt, vom Ural bis zur Pazifikregion, die bis vor kurzem als sowjetischer Ferner Osten bezeichnet wurde, und von der Tundra am Arktischen Ozean über ein Gebiet riesiger Wälder bis zur mondähnlichen Landschaft der unfruchtbaren Halbwüsten und Steppen Zentralasiens und der Mongolei.

Schon im 17. Jahrhundert wurde Sibirien für Strafkolonien und als Ort politischen Exils genützt. Die beschwerliche Reise, die ursprünglich Monate dauerte, wurde leichter, als 1905 die Transsibirische Eisenbahn fertiggestellt wurde. Mit dieser Bahn war einst der junge Bolschewik Solomon Slepak mit seiner Frau, seiner Tochter und seinem kleinen Sohn Wolodja nach China gereist, um ein neues Leben als Journalist und Agent der Komintern, als Vertreter der damals im Entstehen begriffenen sowjetischen Regierung zu beginnen. Jetzt fuhr sein Sohn als Gefangener derselben Sowjetunion ins Exil.

Diese Reise – *etap*, wie die Russen den bewachten Transport nannten – vom ersten Durchgangsgefängnis bis zum endgültigen Ziel war die allerschlimmste Zeit für die Gefangenen. Im Zug durften sie zweimal pro Tag ihre Zellen verlassen, um auf die Toilette zu gehen. Und man wußte nie, wohin der Zug fuhr, außer wenn er in einer Stadt oder einem Dorf hielt, um einen »Transit« mitzunehmen, einen Gefangenen, der zu seiner Verhandlung in die Bezirkshauptstadt gebracht wurde. Von solch einem »Transit« konnte man erfahren, in welcher Richtung der Zug unterwegs war.

Am ersten Tag der Reise hielt der Zug, in dem sich Wolodja befand, kurz an, um zwei junge Männer aufzunehmen. Er sah, wie sie ins benachbarte Abteil gebracht wurden. Als der Zug wieder losfuhr, rief er durch die Wand: »Jungs, wo sind wir hier?« Einer der beiden antwortete: »Im Land der immergrünen Tomaten.« Die Männer in beiden Abteilen brüllten vor Lachen. Bald befanden sie sich in einer Welt hoher und zerklüfteter Gipfel; der Zug fuhr vorbei an steilen Bergwänden und durch dichte Wälder. Der Ural. Ihre erste Station sollte die Stadt Swerdlowsk sein.

Am Ende jeder Etappe des Transports mußten die Gefangenen den Zug verlassen und – hockend, die Hände hinter dem Körper – von bewaffneten Wachen und scharfen Hunden umgeben warten, bis ein Lastwagen sie in ein Gefängnis brachte. Dort blieben sie, bis die Behörden den nächsten Abschnitt organisiert hatten; dann bekamen sie wieder ihre Lebensmittelration und fuhren mit einem anderen Zug weiter.

Hinter dem Ural hielten sie in den Städten, in denen es Gefängnisse gab – Swerdlowsk, Nowosibirsk, Krasnojarsk, Irkutsk. Sie kamen spät abends in Swerdlowsk an, wurden gezählt, in einem Lastwagen in ein Gefängnis gebracht, durchsucht und, nachdem sie geduscht hatten, in eine Zelle gesteckt. Die Stadt fungierte als Verteiler, als Tor zum Gulag, dem ausgedehnten System der Arbeitslager in der UdSSR. Von Swerdlowsk aus wurden die Gefangenen in verschiedene Richtungen verschickt: zur Zwangsarbeit oder ins Exil.

In Wolodjas Zelle gab es etwa einhundert Betten und hundertfünfzig Gefangene: Diebe, Kriminelle, Mörder, einige machten die Reise schon zum zweiten oder dritten Mal.

Ein »Gestreifter«, dessen gestreifte Sträflingsuniform anzeigte, daß er zu einem Hochsicherheitsgefängnis unterwegs war, schien der anerkannte Zellenkommandant zu sein. Er fragte Wolodja, für welches Verbrechen er nach Sibirien geschickt wurde. Wolodja erzählte ihm von der Kundgebung. Der Mann sagte: »Aha, ein guter Kerl!«

Das Klassensystem der Gefangenen teilte die Welt in gute Kerle und schlechte Kerle ein. Schlechte Kerle waren Breschnew, Bürokraten, Mitglieder der Kommunistischen Partei; gute Kerle waren Sacharow, alle anderen Dissidenten und jetzt Wolodja.

Als guter Kerl wurde Wolodja respektiert und bekam ein Bett für die Nacht. Da Betten knapp waren, wurden sie auch tagsüber benutzt. Als Wolodja bei einem Schachwettbewerb unter den Gefangenen den zweiten Platz errang, stieg er in der Achtung der anderen ganz enorm. Ein Dissident, ein politischer Gefangener, ein netter Mensch und noch dazu ein hervorragender Schachspieler. Wirklich ein guter Kerl!

Er war vierzehn Tage lang in dieser Zelle. Jeden Morgen bekamen sie ihre Tagesration Brot und Zucker, dreimal täglich gab es warmes Essen. Es gab zwei Waschschüsseln und zwei Klosetts in der Zelle. Nach einer Woche hatten drei Viertel der Gefangenen die Ruhr. Einige lagen wie tot herum. Sie schnitten ihre Decken in Streifen und machten damit Feuer, verbrannten Brot und aßen die Kohle, um den Durchfall zu stoppen. Niemand sagte etwas zu den Beamten. Den Wachen oder den Ärzten von der Krankheit zu erzählen hätte womöglich eine zweiwöchige Quarantäne der Zelle oder sogar des gesamten Gefängnisses zur Folge gehabt, was für die Beamten, die für die Verwaltung der Züge und der Gefängnisse zuständig waren, peinlich gewesen wäre – sie hätten sich bei ihren Vorgesetzten für die unhygienischen Zustände rechtfertigen müssen –, und die Gefangenen ebenso wie die Beamten hätten sich brutal an demjenigen gerächt, der es gewagt hatte, laut auszusprechen, was zwar alle wußten, worüber aber nicht geredet werden durfte. Auch Wolodja wurde krank.

Einmal bat ein schwerkranker Armenier die Wachen, einen Arzt zu holen. Der »Gestreifte« ließ ihn von vier Gefangenen unbarmherzig verprügeln. In der Gefangenensprache hieß das »ihm die Nieren aufknöpfen«. Als der Arzt endlich kam, sagte der Armenier, daß er ein Mittel gegen Kopfschmerzen brauche.

Vor der Abfahrt aus Swerdlowsk, im Gefängniswagen, der sie zum Zug brachte, entdeckte Wolodja, daß der Inhalt seiner Tasche gestohlen worden war, die nur noch einen Stoffetzen enthielt, damit sie nicht leer wirkte. Der Dieb war zweifellos einer der Wachposten, die seine Tasche durchsucht hatten. Keiner in der Zelle hätte es gewagt, einen Mitgefangenen zu bestehlen. Wolodja war nichts geblieben außer seinen Ledersandalen und dem Trainingsanzug, den er anhatte. Eine Katastrophe. Einer der Männer in dem überfüllten Lastwagen zog seine Jacke aus und gab sie Wolodja. »Du gehst in die Freiheit«, sagte er. Einer, der ins Exil geschickt wurde, war für die, die auf dem Weg in ein Arbeitslager waren, ein freier Mann. »Es ist kalt dort, nimm du sie.«

Im Zug nach Nowosibirsk litt Wolodja unter den von der Ruhr hervorgerufenen Schmerzen und unter der Kälte, da er nur Sandalen, einen Trainingsanzug und die Jacke hatte. Neben ihm war ein alter Mann, der seine Blase nicht unter Kontrolle hatte. Er urinierte in einen seiner eigenen Stiefel, den er bei seinem abendlichen Gang zur Toilette entleerte.

Einmal hielt der Zug kurz an, zwei junge weibliche Gefangene stiegen ein und wurden in ein eigenes Abteil gesteckt. Sie waren auf dem Weg ins Arbeitslager. Aus ihrem Abteil hörte man ihre lieblichen Stimmen, als sie zusammen sangen. Russische Volkslieder. In ihrem Waggon waren acht Wachen, alle Asiaten. Von Zeit zu Zeit hörte der Gesang auf, wenn die Wachen das Abteil betraten und die Frauen vergewaltigten. Im Leben des Gulag war das normal. Keine Frau hätte daran gedacht, Widerstand zu leisten oder sich zu beschweren.

Normal war auch, wie die Gefangenen im Zug Wasser bekamen. Zweimal pro Tag wurde ein Kanister von außen an die Drahtwand des Abteils gehängt und ein Wasserhahn hineingesteckt. Es gab nur einen Becher für alle Insassen, er ging von Mund zu Mund. In der Nähe von Irkutsk war ein Lager für tuberkulosekranke Gefangene. Es gab viele im Zug, die an dieser Krankheit litten.

Der August war beinahe zu Ende. In Irkutsk sah Wolodja am frühen Morgen Rauhreif und eine dünne Eisschicht auf den Pfützen.

Einen Monat und zwei Tage nach seiner Abfahrt von Moskau kam Wolodja in der sibirischen Stadt Tschita an. Sein Vater hatte dort als bolschewistischer Offizier eine Freundin gehabt. Wolodja verbracht vier Tage im Gefängnis von Tschita. Ein Polizeiwagen brachte ihn nach Aginskoje; er erinnert sich an eine höllische über sieben Stunden dauernde Fahrt auf einer engen Straße, die sich durch Berge und Täler und Steppen schlängelte. Im Wagen waren Russen, ein sehr traurig dreinblickender Mann, der in einem Arbeitslager jemanden umgebracht hatte und nun von seiner Gerichtsverhandlung zurückkam, und Burjaten, die ihren Ziegenkäse und geräucherten Speck mit Wolodja teilten. Es stellte sich heraus, daß der Mann guten Grund hatte, traurig zu sein: Er hatte bereits zum zweiten Mal einen Mord begangen und war sicher, daß man ihn diesmal zum Tode verurteilen würde.

Nach einem Wochenende in Aginskoje wurde Wolodja

vom Stellvertretenden Polizeichef in einem Jeep in das dreißig Kilometer weit entfernte Dorf Tsokto-Changil gebracht. Das war am 28. August 1978.

Wolodja glaubte, daß er von Anfang an nach Tsokto-Changil geschickt werden sollte, aber Monate später erfuhr er, daß er dem Gesetz nach in Aginskoje hätte bleiben können, eine relativ große Stadt, in der viele Russen lebten. Man hatte ihn nicht darüber aufgeklärt, daß Exil lediglich bedeutete, daß er nicht wählen oder den Bezirk verlassen durfte und daß er sich wöchentlich in der örtlichen Polizeistation melden mußte. Möglicherweise hatte der KGB der Polizei von Aginskoje mitgeteilt, daß man nicht wollte, daß er mit so vielen Russen zusammenlebte, und ihnen geraten, ihn nach Tsokto-Changil zu schicken.

Es war früher Nachmittag und wurde bereits kühl, als sie in Tsokto-Changil ankamen. Das ganze Dorf war eigentlich eine Kolchose, ein kollektiver Landwirtschaftsbetrieb. Der Stellvertretende Polizeichef nahm Wolodja in das einzige Gasthaus des Dorfes mit und lud ihn zum Essen ein. Dann brachte er ihn ins Büro des obersten Buchhalters der Kolchose, der sie schon erwartete.

Wolodja hatte weder Wäsche noch Geld. Der Buchhalter brachte ihn ins einzige Hotel des Dorfes. Die ungepflasterte Straße, an der das Dorf lag, führte weiter in die Mongolei, und die Lastwagenfahrer machten ihre Pausen in dem Gasthaus und übernachteten im Hotel. Das einstöckige Hotel hatte vier Zimmer. Schräge Fußböden. Ein Waschbecken im Flur. Die Toilette – ohne fließendes Wasser – befand sich hinter dem Haus. Wolodja bekam ein kleines Zimmer mit einem Bett. Der Buchhalter streckte ihm einen Rubel vor, den er von seinen zukünftigen Einnahmen zurückzahlen konnte, und befahl ihm, sich am folgenden Morgen im Büro der Kolchose zu melden.

Die Chronik verzeichnet Wolodjas erste Reaktion auf seinen Verbannungsort, die ungepflasterten Straßen, den unendlichen Himmel, das Rauschen und Pfeifen des Windes über der endlosen Steppe. Er fühlte sich, sagt er, »verzaubert von der Reinheit der Luft und dem Gesang der Vögel«. Dieses Gefühl hielt nicht lange an.

Er war über 8000 Kilometer gefahren und war während dieser Zeit von der Welt jenseits des Gefangenentransports, jenseits der *etap*, völlig abgeschnitten gewesen. Er fragte, ob er seiner Frau vom Postamt aus ein Telegramm schicken dürfe. Er hatte kein Geld für das Telegramm und ließ sich zehn Rubel vorstrecken. In Moskau hatte Mascha weder vom Innenministerium noch vom KGB den Bestimmungsort Wolodjas erfahren. Als sie so viele Wochen nichts von ihm hörte, begann sie zu befürchten, er sei tot. Er telegrafierte ihr, daß er in Tsokto-Changil war, Bezirk Aginskoje, Gebiet Tschita, und bat sie, ihm etwas Geld zu schicken. Kurz darauf rief sie ihn an und erzählte ihm von ihrer Verhandlung und dem Urteil.

Noch am selben Tag kaufte er mit dem Geld, das er sich ausgeliehen hatte, ein Paar schwere Arbeitsstiefel, weißen Baumwollstoff, der – in Streifen geschnitten – anstelle von Socken verwendet wurde, Unterwäsche, ein Flanellhemd, Baumwollhosen und eine wattierte Jacke. Er war jetzt warm genug angezogen, um eine mittlere Kälte auszuhalten.

Er meldete sich beim Vorsitzenden der Kolchose, einem Mongolen, der auch Abgeordneter des Obersten Sowjet war. Dieser war nicht begeistert, einen Volksfeind in seiner Kolchose zu haben, und hielt Wolodja einen strengen Vortrag über sein Benehmen im Exil: Er erwartete von ihm, daß er hart arbeitete und keine Schwierigkeiten machte. Er wies Wolodja eine Arbeit im Kornspeicher zu. Monate später erfuhr Wolodja, daß er sich – dem Gesetz nach – seine Arbeit hätte aussuchen und sie jederzeit hätte ändern können. Aber niemand hatte ihn über seine Rechte als Verbannter informiert, und im Gefängnis hatte es keine Gesetzestexte gegeben.

Am nächsten Tag schickte ihm Mascha zweihundert Rubel. Zwei Tage später rief sie wieder an, um ihm mitzuteilen, daß sein Vater gestorben war.

Ihr ganzes Leben lang, soweit sie sich zurückerinnern konnte, hatte sich Mascha als eine Art Glücksbringer gefühlt; sie brachte anderen Glück. Ihre Mutter hatte oft »mein Amulett«, »mein Glücksbringer« zu ihr gesagt, und 1976 kaufte Bertha in einem Geschäft in Jerusalem ein rot-blau-gelb emailliertes Amulett, ließ auf der Rückseite die hebräischen Worte *le-masha me-ima* (»Für Mascha von Mutter«) eingravieren und bat einen amerikanischen Touristen, es für Mascha nach Moskau mitzunehmen. Enge und weniger enge Freunde flehten Mascha an, sie zum UVIR zu begleiten, wenn sie hingingen, um ihre Visaanträge einzureichen. In den meisten Fällen wurden die Anträge bewilligt, und sie waren sicher, daß das Maschas Anwesenheit zu verdanken war. Sie akzeptierte es als ihr Schicksal, daß sie möglicherweise existierte, um anderen Glück zu bringen, nur nicht sich selbst.

Im September 1978, einige Tage nach dem Begräbnis von Solomon Slepak, kauften Mascha und Wolodja – mit der Unterstützung von ungeduldigen KGB-Beamten, die es satt hatten, ihnen beim Warten in den endlosen Schlangen im überfüllten Moskauer Flughafen zuzusehen – Flugtickets für einen der üblicherweise ausgebuchten Direktflüge nach Tschita. Sie kamen vor Sonnenaufgang an und nahmen ein Taxi zum Busbahnhof, der geschlossen war.

Bei ihrer Abreise aus Moskau war es heiß gewesen, aber in Tschita war es ziemlich kalt. Burjaten standen schweigend herum. Der Bus kam: alt, klapprig, 25 Sitzplätze. Tschita liegt in einem weiten, von bewaldeten Bergen umgebenen Tal. Ein Fluß, die Tschitinka, fließt durch die Stadt. Mascha sah kleine Häuser, Zäune. Auf dem Sitz neben ihr schlief Wolodja.

Schwankend und scheppernd verließ der Bus die Stadt und fuhr bergaufwärts. Hohe Nadelbäume säumten die schmale asphaltierte Straße. Riesige glatte Felsbrocken lagen zwischen den Bäumen. Sie fuhren weiter hinauf, die Straße war hier in den Felsen gehauen. Ein weites Tal unter ihnen und Berge, die sich wie eine Theaterkulisse bis zum Horizont erstreckten. Die Sonne ging auf und tauchte eine Hälfte des Tals in fahles Licht. Über der anderen lagen blau-grüne Schatten. Ein Fluß schlängelte sich durch das Tal, an seinen Ufern lagen Häuser und Felder. Mascha erschien das alles wunderschön, und ihr fiel ein, daß Tschechow in seinem Bericht von seiner Reise zur Insel Sachalin diese Gegend als die »russische Schweiz« bezeichnet hatte.

Nach und nach wurde die Straße enger, steinig, gefährlich. Sie fiel jäh ab in ein staubiges Tal. Sie fuhren durch ein nahezu ausgestorbenes Dorf aus staubbedeckten Holzhäusern und hielten kurz vor einem Kaffeehaus in einem sonnenverbrannten Tal. Am Horizont waren bewaldete Hügel zu sehen. Nach vier Stunden Fahrt erreichten sie die Transsibirische Eisenbahn, gerade als ein Zug vorbeifuhr. Ein Schild an jedem Waggon: MOSKAU–PEKING. Die Bahn, mit der Wolodja und seine Familie einst nach China und zurück gefahren waren. Keine Dörfer in dieser Steppe, keine Menschen. Kleine, dünne, verkümmerte Bäume mit spärlichen Ästen. Nach sechs Stunden Fahrt sahen sie am Horizont Häuser in den Bergen, die Stadt Aginskoje. Eine Bushaltestelle am Stadtrand, ein gut beleuchteter Warteraum.

Mascha und Wolodja nahmen ihr Gepäck auf und stellten sich in die Warteschlange, um die Fahrkarte für den Bus nach Tsokto-Changil zu kaufen. Der Bus sollte in zwei Stunden aus dem Süden kommen. In dieser Gegend war Aginskoje die letzte Stadt, in der die Russen einen großen Anteil an der Bevölkerung stellten. Südlich davon lag das

Land der Burjaten – ein asiatisches Steppenvolk, Nomaden, Buddhisten.

Der Bus nach Tsokto-Changil war älter als der aus Tschita. Die Straße – ungepflastert und ausgefahren, die Landschaft – eine unendliche Einöde. Die Türen des Busses ließen sich nicht völlig schließen, Staub bedeckte den Fahrer und die Passagiere. Die Burjaten im Bus starrten Mascha und Wolodja unentwegt an, man sah nicht oft Russen so weit im Süden. Zitternd wie ein altes Pferd bewegte sich der Bus bergauf und bergab. Auf dem höchsten Berg blieb er stehen, und die Burjaten stiegen aus, um zu beten. Sie opferten den bösen Geistern Geld als Bestechung und den guten Süßigkeiten und Kekse. 20 Minuten wurde gebetet und geopfert. Dann stiegen sie wieder ein. Die Straße verlief nun parallel zu einem ausgetrockneten Flußbett, in dem dürre Birken wuchsen, deren armdicke Stämme sich zum Boden krümmten, als ob sie für immer überwältigt, geschlagen wären.

Tsokto-Changil lag in der Mitte eines 50 Kilometer langen und elf Kilometer breiten Tales. Niedrige Hügel säumten das Tal. Die Sonne ging auf, brannte sich durch das Tal und ging unter. Etwa 3000 Männer, Frauen und Kinder lebten in den einstöckigen Holzhäusern des Dorfes. Es gab knapp 200 Häuser, jedes hatte einen kleinen Garten, in dem aber nichts wuchs.

Um den Dorfplatz standen die Verwaltungsgebäude der Kolchose: das Büro, in dessen ersten Stock sich das Telefonzentrum des Dorfes befand, das Haus der Kultur, das einen Konzertsaal beherbergte, das Postamt mit einem Telegraphen und einem internationalen Telefonanschluß, und eine Buchhandlung. In der Nähe gab es eine medizinische Notstation, in der eine russische Krankenschwester arbeitete, eine Entbindungsstation, eine Veterinärstation, eine Maschinen- und Traktorenwerkstatt, das Hotel, in dem Mascha und Wolodja anfangs wohnten, ein Kaufhaus, ein Restaurant, einen Kindergarten, ein Internat für die Kinder der burjatischen Schafhirten, einen Abstellplatz für landwirtschaftliche Maschinen, ein weiteres Lebensmittelgeschäft, ein Gewächshaus, ein öffentliches Bad, Ställe für die Kühe. Das ganze Dorf war ein kollektiver Landwirtschaftsbetrieb, in dem Schweine und Kühe gezüchtet wurden und die Burjaten domestiziert werden sollten. Man wollte sie dazu bringen, die halbnomadischen Traditionen ihrer schafezüchtenden Vorfahren aufzugeben und ein Leben als seßhafte Schafhirten zu führen, die an eine sowjetische Kolchose gebunden waren.

Mascha und Wolodja kamen an einem Abend in der zweiten Septemberwoche an. Das Wetter tagsüber war warm gewesen, aber als sie aus dem Bus stiegen, streifte sie eine seltsam trockene Kälte. Niemand begrüßte sie, niemand sprach mit ihnen. Ein Wind aus dem Norden blies in Richtung Mongolei und Wüste Gobi.

Das Hotel war ein schäbiges einstöckiges Gebäude. An einem Ende des einzigen Korridors gab es zwei Wasserhähne, unter einem befand sich ein Waschbecken. Das Wasser aus dem anderen rann direkt auf den Boden und durch die halbvermoderten Bodenbretter ins daruntergelegene Stockwerk. In dem Zimmer, das man ihnen zuwies, standen zwei Eisenbetten, ein Tisch, Stühle, eine Glühbirne hing an einem Draht von der Decke. Strom gab es nur morgens und abends. An den Fenstern waren keine Vorhänge. Mascha blickte hinaus in die Finsternis und hatte das Gefühl, auf einem von einer unbarmherzigen Sonne verbrannten Planeten zu stehen. Eine Million Quadratkilometer grauer, unfruchtbarer Erde, und die Wüste Gobi war nur wenige hundert Kilometer entfernt. Und dennoch, dachte sie in jener ersten Nacht, leben hier Menschen. Es ist möglich, hier zu überleben.

Wolodja stand früh auf, um zur Arbeit zu gehen. Sie hatten einen kleinen Gaskocher mitgebracht, auf dem Mascha ihr Frühstück zubereitete. Wolodjas Arbeit bestand im Entladen der Getreidewagen, die von den Mähdreschern kamen. Irgendwann erklärte ihm der Vorsitzende der Kolchose, daß er alles über den Zionismus wisse: Die Zionisten waren böse Menschen, die die ganze Welt beherrschen wollten.

Ende September, als das kalte Wetter einsetzte, begann Wolodja als Heizer im Kesselhaus zu arbeiten, das die Garage der Kolchose beheizte, in der die Lastwagen und Jeeps standen. Es gab kein Frostschutzmittel in der Kolchose, und gefrorene Wasserleitungen hätten für die Fahrzeuge eine Katastrophe bedeutet. Wolodja verdiente zwischen 120 und 140 Rubel im Monat. Er und Mascha hätten davon nicht leben können, aber sie erhielten eine Unterstützung von einem eigenen Fonds, der von den *refjusniki* eingerichtet worden war. Das Geld, das sie durch den Verkauf von Kassettenrekordern, Radios, Kameras und Kleidungsstücken einnahmen, die ausländische Besucher ihnen dagelassen hatten, war für die bedürftigen Familien von *refjusniki*, deren Ernährer ihre Stelle verloren hatten und keine neue Arbeit finden konnten, sowie für Gefangene und die Familien von Gefangenen bestimmt.

Im Oktober senkte sich der Winter rasch und unbarmherzig über das Dorf und Wolodja arbeitete in der kalten Jahreszeit im Kesselhaus der Garage. Seine Arbeit begann um acht Uhr früh. In glühender Hitze beschickte er mit nacktem Oberkörper 24 Stunden lang den Ofen, dann hatte er 48 Stunden Pause. Woche um Woche schuftete er so. 24 Stunden im Kesselhaus, 48 Stunden frei.

Am Anfang sahen für Mascha alle Dorfbewohner gleich aus. Aber Wolodja, der seine Kindheit in China verbracht hatte, konnte die asiatischen Gesichter leicht unterscheiden: Burjaten, Tataren, Jakuten. Er begann, Mascha ausführlich von seinen Jahren in China zu erzählen. Er hatte das nie zuvor getan, hatte niemandem von dieser Zeit erzählt. Das Leben in Peking und Mukden. Seine chinesische Kinderfrau. Der Tag, an dem er und seine Schwester die Wildkatze im Garten sahen. Durch sein Exil kehrte er in Gedanken zur Wärme und Unschuld seiner Kindheit zurück.

Anfangs hatten sie keine andere Möglichkeit, als in dem erbärmlichen Hotel zu wohnen, mit seiner unberechenbaren Heizung, den durchlöcherten Wänden, den Toiletten hinter dem Haus. Es war eine Station für die Lastwagenfahrer, die Waren von Tschita in die Mongolei transportierten, die einige Dutzend Kilometer weiter südlich begann. Eine alte Burjatin öffnete ihnen zu jeder Tages- und Nachtzeit die Tür. Sie gab ihnen ein Zimmer mit einem Bett, etwas zu essen und eine Flasche Wodka, und sie tranken, bis sie umfielen.

Mascha begann sich davor zu fürchten, allein im Hotel zu bleiben. Manchmal, wenn Wolodja nachts arbeitete, schrien betrunkene Fahrer, die erfahren hatten, daß Verbannte in dem Hotel lebten, vor ihrer Tür: »Mach auf! Mach die Tür auf!« und Mascha antwortete: »Gehen Sie weg, oder ich hole die Polizei.«

Eines Nachts riß ein sinnlos betrunkener burjatischer Fahrer die Tür aus den Angeln, stand schwankend da und starrte ins Zimmer. Mascha sagte mit ruhiger Stimme: »Warum benehmen Sie sich so schlecht?« Der Fahrer, scheinbar ernüchtert von ihrem gefaßten, vorwurfsvollen Ton, richtete sich auf und antwortete: »Ich wollte die Tür aufmachen und schauen.« Sie sagte: »Gut, Sie haben geschaut. Jetzt können Sie in Ihr Zimmer zurückgehen, oder ich rufe die Polizei.«

Wolodja erklärte dem Vorsitzenden der Kolchose, daß er und Mascha nicht länger in dem Hotel bleiben konnten. Warum konnten sie nicht nach Aginskoje ziehen, das nur dreißig Kilometer entfernt war? Aber der KGB wollte die Slepaks nicht in Aginskoje und schlug dem Vorsitzenden der Kolchose vor, ihnen eine der Wohnungen in einem zweistöckigen Ziegelsteinbau in Tsokto-Changil zu geben, der knapp vor der Fertigstellung stand. Der Vorsitzende rief Wolodja zu sich und sagte: »Ich wollte diese Wohnung dem besten Arbeiter der Kolchose geben, statt dessen muß ich sie einem Verbrecher geben, einem antisowjetischen Element.«

Wolodja antwortete: »Sie geben mir diese Wohnung nicht. Man hat es Ihnen befohlen. Warum beklagen Sie sich bei mir? Wenn es Ihnen nicht paßt, sollten Sie sich woanders beschweren.« Und er ging.

Die Wohnung bestand aus einem Zimmer in dem zweistöckigen Ziegelbau in der Nähe der ungepflasterten Straße und des ausgetrockneten Flußbetts an der Westseite des Dorfes. Das Zimmer maß etwa sechs mal drei Meter. Es hatte eine drei mal zwei Meter große Küche und ein Badezimmer, eine Toilette und einen Balkon. In der Toilette und im Badezimmer gab es ein Waschbecken, eine Badewanne und eine Kloschüssel – völlig unbrauchbar, weil es im Dorf kein fließendes Wasser gab. Von dem Fenster und dem Balkon aus sahen sie die ungepflasterte Straße, die in die Mongolei führte, und dahinter die Steppe, monoton und – abgesehen von bräunlichem, verdorrtem Gras – unbewachsen und menschenleer. Wölfe und Füchse streiften dort umher, und Rudel verwilderter Hunde. Am Horizont waren Hügel zu sehen, graue Felsen ohne Bäume, ohne Vegetation.

Das Haus hatten Armenier nach Plänen für Wohnsiedlungen in Moldawien gebaut, wo das Klima milder war: hohle Türen aus Sperrholz, dünne Außenwände ohne Isolierung gegen die Kälte. Weil ihre Wohnung als eine der letzten fertiggestellt wurde, bestand sie vorwiegend aus Bauholz, das irgendwo übriggeblieben war. Das Ergebnis war ein Alptraum: unebene, schlampig gestrichene Wände, schlecht schließende Türen, verzogene Fenster, tiefe Ritzen zwischen den Fußbodenbrettern. Kalte Luft blies durch Türen und Fenster, und auf dem Boden konnte man kaum gehen, weil die Bretter unterschiedlich lang und dick waren.

Mascha und Wolodja begannen mit der Umgestaltung der Wohnung. Sie strichen die Wände, die Türen und den Fußboden. Aus alten Kisten baute Wolodja Regale und einen Küchentisch, auf einem Müllabladeplatz fand er ein Bett, das er mitnahm und reparierte. Er baute Bücherregale, Schuhablagen, Bänke, ein Sofa. Aus Moskau hatte er Werkzeug mitgebracht. Nägel fand er am Straßenrand. Einmal entdeckte er in der Steppe einen neuen Schraubenschlüssel. Die Burjaten ließen oft einfach das Werkzeug liegen, wenn sie etwas repariert hatten. Es war ihnen gleichgültig. Nichts davon gehörte ihnen, alles war Eigentum des kommunistischen Staates.

Eines Nachts Anfang November begann es zu schneien, winzige, dichte Flocken. Der Wind vermischte den Staub und Sand der Steppe mit dem Schnee und ließ ihn auf das Dorf niedergehen. In der trockenen Morgenluft verschwand der Schnee rasch, aber das Dorf stand blaß und staubbedeckt da. Der Sand war überall – in den Kleidern, in den Augen und im Mund, im Essen. Gegen Ende des Monats bezogen Mascha und Wolodja ihre Wohnung.

Abends erschienen Mascha die nackten Fenster wie drohende schwarze Löcher, also kaufte sie Stoff und nähte Vorhänge. Sie ging mit Wolodja ins Kaufhaus, wo sie Kartons mitnahmen, die sie auf den unebenen Boden legten und dann mit Plastik abdeckten. Der Boden war jetzt eben und obendrein isoliert. Sie stopfte Stoffreste in den Hohlraum der Sperrholztüren, und als der Frost schlimmer und der Wind stärker wurde, kaufte sie dicken Filz, wie ihn die Burjaten für ihre Jurten benutzten, in denen sie lebten, während die Schafe in der Steppe grasten, und hängte ihn als zusätzliche Isolierung vor die Tür.

Die Burjaten hatten nie zuvor mit einem Verbannten zusammengelebt, und die russischen Behörden hatten ihnen erklärt, daß diese Russen Volksfeinde waren und daß sie sie meiden sollten. Aber Mascha lud die Burjaten, die im selben Haus wohnten, zu Tee und Keksen ein, und schließlich, nach wiederholten Einladungen, kamen einige und saßen schweigend da, sahen sich in der Wohnung um, tranken ihren Tee und knabberten an den Keksen. Wolodja hatte ihr erklärt, daß die Burjaten mongolischer Herkunft waren und daß sie diesseits der Grenze als Burjaten und auf der mongolischen Seite als Mongolen bezeichnet wurden. Die Mongolei war, wie Mascha selbstverständlich wußte, ein Marionettenstaat der Sowjetunion. Die Burjaten, die Mascha in ihre Wohnung eingeladen hatte, luden die Slepaks später zu sich ein. Mascha und Wolodja stellten fest, daß vor ihren Fenstern Vorhänge hingen, daß sie den Boden mit Karton und Plastik bedeckt und Filz vor die Türen gehängt hatten.

Wolodja bastelte eine Küchenlampe sowie einen Schreibtisch und eine Schreibtischlampe für sich selbst. An die Wand über dem Schreibtisch hängte er Fotografien von Andrej Sacharow, Natan Schtscharanskij, Ida Nudel, Josif Begun und Jurij Orlow. Neben dem Bett waren Fotos von Sanja und Leonid.

Zu seiner großen Freude entdeckte Wolodja, daß es in der Buchhandlung in Tsokto-Changil – wo man die üblichen Schreibfedern, Bleistifte, Landkarten, Notizbücher, Zeitschriften, Kinderbücher und Literatur kaufen konnte – auch Bücher gab, die sogar in Moskau schwer zu bekommen waren. Mascha begann Kinderbücher zu kaufen, die sie ihren Enkeln im Ausland schicken wollte, damit sie die russische Sprache nicht vergaßen. Die Familienchronik verzeichnet Wolodjas Versuch, dieses unerwartete Vorhandensein solcher Bücher zu erklären: »Das Paradoxe im sozialistischen System war, daß – von jedem neu erschienenen Buch – Exemplare in die Buchhandlungen der ganzen

Sowjetunion geliefert wurden, nicht aufgrund der Nachfrage, sondern entsprechend der Bevölkerungsstatistik.«

Sie hatten ein kleines Kurzwellenradio aus Moskau mitgebracht. Aber in Tsokto-Changil wurde die Stimme Amerikas erfolgreich von einem Störsender blockiert. Sie kauften einen kleinen Fernseher, aber der Satellit sendete nur drei oder vier Stunden pro Tag. Die Isolation war nahezu überwältigend.

Die Schwierigkeiten mit den Dorfbewohnern ergaben sich nicht aus der Sprache – alle sprachen Russisch –, sondern aus der Kultur: Wolodja und Mascha waren kultivierte Städter mitten in einer Welt ehemaliger Halbnomaden, alteingesessene Moskauer unter Burjaten, Juden, die vom weit entfernten Israel träumten, während sie mit Asiaten zusammenlebten, deren Heimat die nahe gelegene Mongolei war. Sogar wenn der KGB nicht darauf bestanden hätte, daß sie an ihrem Verbannungsort von jeglichem Gemeinschaftsleben ausgeschlossen bleiben sollten, hätten sie sich doch als dreifach Gefangene gefühlt: Verbannte, Juden, Russen. In einem Gefängnisstaat, der sich Sowjetunion nannte.

Langsam lernten sie einige Dorfbewohner kennen. Eine zufällige Begegnung hier, ein freundlicher Gruß da. Es sprach sich herum: Die beiden Moskauer schienen gar nicht so bedrohlich zu sein, im Gegenteil, sie waren ganz freundlich und hilfsbereit, der Mann war Ingenieur, die Frau Ärztin. Warum seid ihr hier? Wir sind Juden und möchten nach Israel gehen, aber sie wollen uns nicht gehen lassen. Keiner im Dorf hatte je einen Juden gesehen, obwohl viele von Israel gehört hatten. Zweimal wurden sie zu burjatischen Hochzeiten eingeladen. Parteibosse kamen aus Aginskoje und rügten die Burjaten, weil sie Volksfeinde bewirtet hatten. Die Burjaten hörten schweigend und ungerührt zu. Eines Tages sagte einer der Burjaten zu Mascha und Wolodja: »Warum wollt ihr nach Israel gehen? Das ist so weit weg. Ihr seid gute Menschen. Bleibt hier bei uns. Wir geben euch ein Dutzend Schafe, zwei Dutzend, wenn ihr wollt.« Ein anderer sagte später in vertraulichem Ton zu Wolodja: »Hör zu, deine Frau ist zu alt. Wenn du willst, finden wir zwei junge für dich.«

Die ungepflasterten Straßen und die unbelebte Steppe wurden hart wie Eisen, als die Temperatur auf minus 40 Grad Celsius fiel. Nachts verstummten die Kühe und Schweine, und es war völlig still, abgesehen von dem gelegentlichen Bellen der Hunde in verschiedenen Ecken des Dorfes. Der Himmel war wolkenlos, und Myriaden von Sternen strahlten hell und kalt. Tagsüber gingen Mascha und Wolodja oft im Dorf oder in der Steppe spazieren. Die Winde waren rauh. Pferde zogen ungehindert über die Steppe, und Schafe weideten das Wintergras ab.

Eines Tages verließen plötzlich alle Familien das Wohnhaus, um sich bei Verwandten in den Holzhäusern im Dorf einzuquartieren. Ein arger Sturm sei im Anzug, sagten sie. Mascha und Wolodja konnten nirgendwohin gehen. Das Dorf wurde sehr still. Nebel verdeckte die Sonne. Der Wind wurde immer stärker, es hörte sich an, als ob jemand auf einer Pfeife blies, erst schrill, später ein Heulen. Die Sonne verschwand im Dunst und verfinsterte sich. Draußen blies und pfiff und heulte der Wind. Mit Sand vermischter Schnee peitschte gegen die Fenster und die Balkontür. Die Tür und das Blechdach des Hauses klapperten. Draußen wurde es stockfinster. Der Sturm nahm immer mehr zu, und plötzlich gab es keinen Strom mehr, und es wurde kalt in der Wohnung. Sie zogen sich warm an. Es wurde immer kälter. Wolodja zündete die Petroleumlampe an, eine kleine, zitternde Flamme. Sie wickelten sich in Decken ein, aber sie konnten nicht schlafen, ständig klirrte und klapperte draußen etwas.

Der Sturm hielt 15 Stunden an. Als es Tag wurde, sahen sie eine unendliche Schneelandschaft, Strommasten lagen inmitten eines Gewirrs von Drähten im Schnee, und die Dächer der nahe gelegenen Häuser waren kaum zu sehen. In der Steppe waren kleine Hügel, wo tote Schafe lagen. Die Bulldozer brauchten fünf Tage, um die Straße von Aginskoje in das Dorf zu räumen, wo es während dieser Zeit weder Wasser noch Telefon oder Post gab. Mascha und Wolodja lebten von den Vorräten, die sie in ihrer Wohnung gelagert hatten.

In diesem Februar beschloß Leonid, der noch immer auf der Flucht war, um der Einberufung zu entgehen, von Moskau nach Sibirien zu fliegen, um seine Eltern zu besuchen. Wenn er flog, riskierte er zwar, entdeckt zu werden, aber seine Eltern brauchten dringend bestimmte Nahrungsmittel und Medikamente und die dicken Anoraks, die Besucher aus Kanada als Geschenk nach Moskau mitgebracht hatten.

Direktflüge von Moskau nach Tschita wurden lange im voraus gebucht, vor allem von Armeeoffizieren und Regierungsbeamten; Tschita war ein wichtiges militärisches Zentrum. Mit Hilfe eines Plastiksacks voller Schreibfedern, Kaugummi und Strumpfhosen überredete Leonid einen hohen Angestellten auf dem Moskauer Flughafen, ihm zumindest ein Ticket nach Irkutsk zu beschaffen. Dort nahm er einen Regionalflug nach Tschita, ein altes Pendlerflugzeug, in dem etwa 20 Passagiere Platz hatten. Durch eines der Fenster, das verzogen und undicht war, drang arktische Luft ein. Ein Mann versuchte, den Spalt mit einem Stoffetzen zuzustopfen, aber ohne Erfolg. Das Propellerflugzeug schlingerte und taumelte im sibirischen Wind. Jemand hatte eine Ziege mit an Bord genommen; und es gab auch noch andere Tiere. Passagiere erbrachen sich. Leonid hatte einen großen Rucksack und zwei riesige Taschen voll mit Lebensmitteln, Medikamenten und anderen lebensnotwendigen Dingen bei sich. In Tschita erklärte man ihm, daß der Bus nach Aginskoje abgefahren sei und der nächste erst am Morgen fahren würde. Er verbrachte die Nacht auf dem Fußboden in der Bushaltestelle und fuhr am folgenden Tag ab. Sechs Stunden auf der kurvenreichen Straße in einem alten Bus, der praktisch keine Stoßdämpfer hatte. Es war beinahe finster, als er in Aginskoje ankam. Keiner der Taxifahrer wollte ihn nach Tsokto-Changil fahren. Er bot einigen Männern, die herumstanden, Geld an. Sie wollten kein Geld. Sie hatten genügend Geld. Es gab nichts, was man damit kaufen konnte. Er hielt zwei Packungen Marlboro-Zigaretten hoch, und es kam fast zu einer Schlägerei darum, wer ihn hinbringen durfte. Auf der Fahrt ins Dorf fragte ihn der Fahrer, wohin er genau wollte. Leonid sagte es ihm, und der Fahrer sagte: »Aha, das Ehepaar aus Moskau. Sie sollen sehr nett sein.« Er wußte genau, wo Mascha und Wolodja wohnten und brachte Leonid bis vor ihre Tür.

Seine Eltern hatten ihn seit Monaten nicht gesehen und wußten nichts von seinem Kommen. Aufgeregt und ungläubig begrüßten sie ihn. Er konnte nicht lange bleiben und flog mit seiner Mutter zurück nach Moskau.

Damit sie ihre Wohngenehmigung in Moskau – Wolodja verlor die seine während seiner Verbannung – und die Wohnung behielt, mußte Mascha regelmäßig zurückkommen und sich bei ihren Nachbarn im Haus blicken lassen. Außerdem mußte sie ihre Flugtickets aufheben, zum Beweis dafür, daß sie tatsächlich in die Stadt zurückgekommen war.

Eine der Bestimmungen, die auf der letzten Seite des Personalausweises jedes Sowjetbürgers abgedruckt waren, lautete, daß man sich nicht länger als sechs Monate von seinem Wohnort entfernen durfte. Nach dieser Frist konnte die Regierung die Wohnung zurückfordern – mit der Begründung, daß es nicht genug Wohnraum gab und daß jemand, der seine Wohnung nicht benutzte, sie auch nicht brauchte. Ein befreundeter Rechtsanwalt in Moskau hatte

Mascha geraten, daß sie am besten nicht länger als vier Monate wegbleiben solle, weil die Wohnungen manchmal schon nach einer Abwesenheit von fünf Monaten zurückgefordert wurden.

Also nahm Mascha Mitte Februar 1979, etwa viereinhalb Monate nachdem sie in Tsokto-Changil angekommen war, gemeinsam mit Leonid den Bus nach Aginskoje und einen weiteren Bus nach Tschita. Sie flogen von Tschita nach Irkutsk, von dort nach Nowosibirsk und schließlich nach Moskau. Eisiges Wetter, unsichere Reisebedingungen, chaotische Flugpläne, überfüllte Flughäfen, lange Verzögerungen, Drängen und Bitten und Bestechungen von Beamten, um ein Ticket zu bekommen – eine höllische Reise, die Mascha während der fünf Jahre, die Wolodja im Exil war, alle drei oder vier Monate unternahm. In Moskau besuchte sie Verwandte und Freunde und machte die notwendigen Einkäufe – für sich selbst und Wolodja, aber auch für die burjatischen Frauen, die sie kennengelernt hatte und die ihr lange Einkauflisten mitgaben: Kleidung, Winterstiefel, Süßigkeiten. Sie verbrachte viele Stunden in den langen Schlangen der Moskauer Geschäfte und brachte alles mit, was sie sich gewünscht hatten. Sie wollte mit ihnen in Frieden leben –, und dann fuhr sie zurück nach Tsokto-Changil.

Im ersten Jahr der Verbannung blieb sie zweieinhalb Monate in Moskau und wartete gemeinsam mit Leonid und Olga auf die Geburt ihres ersten Kindes, das im April zur Welt kam, ein Sohn, den sie Jewgenij nannten, nach Olgas Vater.

In diesem April kam auch die freudige Nachricht, daß fünf der Männer, die man 1970 wegen ihrer Beteiligung an der »Leningrader Flugzeugentführung« verurteilt hatte, freigelassen worden waren. Und etwa eine Woche später tauschte der Kreml fünf religiöse und politische Dissidenten gegen zwei sowjetische Spione ein, die in den Vereinigten Staaten verhaftet worden waren. Schtscharanskij jedoch vegetierte weiterhin in einem Gefangenenlager dahin und Ida Nudel an einem fernen Verbannungsort.

Ende April flog Leonid nach Tsokto-Changil, um sich von seinen Eltern zu verabschieden. Er hatte vom UVIR die Nachricht erhalten, daß seinem Antrag auf Ausreisegenehmigung stattgegeben worden war. Er verbrachte fünf Tage bei seinen Eltern. Sprach mit seiner Mutter. Spielte Schach mit seinem Vater. Nachts schlief er auf dem Fußboden. Er teilte ihre Verbannung mit ihnen.

Er war zwanzig Jahre alt. Einmal, im Alter von vier Jahren, war er weinend vom Hof der Wohnung in der Gorkij-Straße, wo er mit seinen Freunden gespielt hatte, zu seiner Mutter gelaufen. Eines der Kinder hatte ihn *schid*, Jude, genannt.

»Aber du bist Jude«, sagte seine Mutter.

»Nein, bin ich nicht«, weinte Leonid.

»Na, was glaubst du denn, was du bist?«

»Ich bin Moskauer.«

Eine seltsame Antwort für einen Vierjährigen, von dem man eher die konventionelle Antwort erwartet hätte, er sei Russe oder Sowjet.

Seine Mutter sagte ihm, er solle sich beruhigen. Dann sagte sie: »Ich bin Jüdin, dein Vater ist Jude, deine Großeltern sind Juden. Deshalb bist auch du Jude.«

Leonid antwortete störrisch: »Ihr könnt sein, was ihr wollt. Ich bin Moskauer.«

Dies war das erste und einzige Mal in seiner ganzen Kindheit, daß Leonid mit dem Antisemitismus in Berührung kam. Aber er lebte in keiner durchschnittlichen russischen Umgebung und besuchte keine gewöhnliche russische Schule. Er und sein älterer Bruder Sanja wuchsen inmitten der Elite des sowjetischen Systems auf. Seine Wohnung hatte drei Zimmer, und in einem von diesen lebte eine fremde Familie, weil sein Großvater Solomon es nicht ertragen konnte, in solchem Luxus zu leben, während so viele in Moskau kein Dach über dem Kopf hatten. Er wußte nichts von der Arbeit seines Vaters. Er merkte natürlich, daß sein Vater oft mit dem Zug oder Flugzeug zu Versuchsgebieten und verschiedenen Fabriken nach Minsk in Weißrußland reiste. Eines Tages, als er zehn war, wurde er bei den Pionieren aufgenommen und lief heim, um seinem Vater, der zu diesem Zeitpunkt tief in ein Gespräch mit einem Mann aus Riga verwickelt war, stolz sein rotes Halstuch zu zeigen. Sein Vater saß da und hörte den hervorsprudelnden Worten seines Sohnes mit einem seltsam verächtlichen Lächeln auf den Lippen zu. Der Mann aus Riga holte aus seiner Tasche eine Postkarte mit einer israelischen Briefmarke und zeigte sie erst Wolodja und dann Leonid. Der Junge sammelte mit Leidenschaft ausländische Briefmarken, und seine einzige Bezugsquelle war die Buchhandlung in ihrer Straße, die nur Briefmarken aus sozialistischen Ländern verkaufte. Und jetzt plötzlich, in den Händen dieses Fremden, eine wirklich ausländische Briefmarke! Aus Israel! Der Mann aus Riga erlaubte Leonid, die Briefmarke mit Wasserdampf von der Postkarte zu lösen und sie in sein Album zu stecken. Seine Vater schärfte ihm ein, die Briefmarke nie in der Schule zu zeigen.

Frühe Erinnerungen.

Er wußte fast nichts über Israel, aber er spürte, daß irgend etwas an seinen Eltern und ihren Freunden anders war und daß dieses Anderssein mit Israel zu tun hatte. Alles Ausländische war für die Russen eine verbotene Frucht und damit aufregend. Im Alter von elf Jahren war Leonid klar, daß seine Familie im Begriff war, nach Israel zu gehen, sie würden emigrieren, in diesem Jahr, im kommenden Jahr. Diese Emigration hatte nichts Religiöses, sie waren lediglich eine von mehreren Familie, eine durch Blutsbande geeinte ethnische Minderheit, die darauf wartete, in ein jüdisches Land auszuwandern. Aber sie reisten nicht ab. Und die Jahre vergingen.

So wie sich Leonid für ausländische Briefmarken begeisterte, liebte sein älterer Bruder Sanja alle Lebewesen. In ihrem Zimmer mit dem Balkon hinaus auf die Gorkij-Straße – es war früher das Zimmer ihrer Eltern gewesen, als die Großeltern Solomon und Fanja noch in dieser Wohnung lebten – hatte Sanja ein Terrarium für Igel, Eidechsen und eine Schlange gebaut. Er hatte einen Käfig mit fünfzehn Vögeln und zog einen Adler groß, den ihm jemand während einer Reise auf der Krim geschenkt hatte, wo er aus einem Nest gefallen war. Der saß mit seinen Knopfaugen und seinem gekrümmten Schnabel auf einer Glasplatte in dem kleinen Zimmer und verunreinigte die Wände und die Balkontür. Eines Tages brachten sie ihn in den Moskauer Zoo, wo sie ihn heimlich durch die eisernen Gitterstäbe schoben, nachdem sich die Tiergartenverwaltung geweigert hatte, ihn zu nehmen, weil sie schon genug Adler hatten. Sanja hatte eine Zeitschrift mit dem Titel *Der junge Naturfreund* abonniert, und einige der wunderschönen Farbfotos von Vögeln und Fischen schmückten die Wände seines Zimmers.

Leonid studierte ein Jahr an einem Moskauer Institut für Bautechnik. Er absolvierte sein erstes Semester mit Leichtigkeit und wurde – knapp vor seiner Abschlußprüfung – von einem der Professoren darüber informiert, daß er diese nicht bestehen würde und das Studium lieber aufgeben solle. Da er ein guter Student war, war offensichtlich, daß das Institut auf Anweisung des KGB handelte. Er trat im Juni 1977 zu den Prüfungen an, fiel durch und wurde vom Institut relegiert. Nun stand seiner sofortigen Einberufung in die Armee nichts mehr im Weg.

An einem Donnerstag im Oktober kam eine Postkarte mit der Aufforderung, sich am folgenden Montag bei der zuständigen Einberufungsbehörde zu melden. Gemeinsam mit seinen Eltern verfaßte er am Wochenende einen Brief an das Verteidigungsministerium, in dem er erklärte, daß er sich aus zwei Gründen weigerte, in der sowjetischen Armee zu dienen: Zum einen hatte er sich seit seinem zehnten Lebensjahr darum bemüht, das Land zu verlassen. Wenn man ihn jetzt für zwei oder drei Jahre einzog, würde man ihm später erklären, daß er ein Sicherheitsrisiko darstelle und weitere fünf Jahre im Land bleiben müsse. In diesem Fall hätte er 15 Jahre auf seine Ausreise warten müssen – eine absurde Situation. Und zum anderen war er mit dreizehn Jahren israelischer Staatsbürger geworden und konnte nicht der Sowjetunion, in der er gegen seinen Willen festgehalten wurde, die Treue schwören. Der Brief wurde an das Büro des Verteidigungsministers geschickt, eine Kopie an die zuständige Einberufungsbehörde. Weitere Kopien gingen an ausländische Korrespondenten.

An jenem Montagabend packte Leonid eine Tasche und verließ die Wohnung in der Gorkij-Straße. Am Donnerstag darauf, am 27. Oktober, flog Sanja nach Israel. Leonid, der sich versteckt hielt, konnte nicht zum Flughafen kommen, um sich von seinem Bruder zu verabschieden. Von Ende Oktober bis Ende November blieb Leonid in der Moskauer Wohnung eines Freundes, ging nicht ans Fenster und hörte Schallplatten mit klassischer Musik. In einer Dezembernacht traf er seine Eltern auf dem Puschkin-Platz und teilte ihnen mit, daß er Moskau verlassen und nach Wilna gehen wolle, wo er bei Freunden wohnen konnte, die er bei einem Sommerurlaub auf der Krim kennengelernt hatte; er hatte sich dort einer *kompanija* angeschlossen, einer Gruppe junger Leute aus wohlhabenden Familien, die meisten von ihnen Nichtjuden: Maler, Schauspieler, »Freischaffende«, Leute, die es sich erlauben konnten, eine Zeitlang nicht zu arbeiten, weil sie angeben konnten, daß sie gerade zwischen zwei Projekten ausruhten, und denen daher von den Behörden nicht der Vorwurf gemacht wurde, sie seien Parasiten, was eine strafbare Handlung darstellte.

Er nahm den Zug nach Wilna, wobei er sich zuerst vergewisserte, daß er seine Beschattung durch den KGB abgeschüttelt hatte, worin er seit seinem dreizehnten Lebensjahr Erfahrung hatte. Er hatte keine Zeit, eine Fahrkarte zu kaufen. Im Zug bezahlte er beim Schaffner, der das Geld einsteckte und Leonid in seinem Abteil schlafen ließ.

Im Frühjahr 1978 kehrte er mit hohem Fieber und dem Delirium nahe aus Wilna nach Moskau zurück. Da er dringend ärztliche Hilfe benötigte, kam er direkt in die Wohnung in der Gorkij-Straße, wo ihn seine Mutter versorgte. Sobald er wieder gesund war, mußte er wieder fort.

Es war dies eine spannungsgeladene Zeit. Der KGB löste die gesamte Helsinki Watch Group auf. Orlow war verhaftet worden. Schtscharanskij war im Gefängnis. Leonids Vater, der an der Spitze einer weltweiten Kampagne zur Befreiung Schtscharanskijs stand, war die Hauptzielscheibe des KGB. Leonid fuhr zu Freunden nach Armenien. Etwas später kam er zurück nach Moskau und wohnte in der Wohnung guter Freunde. Seine Freundin Olga, die er liebte, erschien plötzlich mit der Nachricht, daß seine Eltern verhaftet worden seien, weil sie auf seinem und Sanjas Balkon eine Kundgebung abgehalten hätten. Leonid, der damals neunzehn Jahre alt war, wurde sich plötzlich bewußt, daß er allein war und es womöglich niemanden gab, der sich um ihn kümmerte, wenn man ihn verhaftete und ins Exil schickte, und er bat Olga, ihn zu heiraten. Sie willigte ein. Obwohl es äußerst gefährlich für ihn war, besuchte er seine Mutter im Krankenhaus, wo sie sich verschiedenen Untersuchungen und einer Behandlung ihres Magengeschwürs unterzog. Um zu heiraten, benötigte er seinen Personalausweis, den sie aufbewahrte. Mascha war entsetzt, als sie ihn sah. Das Krankenhaus war voller KGB-Spitzel. Sie gab ihm den Ausweis, und er ergriff die Flucht.

Leonid und Olga heirateten in der kleinen Stadt außerhalb von Moskau, in der Olgas Großmutter lebte. Als sein Vater ins Exil geschickt wurde, folgerte Leonid, daß die Gefahr für ihn nun weitaus geringer war. Der internationale Aufschrei über die Verurteilung seines Vaters war enorm, und der KGB hatte kein Interesse daran, den Aufruhr noch zu verstärken, indem er auch noch Wolodjas Sohn verhaftete. Außerdem war er, Leonid, gar kein richtiger Dissident, denn vor seinem achtzehnten Geburtstag hatte er sich nie an Petitionen oder Kundgebungen beteiligt, weil er minderjährig war, und seither war er auf der Flucht. Es hätte keinen Sinn für den KGB, ihn jetzt zu verhaften.

Er zog mit Olga wieder in die Wohnung in der Gorkij-Straße. Von dort aus flog er im Februar 1979 zu seinen Eltern, und gemeinsam mit seiner Mutter kehrte er zurück, um die Geburt seines ersten Kindes zu erwarten, das am 2. April zur Welt kam. Am 8. April ging Leonid ins Krankenhaus, um seine Frau und seinen Sohn abzuholen. Später, als er mit seiner neuen Familie die Wohnung betrat, fand er im Briefkasten die Postkarte vom UVIR: Er wurde aufgefordert, sich am 16. April im UVIR zu melden, um seine Ausreiseerlaubnis abzuholen.

Um das Ausreisevisum zu bekommen, mußte man den Behörden den Personalausweis überlassen. Aber Leonid brauchte den Ausweis für seinen Flug nach Tschita. Er wollte vor seiner Abreise ein letztes Mal seinen Vater sehen. Die Frist bis zum 16. April war zu knapp.

Mascha begleitete ihn am nächsten Tag zum UVIR; er erinnert sich, daß sie das Amulett trug, das ihre Mutter in Jerusalem gekauft hatte. Er erklärte dem Beamten, daß er gekommen sei, um sein Visum abzuholen. Aber, fügte er hinzu, sein Status habe sich seit seinem ursprünglichen Antrag geändert: Er habe jetzt eine Frau und einen kleinen Sohn. Und sein Vater sei im Exil. Er würde einen neuen Antrag stellen müssen.

Der Beamte gab ihm die notwendigen Formulare zum Ausfüllen und erklärte, daß seine Aufenthaltsgenehmigung höchstens bis zum 12. Mai verlängert werden könne.

Tags darauf erhielt Mascha die Nachricht, daß Wolodja schwer erkrankt war. Sie flog sofort nach Tschita. Anscheinend war Wolodja nach einer seiner 24-Stunden-Schichten schweißgebadet in den eisigen Aprilmorgen hinausgegangen und lag nun mit doppelseitiger Lungenentzündung in Aginskoje im Krankenhaus.

Ende April hatte sich dank Maschas Anwesenheit sein Zustand gebessert, und er kehrte ins Dorf zurück. Als Leonid in der letzten Aprilwoche in Tsokto-Changil ankam, war sein Vater blaß, und das Atmen fiel ihm schwer. Leonid verbrachte fünf Tage bei seinen Eltern in ihrer Wohnung, er leistete Wolodja Gesellschaft während seiner Arbeit im Heizraum und schlief nachts auf dem Fußboden in einem Schlafsack, den er bei seiner Abreise zurückließ.

Er sprach lange mit Wolodja über Israel. Leonid fühlte sich Israel eng verbunden, aber seine zweite Sprache, die er fließend lesen und sprechen konnte, war Englisch. Seit seinem zwölften Lebensjahr hatte er in der Wohnung in der Gorkij-Straße täglich mit fünf bis fünfzehn amerikanischen Besuchern gesprochen und bei ihren Gesprächen mit seiner Mutter übersetzt. Er kannte amerikanische Filme und Popmusik, hatte amerikanische Mädchen kennengelernt, die als Au-pairs in den Wohnungen amerikanischer Diplomaten arbeiteten. Ja, er mochte Israel, aber er wollte in den Vereinigten Staaten leben.

Wolodja sagte: »Du mußt nach Israel gehen, sonst schadest du dem Ansehen der Bewegung und ganz besonders meinem Ruf. Ich bin sicher, daß du herumreisen wirst, um in Amerika Geld für die Bewegung zu sammeln. Dann kannst du dich entscheiden, wo du leben möchtest. Warum willst du das jetzt entscheiden? Du kennst Israel nicht. Vielleicht gefällt es dir. Geh nach Israel, bleib eine Weile dort, setz dich für die Bewegung ein; alles wird sich beruhigen, und dann kannst du dich entscheiden, wo du leben willst.«

Leonid hörte schweigend zu. Dies war ihr einziges ernstes Gespräch während dieser Tage in Tsokto-Changil. Normalerweise sprach er mit seinem Vater nicht über bedrückende oder gefühlsbezogene Dinge. Mit seiner Mutter schon, aber mit seinem Vater – eher diskutierten sie über einen Nagel in der Wand, spielten Schach oder waren einfach zusammen. Leonid und Wolodja verabschiedeten sich in der Hoffnung auf ein Wiedersehen nach der Verbannung. Er und Mascha bestiegen den morgendlichen Bus nach Aginskoje. Wolodja stand am Straßenrand und sah ihnen nach.

Es war der 1. Mai. Es folgten hektische Tage in Moskau: Dokumente einsammeln, Abschiedsfeste, Packen. Am Abend des 9. Mai versammelte sich in der Wohnung in der Gorkij-Straße eine riesige Menge zum Feiern. Leonids Freunde, die Freunde seiner Eltern: Juden, Russen, Dissidenten, *refjusniki*, Journalisten. Der folgende Abend war ruhig, eine kleine intime Familienfeier.

Am Freitag, dem 11. Mai, begleitete Mascha Leonid, seine Frau und ihr Baby zum Moskauer Flughafen und schaute ihnen nach, als sie das Flugzeug nach Wien bestiegen. Leonid und Olga und der kleine Jewgenij blieben über das Wochenende im Transitlager in Wien und kamen am Montag, dem 14. Mai, in Israel an. Eine Woche nach seinem Wiedersehen mit seiner Großmutter und anderen Verwandten war Leonid schon in den Vereinigten Staaten – er reiste mit einem israelischen Reisepaß, den er von Nechemyah Levanon bekommen hatte – und erzählte von der schrecklichen Lage seiner Eltern, bemühte sich um politische Unterstützung und sammelte Geld für die sowjetischen Juden. Sanja hatte ihn bei seiner Ankunft am Kennedy Airport in New York getroffen und war dann zur

University of California in Santa Cruz zurückgeflogen, wo er eine veterinärmedizinische Hochschule besuchte.

Als Leonid in Israel ankam, war Mascha schon wieder auf dem Weg nach Tsokto-Changil. Eine Woche nachdem sie und Leonid nach Moskau abgereist waren, hatte Wolodja einen Rückfall erlitten. Im Krankenhaus von Aginskoje wollte seine Lungenentzündung nicht auf das Penicillin ansprechen, und sein Fieber war gefährlich hoch. Salja, Maschas Bruder, besuchte ihn, konnte aber nichts tun. Der Arzt erklärte Salja: »Wenn ihm das Penicillin nicht hilft, ist es vielleicht Krebs.« Salja richtete einen Hilferuf an eine Freundin der Familie in Moskau, Dr. Eugenia Gural, die gerade die Erlaubnis erhalten hatte, nach Israel auszureisen. Statt ihr Ausreisevisum abzuholen, kaufte sie ein Ticket nach Tschita und erschien mit einem neuen britischen Antibiotikum an Wolodjas Krankenbett in Aginskoje. Sie blieb drei Tage dort und verabreichte Wolodja das Antibiotikum. Gleichzeitig rettete sie einer Krankenschwester das Leben, die auf ein anderes Antibiotikum allergisch war, mit dem sie von ihren Kollegen behandelt wurde. Eine Woche später konnte Wolodja ins Dorf zurückkehren. In der Zwischenzeit war Dr. Gural nach Moskau zurückgeflogen, und bald darauf wanderte sie aus nach Israel, wo sie heute lebt und als Ärztin in Jerusalem arbeitet.

Jahre später, als sie wieder im Visakrieg aktiv war, flog Mascha von Moskau nach Sibirien und half mit, das Leben eines anderen *refjusnik* zu retten, Juli Edelshtein, der sich in einem Arbeitslager befand und dem Tode nahe war. Auch sich gegenseitig am Leben zu halten gehörte zu den Waffen in diesem Krieg.

Es gibt ein Foto von Mascha und Wolodja, das irgendwann 1979 in Tsokto-Changil aufgenommen wurde. Wolodja sieht aus wie ein ehrwürdiger Patriarch, mit grauen Strähnen in seinem dichten Bart und gewellten Haar, zwei tiefe

Furchen auf seiner Stirn, der Mund grimmig, dunkle Traurigkeit in seinen Augen. Maschas Lächeln ist zaghaft, ein tapferes Zurschaustellen von Mut. An einer Kette um ihren Hals trägt sie das Amulett, das ihre Mutter in Jerusalem für sie gekauft hatte.

Mascha brachte aus Moskau verschiedene Samen mit. Tataren im Dorf traten ihr ein kleines Stück Land ab, und sie pflanzte Karotten, Kürbisse und Kartoffeln. Auf dem Balkon ihrer Wohnung zog sie in Blumenkästen Zwiebeln, Salat, Dill, Oregano und Knoblauch, und so hatten sie und Wolodja im Frühsommer Gemüse und Kräuter.

Im Hochsommer, als der Wind die Hitze aus der Wüste Gobi und den Gestank der Abwässer ihres Wohnhauses heranwehte, wurde es unmöglich, die Balkontür zu öffnen. Fliegen schwärmten über den fauligen Klümpchen und Gerinnseln. Die Wände der Wohnung waren schwarz von Fliegen. Mascha und Wolodja hängten Netze vor die Fenster und Türen. Die Burjaten, die sie besuchten, betrachteten nachdenklich die Netze, sahen, daß sie die Fliegen abhielten, und taten dasselbe in ihren Wohnungen.

Nach dem Sommer wurde die Luft kühler, und das Stück Erde, das ihnen die Tataren gegeben hatten und das Mascha bepflanzt hatte, brachte Kartoffeln und Gemüse hervor, von denen sich Mascha und Wolodja monatelang ernährten.

Anfang Herbst besuchte sie der einheimische Elektriker, ein Burjate. Er saß eine Weile da und blickte ausdruckslos auf die Balkontür. Schließlich sagte er: »Sie verwenden also den Balkon? Ich habe Sie vor ein paar Tagen dort gesehen.«

Wolodja nickte freundlich.

»Eine großartige Aussicht«, fuhr der Burjate fort. »Man kann sehr weit sehen. Und von jedem Hügel in der Umgebung kann man Sie sehen. Mit einem Gewehr könnte man Sie von jedem der umliegenden Hügel mit Leichtigkeit erschießen. Und niemand wird je herausfinden, wer geschossen hat. Hier werden viele Menschen getötet. Schwer zu sagen, wer von den Hügeln aus geschossen hat.«

Nach kurzem Schweigen antwortete Wolodja ruhig: »Wenn sie mich töten wollen, werden sie es tun. Ich werde mich nicht verstecken.« Das Wort »sie« hing über ihnen in der Luft.

Der Burjate sagte nichts und ging bald darauf. Manchmal trafen ihn Wolodja und Mascha im Dorf und grüßten ihn höflich. Er besuchte sie nie wieder.

Aufgrund seiner angegriffenen Gesundheit konnte Wolodja nicht mehr die eineinhalb Kilometer zum Heizraum der Kolchose gehen und wurde nun Heizer in dem Wohnhaus, in dem er und Mascha lebten. Er erkrankte an Periodontitis und verlor einige Zähne.

In diesem Sommer und im Frühherbst gingen sie jeden Morgen zum Postamt auf den Dorfplatz. Anscheinend hatten viele ihre Adresse im Exil. Sie bekamen Briefe und Postkarten aus Amerika, Australien, Europa. Menschen, die sie nicht kannten, schrieben ihnen, daß sie nicht vergessen waren, daß viele Tausende sich jetzt ihrer Sache annahmen. Sie bekamen auch Briefe von ihrer Familie in Israel. Wie seltsam das war! In Moskau hatten sie beinahe keine Post erhalten, der KGB hatte alles abgefangen und gelesen. Hier bekamen sie Post aus allen Winkeln der Erde. Irgendwie hatten die Behörden es versäumt, dem Postamt die Anweisung zu erteilen, ihre Post zurückzuhalten, und niemanden in dem Postamt schien das ausreichend zu kümmern, daß er es auf eigene Faust tat.

Mascha hängte die Ansichtskarten, die bei ihnen eintrafen, in ihrer Küche auf. Bald waren die Wände voll von Fotos von Städten in Amerika, Großbritannien, Holland, Belgien, Frankreich, Schweden und der Schweiz. An die Wand neben ihrem Bett heftete sie die Karten aus Israel. Im Laufe der Jahre bedeckten sie die Wände vollständig. Sie fragte

Wolodja, ob er es für realistisch halte, daß sie je eine dieser Städte sehen würden, und er antwortete ihr mit seiner tiefen Stimme: »Selbstverständlich! Ich zweifle nicht daran. Wir müssen fest daran glauben.« Sie verbrachte viele Stunden damit, diese Ansichtskarten zu betrachten, reiste oft in ihren Tagträumen in diese Welten an ihren Wänden. Sie war bezaubert, wie gebannt, von den Ansichtskarten aus Israel. Fotos von Tel Aviv. Menschen am Strand. Die Wellen. Vor ihren Fenstern war es pechschwarz, und es war minus dreißig Grad kalt. Sie sehnte sich nach dem warmen Strand von Tel Aviv.

Im November dieses Jahres, 1979, war sie wieder einmal in Moskau und hielt in der Wohnung von Professor Alexander Lerner, einem anerkannten Mathematiker und *refjusnik*, eine Pressekonferenz ab. Sie war die Stimme, mit der Wolodja zur Welt sprach. In einem Zimmer, in dem sich Dutzende Reporter und *refjusniki* sitzend oder stehend um einen großen dunklen Eßtisch drängten und an dessen Wänden Lerners Ölgemälde hingen, erzählte sie von dem schrecklichen Schicksal ihres Mannes, von seiner Isolation in einem grausamen Land am Ende der Welt.

Zufällig war an diesem Tag Schwester Gloria Coleman in der Wohnung, eine Nonne aus den Vereinigten Staaten, die durch die Vermittlung einer Freundin, Schwester Ann Gillen, zu der Bewegung zur Unterstützung der sowjetischen Juden gestoßen war. Sie stand da und hörte zu, wie Mascha ruhig erzählte. Sie war beeindruckt von ihrer Direktheit in einer Wohnung so nahe dem Zentrum des sowjetischen Imperiums. Mascha sprach langsam, auf russisch, und jemand übersetzte. Niemand in dieser Bewegung, sagte sie – laut, ohne sich einer Zaubertafel zu bedienen –, hätte ein Verbrechen gegen die Sowjetunion begangen. Sie wollten einfach ein Ausreisevisum. Sie wollten tun, was alle freien Menschen tun konnten: in das Land ihrer Wahl emigrieren. Die Artikel in der *Iswestija*, die behaupteten, sie seien

Spione, entsprachen nicht der Wahrheit. Sie wollten der Sowjetunion nicht schaden, sie wollten nur weg.

Sie kam mit ihren Ausführungen zum Ende. Die Reporter richteten Fragen an sie – direkt, ohne Verwendung von Zaubertafeln. Schwester Gloria erinnert sich an Maschas Gelassenheit und Würde, eine durch und durch kultivierte Frau, deren ruhig vorgebrachte Antworten nachher übersetzt wurden. Die Pressekonferenz ging zu Ende. Mascha fuhr zurück nach Tsokto-Changil.

In einem Brief, den sie in diesem Herbst schrieb, öffnete sie ihr Herz und erzählte von der Verzweiflung, die die *refjusniki* so oft erfaßte: die nahezu unerträglichen inneren Qualen, der Druck – jeder Heimat, Gemeinschaft, Zugehörigkeit beraubt, die Führer plötzlich im Exil, im Gefängnis, die Familien zerrissen, die Belastung des endlosen Wartens, die Eltern und Kinder ertragen mußten, die sich nirgendwo zugehörig fühlten. »Unsere Söhne sind frei«, schrieb sie. »Unser Traum hat sich erfüllt. Wenn Gott es will, werden wir sie wiedersehen. Wenn nicht ... Nach so vielen Jahren ist der Schmerz stumpf geworden. Die zehn Jahre der Ablehnung und Anstrengung sind nicht spurlos an uns vorübergegangen.

Hier in Sibirien besteht unser alltägliches Leben darin, auf die Nachrichten um fünf Uhr nachmittags zu warten. Jeden Morgen gehen wir zum Postamt. Briefe sind die wichtigste Verbindung zur Außenwelt ... Unser Leben erinnert an Science-fiction. Wir sind so weit weg, mehr als 8000 Kilometer von Moskau. Wir beide sind in dieser Umgebung so fremd ...

Die Zeit vergeht. Hitze, Staub, stickige Luft, Fliegen, Gestank ... Im Winter löste sich das Kanalrohr ... Als es taute, floß das Ganze durch den Rinnstein in eine Grube.

Direkt vor unserer Wohnung ist eine ›öffentliche Bedürfnisanstalt‹, die seit dem letzten September nicht mehr gereinigt wurde ... Und kein Wasser. Wir haben noch

41 Monate ohne Wasserversorgung vor uns. Wir müssen es in Kübeln holen und 300 Meter bis zu unserem Haus schleppen.«

Maschas ergreifende Bemerkung über den Willen Gottes war ihre Art, in der Sprache ihrer frommen Großmutter Hoffnung auszudrücken. Wie auch Leonid glaubte sie fest an ein allwissendes, allmächtiges Wesen, das jenseits aller menschlicher Vorstellungskraft existierte, auch wenn keiner von ihnen offiziell religiös war. Wolodja war sich nicht sicher, ein Agnostiker.

Im folgenden Jahr war Wolodja, solange es warm war, Aufseher im Treibhaus der Kolchose, und dann arbeitete er drei Monate lang in der internationalen Telefonzentrale des Postamts und sprach manchmal mit Leuten in Moskau oder anderswo. Als der KGB davon erfuhr, wurde er entlassen. Da er die Gesetze in diesem Punkt kannte, klagte er gegen den KGB vor einem Kreisgericht. Ein Arbeiter konnte nicht willkürlich entlassen werden, wenn er oder sie in dieser Stelle drei Monate oder länger gearbeitet hatten. Während die Klage ihren Weg durch die Bürokratie des Rechtssystems machte, mußte er dem Gesetz nach nicht arbeiten. Erstaunlicherweise gewann er den Prozeß und wurde für die Zeit, in der er nicht gearbeitet hatte, entschädigt – zum großen Ärger des KGB. Er kehrte zurück an seinen Arbeitsplatz im Heizraum des Hauses, in dem er und Mascha lebten.

Ende der siebziger Jahre gehörten Mascha und Wolodja zu den 70 Juden in der Sowjetunion, denen man über zehn Jahre lang die Ausreise verweigert hatte. Insgesamt gab es etwa 4800 *refjusniki* in der UdSSR, 221 von ihnen warteten seit über fünf Jahren. Ein Moskauer, Benjamin Bogomolnij, hatte auf seinen ersten Antrag 1966 einen negativen Bescheid bekommen und durfte erst im Oktober 1986 ausreisen.

In der letzten Dezemberwoche 1979 befanden sich Wolodja und Mascha in ihrer Wohnung in Tsokto-Changil, als sie im Radio die Nachricht vom Einmarsch der Sowjetunion in Afghanistan hörten. Ihnen war sofort klar, daß die Zeit der Entspannung zu Ende war.

Die Monate vergingen langsam. Mascha und Wolodja waren oft krank. Das furchtbare Wüstenklima, die unhygienischen Zustände im Dorf. Und ihre mangelhafte Ernährung. Die Lebensmittellieferungen ins Dorf waren unregelmäßig. Es gab Reis, Nudeln, gefrorenen Fisch. Kaum Gemüse. Die Burjaten verkauften ihr Fleisch nicht im Winter, wo sie es einfrieren und lagern konnten. Und das Fleisch, das sie im Sommer verkauften, war oft nicht genießbar. Alle drei Tage kam eine Ladung Brot aus Aginskoje, die rasch von den alten Frauen und Kindern aufgekauft wurde, die stundenlang Schlange standen und warteten. Einmal fand erstaunlicherweise ein Sack Mehl aus Belgien seinen Weg ins Dorf, und Mascha kaufte ihn. Etwa zur selben Zeit bekamen sie mit der Post eine Packung Hefe von einem Freund in Schweden. Wochenlang buk Mascha, die sich noch an die Rezepte ihrer Großmutter erinnern konnte, Brot und Challah.

Alkoholismus, Arthritis, Leberzirrhose, Syphilis und Gonorrhöe waren unter den Dorfbewohnern gang und gäbe. Die Bitte der Behörden, in einem nahe gelegenen Dorf einen gutbezahlten Posten in einer neuen Klinik anzunehmen, lehnte Mascha ab. Sie erklärte sich statt dessen bereit, ohne Bezahlung auf freiwilliger Basis zu arbeiten, dieses Angebot wurde abgewiesen. Sie hatte Angst, die Behörden könnten es als Vorwand benutzen, sie zu verhaften und von Wolodja zu trennen, wenn einer ihrer Patienten sich über eine Fehldiagnose beklagte. Ihre medizinischen Kenntnisse nutzte sie nur für Wolodja, um ihn am Leben zu erhalten.

Alle drei oder vier Monate fuhr sie zwischen Tsokto-Changil und Moskau hin und her und erlebte mehrmals

die Grausamkeit des sibirischen Winters. Ihr Magenge-
schwür wurde zu einem chronischen Leiden, und einmal
erlitt sie schwere Erfrierungen an den Beinen. Auch bei sich
selbst konnte sie ihre medizinischen Kenntnisse anwenden.

An jenem Februartag 1980, als ihr Bruder aus Moskau
anrief, war sie in der Wohnung. Er hatte soeben von ihrer
Schwester Gera, die in Beersheba lebte, erfahren, daß ihre
Mutter gestorben war. In einem Krankenhaus in Beersheba, in der Wüste von Judäa. »Ich werde gesund werden
und euch als Brücke dienen«, hatte ihre Mutter versprochen, bevor sie – neun Jahre waren inzwischen vergangen –
weggefahren war. Aber es schien nicht in der Macht Gottes
zu stehen, eine Brücke zwischen der Wüste von Judäa und
der Wüste Gobi herzustellen.

Nachrichten aus der Welt jenseits von Tsokto-Changil
erreichten Mascha und Wolodja über das Radio und den
kleinen Fernseher, für den Wolodja eine Antenne aufgetrieben hatte, die es ihnen ermöglichte, den Lokalsender in
Tschita und einen Moskauer Sender über Satellit zu empfangen. Nachrichten kamen auch von den Verwandten und
Freunden, die sie besuchten. So erfuhren sie, daß sich 1980
die Zahl der Juden, die ein Ausreisevisum erhielten, im
Vergleich zu den vorangegangenen Jahren um 60 Prozent
verringert hatte. Im Jahr darauf waren es noch einmal
50 Prozent weniger. Anscheinend hatte der Kreml nach
dem Ende der Entspannung nichts mehr zu gewinnen,
wenn er die Juden ausreisen ließ.

Sie erfuhren auch, daß Ida Nudel, die im März 1982 aus
dem Exil entlassen worden war, keine neue Aufenthaltsgenehmigung in Moskau bekommen konnte – ihre alte war
während ihrer Jahre in der Verbannung verfallen –, und
daß sie deshalb kein Ausreisevisum beantragen konnte.
Verloren in dem bürokratischen Alptraum sowjetischen
Stils, wurde sie schließlich vom KGB aus Moskau ausgewiesen und erhielt die Erlaubnis, sich in Moldawien in der

Nähe des Schwarzen Meers anzusiedeln, wo sie unglücklich und isoliert lebte, bis man sie im Oktober 1987 endlich emigrieren ließ.

Als die Slepaks im Dezember 1982 nach Moskau zurückkehrten, war Leonid Breschnew tot, und Jurij Andropow – ein ehemaliger Leiter des KGB, der Wolodja und andere *refjusniki* einmal als eine Bedrohung, die ausgemerzt werden mußte, bezeichnet hatte – regierte an seiner Stelle. Ronald Reagan war Präsident der Vereinigten Staaten. Die 100 000 sowjetischen Soldaten in Afghanistan saßen in einem Krieg fest, der an das amerikanische Engagement in Vietnam erinnerte. Der Kalte Krieg war heiß geworden, und ernsthafte Gespräche über Abrüstung hatten sich abgekühlt. Zwischen 1983 und 1986 reisten jährlich nur etwa 1000 Juden aus (1984 waren es 896 und 1985 1140); während der siebziger Jahre waren es durchschnittlich 25 000 pro Jahr gewesen. Die jüdische Massenemigration war zum Stillstand gekommen. Als meine Frau und ich im Januar 1985 die Slepaks besuchten, hatten sie die trostlose Aussicht, den Rest ihres Lebens in der Sowjetunion verbringen zu müssen.

In Sibirien hatte Wolodja sorgfältig die Tage gezählt. Er wußte genau, wie lange er im Exil war und wieviel Zeit noch vor ihm lag. Man zählte vom Tag der Verhaftung an, wobei nach sowjetischem Gesetz ein Tag im Gefängnis oder in einem Gefangenentransport drei Tagen im Exil entsprach. Er wußte auch, daß er nach seinem Exil die Aufenthaltsgenehmigung in Moskau verlieren würde und daß ihn die Behörden zwingen könnten, sich außerhalb der 100-Kilometer-Sperrgrenze niederzulassen. Offiziell waren er und Mascha noch immer geschieden. All die Jahre hatten sie gehofft, daß Mascha aufgrund der Scheidung ihr Ausreisevisum bekommen würde – vergeblich, wie sich herausstellte. Im Januar 1982, zu Beginn des letzten Jahres ihrer

Verbannung, gingen sie zum Dorfsowjet und wurden wieder getraut. Jetzt konnte Wolodja eine Aufenthaltsgenehmigung in Moskau beantragen und erhalten.

Etwas später in diesem Winter gab es einen gewaltigen Schneesturm und dann eine allzu plötzliche Schneeschmelze. Ein reißender Strom tobte zwischen den Häusern, und vier Tage lang stand ein Großteil des Dorfes unter Wasser. Häuser stürzten ein. Schweine, Hunde, Kälber und Schafe gingen zugrunde.

Mit dem Frühlingsregen erwachte die Steppe zu neuem Leben: rosa, gelbe und weiße Blüten, Klatschmohn, Tulpen, Grashüpfer, Vögel, Schmetterlinge. Es war ein kurzes Leben, das nur etwa einen Monat andauerte. Der Sommer kam und mit ihm die Winde aus der Wüste Gobi, die die Hitze eines Backofens herbeiwehten. Und Staub. Die Augen trockneten aus. Ebenso Mund und Nase. Die Luftfeuchtigkeit lag bei zehn Prozent. Wolodja begann zu husten. Mascha hängte in der Wohnung nasse Leintücher auf.

Der Herbst kam, dann der Winter. Mascha zählte die Tage an ihrem Wandkalender, jeden Morgen strich sie einen Tag aus. Sie begannen, ihr Hab und Gut zu verkaufen; einiges verschenkten sie, anderes packten sie ein und schickten es nach Moskau.

Wolodjas Entlassung war für den 2. Dezember 1982 festgesetzt. Einige Tage davor rief er am Flughafen in Tschita an und buchte zwei Tickets nach Moskau.

Am Tag seiner Freilassung nahmen er und Mascha den Bus nach Aginskoje. In der Polizeistation holte Wolodja seinen Personalausweis und alle notwendigen Dokumente ab. Sie verbrachten die Nacht in einem Hotel in Aginskoje und fuhren am nächsten Morgen mit dem Bus nach Tschita. Mascha starrte aus dem staubigen Fenster auf die Steppe, die Hügel, die Wälder und Täler. Fünf Jahre ihres Lebens waren verloren. Wegen einer Kundgebung auf einem Balkon. Für eine Postkarte vom UVIR. Wolodja schlief auf dem Sitz neben ihr.

Es war finster, als sie in Tschita ankamen, und sie verbrachten die Nacht im Flughafenhotel. Um etwa vier Uhr früh bestiegen sie in eisiger Kälte das Flugzeug nach Moskau, wo sie am 4. Dezember, einem Sonntagmorgen, ankamen.

Als Wolodja aus dem Moskauer Flughafengebäude hinaustrat, hatte er das unheimliche Gefühl, die Stadt nie verlassen zu haben. Fünf Jahre, und nichts schien sich geändert zu haben. Straßen, Häuser, Straßenbahnen, Verkehr, Kleider, Geschäfte. Schmutziger Schnee auf den Straßen, ein eisiger Wind. Die Zeit in Moskau schien eingefroren.

Die Frau, die das dritte Zimmer in der Wohnung in der Gorkij-Straße bewohnte, schien sich tatsächlich zu freuen, ihn zu sehen. Alles in der Wohnung – die Wände, die Möbel, die Fußböden, die Fenster – war noch genauso wie zur Zeit seiner Abreise. Außer der Tür. Die alte, zertrümmerte Tür, die der KGB während einer der zahlreichen Hausdurchsuchungen aufgebrochen hatte, war durch eine neue Holztür ersetzt worden, im selben Braunton gestrichen wie die alte. Mascha rief Verwandte und Freunde an. Wolodja war wieder zu Hause! Ja, zu Hause. In Sicherheit. Begeisterung, Freude.

Wolodja wollte sofort wieder ein Ausreisevisum beantragen, was aber nicht möglich war, weil er keine Aufenthaltsgenehmigung für Moskau hatte. Mascha ging mit ihm zur nächsten Polizeistation, um die Genehmigung zu beantragen, und der zuständige Beamte erklärte ihnen, daß sie ihre Personalausweise abgeben müßten, solange über den Antrag entschieden werde. Sie gaben ihm ihre Ausweise.

Wochen vergingen. Wolodja rief den Beamten mehrmals an, der ihm erklärte, daß er nichts für sie tun könne; er hätte den Antrag an seine Vorgesetzten weitergeleitet und warte nun selbst auf die Entscheidung. Elf Monate nachdem Wolodja den Antrag gestellt hatte, wurde er bewilligt. Mit der Aufenthaltsgenehmigung in der Hand beantragte er im UVIR ein Ausreisevisum. Die Antwort kam einen Monat später. Abgelehnt. Die Begründung: »Geheimhaltung.«

Am selben Tag, als er die Aufenthaltsgenehmigung erhielt, gerade als in der Polizeistation sein Personalausweis gestempelt wurde, erreichte Wolodja die Aufforderung, sich bei einem anderen Beamten derselben Station zu melden. Dieser warnte ihn, daß man ihn – weil er monatelang nicht gearbeitet hatte – demnächst wegen Parasitismus anklagen und vor Gericht stellen würde. Er hatte zwei Wochen Zeit, eine Anstellung zu finden. Wolodja erklärte, daß er keine Arbeit habe suchen können, weil er seinen Personalausweis nicht hatte, der ihm in ebendieser Polizeistation abgenommen worden war. Der Beamte erklärte, daß ihn das nichts anginge, weil das eine andere Abteilung betreffe.

Seine Freunde halfen ihm, eine Stelle als Aufzugfahrer in einem Krankenhaus zu finden. Er arbeitete nachts und entdeckte, daß er – wenn er den Aufzug zwischen bestimmten Stockwerken anhielt – durch die sowjetischen Störungen hindurch die ausländischen Radiosender hören konnte. Wieder lauschte er den Stimmen des Westens und hielt sich so über die weltweiten Aktivitäten der Bewegung auf dem laufenden: Demonstrationen, wo auch immer hohe sowjetische Vertreter auftraten, bei politischen Treffen, Kulturveranstaltungen, wissenschaftlichen Konferenzen, juristischen Tagungen. Es herrschte ständige Unruhe wegen der *refjusniki*.

Auf der Genfer Gipfelkonferenz im Dezember 1985 – nach dem plötzlichen Tod der sowjetischen Premiers Andropow im Jahr 1984 und Tschernenko 1985 – brachte Präsident Ronald Reagan das Elend der sowjetischen Juden gegenüber dem neuen sowjetischen Premier Michail Gorbatschow zur Sprache. Demonstranten marschierten mit Transparenten durch die Straßen der Innenstadt, und Avital Schtscharanskij stellte eine Fotografie ihres inhaftierten Gatten zur Schau. Jesse Jackson befragte den sowjetischen Premier über die Juden und erhielt zur Antwort, daß »das sogenannte Judenproblem in der Sowjetunion nicht existierte«. Über solche Ereignisse wurde in den Medien ausführlich berichtet. Sie drangen aus dem kleinen Radio, das Wolodja sich ans Ohr drückte, wenn er in ruhigen Nächten den Aufzug anhielt und nach Rissen in der Wand der sowjetischen Störsender suchte.

Nach einem Jahr als Aufzugfahrer wurde er zum Leiter des Finanzwesens befördert. Von seinem Schreibtisch in einem kleinen Büro aus leitete er die Strom- und Wasserversorgung, die Abwasserbeseitigung und Heizung des Krankenhauses. Alle Probleme in diesen Bereichen wurden an ihn weitergeleitet, er holte die Elektriker, Installateure und andere Handwerker.

Im Februar 1986 wurde – zur Freude und Verwunderung aller – Schtscharanskij freigelassen. Er flog nach Israel, wo er stürmisch empfangen wurde.

Zwischen 1968 und 1986 waren annähernd 270 000 Juden – das sind 12,5 Prozent der jüdischen Bevölkerung der Sowjetunion – emigriert. Aber 1986 gab es etwa 10 000 *refjusniki* in der UdSSR, unter ihnen auch Mascha und Wolodja, deren Namen und langer Kampf schon legendär waren. Elie Wiesel sprach oft über sie – mit amerikanischen Senatoren, mit Männern und Frauen aus dem Repräsentantenhaus, mit Regierungsbeamten in Frankreich, mit Gorbatschow.

Die Wahrscheinlichkeit der Freiheit für die *refjusniki* schien gering. Einige, die keine Hoffnung mehr hatten, jemals freigelassen zu werden, hatten beschlossen, ihre Emigrationsbestrebungen nach innen zu richten und für sich und ihre Kinder eine neue jüdische Kultur innerhalb der Sowjetunion zu errichten, den sowjetischen Gesetzen zum Trotz. Geheime religiöse Schulen für die Kinder, versteckte Stätten des Gebets und des Studiums für die Erwachsenen, illegale Vorträge über jüdische Geschichte und Bräuche, verstohlene Purim- und Chanukka-Feiern, heimliche hebräische Liederfeste in den Wäldern – anstelle der früheren Petitionen, Sit-ins, Kundgebungen und Hungerstreiks, die jetzt für sinnlos erachtet wurden.

Die Israelis mißbilligten diese Aktivitäten, sahen in ihnen ein Kleinbeigeben gegenüber den sowjetischen Maßnahmen zur Erstickung der jüdischen Emigration, als ein Nachlassen des zionistischen Enthusiasmus der *refjusniki*. In diesem Punkt stimmte Wolodja den Israelis weitgehend zu, deren wertvollster Verbündeter er war.

Im März 1986 tauschten er und Mascha ihre große Gemeinschaftswohnung in der Gorkij-Straße gegen zwei kleinere Wohnungen ein. Sie zogen in ein sechsstöckiges Haus in der Wesnina-Straße, etwa 20 Minuten zu Fuß vom Kreml. Die Frau und ihr Sohn, die in der Gorkij-Straße mit ihnen zusammengewohnt hatten, zogen bereitwillig in die zweite Wohnung in einem anderen Teil Moskaus. Die Wohnungen waren zwar recht klein, aber sie mußten sie mit niemandem teilen, waren unter sich. Die Wohnung der Slepaks bestand aus zwei Zimmern, eines hatte einen Balkon. Und ein Telefon, das der KGB aus irgendeinem Grund nicht gesperrt hatte. Im Erdgeschoß des Hauses befanden sich eine Buchhandlung und ein Friseur. Bald kamen Besucher in die neue Wohnung. Wesnina-Straße 8/10, Tür 52. Wolodja saß wieder da, hörte zu, rauchte seine Pfeife, redete. Und Mascha servierte Tee und Kekse, hielt sich im Hintergrund und machte sich Sorgen um die Gesundheit ihres Gatten.

Wolodja beantragte erneut ein Ausreisevisum und wurde wiederum abgewiesen. Der KGB folgte ihm überallhin, verhaftete ihn einige Male, weil er an Kundgebungen teilgenommen oder eine Aktion geplant hatte oder um zu verhindern, daß es bei offiziellen Anlässen wie einem internationalen Festival oder einem Kongreß zu Unruhen kam. Jedesmal hielten sie ihn einen Tag fest und schickten ihn dann nach Hause.

Im März 1987 fand im Kreml ein Treffen zwischen mehreren Kongreßabgeordneten und Gorbatschow statt. Einer der Kongreßabgeordneten, James Scheuer, bat ihn, die Slepaks freizulassen. Gorbatschow antwortete: »Slepak wird die Sowjetunion nie verlassen. Über diesen Fall wollen wir lieber nicht diskutieren.« Scheuer erzählte Mascha und Wolodja von der Unterhaltung.

Einen Monat später, im April, begannen Mascha und Wolodja einen siebzehntägigen Hungerstreik, um daran zu erinnern, daß nunmehr seit 17 Jahren ihre Ausreiseanträge abgewiesen wurden. Ein Tag für jedes Jahr, kein Essen, nur Leitungs- oder Mineralwasser, außerdem hatten sie der ausländischen Presse den Streik im voraus angekündigt. Sie erschienen vor dem Moskauer »Weißen Haus«, dem Parlamentsgebäude, und trugen Transparente, auf denen stand: LASST UNS ZU UNSEREN KINDERN UND ENKELN GEHEN. Viele *refjusniki* und KGB-Beamte sahen schweigend zu. Am vierten Tag wurden sie vom KGB verhaftet. Sie rechneten damit, daß man sie 10 bis 15 Tage festhalten würde. Das wäre Wolodjas 16. Verhaftung innerhalb von 13 Jahren gewesen. Statt dessen wurden sie in ihre Wohnung zurückgebracht und gewarnt, keine Kundgebungen mehr abzuhalten. Mascha beendete an diesem Tag ihren Streik, ihre Gesundheit ließ es nicht zu, daß sie weiter hungerte. Wolodja hielt bis zum 17. Tag durch. Als er nach dem Streik an seinen Arbeitsplatz zurückkehrte, erfuhr er, daß er entlassen worden war. Er arbeitete nie wieder in der Sowjetunion.

In diesem April erhielten etwa 50 *refjusniki* eine Einladung zum Passah-Seder in der Moskauer Residenz des amerikanischen Botschafters in der Sowjetunion. Mehrere amerikanische Jüdinnen unter der Leitung von Sara Inick, der Frau des amerikanischen Kulturattachés, hatten alles sorgfältig vorbereitet. Matzen und Wein waren aus Israel eingeflogen worden. In einem großen Ballsaal standen ein Dutzend Tische, alle bis ins kleinste Detail für das Passahfest gedeckt. An jedem Tisch saßen einige Amerikaner: Diplomaten, Presseleute. Botschafter Arthur Hartman und seine Frau begrüßten jeden, der eintrat. Als alle vollständig versammelt waren, ging der Botschafter zu Mascha und Wolodja, der erst tags zuvor seinen Hungerstreik beendet hatte. Sie saßen zusammen am selben Tisch. Der Botschafter setzte ein Käppchen auf, und der Seder begann. Abwechselnd lasen die *refjusniki* aus der Haggadah vor.

Während der Lesung betrat George Shultz, der amerikanische Außenminister, mit einem Käppchen auf dem Kopf den Saal. Er ging langsam von einem Tisch zum anderen, schüttelte den *refjusniki* die Hände, wechselte ein paar Worte mit ihnen und überreichte jedem ein Buch oder ein kleines Geschenk. Er erkannte alle *refjusniki*, kannte sie mit Namen, wirkte beeindruckt und ehrerbietig. Diese Aktivisten – ihre Namen und Fotos, die mittlerweile mythische Symbole des Widerstands gegen die Tyrannei waren, fand man überall, auf Plakaten, in Büchern, Schulen, bei Kundgebungen – waren Männer und Frauen, die jahrelang einer unbarmherzigen Weltmacht getrotzt hatten und noch immer trotzten und dafür einen furchtbaren Preis bezahlt hatten. Alexander Lerner war an jenem Abend anwesend. Mascha und Wolodja Slepak. Wiktor Brailowskij. Nahum Meiman. Josif Begun. Und viele andere. Als George Shultz zu Mascha und Wolodja kam, schüttelte er ihnen die Hände und sagte, er hätte ein Geschenk für sie. Sein Assistent gab ihm eine Fotografie, die er Mascha und Wolodja überreichte: ein Bild von Sanja und Leonid und den Enkelkindern, das während des Hungerstreiks der beiden Brüder vor dem Kapitol in Washington, D.C., anläßlich des siebzehnten Jahrestages ihrer Ablehnung aufgenommen worden war. Dann sprach Shultz kurz zu den *refjusniki*. Er sagte, daß er und die amerikanische Administration nie aufhören würden, für die Freiheit der sowjetischen Juden zu kämpfen. Er stellte den neuen amerikanischen Gesandten vor, Botschafter Hartman stand kurz vor seiner Pensionierung. Die Lesung aus der Haggadah wurde fortgesetzt. Zum Abschluß des Seder erhielt jede Familie eine Schachtel mit israelischen Matzen, und jede Frau bekam eine rote Rose. Dann gingen bis auf ein halbes Dutzend alle Gäste nach Hause.

In einem anderen Zimmer der Botschaft unterhielten sich die verbliebenen Gäste, unter ihnen auch Wolodja und Mascha, lange mit Richard Schifter, dem Berater von George Shultz in Menschenrechtsfragen. Er war mit Shultz in den Saal gekommen, und die *refjusniki* kannten ihn gut; er war zum dritten oder vierten Mal in Moskau. Später, als die *refjusniki* das geschützte Areal der Botschaft verließen und auf sowjetischen Boden zurückkehrten, wurden sie von zahlreichen KGB-Augen scharf gemustert.

Der Kongreßabgeordnete Scheuer kam im August erneut nach Moskau und bat Gorbatschow noch einmal, die Slepaks freizulassen. Gorbatschow erklärte, daß die Slepaks freigelassen werden könnten, wenn die Amerikaner und die Sowjets ein Waffenabkommen unterzeichneten. Als Mascha das hörte, dachte sie: Wir werden verkauft wie Sklaven, einer nach dem anderen, Kinder und Eltern getrennt, immer wird einer zurückbehalten für den Fall, daß sich ein besseres Angebot findet.

Im September erhielt ganz plötzlich einer der Langzeit-*refjusniki* die Ausreisebewilligung. Dann andere. Und dann Josif Begun und Ida Nudel. Alle Freunde der Slepaks bekamen ihre Karte vom UVIR, das Ausreisevisum. Nur

Mascha, Wolodja, Alexander Lerner und einige wenige andere waren noch übrig. Mascha dachte, daß man sie und Wolodja absichtlich von ihren alten Freunden trennte. Allein in Moskau. Eine andere Art von Exil. Ohne Ende.

Am 13. Oktober 1987 um zwei Uhr nachmittags läutete das Telefon in der Wohnung der Slepaks in der Wesnina-Straße. Wolodja war nicht zu Hause. Mascha hob den Hörer ab.

Eine Männerstimme fragte: »Ist Wladimir Semjonowitsch zu Hause?«

»Nein«, antwortete Mascha.

»Spricht dort Maria Isaakowna?«

»Ja.«

»Hier ist der Stellvertretende Vorsitzende des Moskauer UVIR...« Er nannte Mascha seinen Namen, aber sie hat ihn vergessen, und er fehlt daher in der Familienchronik. »Sie haben die Erlaubnis, die Sowjetunion zu verlassen. Bitte kommen Sie morgen ins Büro des UVIR und holen Sie die Liste der Dokumente, die Sie vorlegen müssen, um Ihre Visa zu bekommen.«

Mascha hatte genug Geistesgegenwart, um zu sagen: »Aber morgen ist Mittwoch, da ist das UVIR doch geschlossen.«

»Es wird für Sie geöffnet sein. Klingeln Sie, wenn sie dort sind. Ein Polizist wird Ihnen aufmachen. Sagen Sie ihm Ihre Namen, und sagen Sie ihm, daß Major... (auch diesen Namen hat Mascha vergessen) auf Sie wartet. Der Major wird Ihnen eine Liste der Dokumente geben, die Sie mitbringen müssen, wenn Sie Ihre Ausreisevisa abholen kommen.«

Mascha, benommen und verwirrt, legte den Hörer auf. Nachdem sie 18. Jahren gewartet hatten – war das alles? Ein Anruf anstelle der üblichen Postkarte! Sie hatte erwartet, daß sich der Himmel auftun, die Erde beben würde. Das war so ... unspektakulär. Sie saß da und wartete, und nach einiger Zeit begann sie zu glauben, daß sie sich alles nur eingebildet, daß sie es nur geträumt hatte. Es hatte überhaupt keinen Anruf gegeben.

Wolodja kam nach Hause. Sie erzählte ihm von dem Anruf. Er wollte es nicht glauben. Schließlich sagte er: »Morgen gehen wir zum UVIR. Wenn sie uns die Karte geben, wissen wir, daß es stimmt.«

Am folgenden Tag machten sie sich auf den Weg ins UVIR. Eine Wache ließ sie ein. Das leere Gebäude hallte von ihren Schritten wider. Sie kamen sich vor wie Schlafwandler. Ein Beamter überreichte ihnen die Karte mit der Liste von Dokumenten, die sie benötigten, um ihre Ausreisevisa zu bekommen. Mascha nahm die Karte. Was hatten sie für dieses kleine Stück Papier alles ertragen müssen!

Sie gingen in das Restaurant, in dem eine Abschiedsfeier für Ida Nudel im Gange war. Mascha trat hinter Wolodja ein, der die Karte hoch über seinen Kopf hielt und verkündete, daß sie die Ausreiseerlaubnis erhalten hatten. Es waren viele Leute da – Freunde, Korrespondenten. Chaos brach aus. Freude. Tränen. Euphorie. Wenn Slepak ausreisen kann, werden wir es alle schaffen! Die Korrespondenten wollten Interviews.

Es gab viel zu tun. Sie trugen die zahlreichen Dokumente zusammen, die sie benötigten, bezahlten für die Visa und den Verlust der sowjetischen Staatsbürgerschaft. Mit den Papieren und einer Bankbestätigung in der Hand gingen sie zum UVIR und bekamen ihre Visa. Sie wiesen sie vor und konnten einen Flug nach Wien buchen. Sie gingen zur Niederländischen Botschaft, die damals Israel in der UdSSR vertrat, und bekamen ihre israelischen Visa. Die österreichischen Transitvisa bekamen sie in der Österreichischen Botschaft. Mit diesen Visa konnten sie schließlich die gebuchten Flugtickets kaufen.

In der Zwischenzeit verabschiedeten sie sich von all ihren Verwandten. Sie besuchten die Gräber von Maschas

Vater und Wolodjas Mutter. Und sie standen eine Weile schweigend vor dem Grab Solomon Slepaks. Sie verkauften einen Teil ihrer Möbel und verschenkten einen großen Teil ihrer Besitztümer an Verwandte und andere *refjusniki*. Etwa 150 Menschen erschienen zu der Abschiedsfeier in ihrer Wohnung, unter ihnen Richard Schifter, der Berater von Außenminister George Shultz.

Auch an diesem Abend war, ganz zufällig, Schwester Gloria Coleman in der Wohnung, die katholische Nonne aus den Vereinigten Staaten, die in der Bewegung für die sowjetischen Juden aktiv war. Ohne zu wissen, daß sie ihre Ausreisegenehmigung bekommen hatten, war sie gemeinsam mit anderen gekommen, um den Slepaks einen Besuch abzustatten, und mitten in die Feier geplatzt. Sie erinnert sich an eine überfüllte Wohnung, die überquoll von Lachen und Fröhlichkeit, und an Wolodja: »Ein unglaublicher Mann, er sah großartig aus, wenn man bedenkt, was er mitgemacht hatte. Er saß da inmitten von Ehrerbietung und Respekt, die ihm von den *refjusniki* und der Presse entgegengebracht wurden. Er war überschwenglich. Der ganze Raum strahlte vor Begeisterung, vor Euphorie!« Sie ging auf Wolodja zu und stellte sich vor. Er hielt ihre Hand fest zwischen den seinen. Sie war gerührt, daß er sie sofort aufnahm, in die Feier einbezog, wie die *refjusniki* alle Anwesenden, auch die Journalisten, teilhaben ließen an der Freude dieses Abends. Sie spielten den Presseleuten nichts vor, sie bezogen sie als Personen in das Drama ihres Lebens mit ein.

Am Tag vor ihrem Abflug brachten Wolodja und Mascha ihr Gepäck zum Zoll auf den Flughafen. Sieben Koffer. Sie warteten fünf Stunden und sahen dann zu, wie die Zollbeamten alles auseinandernahmen. Es war vier Uhr früh, als sie fertig waren. Sie hatten, erklärten sie Mascha und Wolodja, keine Formulare für ihre Gepäckscheine. »Aber machen Sie sich keine Sorgen, wenn Sie morgen kommen, werden die Gepäckscheine da sein.«

Etwa zwei Dutzend Menschen – Verwandte und enge Freunde – begleiteten sie zum Flughafen, um sie zu verabschieden. Es war der Nachmittag des 25. Oktober 1987. Zufällig war ihr Sohn Sanja genau zehn Jahre zuvor aus der Sowjetunion ausgereist. Der Schalterbeamte, der ihre Tickets und Dokumente kontrollierte, konnte ihre Gepäckscheine nicht finden, sie konnten ihr Gepäck nicht abholen. Zum Teufel mit all dem Gepäck, dachte Mascha, der Verzweiflung nahe. Nichts wie weg von hier! Die Chronik berichtet, daß es ein nasser, bewölkter Tag war, eine Mischung aus Regen und Schnee lag in der Luft. Das sowjetische Flugzeug war eine TU-154 und die Flugnummer SU-263, der Abflug nach Wien war um 8.15 Uhr.

Während des Flugs kam eine Stewardeß und gab Mascha und Wolodja ihre Gepäckscheine. Sie seien auf dem Boden des Flugzeugs aufgetaucht, erklärte sie. Der abschließende Messerstoß des KGB, dachte Mascha.

Als sie und Wolodja aus dem Flugzeug stiegen und das Rollfeld des Wiener Flughafens betraten, kam ihnen Botschafter Max Kampelman entgegen, Leiter der amerikanischen Delegation der sowjetisch-amerikanischen Abrüstungskonferenz in Wien. Im Flughafengebäude warteten Sanja, Senator John und Teresa Heinz aus Pennsylvania, der amerikanische Botschafter in Österreich, Marion Wiesel, die Frau von Elie Wiesel, ein Vertreter der Jewish Agency, die für die Ansiedlung sowjetischer Einwanderer in Israel verantwortlich war, und Kirill und Irina Chenkin, enge Freunde der Slepaks, die aus München gekommen waren, wo sie für Radio Liberty arbeiteten, einen der Sender, die Wolodja während der Jahre in den Wäldern außerhalb von Moskau, auf Campingurlauben in der Ukraine, in der Wohnung in der Gorkij-Straße und in dem Krankenhausaufzug gehört hatte, durch die Schallmauern hindurch, die der Kreml gegen die Außenwelt errichtet hatte.

Im Flughafengebäude wimmelte es von Journalisten.

Die Pressekonferenz dauerte etwa 20 Minuten. Als sie vorbei war, bat der amerikanische Botschafter Mascha und Wolodja zu sich in die Residenz zum Abendessen. Sie konnten dort die Nacht verbringen, ein Zimmer war bereits für sie vorbereitet worden.

Am nächsten Tag flogen Mascha und Wolodja und Sanja in einem Learjet, den Senator Heinz, Elie Wiesel sowie Patti und John Thompson, ein christliches Ehepaar aus Nashville, gechartert hatten, nach Israel. Als der Pilot meldete, daß sie sich über israelischem Gewässer befanden, öffnete Wolodja eine Flasche Champagner. Sie sahen aus dem Fenster das blaue Glitzern des Meeres, und Mascha sah unter sich den Strand von Tel Aviv. Der Jet landete, Mascha und Wolodja traten durch die Tür, stiegen die Treppe hinunter und betraten israelischen Boden. Es war ein warmer, sonniger Oktobertag. Eine riesige Menge von Verwandten, Freunden und Reportern begrüßte sie auf dem Flughafen. Leonid, der sich damals mit den israelischen Behörden in einem Konflikt wegen seines Reisepasses befand und nicht nach Israel kommen wollte, aus Angst, man könnte ihn zur Armee einziehen, war nicht anwesend. Wolodja eröffnete die Pressekonferenz. »Endlich sind wir hier ...«

Die Chronik berichtet, daß Mascha ihr Amulett trug.

Drei Tage später feierten sie in der Jerusalemer Residenz des israelischen Präsidenten Chaim Herzog Wolodjas 60. Geburtstag. Aus der Residenz rief Wolodja in Moskau an und sprach mit Alexander Lerner, der einige Wochen später sein Visum erhielt und nach Israel ausreiste. Als die Feier in der Residenz des Präsidenten zu Ende war, machten sich Wolodja und Mascha auf zu einer intimeren Feier, die einige ihrer engsten Freunde für sie organisiert hatten: Einwanderer aus der Sowjetunion, von denen einer der Besitzer der »Jerusalemer Diskothek« war, in der diese zweite Party stattfand, die bis weit in die frühen Morgenstunden dauerte.

Die Chronik berichtet weiter, daß Wolodja und Mascha in diesem November in die Vereinigten Staaten flogen und am Kennedy Airport von ihren fünf Enkelkindern begrüßt wurden, die sie nie zuvor gesehen hatten, drei von ihnen waren von Leo, die anderen beiden Sanjas. Dann reisten sie zwei Monate lang durch die Vereinigten Staaten und baten um Unterstützung für andere *refjusniki* und sammelten Geld für die Bewegung der sowjetischen Juden. Sie wurden als Helden angesehen und mit tiefem Interesse angehört, als sie von den Tausenden von *refjusniki* erzählten, die noch in der UdSSR lebten und deren Schicksal auch in den Tagen von Perestrojka und Glasnost unsicher war. Erst nach der Auflösung der kommunistischen Macht 1991 verschwand das Wort *refjusnik* von der Tagesordnung des Weltgeschehens.

Abschließend erzählt uns die Chronik, daß Mascha und Wolodja im Juni 1988 gemeinsam mit einer Reihe anderer *refjusniki* unter der Schirmherrschaft des Jüdischen Weltkongresses eine Goodwillreise nach London, Los Angeles, Australien und Neuseeland antraten, mit dem Ziel, Spenden zu sammeln. In Australien sollten sie, auf Bitten von Isi Liebler, der damals Vizepräsident des Kongresses war, Premierminister Bob Hawke, einer der führenden Persönlichkeiten im Kampf für die sowjetischen Juden, ihren Dank aussprechen.

Während der Nacht, die Mascha und Wolodja in Los Angeles verbrachten, drang jemand über den Balkon, den sie versäumt hatten, abzuschließen, in ihr Zimmer im zweiten Stock des Hotels ein und stahl alle Wertgegenstände, die dort lagen: ihre Uhren und den Fotoapparat, Wolodjas Brieftasche und Kreditkarten und Maschas gesamten Schmuck, auch das Amulett. Glücklicherweise waren ihre Reisepässe, Reiseschecks und Flugtickets in einem Koffer. Sie flogen weiter nach Australien, um sich dem staunenden Publikum zu zeigen und den Premierminister zu treffen. Nach Abschluß ihrer Reise kehrten sie nach Israel zurück.

Einige Monate später fanden Wolodja und Mascha geeignete Anstellungen in Israel. Ihre Söhne hatten sich endgültig in den Vereinigten Staaten niedergelassen.

Hier ist die Chronik zu Ende.

EPILOG

Anrufe

Heute ist Wolodja fast siebzig. Sein Haar ist völlig grau, sein Bart, der in zwei rundlichen Büscheln auf seinen glatten rosigen Wangen wächst, kurz und schneeweiß. Er hat noch immer einen Bauch, den er noch immer loswerden will, und seine Stimme, etwas rauher als früher, ist tief und klangvoll und überschwenglich. Mascha ist faltenlos und rundlich, ihre intelligenten Augen hinter den dicken Brillengläsern strahlen, ihr kurzes glattes Haar ist rotbraun, jugendlich, ihre Stimme beschwingt, musikalisch. Sie scheinen ihre Narben gut zu verbergen, obwohl ich gehört habe, daß Mascha auch Momente dunkler Stimmungen kennt und daß Wolodja plötzlich stiller wird, wenn das Gespräch auf bestimmte Personen oder Ereignisse kommt.

Im Sommer 1995 besuchte ich sie gemeinsam mit meiner Frau in den Pocono-Bergen in Pennsylvania. Sie verbrachten einen Monat in einem Haus, das Leonid gemietet hatte. Inmitten einer grünen Welt aus Eichen, Birken, Ulmen, Ahornen und Nadelbäumen, unter einem strahlend blauen Himmel, in einer Luft, die so klar war, daß sie bei jedem Atemzug wie ein berauschendes Wunder schien, dort, auf der Veranda, in einem Liegestuhl, saß Wolodja und las ein russisches Buch, das Leonid von seiner jüngsten Geschäftsreise nach Moskau mitgebracht hatte: *Polygone des Satans – Die Verbrechen der Kommunistischen Partei* von Igor Bunitsch, erschienen 1994 in Rostow am Don. Auf dem Umschlag war der junge, bärtige, aggressive Trotzkij abgebildet.

Wolodja und Mascha, die erstaunlich robust wirkten, waren fröhlich, entspannt und lachten oft und herzlich. Aber ich wußte, daß er vor einigen Monaten einen leichten Herzinfarkt erlitten hatte und daß sie auf einem Auge fast nichts mehr sehen konnte. Leonid hatte mir einmal erklärt, daß sein Vater diese diversen Krankheiten leichtfertig als »Anrufe aus der anderen Welt« bezeichnete.

Wußten ihre Nachbarn, wer sie waren, diese Fremden in dem Bergdorf in Pennsylvania? Wenn man sie so sah – Wolodja, der in einem weißen Polohemd und ausgebeulten Baumwollhosen barfuß herumlief, Mascha in einem dunkelblauen Leinenrock, einer durchscheinenden, blaßrosa ärmellosen Bluse und Holzpantoffeln –, wer würde glauben, daß sie einst zu den führenden Persönlichkeiten einer Bewegung gezählt hatten, die sich dem sowjetischen Koloß entgegengestellt und mitgewirkt hatte, ihn schließlich zu Fall zu bringen?

Mascha machte grünen Salat und kochte Reis nach einem Rezept, das ihr ein israelisch-amerikanischer Besucher in ihrer Wohnung in Israel gegeben hatte. Vor der Tür lösten sich zwei Hirsche aus den blaugrünen Schatten des Waldes und knabberten am Gras vor ihrem Haus.

Wir saßen um einen Tisch, und sie erzählten von ihrem Leben in ihrer Wohnung in der Rivka-Guber-Straße Nummer 7 in Kfar Saba, der Gemeinde von Tel Aviv, wo sie inzwischen lebten. Maschas Hebräisch ist jetzt ziemlich gut. Wolodja fühlt sich wohler, wenn er Englisch sprechen kann. In Kfar Saba, erzählten sie, gäbe es neue Lampen im Park in der Nähe der Wohnung, und an warmen Abenden könnte man die schrillen Stimmen der Kinder hören, die auf der Wiese spielten. Ja, die Grundschule und das Altersheim waren noch da, und nichts hatte sich an der Bushaltestelle am Boulevard verändert, dort war es noch immer laut und staubig. In der Wohnanlage lebten Menschen aus Amerika, Rußland, aus dem Irak, dem Iran und dem Jemen, aus Polen, Argentinien, England und auch einheimische Israelis. Ein Schuldirektor, Ingenieure, Lehrer, ein pensionierter Physiologieprofessor, ein Faxmaschinentechniker, ein Abteilungsleiter von IBM, ein Architekt, ein Apotheker, ein Physiker, der Fahrer eines Touristenbusses, der Besitzer einer Rahmenhandlung, ein Steuerberater. Das Wohnhaus war eine ausgedehnte Anlage untereinander verbundener hoher weißer Gebäude mit eigenen Eingängen. An warmen Tagen drangen Stimmen aus den offenen Fenstern und vermischten sich mit den Geräuschen des Verkehrs auf dem Boulevard und den Stimmen der Kinder im Park. Fast ihre ganze Familie lebte jetzt in Israel – Geschwister, Nichten, Neffen, Cousins – und das Telefon in ihrer Wohnung läutete oft.

Im Laufe des Gesprächs über ihre Familie konnte man an Wolodja und Mascha unterdrückte Verwirrung und Schmerz fühlen. Sie schienen außerstande zu verstehen, wie das passiert war: die Kluft zwischen ihnen und ihren Söhnen. Nach allem, was sie durchgemacht hatten, waren sie jetzt den Großteil des Jahres nur über das Telefon mit ihren Söhnen verbunden. Und sie konnten nicht einfach anrufen, wenn sie Lust dazu hatten. Auslandsgespräche waren teuer. Sie lebten jetzt am Rand der Armut und mußten vorsichtig sein mit ihren Ausgaben. Der Kreml hatte ihnen ihre produktivsten Jahre geraubt. Sie kamen zu spät nach Israel, um die zehn Jahre zu arbeiten, die das Minimum für einen Pensionsanspruch darstellten. Außerdem hätten sie ihre Berufe nicht wiederaufnehmen können. Wolodja war nahezu zwanzig Jahre im Rückstand in seinem Bereich des Maschinenbaus. Als er mit sechzig Jahren in Israel versuchte, wieder darin Fuß zu fassen, stand er einer verblüffenden Welt neuer Technologien gegenüber, und der Kontrast wurde noch verstärkt durch die weitaus rigoroseren Anforderungen an den westlichen Maschinenbau. Vollkommen sinnlos, in diesem Alter noch einmal mit einer

Ausbildung zu beginnen. Dasselbe galt auch für Mascha. Er fand eine Stelle als Ingenieur in einem Labor an der Universität von Tel Aviv, sie arbeitete als Röntgenologin im Krankenhaus von Kfar Saba. Wenn sie sich zur Ruhe setzen, wird keiner von ihnen die zehn Jahre gearbeitet haben, die in Israel für den Erhalt einer vollen Pension notwendig sind. Wolodja wird eine kleine »Prisoner of Zion«-Pension beziehen. Nicht genug zum Leben, ganz zu schweigen von regelmäßigen Anrufen bei ihren Söhnen in Amerika.

Ich fragte: Bereuten sie es, die Sowjetunion verlassen zu haben, jetzt, wo das Regime zusammengebrochen war?

Ohne zu zögern antworteten sie: nicht einen Augenblick.

Wolodja sah keine unmittelbare schöne Zukunft auf das russische Volk zukommen. Es würde 40 Jahre dauern, den Grundstein für eine Gesellschaft zu legen, in der es sich lohnte zu leben. Und es gab keine Hoffnung für die Juden, die schließlich durch Assimilation völlig verschwinden würden. »Der aktuelle kulturelle Aufschwung der Juden in Rußland ist temporär und unnatürlich«, sagte er. »Er wird bis zum ersten Pogrom anhalten.« Und Mascha fügte hinzu: »Wenn wir uns nicht darum bemüht hätten, ausreisen zu dürfen, hätten sich unsere Kinder assimiliert und hätten aufgehört, Juden zu sein.«

Schon in den sechziger Jahren hatten sie ausführlich darüber gesprochen, ob es möglich war, die Sowjetunion zu verlassen, lange vor der schicksalhaften Dezembernacht 1969, als Mascha Wolodja dazu überredete, mit ihr den gefährlichen Weg der Emigration zu wählen. Sie wußten, was sie wollten: gleiche Chancen auf Arbeit und einen Platz in der Gesellschaft wie jeder andere auch, ihrer Meinung offen Ausdruck verleihen, ihre Kinder in die besten Schulen schicken, nicht bei jedem Schritt behindert werden, weil sie Juden waren. Sie wollten nicht, daß ihre Söhne in einer Gesellschaft lebten, in der die Ergebnisse und Errungenschaften eines ganzen Lebens mit einem Schlag durch den Antisemitismus vernichtet werden konnten. Wozu sollte man Energie und Kreativität an eine solche Gesellschaft verschwenden? Ja, während ihrer Zeit als *refusniki* hatte Israel für sie die perfekte Gesellschaft dargestellt, eine einzige harmonische Familie. Jetzt sahen sie, daß es Mängel gab, daß nur in Zeiten extremer Krisen Einheit herrschte. Sicher, es war eine Demokratie, eine offene Gesellschaft, und ja, sie konnten über Radio und Kabelfernsehen die ganze Welt in ihre sonnige Wohnung holen. Aber sie machten sich Sorgen um den Friedensprozeß, die terroristischen Anschläge, die Spaltungspolitik, waren empört über die offenbar weitverbreiteten Vorurteile mancher Israelis gegenüber russischen Einwanderern, die mitunter beschuldigt wurden, Kriminelle und Prostituierte ins Land zu bringen, ein Ansteigen der Verkehrsunfälle zu verursachen, sich im sexuellen Mißbrauch von Kindern und inzestuösen Handlungen zu ergehen. Eine schlimme Sache, all diese Bigotterie. Und das in Israel! Aber nein, sie wollten nicht in Amerika leben. Sie hatten Verwandte in Israel. Und viele Freunde. Sie mochten die Ungezwungenheit in dem Land, die Vertrautheit, die Art, wie Leute einfach mal auf einen Sprung vorbeikamen, wie sie sich gegenseitig besuchten und in der Küche saßen und plauderten. Sie mißtrauten der Regierung, dem Parlament, den Behörden, aber sie mochten die Menschen. Wovon sie träumten? Neun Monate im Jahr in Israel zu leben und drei Monate in Amerika, bei ihren Kindern und Enkelkindern. Und noch lange keine »Anrufe« aus der anderen Welt zu bekommen.

Sie begleiteten uns zu unserem Auto. Wolodja, noch immer barfuß, ging über den rauhen Kies und durch das Gras. Ich warnte ihn vor den Zecken und der Lyme-Borreliose, und er antwortete fröhlich mit seiner lauten, rauhen Stimme, daß er davon schon gehört habe. Sie standen in der

Einfahrt, schauten uns nach und winkten, als wir auf die asphaltierte Straße hinaus- und davonfuhren.

Viele Dinge fallen mir jetzt ein, da ich mich dem Ende dieser Arbeit nähere, Dinge, die ich ausgelassen, und andere, die ich aufgenommen habe. Das lange Zögern, mit dem ich mich der Sache genähert habe: Wie sollte ich darüber schreiben, wo es das Thema der *refjusniki* doch nicht mehr gab? All die bemerkenswerten Menschen, die ich nicht erwähnt habe: unmöglich, sie alle aufzunehmen. Hätte ich über Alexander Lavout schreiben sollen, den Mathematiker in Moskau, der die sowjetischen psychiatrischen Krankenhäuser beobachtete, die seiner Aussage nach Dissidenten mit Drogen vollpumpten und zum Schweigen brachten? Oder Natascha Chassin aus Moskau, die es zu ihrer Aufgabe gemacht hatte, sich um Gefangene in abgelegenen Gebieten der Sowjetunion zu kümmern? Oder Julij Koscharowskij aus Moskau, den heimlichen Hebräischlehrer? Oder Arkadij Maj aus Moskau, den Historiker? Oder Jelena Seidel aus Moskau, die Englischlehrerin? Oder Mischa Beiser aus Leningrad, den Historiker? Oder Leonid Seliger und Aba Taratuta, beide aus Leningrad, ersterer Hebräischlehrer, letzterer Ingenieur und Hebräischlehrer? Oder Josif Zisels, den Physiker aus Tschernowzy, der den Gefangenen half, sich ihr gequältes Leben etwas zu erleichtern? Oder – um ehrlich zu sein, es tut weh, über die vielen Auslassungen nachzudenken. Aber einmal muß man zu einem Ende kommen.

Ich denke an das, was ich aufgenommen habe. Das zentrale Geheimnis von Solomon Slepaks Leben: wie er immer wieder den Klauen Stalins entkam. Es ist nicht gelungen, seine KGB-Akte einzusehen, obwohl vor Beginn und im Laufe dieser Arbeit wiederholt der Versuch unternommen wurde.

Vor kurzem kam ein Brief vom KGB, der an die Großmutter von Leonids Frau Olga adressiert war. Der Absender versetzte die Großmutter, eine Frau in den Achtzigern, die in Moskau lebt, in Angst und Schrecken, und sie rief sofort Leonid in New York an. Es stellte sich heraus, daß er vergessen hatte, ihr zu sagen, daß er einige Wochen zuvor – während er in Moskau gewesen war – den Antrag gestellt hatte, die KGB-Akten seines Vaters und seines Großvaters einzusehen, und daß er ihre Adresse angegeben hatte.

Der Brief, der mit dem 27. Juni 1995 datiert ist, lautet folgendermaßen:

Ihr Antrag in bezug auf Slepak, Wladimir Semjonowitsch, wurde geprüft.

Gemäß Artikel 5 des Gesetzes der Russischen Föderation »Über Suchaktionen in der Russischen Föderation« wurden Unterlagen in Zusammenhang mit Slepak, W. S., vernichtet, da seine Schuld an einem Verbrechen nicht nachgewiesen werden konnte.

Gleichzeitig setzen wir Sie auch davon in Kenntnis, daß in Übereinstimmung mit dem oben erwähnten Artikel das Recht, von den Behörden des Sicherheitsdienstes Daten über die eingegangenen Informationen bezüglich einer Person einzufordern, nur der betroffenen Person selbst zusteht, wenn ihre Schuld im Hinblick auf ein Verbrechen nicht in Übereinstimmung mit den vom Gesetz festgelegten Verfahren bewiesen wurde.

A. W. Tsarenko
Stellvertretender Leiter

Es ist kein großer Trost für Wolodja und Mascha, jetzt vom KGB zu erfahren, daß Wolodjas Verurteilung zu fünf Jahren Exil ungesetzlich war. Wolodja hat beschlossen, seiner KGB-Akte nachzugehen. Er wird seinen Antrag direkt an Präsident Boris Jelzin richten.

Der Brief erwähnt mit keinem Wort Leonids Antrag,

Einblick in die KGB-Akte seines Großvaters, des Altbol-schewiken Solomon Slepak, zu erhalten.

Ich denke auch daran, wie sehr mich Wolodjas Ge-schichte begeistert hat, wie sie mich – noch Jahre nachdem ihre unmittelbare Anziehungskraft verflogen war – in ihrem Bann hielt. Warum hielt das Interesse an? Was war daran so faszinierend? Vielleicht war es der Schriftsteller als Amanuensis, als unbeteiligter Beobachter, der in siche-rem Abstand den grausamen Überlebenskampf des Aktivi-sten aufzeichnet und davon träumt, er selbst hätte diesen Mut, diese Verwegenheit, sich in den Schmutz des Daseins zu stürzen, seine Brutalität herauszufordern, Wunden an Körper und Geist zu riskieren und der möglichen Vernich-tung ins Auge zu blicken? Das Individuum, das die Grenze vom bloßen Zuschauer zum Aktivisten überschreitet und sein oder ihr Leben aufs Spiel setzt, um die Welt zu verän-dern – es ist ein ewiges Geheimnis, wie diese Entscheidung getroffen wird, der Augenblick des Überschreitens, das Wunder der Verwandlung. Der Schriftsteller sieht es voller Ehrfurcht, ist gebannt von seiner Tollkühnheit, seinem Leuchten.

Ich habe oft über das Exil der Slepaks im Vergleich zu den Jahren in Gefängnissen und Arbeitslagern, die das Schicksal so vieler anderer waren, nachgedacht. Folter hin-terläßt, wie wir wissen, bleibende psychische Narben. Das Verweigern der Ausreisegenehmigung ist eine Art der Fol-ter, vielleicht noch grausamer als die Verbannung, denn diese hat ein absehbares Ende, nicht aber das Warten. Und sicher ist die Verbannung eine Folter. Während ihrer fünf Jahre in Sibirien erlebten Wolodja und Mascha physische und psychische Unterdrückung, eine gezielte, demüti-gende Folter, und eine Einführung in die gleichgültige Grausamkeit des Despotismus. Aber es war nicht das Grauen, das beispielsweise Gregorij Steschenko in einem psychiatrischen Krankenhaus erlebte oder Natan Schtscharanskij und Alexander Solschenizyn in Gefängnissen und Lagern. In dieser Hinsicht scheinen Wolodja und Mascha mehr Glück gehabt zu haben als andere. Aber wozu soll man Schmerzen und Strafen vergleichen? Wissen wir, welche Narben sie davongetragen haben, welche Träume sie nachts nicht schlafen lassen, welches Echo aus jenem grausamen Winkel Sibiriens ihren Schlaf quält?

Und schließlich schreibe ich mit dem ernüchternden Gefühl, daß die Chronik der Slepaks eine Warnung enthält; hier ist ein Gefahrensignal für uns in der düsteren Atmosphäre zu Beginn des 3. Jahrhunderts der amerikanischen Republik. Gibt es amerikanische Variationen von Solomon Slepak, die so verhärtet sind von ihren Ideen, daß sie jede Vernunft verlassen hat? Umsicht, ein vorsichtiges Wissen um Schattierungen, Vielschichtigkeiten und Konsequenzen, eine Einsicht in die Einheit der amerikanischen Erfahrung und ein heilsamer Sinn für Humor und Ironie, von dem die Gründungsväter durchdrungen waren und der den gegenwärtigen Ideologen abhanden gekommen ist. Können wir aus dieser Chronik etwas lernen über eiserne Selbstgerechtigkeit und starre Doktrin, über Herzen aus Stein und verriegelte Köpfe, über die willkürliche Anwendung der Gesetze und die Tragödien, die aus der mangelnden Anpassung der Theorie an die Realität resultieren? Macht die Chronik nicht eine auffällige und beinahe offenkundige Wahrheit deutlich: je größer der Staat, desto turbulenter sein Untergang? Nähern wir uns jetzt dem Ende der strahlenden Möglichkeiten, die diesem Land einst innewohnten? Ist jenes alte Amerika für immer verschwunden? Hat es jemals existiert? Wurde uns als Schulkindern eine Vision vorgegaukelt von einem Land, grün und golden, sich von einem Ozean zum anderen erstreckend, einem Land, das für viele Amerikaner ebenso eine Illusion ist wie das Mutterland Solomon Slepaks für Wolodja und Mascha? Es ist vielleicht vernünftiger zu fragen, was wir einmal sein wollen, als danach, was wir einst waren. Heute geschehen Dinge mit uns, die wir anscheinend nicht erklären können. Können wir in die unsichere Zukunft eintreten ohne den zersetzenden Zynismus, die umklammernde Gier, den entzweienden Egoismus – die Bestien, die Solomon Slepaks Welt zerstörten und sie für seine Familie unbewohnbar machten?

Im Dezember 1989 flog Wolodja nach Moskau, um vor einer Versammlung von Vertretern aller jüdischen Organisationen der ehemaligen UdSSR eine Rede zu halten. Er traf an dem Tag ein, als Andrej Sacharow zu Grabe getragen wurde, kam aber zu spät zum Begräbnis.

Im Moskauer Kinozentrum, das für die Konferenz gemietet worden war, sprach er vor etwa 400 Teilnehmern: junge Menschen, *refjusniki*, Rabbis, Amerikaner, Israelis. Er erzählte ihnen davon, wie gut es war, frei zu sein, wünschte den *refjusniki* Glück, erzählte einige Anekdoten über sein Leben in Israel und erklärte, daß seiner Meinung nach die Jewish Agency – die Organisation, die für die Ansiedlung der Einwanderer in Israel verantwortlich war – ihre Arbeit nicht zufriedenstellend erledige. Wolodja, der Bürokraten, Ministern und Regierungen wie eh und je mißtraute, ließ keine Gelegenheit ungenutzt, seine Ansichten zu diesem Thema zum Ausdruck zu bringen. Der Leiter der Jewish Agency, Simtscha Dinitz, war anwesend. Es kam zu einer Auseinandersetzung.

Am folgenden Tag besuchte Wolodja Andrej Sacharows Witwe Jelena Bonner, und später ging er mit Mitgliedern der israelischen Delegation zu Sacharows Grab auf dem Wostrjakowskoe-Friedhof. Sie legten Blumen auf das Grab und standen schweigend in der hereinbrechenden Dunkelheit.

Eine Woche später fuhr Wolodja mit einem Blumenstrauß zu seiner alten Wohnung in der Gorkij-Straße. Ein kalter Wintertag, die Moskauer Straßen bedeckt von schmutzigem Schnee. Er ging an der Buchhandlung vorbei durch den Bogen der Einfahrt, durch den Hof und die Eingangstür in das kleine Foyer, die Stufen hinauf zu dem engen Aufzug. Dann die rumpelnde Fahrt. Nummer 77. Die braune Holztür.

Sie wohnte noch immer dort, die Familie, mit der er und Mascha damals im März 1986 ihre Wohnung getauscht hatten: ein Ehepaar in den Dreißigern, mit einer kleinen Tochter, die Großmutter mütterlicherseits der Frau und die Schwester ihrer Großmutter väterlicherseits – die Tante ihres Vaters. Nur sie war Jüdin. Die anderen beiden Frauen, die Großmutter mütterlicherseits und die junge Frau, waren Russinnen, der junge Mann war halb Russe, zu einem Viertel Usbeke und zu einem Viertel Ukrainer.

Sie freuten sich sehr, Wolodja zu sehen. Der Mann öffnete eine Flasche Cognac. Sie fragten ihn nach seinem Leben in Israel. Waren er und Mascha glücklich dort? Und wie ging es den Jungen? Wolodja blieb zwei Stunden dort und erzählte.

Danach ging er einen Stock hinunter zur Wohnung seiner alten Freunde, ein Mann und eine Frau in den Sechzigern. Der Mann, Leonid, war Architekt und der Sohn des russischen Komponisten Reinhold Moritzowitsch Glière. Seine Frau Tamara war Verlagslektorin in einem großen Kinderbuchverlag, ihr Vater war einmal Mitglied des Moskauer Stadtrates gewesen. Ihre Tochter war die ganze Oberschule hindurch in Sanjas Klasse gegangen.

Die Frau umarmte Wolodja. Sie erkundigte sich nach Mascha und den Söhnen. Sie saßen da und unterhielten sich. Sie war eine korpulente Frau, so groß wie Wolodja, aber breiter gebaut, ihre Augen tiefblau, ihr blondes Haar fast schon grau. Eine leicht erregbare Person, die sich nicht scheute, ihren Gefühlen Ausdruck zu verleihen. Sie fragte:

»Warum seid ihr weggegangen? Ihr seid hier geboren, ihr habt hier gute Freunde.«

Wolodja antwortete: »Weißt du, das war wegen des Antisemitismus. Wir wollten eine bessere Zukunft.«

»Aber jetzt geht der Antisemitismus zurück.«

»Das sind Wellen. Bald wird er wieder ansteigen.«

»Aber es ist schwer, den Ort zu verlassen, an dem man geboren wurde. Wie konntest du deine Wurzeln ausreißen?« fragte sie.

Worauf Wolodja antwortete: »Manchmal ist das notwendig.«

Er blieb zwei Stunden. Am folgenden Tag flog er zurück nach Israel.

Zweieinhalb Jahre später, im Juni 1991, war er wieder in Moskau, um auf einer anderen Konferenz zu sprechen. Er fand die Stadt schmutziger als je zuvor, ansonsten aber unverändert, abgesehen von den ausländischen Geschäften im Zentrum: Boutiquen, französische Parfümerien und ein McDonald's auf dem Puschkin-Platz, wo sich im Dezember 1965 etwa zweihundert Menschen um die Statue des Dichters versammelt und Transparente entrollt hatten, auf denen stand: ACHTET DIE SOWJETISCHE VERFASSUNG – die erste Menschenrechtsaktion mit Transparenten in der sowjetischen Geschichte.

Mascha begleitete ihn nicht auf diesen beiden Reisen. Sie weigerte sich, an den Schauplatz ihrer bitteren Erinnerungen in diesem düsteren Land zurückzukehren.

Er spürte die Freiheit in der Stadt, die Offenheit in den Gesprächen und Handlungen. Das Rußland seines Vaters existierte nicht mehr. Er fragte sich: Wo wäre er jetzt, mein Vater, wenn er noch am Leben wäre? Und er antwortete: Auf der Straße, er würde mit den alten Kommunisten demonstrieren und sich weiter darum bemühen, seinen alten Traum zu verwirklichen.

Für die Juden in Moskau gab es mehr Schulen, mehr Synagogen, Sommerlager und Seminare. Wolodja traf alte Freunde, erklärte ihnen, daß er für die Juden in Rußland keine Zukunft sehe. Erst müßten sie raus, beharrte er, dann könne man ihre Identität stärken.

Am letzten Tag der Konferenz sprach er vor etwa dreihundert Delegierten aus Europa, Kanada, Israel bei der Morgenandacht am Sabbat in der Moskauer Synagoge gegenüber der Schule, die er als Kind besucht hatte.

Er hatte während dieser Reise keine Gelegenheit, seine alte Wohnung zu besuchen, aber er telefonierte mit der Familie, um ihnen alles Gute zu wünschen. Die junge Frau hob ab. Wie schön, von ihm zu hören! Ja, es ging ihnen gut. Außer der Schwester ihrer Großmutter väterlicherseits, der jüdischen Schwester: Sie war gestorben.

Wolodja sagte, wie leid ihm das tue, und gab seiner tiefen Anteilnahme Ausdruck. Sie unterhielten sich noch ein wenig, dann verabschiedete sich Wolodja und legte auf. Es war ihm nicht entgangen, daß es jetzt in der Wohnung in der Gorkij-Straße keine Juden mehr gab.

DANKSAGUNG

Jeder, der sich mit diesem Thema befaßt hat, wird erkennen, was ich den hier aufgelisteten Autoren verdanke. Ganz besonders zu Dank verpflichtet bin ich den Arbeiten von Richard Pipes, Leonard Schapiro, Zvi Gitelman, Nora Levin, Nicholas V. Riasanovsky, Alan Bullock, Robert Conquest, Walter Laqueur, Arkady Vaksberg und James H. Billington. Ihre Schriften waren meinen stolpernden Konstruktionen Grundlage und fester Halt.

LITERATURVERZEICHNIS

In diesem Literaturverzeichnis wurde die amerikanische Schreibweise der Namen beibehalten. Bei Namen, die auch im Text erwähnt werden, wurde die im Text verwendete Transkription beibehalten, die amerikanische folgt in Klammern.

Adler, Nancy, Victims of Soviet Terror, Westport, Conn. 1993.

Alexandra, Victor, The Kremlin, New York 1963.

Alexeyeva, Ludmilla, Soviet Dissent, Middletown, Conn. 1985.

Alexeyeva, Ludmilla u. Paul Goldberg, The Thaw Generation, Boston 1990.

Alter, Robert, The Invention of Hebrew Prose, Seattle 1988.

Ami, Ben (Pseud. für Lova Eliav), Between Hammer and Sickle, Philadelphia 1967.

Ammende, Ewald, Human Life In Russia, London 1936. Reprint John T. Zubal, Cleveland 1984.

Anti-Semitism in the Soviet Union. Proceedings of the Seminar on Soviet Anti-Semitism Held in Jerusalem, on April 7–8, 1978, Jerusalem 1979.

Antonow-Owssejenko, Anton (Antonov-Ovseyenko, Anton), Stalin-Porträt einer Tyrannei, München 1983.

Arendt, Hannah, Menschen in finsteren Zeiten, Zürich u. München 1989.

–, Elemente und Ursprünge totalitärer Herrschaft, Frankfurt/M. 1962.

Azbel, Mark Ya, Refusenik, New York 1987.

Beizer, Mikhail, The Jews of St. Petersburg, Philadelphia 1989.

Berlin, Isaiah, Russische Denker, Frankfurt/M. 1981.

Billington, James H., The Icon and the Axe, New York 1966.

Bonner, Elena, In Einsamkeit vereint, Stuttgart u. München 1986.

Brachman, Edward R., Challenging the Kremlin, New York 1992.

Brooks, Jeffrey, When Russia Learned to Read, Princeton, N. J. 1985.

Brym, Robert J., The Jewish Intelligentsia and Russian Marxism, New York 1978.

Bukovsky, Vladimir, To Build a Castle – My Life as a Dissenter, New York 1979.

Bullock, Alan, Hitler and Stalin, New York 1992.

Carr, Edward Hallett, Die russische Revolution, Stuttgart 1980.

–, Twilight of the Comintern, 1930–1935, New York 1982.

Clubb, O. Edmund, 20th Century China, New York 1978.

Cohen, Stephen F., Rethinking the Soviet Experience, New York 1985.

Conquest, Robert, Ernte des Todes, München 1988.

–, The Harvest of Sorrow, New York 1986.

–, »Reds.«, in: The New York Review of Books (14. Juli 1994).

–, Stalin and the Kirov Murder, New York 1989.

Custine, Marquis de, Empire of the Czar, New York 1989.

Daniels, Robert V., A Documentary History of Communism, Vol. I, Communism in Russia, Hanover, N. H. 1984.

–, Russia, the Roots of Confrontation, Cambridge, Mass. 1985.

–, The Stalin Revolution, Lexington, Mass. 1972.

de Jonge, Alex, Stalin and the Shaping of the Soviet Union, New York 1986.

Dobroszycki, Lucjan, u. Jeffrey S. Gurock, Hrsg., The Holocaust in the Soviet Union, Armonk, N. Y. 1993.

Doder, Dusko, Machtkampf im Kreml, Stuttgart 1988.

Drachman, Edward R., Challenging the Kremlin, New York 1991.

Dubnow, Simon, History of the Jews in Russia and Poland, Philadelphia 1935.

Dunlap, John B., The Faces of Contemporary Russian Nationalism, Princeton , N. J. 1983.

Eckman, Lester Samuel, Soviet Policy Toward Jews and Israel, 1917–1974, New York 1974.

Eliav, Lova, siehe Ami, Ben.

Emiot, Israel, The Birobidzhan Affair, Philadelphia o. J.

Erman, Adolf, Reise um die Erde durch Nord-Asien und die beiden Ozeane 1928, 1929 und 1930, Berlin o. J.

Fairbank, John King, The United States and China, Cambridge, Mass. 1973.

Fischer, Louis, Das Leben Lenins, München o. J.

Fitzpatrick, Sheila, Stalin's Peasants, New York 1994.

Frankel, Jonathan, Prophecy and Politics, Cambridge 1981.

Fraser, John Forster, The Real Siberia, London 1902.

Freedman, Robert O., Hrsg., Soviet Jewry in the Decisive Decade, 1971–1980, Durham, N. C. 1984.

Garrison, Mark, u. Abbott Gleason, Hrsg., Shared Destiny: Fifty Years of Soviet-American Relations, Boston 1985.

Gilbert, Martin, Atlas of Russian History, New York 1972.

–, The First World War, New York 1994.

Gitelman, Zvi Y., A Century of Ambivalence, New York 1988.

–, Jewish Nationality and Soviet Politics, Princeton, N. J. 1972.

Goldberg, Lea, Russian Literature in the Nineteenth Century, Jerusalem 1976.

Goralski, Robert, World War II Almanac, New York 1981.

Gorkij, Maxim, Unzeitgemäße Gedanken über Kultur und Revolution, Frankfurt/M. 1972.

Goulden, Joseph C., The Best Years: 1945–1950, New York 1976.

Hansson, Carola, u. Liden, Karin, Unerlaubte Gespräche mit Moskauer Frauen, München 1983.

Heaps, Willard A., The Story of Ellis Island, New York 1967.

Heller, Mikhail, u. Nekrich, Aleksandr, Utopia in Power, New York 1986.

Hingley, Ronald, Russian Writers and Soviet Society 1917–1978, London 1979.

Hook, Brian, Hrsg., The Cambridge Encyclopedia of China, New York 1982.

Howe, Irving, Leon Trotsky, New York 1978.

–, World of Our Fathers, New York 1976.

Israel, Gerard, The Jews in Russia, New York 1975.

Ilyin, Olga, White Road, New York 1984.

Kennan, George, Sibirien!, Berlin o. J.

Klehr, Harvey, The Heyday of American Communism, New York 1984.

Klier, John Doyle, Imperial Russia's Jewish Question, 1855–1881, Cambridge 1995.

Knight, Amy, Beria, Princeton, N. J. 1993.

Kochan, Lionel, The Jews in Soviet Russia Since 1917, New York 1972.

Koenker, Diane, Moscow Workers and the 1917 Revolution, Princeton, N. J. 1981.

Krasno, Rena, Strangers Always, Berkeley, Calif. 1992.

Kublin, Hyman, Hrsg., Studies of the Chinese Jews, New York 1971.

Laqueur, Walter, The Dream That Failed, New York 1994.

–, »The Long Goodbye«, in: The New Republic (11. April 1994).

–, Der lange Weg zur Freiheit, Frankfurt/M. 1989.

–, Stalin, München 1990.

Lasch, Christopher, The New Radicalism in America, 1889–1963, New York 1965.

Lederhendler, Eli, The Road to Modern Jewish Politics, New York 1989.

Levin, Nora, The Jews in the Soviet Union Since 1917, New York 1990.

Levitas, Isaac, The Jewish Community in Russia, 1844–1917, Jerusalem 1981.

Lewin, Moshe, The Making of the Soviet System, New York 1985.

Lewis, Jonathan u. Whitehaed, Philip, Stalin: A Time for Judgment, New York 1990.

Lih, Larst; Neumon, Oleg V., u. Khlevniuk, Oleg V., Hrsg., Stalin's Letters to Molotov, New Haven, Conn. 1995.

Lord, Walter, The Good Years, New York 1960.

Lourie, Richard, Russia Speaks, New York 1991.

Lozaqnsky, Edward D., Hrsg., Andrei Sakharov and Peace, New York 1985.

Lutz, Jessie Gregory, China and the Christian Colleges, 1850–1950, Ithaca, N. Y. 1971.

Malia, Martin, Vollstreckter Wahn. Rußland 1917–1991, Stuttgart 1994.

McCullough, David W., Brooklyn – and How It Got That Way, New York 1983.

McNeal Robert H., Stalin: Man and Ruler, New York 1990.

Medvedev, Roy, Das Urteil der Geschichte, Berlin 1992.

–, On Soviet Dissent, New York 1985.

Mehnert, Klaus, Über die Russen heute. Was sie lesen, wie sie sind, Stuttgart 1983.

Milner-Guland, Robin, u. Dejevsky, Nikolai, Cultural Atlas of Russia and the Soviet Union, New York 1989.

Moore, Frederick F., Siberia Today, New York 1919.

Moynahan, Brian, u. Yevtushenko, Yevgeny, Das Jahrhundert Rußlands, München 1994.

Nakhimovsky, Alice Stone, Russian-Jewish Literature and Identity, Baltimore 1992.

Nedava, Joseph, Trotsky and the Jews, Philadelphia 1978.

Pethybridge, Roger, Hrsg., Witness to the Russian Revolution, Secaucus, N. J. 1964.

Pinkus, Benjamin, The Soviet Government and the Jews 1948–1967, Cambridge 1984.

Pipes, Richard, Russia Under the Bolshevik Regime, New York 1993.

–, Rußland vor der Revolution, München 1977.

Powell, David E., Anti-Religious Propaganda in the Soviet Union, Cambridge, Mass. 1975.

Prital, David, Hrsg., In Search of Self: The Soviet Jewish Intelligentsia and the Exodus, Jerusalem 1983.

Pye, Lucian W., Asian Power and Politics, Cambridge, Mass. 1985.

Radzinsky, Edvard, The Last Tsar, New York 1992.

Raeff, Marc, Understanding Imperial Russia, New York 1984.

Rapoport, Louis, Hammer, Sichel, Davidstern, Judenverfolgung in der Sowjetunion, Berlin 1992.

Redlich, Shimon, Propaganda and Nationalism in Wartime Russia, New York 1982.

Remnick, David, Lenin's Tomb, New York 1993.

–, »The Exile Returns«, in: The New Yorker (14. Februar 1994).

Riasonovsky, Nicholas V., History of Russia. New York 1984.

–, The Image of Peter the Great in Russian History and Thought, New York 1985.

Roi, Yaacov, u. Beker, Avi, Hrsg., Jewish Culture and Identity in the Soviet Union, New York 1991.

Rubenstein, Joshua, Soviet Dissidents: Their Struggle for Human Rights, Boston 1985.

Sablinsky, Walter, The Road to Bloody Sunday, Princeton, N. J. 1976.

Sacharow, Andrej, Mein Leben, München 1991.

Salisbury, Harrison E., Black Night, White Snow: Russia's Revolutions, 1905–1917, New York 1978.

–, China: One Hundred Years of Revolution, New York 1983.

–, Die neuen Kaiser, Frankfurt/M. 1992.

Sarna, Jonathan D., »The Myth of No Return: Jewish Return Migration to Eastern Europe, 1881–1914«, in: American Jewish History (Dezember 1981).

Shapiro, Leonard, Die Kommunistische Partei der Sowjetunion, Frankfurt/M. 1961.

–, The Russian Revolutions of 1917, New York 1984.

–, Russian Studies, Hrsg. Ellen Dahrendorf, New York 1986.

Schrecker, Ellen W., No Ivory Tower, New York 1986.

Schroeter, Leonard, The Last Exodus, Seattle 1979.

Schwarz, Solomon M., The Jews in the Soviet Union, Syracuse, N. Y. 1951.

Serge, Victor, Erinnerungen eines Revolutionärs, Hamburg 1991.

Schtscharanskij, Anatolij (Shcharansky, Anatoly), Fear No Evil, New York 1988.

Shindler, Colin, Exit Visas, London 1978.

Shipler, David K., »Dateline USSR: On the Human Rights Track«, in: Foreign Policy, Nr. 75 (Sommer 1989).

Shultz, George P., Turmoil and Triumph, New York 1993.

Simon, Gerhard, Church, State and Opposition in the U.S.S.R., Berkeley u. Los Angeles 1974.

Solschenizyn, Alexander, Das Archipel Gulag, Bern 1973.

Spence, Jonathan, Chinas Weg in die Moderne, München 1995.

Stanislowski, Michael, Tsar Nicholas I and the Jews, Philadelphia 1983.

Tolstaya, Tatyana, »Boris the First«, in: The New York Review of Books (23. Juni 1994).

–, »Undialectical Materialism«, in: The New Republic (11. April 1964), siehe auch The New Republic (27. Mai 1991), S. 29.

Tuchman, Barbara, Sand gegen den Wind. Amerika und China 1911–1945, Stuttgart 1973.

Ulam, Adam B., Die Bolschewiki. Vorgeschichte und Verlauf der kommunistischen Revolution in Rußland, Köln 1967.

–, The Communists, New York 1992.

Vaksberg, Arkady, Stalin Against the Jews, New York 1994.

Vasilieva, Larissa, Die Kreml-Frauen, Zürich 1994.

Voinovich, Vladimir, The Anti-Soviet Soviet Union, New York 1985.

Volkogonov, Dmitri, Lenin, Düsseldorf 1994.

Vudka, Aryeh, Hrsg., »Caught in a Trap ... Letters from Behind the Iron Curtain«, Israel 1985.

Werth, Alexander, Rußland im Krieg 1941–1945, München o. J.

Wettlin, Margaret, Fifty Russian Winters, New York 1992.

Wiesel, Elie, Die Juden in der UdSSR, München 1966.

Willensky, Elliot, When Brooklyn Was the World, 1920–1957, New York 1986.

Winter, J. M., The Experience of World War I., New York 1989.

Wyden, Peter, The Passionate War, New York 1983.

INHALTSVERZEICHNIS

Leben und Überleben in barbarischen Zeiten

Eindringlich, berührend und authentisch: Eine behutsame literarische Auseinandersetzung mit einem dunklen Kapitel der europäischen Geschichte. Beiläufig, als sei dieses Schicksal ganz selbstverständlich, berichten die zwölf Erzähler über den Holocaust und wie sie ihn – nur durch Zufall – überlebten.

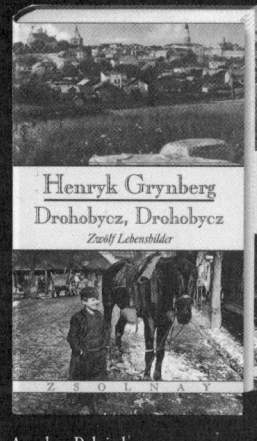

Aus dem Polnischen
von Martin Pollack
344 Seiten. Gebunden
ISBN 3-552-04979-7

Zsolnay Verlag

Paul Auster, geboren 1947 in Newark / New Jersey, gilt in Amerika als eine der großen literarischen Entdeckungen der letzten Jahre. Er studierte Anglistik und vergleichende Literaturwissenschaft an der Columbia University und verbrachte danach einige Jahre in Paris. Heute lebt er in New York.

Die New York-Trilogie *Roman*
(rororo 12548)
«Eine literarische Sensation!» *Sunday Times*

Mond über Manhattan *Roman*
(rororo 13154)

Smoke. Blue in the Face
Zwei Filme
(rororo 13666)

Die Erfindung der Einsamkeit
(rororo 13585)

Die Musik des Zufalls *Roman*
(rororo 13373)

Mr. Vertigo *Roman*
Deutsch von Werner Schmitz
320 Seiten. Gebunden und als rororo Band 22152

Leviathan *Roman*
Deutsch von Werner Schmitz
320 Seiten. Gebunden und als rororo Band 13927

Von der Hand in den Mund
Deutsch von Werner Schmitz
512 Seiten. Mit 24 farbigen Tafeln. Gebunden und als rororo Band 22634
Aller Anfang ist schwer: Paul Austers amüsantes Selbstporträt des Künstlers als hungernder Mann vor dem Hintergrund der bewegten sechziger und siebziger Jahre.

Timbuktu *Roman*
Deutsch von Peter Torberg
192 Seiten. Gebunden

Das rote Notizbuch
Deutsch von Werner Schmitz
64 Seiten. Pappband und als rororo Band 22275

Paul Auster's Stadt aus Glas
Herausgegeben von Bob Callahan und Art Spiegelman. New York-Trilogie I. Großformat
(rororo 13693)

Im Land der letzten Dinge
Roman
Deutsch von Werner Schmitz
200 Seiten. Gebunden und als rororo 13043

Lulu on the Bridge *Das Buch zum Film mit Vanessa Redgrave und Harvey Keitel*
(rororo 22426)
Nach den Drehbüchern für «Smoke» und «Blue in the Face» führt Paul Auster hier zum ersten Mal Regie.

Paul Auster

rororo Literatur

Harold Brodkey

Harold Brodkey wurde 1930 in Staunton, Illinois, geboren, wuchs in Missouri auf und absolvierte ein Literaturstudium in Harvard. Später ließ er sich als freier Schriftsteller nieder und unterrichtete amerikanische Literatur und Creative Writing in Cornell und an der City University of New York. Für sein Werk wurde er u. a. mit dem begehrten Prix de Rome und zweimal mit dem O. Henry Award ausgezeichnet. Er starb im Januar 1996 in New York an den Folgen von Aids.

Unschuld *Nahezu klassische Stories. Band 1*
Deutsch von Karin Graf, Dirk van Gunsteren, Thomas Piltz u. a.
464 Seiten. Gebunden und als rororo Band 13156

Engel *Nahezu klassische Stories. Band 2*
Deutsch von Dirk van Gunsteren, Jürg Laederach, Helga Pfetsch u. a.
528 Seiten. Gebunden und als rororo Band 13318

Profane Freundschaft *Roman*
Deutsch von Angela Praesent
544 Seiten. Gebunden und als rororo Band 13698
Der Roman ist «ein Kunstwerk von atemberaubender Intensität, ein Pandämonium der Leidenschaft wie der Angst, der Sucht wie der Flucht». *Die Zeit*

Die flüchtige Seele *Roman*
Deutsch von Angela Praesent
1344 Seiten. Gebunden und als rororo Band 13993

HAROLD BRODKEY
Gast im Universum

Venedig
Zusammengestellt, übersetzt und mit einem Nachwort von Angela Praesent. Mit Fotos von Guiseppe Bruno.
128 Seiten. Gebunden und als rororo Band 22443

Die Geschichte meines Todes
Deutsch von Angela Praesent
192 Seiten. Gebunden und als rororo Band 22283
Nach der Diagnose Aids im Frühjahr 1993 begann Harold Brodkey zu protokollieren, wie die tödliche Krankheit sein Leben veränderte und was sie seinem Körper, seinem Geist, seiner Frau und seinen Freunden antat.

Gast im Universum *Stories*
Deutsch von Angela Praesent
352 Seiten. Gebunden und als rororo Band 22687
Zehn neue, noch nie in Buchform publizierte Stories aus dem Nachlaß von Harold Brodkey.

Weitere Informationen in der **Rowohlt Revue**, kostenlos im Buchhandel, und im **Internet: www.rororo.de**

rororo Literatur

Nicholson Baker

Nicholson Baker wurde 1957 in Rochester, New York, geboren. Er studierte u. a. an der Eastman School of Musik und lebt heute mit seiner Frau und seinen zwei Kindern in Berkeley, Kalifornien.

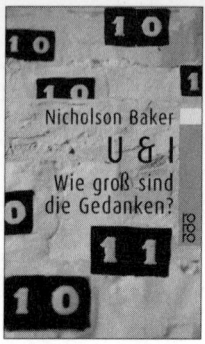

U & I. Wie groß sind die Gedanken

Herausgegeben und übersetzt von Eike Schönfeld.
464 Seiten. Gebunden und als rororo 22592
Nicholson Baker analysiert die zeitgenössische Literatur unter besonderer Berücksichtigung der Technik des Nagelschneidens, unternimmt einen Spaziergang durch die rätselhafte mechanische Welt von Filmvorführgeräten und betrachtet das Lesen am Beispiel der Lektüre seines Lieblingsautors John Updike.
«Baker ergründet mit rasiermesserscharfem Verstand und drolligem Humor unsichtbare Welten.» *The New York Times Book Review*

Vox *Roman*

(rororo 13467)
Zwei Menschen gestehen sich am Telefon ihre intimsten Träume, Geheimnisse und Wünsche. Ein erotischer Roman im besten Sinne.

Rolltreppe oder Die Herkunft der Dinge *Roman*

(rororo 13300)
Der Roman über die ganz gewöhnlichen Gegenstände unseres Alltags ist einer der ungewöhnlichsten Romne unserer Zeit. Mit köstlichem Raffinement beschreibt er die Herrschaft der zahllosen Unwichtigkeiten unseres Lebens.

Die Fermate *Roman*

(rororo 13741)
Eine kunstvolle, lustvolle und dabei äußerst amüsante Satire auf unsere sexbesessenen Zeiten.
«Ein hinreißendes Buch.» *FAZ*

Zimmertemperatur *Roman*

(rororo 13649)
Nicholson Baker erzählt die erste komplette Liebes- und Lebensgeschichte aus der Perspektive scheinbar banaler Alltagsdinge. Hintersinnig, befremdlich schön und hinreißend komisch.
«Seine atemberaubenden Volten sind fast zu schön, um wahr zu sein.» *Frankfurter Rundschau*

Norys Storys *Roman*

Deutsch von Eike Schönfeld
320 Seiten. Gebunden.

Weitere Informationen in der **Rowohlt Revue**, kostenlos im Buchhandel, und im Internet: **www.rowohlt.de**

rororo Literatur

Antonio Muñoz Molina, der als bedeutendster spanischer Autor der Gegenwart gilt, wurde 1956 in Úbeda, Andalusien, geboren. 1988 erhielt er den Spanischen Staatspreis für Literatur, 1991 den wichtigsten spanischen Literaturpreis, den Premio Planeta, für den Roman «Der polnische Reiter». Muñoz Molina lebt in Granada.

Die Augen eines Mörders
Roman
Deutsch von
Willi Zurbrüggen
480 Seiten. Gebunden
Der Mörder schlägt bei Vollmond zu. Sein neuestes Opfer: ein zehnjähriges Mädchen. Trotz zahlreicher Spuren am Tatort bleibt er ein Schemen. Nur in seinen Augen muss etwas zu lesen sein ... Ein literarischer Krimi von hohem Rang – dicht, packend und spannend bis zur buchstäblich letzten Zeile.

Die anderen Leben
Erzählungen
Deutsch von
Willi Zurbrüggen
140 Seiten. Pappband

Der polnische Reiter *Roman*
Deutsch von
Willi Zurbrüggen
704 Seiten. Gebunden

Der Putsch, der nie stattfand
Roman
Deutsch von
Willi Zurbrüggen
160 Seiten. Gebunden

Stadt der Kalifen *Historische Streifzüge durch Córdoba*
(rororo 13281)

Der Winter in Lissabon *Roman*
Deutsch von Heidrun Adler
288 Seiten. Gebunden und als rororo 13560

Beatus ille oder Tod und Leben eines Dichters *Roman*
(rororo 13009)

Deckname Beltenebros *Roman*
(rororo 13750)

Die Geheimnisse von Madrid
Roman
(rororo 13436)
Eine Christusreliquie wird gestohlen. Der Journalist Quesada wird engagiert, die wertvolle Figur zurückzubeschaffen. Die Spur führt nach Madrid in höchst zwielichtige Kreise. Doch das ist erst der Anfang eines Alptraums, weit grauenerregender als alles, was der findige Lokalreporter in seiner Laufbahn bisher erlebt hat ...

Literatur

Weitere Informationen in der **Rowohlt Revue**, kostenlos im Buchhandel, und im **Internet:** www.rororo.de

Toni Morrison hat eine ungewöhnliche Karriere gemacht: Geboren wurde sie 1932 in Lorain, Ohio, war Tänzerin und Schauspielerin, studierte und lehrte neun Jahre lang an amerikanischen Universitäten englische Literatur. Mit dreißig Jahren begann sie zu schreiben und galt rasch als eine der bedeutendsten Schriftstellerinnen Amerikas, die eine poetische und kraftvolle Sprache für die Literatur schwarzer Frauen gefunden hat. 1988 wurde Toni Morrisons Buch *Menschenkind* mit dem Pulitzer-Preis ausgezeichnet; 1993 erhielt sie den Nobelpreis für Literatur.

Paradies *Roman*
Deutsch von Thomas Piltz
496 Seiten. Gebunden
«Alle Vorstellungen vom Paradies verbindet, dass diese Orte exklusiv sind. Nur bestimmte Auserwählte haben Zutritt. Alle anderen werden ausgegrenzt und buchstäblich verworfen, sodass es zu einem heiligen Krieg zwischen den Erlösten und den Verdammten kommt.»
Toni Morrison in «Focus»

Jazz *Roman*
Deutsch von Helga Pfetsch
256 Seiten. Gebunden und als rororo 13556
Toni Morrison, «wohl die letzte klassische amerikanische Schriftstellerin» *(Newsweek)*, komponiert in ihrem 1926 in Harlem spielenden Roman die Rhapsodie einer großen Liebe, die scheitern muß, weil sie ihre Wurzeln nicht kennt.

Teerbaby *Roman*
Deutsch von Uli Aumüller und Uta Goridis
368 Seiten. Gebunden und als rororo 13548

Im Dunkeln spielen *Weiße Kultur und literarische Imagination. Essays*
Deutsch von Helga Pfetsch u. Barbara von Bechtolsheim
128 Seiten. Gebunden und als rororo 13754

Menschenkind *Roman*
Deutsch von Helga Pfetsch
384 Seiten. Gebunden und als rororo 13065

Sula *Roman*
(rororo 15470)
Ein Roman über die intensive Freundschaft zweier Frauen.

Sehr blaue Augen *Roman*
(rororo 14392)

Solomons Lied *Roman*
Deutsch von Angela Praesent
392 Seiten. Gebunden und als rororo 13547

Toni Morrison

rororo Literatur

3256/8

Harry Mulisch, geboren am 29. Juli 1927 in Haarlem, ist der Sohn eines ehemaligen Offiziers aus Österreich-Ungarn und einer Jüdin aus Frankfurt; seine später geschiedenen Eltern sprachen Deutsch miteinander. Als Autor begann Mulisch mit einer Reihe von Sachbüchern. Später schrieb er Romane und Erzählungen, Gedichte, Dramen und Opernlibretti, Essays, Manifeste und philosophische Werke.
Harry Mulisch lebt heute in Amsterdam.

Das Attentat *Roman*
(rororo 12130)
Dieser politische Roman wurde in einundzwanzig Sprachen übersetzt und machte Harry Mulisch weltberühmt.
Die Verfilmung von Fons Rademaker wurde mit einem «Oscar» ausgezeichnet.

Augenstern *Roman*
(rororo 12782)
Ein achtzehnjähriger Tankstellengehilfe wird zum «Augenstern» einer reichen alten Dame, die auf Capri ein großes Haus führt. Doch das stilvolle Luxusleben im Palazzo bricht für den plötzlichen Dandy, der eigentlich Schriftsteller werden will, jäh wieder zusammen

Die Säulen des Herkules *Essays*
(rororo 22449)

Vorfall *Fünf Erzählungen*
(rororo 13364)
«Ein Glücksfall in der Gegenwartsliteratur.»
Stern

HARRY MULISCH
Die Säulen des Herkules
rororo

Höchste Zeit *Roman*
(rororo 12508)
«Mulischs meisterhafter Roman von Theaterzauber, Intrigen, bedrohlichen Raufhändeln und Liebesgeschichten ist phantasiereich, witzig und tiefsinnig.»
Neue Zürcher Zeitung

Die Entdeckung des Himmels *Roman*
(rororo 13476)

Selbstporträt mit Turban
(rororo 13887)
«Ich betrachte meinen Lebenslauf als einen Quell der Einsicht, einen *fons vitae*, und so sollte jeder zu seiner Vergangenheit stehen.» *Harry Mulisch*

Die Elemente *Kleiner Roman*
(rororo 13114)

Das sexuelle Bollwerk *Sinn und Wahnsinn von Wilhelm Reich*
(rororo 22435)

Weitere Informationen in der **Rowohlt Revue**, kostenlos im Buchhandel, und im **Internet: www.rororo.de**

Isaac Bashevis Singer

In **Isaac Bashevis Singers** Romanen begegnen sich jüdische Tradition und literarische Moderne. 1904 in der Nähe von Warschau geboren schrieb er mit 22 Jahren seine erste Geschichte für eine jiddische Zeitung. 1935 emigrierte Singer in die USA und erwarb die amerikanische Staatsbürgerschaft. Seine Bücher schrieb er weiterhin auf jiddisch. Sie erzählen vom «Schtetl», der reichen ostjüdischen Kultur, die nach der Vernichtung durch die Nationalsozialisten und den stalinistischen Verfolgungen heute nur noch im jüdischen Milieu Brooklyns weiterlebt. Für seine meisterhafte Erinnerung an sein ermordetes Volk erhielt Isaac B. Singer 1978 den Nobelpreis für Literatur.

Gimpel der Narr *Ausgewählte Erzählungen*
(rororo 15011)
Diesen Geschichten von Gimpeln und Weisen ist ein ewiges Thema gemeinsam: das des Wettstreits von Körper und Geist, von Laster und Tugend.

Jakob der Knecht *Roman*
(rororo 14688)
Vor dem Hintergrund der Judenverfolgung im Polen des 17. Jahrhunderts erzählt Singer die Geschichte einer verbotenen Liebe zwischen dem jungen Leibeigenen Jakob und der christlichen Tochter seines Herrn.

Mein Vater der Rabbi
Bilderbuch einer Kindheit
(rororo 15085)
«Die Geschichten sind das Porträt eines ausgerotteten Volkes, seiner Sitten, seiner Philosophie, seiner Gesetze, seiner Auffassung von göttlicher und menschlicher Gerechtigkeit.» *Die Zeit*

«Eine wunderbare, wunderbare Welt, diese schreckliche und schöne Welt von Isaac Bashevis Singer! Sein Name sei gesegnet.» *Henry Miller*

Ein Gesamtverzeichnis aller lieferbaren Titel der *Rowohlt Verlage, Wunderlich* und *Wunderlich Taschenbuch* finden Sie in der *Rowohlt Revue.* Vierteljährlich neu. Kostenlos in Ihrer Buchhandlung.
Rowohlt im Internet:
www.rowohlt.de

rororo Literatur

Janice Deaner
Fünf Tage, fünf Nächte *Roman*
(paperback 22666)
Zwei Fremde, eine Frau und
ein Mann, besteigen in New
York den Zug nach Los An-
geles. Beide hüten ein Geheimnis; beide fliehen vor ihrem
bisherigen Leben. Sie kommen ins Gespräch, und schon
bald entwickelt sich eine
Nähe zwischen ihnen.

JANICE DEANER

Fünf Tage,
fünf Nächte

Roman

Daniel Woodrell
John X. *Roman*
(paperback 22648)

Elfriede Jelinek
Macht nichts *Eine kleine
Trilogie des Todes*
(paperback 22683)
«Im ersten Teil hat eine
Täterin gesprochen, die nie
eine sein wollte, im letzten
Teil spricht ein Opfer, das
auch nie eines sein wollte.
Die Zeiten, da alle Opfer
werden sein wollen, sollen ja
erst noch kommen.»
Elfriede Jelinek

Toby Litt
Unterwegs mit Jack *Roman*
(paperback 22408)

Stewart O'Nan
Die Armee der Superhelden
Erzählungen
(paperback 22675)
In diesen preisgekrönten Erzählungen entfaltet Stewart
O'Nan die ganze Bandbreite
menschlichen Lebens zwi-
schen Verzweiflung und
Hoffnung. «O'Nans spannen-
des Werk ist zum Heulen
traurig und voller Schönheit,
seine Sprache genau und von
bestechendem Charme.»
Der Spiegel

Thor Kunkel
Das Schwarzlich-Terrarium
Roman
(paperback 22646)
Thor Kunkels Roman ver-
mischt Elemente der schwar-
zen Komödie mit Pulp-Fiction
und utopisch-technischer
Phantasie zu einem ebenso
düsteren wie hellsichtigen
Panorama der siebziger
Jahre.

Dakota Hamilton
**Hinter dem Horizont geht's
weiter** *Roman*
(paperback 22558)
«Krimi, Komödie und
Liebesgeschichte – dieser
Roman ist wie ein Harley-
Davidson-Trip an einem
sonnigen Nachmittag: ein
rasanter Spaß.»
Quill & Quire

Weiter Informationen in der
Rowohlt Revue, kostenlos in
Ihrer Buchhandlung, und im
Internet: www.rowohlt.de